国家社科基金青年项目"明代军事诉讼与司法审判研究"
阶段性成果（项目编号：20CZS030）

明代武官群体
司法约束与司法实践研究

程彩萍 著

人民出版社

责任编辑：翟金明

封面设计：汪　阳

图书在版编目（CIP）数据

明代武官群体司法约束与司法实践研究 / 程彩萍著.
北京 ： 人民出版社，2025. 6. -- ISBN 978 - 7 - 01 - 027171 - 2

Ⅰ. D929.48

中国国家版本馆 CIP 数据核字第 2025LC7694 号

明代武官群体司法约束与司法实践研究

MINGDAI WUGUAN QUNTI SIFA YUESHU YU SIFA SHIJIAN YANJIU

程彩萍　著

人民出版社 出版发行

（100706　北京市东城区隆福寺街 99 号）

北京建宏印刷有限公司印刷　新华书店经销

2025 年 6 月第 1 版　2025 年 6 月北京第 1 次印刷
开本:710 毫米×1000 毫米 1/16　印张:21
字数:336 千字

ISBN 978 - 7 - 01 - 027171 - 2　定价:119.00 元

邮购地址 100706　北京市东城区隆福寺街 99 号
人民东方图书销售中心　电话（010）65250042　65289539

序

前人著书,有幸与不幸之分。幸者经刊刻而得以流传于世,不幸者或不得刊刻,或付梓而无人问津,最终难以流传后世。不传之书,精义纷呈,后人名山寻宝,无意间得而读之,且刊刻而传之。这不惟性情感召所致,更是一种大幸。所惜者,或因商业化的缘由,或是为了应付功利性的考核,致使有人读了几本书,有了一点自己的想法,往往轻易著述,煌煌巨册,悬之市门。版刻猥滥,不仅仅是明朝士人的一种感慨,尤以今日为甚。

读书是一种清福,也是一件快事。余性好读书,清福已具。读古人书,与古人对话,更是一件快事。每一个喜欢书的人,似乎都明白这样的道理:读书是快事,著书是苦事。夏日炎炎,豆棚瓜架之下,清茗一壶,得好书读之,快甚;冬日围炉,煨芋数枚,得闲书读之,亦极畅快。读他人书,于书中得几句妙语,深获我心,又不免为之击节。程彩萍教授寄来新著《明代武官群体司法约束与司法实践研究》,嘱我作序。奉读之余,实有"先睹为快"之感。

明代武官犯罪或相关的司法规定及其实践,前人的研究成果相对较少。恕我寡闻,所见仅有吴艳红《明代武职"立功"考论——兼论赎例在明代武职中的行用》、黄谋军《明代犯罪武职调卫考论》、徐望《明中期武职犯罪的审理程序——以〈皇明条法事类纂〉为中心》、张国源《明代九边防务中的军事惩罚》等数篇论文,以及刘少华《明代军人司法制度研究》、日本学者奥山宪夫所著《明代武臣の犯罪と処罰》两部专著。就此而论,彩萍教授所著,虽不能说已具填空补白之功,却有将论题引向深入之力。

此书以明代犯罪武官为研究对象,综合律法与案例、武职档案以及明人言论的分析,探讨明代武官犯罪的犯罪类型、律例规定与司法实践以及北部、西南边疆不同区域武官犯罪的司法审判,从而为更深入了解明代军事司法运作提供历史依据。所论既有对明代军事司法体系的动态研究,又有九边、西南边疆武官与腹里武官的横向比较,甚至还以案例为依据,探讨明代武官犯罪的司法实践。

说到明代武官的犯罪问题,必然会涉及到对明帝国制度设计的认知。众所周知,明代自上至下存在着两大管理体系:一是军事系统,从中央的五军都督府,到地方上的都司、卫所,其职掌大多有勋臣统辖。二是民事系统,从中央的丞相、六部、九卿,到地方上的布、按二司、府州县。自洪武时期罢丞相不设之后,民事系统转而改由内阁亦即所谓的"政府"统辖。民事系统的官员均属文官,大多出自科举、贡生、吏员三途,尤其以科举一途为正途。

军事、民事两大系统,看似互不相涉,实则文武之间存在着畸重畸轻的关系。大明王朝最终得以立国,显然得益于武将的戎马之劳。故明初建国,在制度设计上难免有"重武轻文"的倾向。譬如,在中央制度体系中,皇帝颁发诏令,通常将"五府"置于"六部""都察院"之前;在地方制度体系中,尽管都、布、按三司并称,但都司一直位列布政司、按察司之前。明代中期以后,"崇文黜武"之制一旦形成,那么,文武之间的交际体统随之发生变化。即使大将、副将之职,亦均须兵部差遣。换言之,总兵、副总兵职位,不再依靠战功,而是凭借袭荫。按照制度的规定,这些武官为了继承祖荫,不得不与兵部、兵科的文官打交道,其间不免出现一些自贬身份的"卑污手本"。如大将、副将上给兵部、兵科官员的手本,尚且讲究身份的人,自称"门下小的";至于那些自贬身份的人,更是动辄自称"门下走狗"。至于守备、把总以下,给兵部的书办送礼,在礼帖中则用细字写上"沐恩晚生"。

明初的制度设计固然有"重武轻文"的倾向,但在制度设计之初,同样也对武臣的权力加以限制。其中最为明显的证据,就是在明代初期,将领与军士是分隔的。一旦有了重大的军事行动,需要一位统兵的总兵官,朝廷往往临时任命,并让总兵官挂上将军之印,统率京营或卫所之兵出征。等到战事结束,将领回归五军都督府,兵则归于卫所。更有意思的是,明代武官群体的出身,大致有三,分别为世袭武职、武举考试以及兵士军功。在这三种出身的武职中,尤以世袭武职居多。随着卫所制度的败坏,卫所之军几已不堪效力,朝廷不得不召募可用之兵,明代军事体系随之一变,即由卫所的"军"转而变为召募的"兵"。随之而来者,则是导致了两大弊端:一是武官虽然拿着厚禄,所做的尽是一些害军、害民的违法勾当,甚至买首级报功,有时更是杀良冒功。二是军士的贫困化。吕坤在《实政录》中,曾有详细的揭示。如太原营中的军士,其中的马军尚可以勉强度日,而步军几乎难以维系日常的生计。步军每月只能支取银子四钱作为饷银,中间的半年,每月更是少至三钱五分,摊到每日,不到一分二厘银子,还不够一顿饭钱。军士如此饥寒困苦,其结果必然导致军纪败坏。明末流行的民谣,诸如"贼过如梳,兵过如篦",显然也是当时的实录。

明朝近三百年的历史,从立国到盛世,再从盛世转向衰败,直至覆亡,其中的原因尽管是多方面的,但如果将视角转向明代的军事体制与武官制度,军事体系的败坏,武职犯罪成风,兵士概无纪律,导致朝廷几无可用之兵,显然也是其中一个主要的因素。宋人有云:"武官不怕死,文官不爱钱。"揆诸明代的实际,却是武官不但"怕死",而且还"爱钱"。当时流传着这样一句俗语,即"纱帽底下饿不死人",已经足以为证。

彩萍教授本科、硕士研究生就读于西南大学,且学士、硕士论文均由我指导,有过一段教学相长的师生之谊,早已初殖明史的根基。其后,又入南开大学,追随明史大家南炳文教授继续明史研究的学业,攻读博士学位。有幸得名家教诲,视野得以更加开拓,学问日益精深。此著虽重拾硕士阶段的旧题,但无论是史料,还是史识,无不有了全新的变化,完全称得上是一部研究明代武官犯罪的佳作,并为相关领域的研究做了很好的示范。

诚如唐人刘知几所云,史家需要兼具才、学、识"三长",或如清人章学诚所云,需要才、学、识、德"四长"。这毫无疑问。彩萍教授研治明史,明显具有明敏、沉潜两大特征。凭借明敏的见识,得以从纷繁的明代历史中,寻觅出武官犯罪一纲,提纲挈领,进而对明代的军事体系加以深入的勾勒与描摹;凭借沉潜的工夫,畅游于明代史海,老实治学,更使所著无不有的放矢,一洗空疏之病。

历史学是一门综合之学,需要研究者具有广博的知识结构。历史学又是一门专门之学,更需要研究者选定一个研究方向,深入其中,甚至穷砭终生,以成一家之言,或成为专门之家。当然,断代史研究,需要了解一代典章制度,熟谙一代掌故,更需要有一种"活"的制度史研究的视野。社会史与历史人类学研究趋势的形成,诸多理论与方法的转向,固然可以使研究者开拓视野,但若没有以熟谙一代典章制度作为基础,过分沉溺于方法论的革新,难免也会陷入缘木求鱼的尴尬境地。以此告知彩萍教授,当然更是一种自勉。

陈宝良

2025 年 2 月 28 日识于缙云山下嘉陵江畔

目　　录

绪　　论

明人有言："治天下之道大要有二，文与武而已，文以绥太平，武以戡祸乱，虽古圣帝明王所不能废也。"①自古以来，国家治理依赖于文武百官的齐心合力，文武并用，各尽其职。宋代以后，文武逐渐分途，元朝时"诸路管民官理民事，管军官掌兵戎，各有所司，不相统摄"②。明朝文武官关系相对复杂，先后经历了重武轻文、崇文抑武、以文驭武等变化，由此影响了武官的政治与社会地位。但无论武官地位如何，因其队伍庞大，且成增长趋势，在明代政治、军事、社会活动中始终扮演者重要角色。大学士丘濬言："国家大事，莫大于戎，国步之安危所系，运祚之修短所关，诚不可不加之意也。"③提出了制定兵制、重视武官群体的必要性。由于历代统治者的政治性格与所处时代不同，对待武臣的态度有所差异，形成了文武合一、文武分途等不同的思想主张，但"文武二途，不可偏废，这是历史时期人们的共识"④。武官的整体素质与个体能力以及礼法意识都直接影响到国家的军事实力，因此如何有效合理地管理、约束武官群体，成为明朝司法制度建设的重要内容。

一、研究缘起

明代武官群体因来源、经历、职权等不同，形成了多元化的组成结构。按照不同的分类标准，可分为世官与流官、见任官与带俸官、达官与汉官、卫所官与镇戍官等。⑤在司法表述中有"武官"与"军官"之别，属于流官与世官的区别，"文

---

① （明）孙应奎：《修大政袪流弊以隆圣治疏》，《皇明疏钞》卷 37，《续修四库全书》第 464 册，上海古籍出版社 2002 年版，第 189 页。

② 《元史》卷 5《世祖纪五》，中华书局 1976 年版，第 89 页。

③ （明）丘濬：《州郡兵制议》，陈子龙等编：《明经世文编》卷 74，中华书局 1962 年版，第 632 页。

④ 陈宝良：《明代的文武关系及其演变——基于制度、社会及思想史层面的考察》，《安徽史学》2014 年第 2 期。

⑤ 梁志胜：《试析明代卫所武官的类型》，《西北师大学报（社会科学版）》2001 年第 5 期。

武官犯私罪"条例中,"前节云文武官犯私罪,后节云军官私罪",有人提出疑问:"既称武官,又称军官,何也?"答曰:"武官乃都指挥以上由才能而升者,军官乃世袭之官。"①不论哪种分类,都与一定的军事制度密切相关。

明代以武立国,更加重视军队建设,明太祖制定了系列具有特色的军事制度。《明史·兵志·序》中总结道:"明以武功定天下,革元旧制,自京师达于郡县,皆立卫所。"②明代通过卫所制建立起了一套独立的军事系统,军民异籍,其军政管理机构与行政系统亦互不统属,同时设置了相应的武官掌管卫所事务。丘濬指出明代军制较前代更加完备,军有定额,"前代州兵皆无定制,或以土民自守,或以禁兵出屯,或选自户籍,或出自召募,或因有警而民团结,皆是因其土地之宜,随其民俗之便。或多或少,或废或置,不惟无常制,亦无常数。惟我国家自平定之初,则立为卫所以护卫州县,卫必五所,所必千军,而又分藩列阃,以总制之而有都卫之设。其后也,改都卫为都指挥使司,文武并用,军民相安,百有余年。其视汉唐宋之制,可谓大备矣"③。

除此之外,从洪武年间开始,逐步完善战时军事体制,凡有战事,均命"将"充总兵官,调卫所军从征,战事结束,将回原都卫。永乐时,以京卫和中都、山东、山西、河南、陕西、大宁各都司及江南、江北诸卫所番上兵组成五军营,与三千营、神机营并称京畿地区武官三大营。④ 随着营兵制的普遍化,与之对应的武官职务也出现,"营伍武官皆因事而命,无定制,凡五等,曰镇守、曰协守、曰分守、曰守备、曰备倭。其官衔凡六等,曰总兵、曰副总兵、曰参将、曰游击,皆称将军。曰都司、曰守备、曰提调、曰千总、曰把总、曰百总,皆营官"⑤。明初大多以公、侯、伯、都督充总兵、副总兵官,至明后期则多由都司官领敕任职。

明代的武官多以军功授予并获得世袭资格,除开国功臣、靖难功臣外,其他时期亦存在对有功者量授官职的规定,如嘉靖时,"命各抚按等官,于军民白衣人中,每岁查举素有膂力、胆略智谋者十数人,以义勇名色,月给食米一石,令其

---

① (明)陈永辑:《法家裒集·律颐断法》不分卷,《四库全书存目丛书》子部第 37 册,齐鲁书社 1997 年版,第 497 页。

② 《明史》卷 89《兵一》,中华书局 1974 年版,第 2175 页。

③ (明)丘濬:《州郡兵制议》,陈子龙等编:《明经世文编》卷 74,第 631 页。

④ (明)申时行等编:(万历)《明会典》卷 134《营操》,中华书局 1989 年版,第 685 页。

⑤ (清)傅维鳞:《明书》卷 65《职官志一》,《四库全书存目丛书》史部第 38 册,第 641 页。

无事率人捕盗,有事领兵杀贼。立有功劳,量议官职,奏请升授。若从文阶则授试巡检,武阶则授试所镇抚,但许捕盗杀贼,不得经收钱粮,接理词讼。仍照文武官员事例考察、考选,有犯者依律问罪"①。明代中后期还施行武举制度,以此选拔将才,宪宗在位时,户部郎中庞胜提出振兴边防需要兴武举,收揽军事人才:"文武并用,古今通义,国家之于文,三年一大比,而武举独未行古之名……但拘于世袭,限于资格,虽有异才无由自见。乞敕在京大臣及在外方面各举所知,不分见任闲住,或谙晓韬略,或明习战阵,或长于骑射,或膂力过人,或有克敌应变之才,或有守土安边之策,具以名闻,会官考试。"②不久,明宪宗正式立武举法,规定:"凡天下贡举谙晓武艺之人,兵部会同京营总兵官于帅府内考其策略,于教场内试其弓马。有能答策二道,骑中四箭以上,步中二箭以上者,官自本职量加署职二级,旗军、舍余授以试所镇抚,民人授以卫经历。"③此外,还有通过纳粟等途径获得武官头衔者,而纳粟武官往往不能参与管事。

关于明代不同时期武官的数量,文献中没有确切记载,但总体呈上升趋势。嘉靖八年春,詹事霍韬奏云:"洪武年间,军职二万八千有奇。成化五年,军职八万二千有奇。成化迄今,不知增几倍矣。"④正德年间,文官二万四百,武官十万,卫所七百七十二,旗军八十九万六千。⑤ 明代通过多种方式保障将才的选用与培养,鼓励军人立功,加速了武官数量的增长,"天下武官,自开国、靖难两功之后,有事于四方,则以捷进者千万计,由是卫所之上,多者数十,少者十数"⑥。加之冒功者增多,以及纳粟军职的出现,武官数量剧增。据霍韬所言:"洪武时内外大小军职载在职掌者,原有定额,其后除授渐多,员数冗滥,遂至带俸官加于原额不知凡几倍矣……今之袭职者,临试率纳赂权贵,虽乳臭小儿,无不中格,遂使军职益滥,而材力忠勇之士无由自见,此旧规所当申明者……迩年奏捷者、奏带者、缉妖言者、捕获窃盗者,纷然冒升,不可胜计。此弊盖出于正德中权奸用事,

---

① 《明世宗实录》卷411,嘉靖三十三年六月庚辰,第7161页。
② 《明宪宗实录》卷9,天顺八年九月己卯,第204页。
③ 《明宪宗实录》卷10,天顺八年冬十月甲辰,第224页。
④ (明)郑晓:《今言》第140条,中华书局1984年版,第83页。
⑤ (明)郑晓:《今言》第165条,第94页。
⑥ (明)程敏政:《篁墩集》卷21《赠邓州守御千户党侯序》,《景印文渊阁四库全书》第1252册,第374页。

假爵赏以鬻私恩。"①此外,还有兵部违例除授,流官得以袭替等现象,"兵部近年以来选法不明,人自为例。如流官不许世袭,署职止加实授,系是祖宗累朝成法。不知起自何人,乃敢擅为变乱,即今查革过冒滥人员数多,中间差有流官以流得袭,署职以署加升,甚至纳粟虚衔遂以军功累授。近日推举各处将官,多有见在裁革之数,事多违法,责在该司,较诸纪功之官其罪尤为不同"②。武官队伍日渐庞大,然而良莠不齐、滥竽充数者多,给武官群体的管理、军政的有序运行增加了更多挑战。

明太祖在位时非常重视武官力量,时常敕谕武官要遵循守御之道,莫要犯法妄丢性命。但事与愿违,高官厚禄下依然有不法武官,他指出:

> 军官不知受守御之道,因此富贵身家都亡了的也有,止亡了身的也有,但亡名爵而为军者甚多。似这等的往往有犯,谁肯将心寻思守御的法度……今各处都指挥不以受命为重,有自己虐害军民者;有愚而无知,被所管部下害及军民尚无知者;有己不害军民纵部下为非不禁者。便如广西都指挥耿良,交结布政司府州县官生事科敛,害得百姓荒了,连年啸聚。及他事发,差人拿问,共计二十八招,都是害军害民的歹勾当,因此上取来打死了……似这几个都是不知受命守御之道,恣意非为,以致亡了富贵人家。③

明代武官享受世袭待遇,本应效忠国家,身先士卒,但承平日久,武官素质降低、违法犯法的现象有增无减,侵欺军士成为司空见惯之现象。正如吕坤《实政录》所记:

> 臣子受国之恩惟武职为最厚,而负国之罪亦惟武职为最深。思尔祖宗或以勤王之忠,或以渡江之义,或以汗马之劳,中间亦有买级报捷,借势冒功,遂与世袭军官永享朝廷爵禄。俗语常说:"纱帽底下饿不死人。"是一员官强似一名军,且如太原营马军尚可支持,步军每月关银四钱,中间半年止关三钱五分,每日不及一分二厘,还不够一顿饭钱,况他也要百般使用也……如今将那军士月粮减扣,又将他身子占役,又将他打骂折磨,全不问

---

① 《明世宗实录》卷84,嘉靖七年正月己亥,第1910页。

② (明)夏言:《夏桂洲先生文集》卷13《查革正德中滥授武职疏》,《四库全书存目丛书》集部第74册,第591页。

③ 《皇明诏令》卷3《武职保身敕》,《四库全书存目丛书》史部第58册,第57页。

他饥寒困苦。①

明代武官中除侵害军士者外,更甚者犯临阵脱逃,失误军机罪或犯人命强盗等重罪。明代武官群体数量庞大,其不法行为对明代军事造成极为严重的后果,削弱了明代的军事力量,且涉及明代社会的方方面面,加之有关武官犯罪的司法制度与司法实践错综复杂,因此对明代武官犯罪司法审判的实际运作进行剖析,有助于我们从制度与实践等多视角探讨明代兵备废弛的原因。

二、学术史回顾

有关明代武官制度的研究越来越受到学界重视,近年来涌现出大量优秀成果,这些成果从明代武官世袭、任命、考核等多方面进行探讨,开拓了明代军事史的研究。此外,近年来学界对明代卫所变迁与地方社会相结合的研究成果亦颇为丰硕,其中涉及武官家族迁徙等问题,加深了对明代武官群体社会生活层面的研究。

(一)明代军制与卫所的设置、变迁

明代武官体系的构成与管理以明代军事制度为依托,较早研究明代军制的有吴晗《明初卫所制度之崩溃》与《明代的军兵》两篇论文②,考察了卫所制度的多项内容,包括其衰落的原因、清军制度的实施等,详细分析了明代中期以后,卫所制与募兵制下"军"与"兵"各方面存在的区别。他指出军不受普通行政官吏的管辖,在身份、法律和经济上的地位都和民不同,而兵在户籍上无特殊的区别。陈文石则在《明代卫所的军》中探讨了卫所军的来源、军户的义务、军士的收入与社会地位的变化,特别指出了由于军户在内受到长官的欺压,社会上受到轻视,地位随之下降。其列举了多条明代律令,说明在国家司法领域,军户与民户相比,亦受到了差别对待。

此后学界关于明代军事制度的研究围绕军户制、军屯制、班军制、营兵制等方面展开更加深入细致的探讨。于志嘉《明代军户世袭制度》除了进一步分析军户的来源、军户的世袭以及武官世袭制度外,并将军户分为"原籍军户""卫所

---

① (明)吕坤:《实政录》卷1《武职一》,《北京图书馆古籍珍本丛刊》第48册,书目文献出版社1988年版,第32页。

② 吴晗:《明初卫所制度之崩溃》,《吴晗史学论著选集》第1卷,人民出版社1984年版,第654—664页;《明代的军兵》,《读史札记》,生活·读书·新知三联书店1956年版,第93—141页。

军户"和"附籍军户",深入辨析了三者之间的家族关系。其利用《卫选簿》中的事例,分析了军户内部对军役的分担情况,指出出军者为正军户,其余为贴户以帮贴正军。军屯制的实行是卫所制另一个重要方面,卫所中设置了专门的屯军,用于屯田。王毓铨在其专著中指出军屯废弛的重要原因有屯军大量逃亡,屯地被大量占用,而这两点都与军官私役屯军,占用、盗卖屯地等不法行为有很大关系。① 班军作为卫所制的补充,成为加强京师及其他某些战略要地防御力量的一种措施,彭勇对明代班军制度进行了全面研究,对京操制度的沿革,京操班军对外卫基本职能的影响,京操班军的组织管理等方面都有独到的见解。他指出京操军官违法行为有旷职、上班迟误、下班途中纵容军士抢掠等行为。② 此外,在卫所制下还有一些特殊军队,如林仕梁对明代漕军作了专门研究,他指出明代漕运体制形成了新的建制,设置了与指挥、千百户、总旗相对应的把总、帮长、甲长等官职。③ 张金奎对锦衣卫进行了系统研究,他对朱元璋禁卫机构的复杂演变过程进行了梳理,追溯了该制度的源头,指出了其与皇城司、怯薛制之间的关系,并全面详细地分析了锦衣卫的各项职能,是近年来研究锦衣卫制度的集大成之作。④

明代中期以来由于军士逃亡严重、军屯被大量占种,卫所制渐趋衰落,为了及时补充军额,明代推行清军制度,学界涌现出不少关于该项制度的研究成果⑤,指出导致明代军士逃亡的一个重要原因是武官役占造成的。然而,清军制度的实施存在很多阻力,最终并未解决军伍缺额现象,明代开始施行募兵制,招募大量的兵以补充军队数量。随着募兵制的兴盛,营兵制成为重要的军队编制形式,王莉讨论了明代营兵制出现的时间及其发展,指出营兵制下的官衔凡六等,"曰总兵、曰副总兵、曰参将、曰游击,皆称将军"⑥。这是不同于卫所体制的

---

① 王毓铨:《明代的军屯》,中华书局 2009 年版。
② 彭勇:《明代班军制度研究——以京操班军为中心》,中央民族大学出版社 2006 年版。
③ 林仕梁:《明代漕军制初探》,《北京师范大学学报(社会科学版)》1990 年第 5 期。
④ 张金奎:《明代锦衣卫制度研究》,中国社会科学出版社 2022 年版。
⑤ 参见曹国庆:《试论明代的清军制度》,《史学集刊》1994 年第 3 期;冯志华:《明代卫所下的清勾制度》,厦门大学 2007 年硕士学位论文;刘永晋:《明代的清军制度》,华东师范大学 2008 年硕士学位论文;何庆平:《论明代世军制下清勾制度的失败及其原因》,东北师范大学 2009 年硕士学位论文。
⑥ 王莉:《明代营兵制初探》,《北京师范大学学报(社会科学版)》1991 年第 2 期。

一套新的军事编制,设置了不同于卫所军官的系列武官,是对明代武官作出的新的阐释。方志远在研究明代军队编制时,指出明代的军事领导体制遵循文臣、武臣、内臣相互制约的原则,①这有助于了解不同军事编制下武官之间的关系以及武官与文官、宦官之间的矛盾。肖立军对明代省镇营兵制进行了系统研究,讨论了省镇中的职官体系,包括文武两套指挥系统与巡按、内臣组成的监军系统,对明代省镇营兵制的特色及利弊得失作了全面总结。②

　　除了军镇采用营兵制以外,明代京营亦施行这一编制形式,但又有所不同。曹循对京营制度的发展演变提出了新的看法,他以官制为主要线索,解析明代京营的形态变迁、功能转换及权力分配,梳理了内官与武将、文臣共掌营务过程中的彼此关系与权力的变化情况,认为于谦之后,文官在京营中的权势未曾高于勋臣。文官系统主要从外部对勋臣进行监管,使掌营勋臣、内官的权力被限制在一定的范围之内,其不法行为能够得到文官的纠察、揭发。此外,还提出"京营的规模从大到小、功能从攻到守演化的过程,正反映了明朝统治从'开创'向'守成'的转变"。③曹循还综合研究了卫所制与营兵制的发展脉络,通过剖析员额、编制、军役、军官等方面的变化,揭示军制从军事劳役体制向职业军队演进的趋势,重新审视了明代军制兴盛与衰败的过程。他也认为明代中后期新式募兵出现后,营兵制成为主要的作战组织形式,并提出"明朝军事的衰败期并非长达200年,而是万历中叶以后的半个世纪"④,这对重新认识和评价明朝军事力量以及明朝国家治理水平具有重要意义。

　　以上关于明代卫所制与营兵制的研究,基本认可了明代中后期营兵制存在的重要性,成为战时防御体制中的主要编制形式,同时也指出了营兵制并未完全取代卫所制,这种二元体制一直持续到明朝灭亡。然而,卫所制与营兵制这两种不同的组织形式并非背道而驰,而是具有相互交错的关系,营兵制的兵源有一部分来自卫所,营官亦从都督府、都司之中选任,而目前学界对于两种编

---

①　方志远:《明朝军队的编制与领导体制》,《明史研究》第3辑,黄山书社1993年版。
②　肖立军:《明代省镇营兵制与地方秩序》,天津古籍出版社2010年版。
③　曹循:《明代京营制度新探》,《史学月刊》2023年第8期。此外,秦博:《明代三千、五军营所辖侍卫军建制沿革考论》(《故宫博物院院刊》2020第10期)考证了三千营红盔将军、明甲将军及五军营叉刀围子手的创设与演变。
④　曹循:《明代军制演进与盛衰之变》,《历史研究》2023年第3期。

制中武官的交错关系研究还不够充分,包括总兵、参将等营官选拔过程中存在的问题以及总兵对卫所事务的干预、总兵对卫所武官的约束与节制还需要进一步探讨。

学界除了从军事史视角研究明代卫所制以外,还从社会史、人口史、历史地理等角度对其展开研究。这是因为明代卫所除了在军事领域起到重要作用外,还具有管理一定土地与人口的政治、社会功能,对地方行政区划的影响延续至清朝前期。顾诚提出明初全国土地为行政与军事系统分别管辖,明代军事系统的都司(行都司)、卫、所在绝大多数情况下也是一种地理单位。并以沿边卫所、沿海卫所、内地卫所、在内卫所(在京卫所)分类考证其所管辖的疆土。① 该观点关涉明朝版图、管理机制、土地、人口等系列问题,从而对卫所制度形成了新的认识。谭其骧对明朝版图的研究具有开创意义,早在 20 世纪30 年代已提出"实土、非实土"卫所的区别,后来,郭红、靳润成等进一步完善相关观点,提出了"准实土"卫所的定义,对不同地域的卫所辖区进行了细致梳理。② 李新峰则着重考证了沿海、北方边地、西南边疆卫所中的复杂形态,提出了都司卫所为省府州县的辅助政区系统的观点,而大部分为卫所并非独立的行政区。③

近年来在讨论明代卫所性质的基础上,涌现出了很多将卫所与地方社会变迁相结合的研究,探讨了明代不同区域的卫所对当地经济、文化、教育、人口迁移的影响。如邓庆平梳理了明清时期蔚州卫与蔚县的政区演变过程,探讨了卫所制度与地方社会的互动关系,着重分析了州与卫两套系统下因制度不同以及资源共享引起的争端与纠纷。其他还有河西地区、贵州地区、云南西部地区、辽东地区等卫所的研究。④ 从中我们可以发现明代卫所管辖区的变迁

---

① 顾诚:《明前期耕地数新探》,《中国社会科学》1986 年第 4 期;《明帝国的疆土管理体制》,《历史研究》1989 年第 3 期。

② 郭红、靳润成:《中国行政区划通史(明代卷)》(第二版),复旦大学出版社 2017 年版。

③ 李新峰:《明代卫所政区研究》,北京大学出版社 2016 年版。

④ 邓庆平:《卫所制度变迁与基层社会的资源配置——以明清蔚州为中心的考察》,《求是学刊》2007 年第 6 期;张磊:《明代卫所与河西地区社会变迁研究》,光明日报出版社 2021 年版;吴才茂:《明代卫所制度与贵州地理社会研究》,中国社会科学出版社 2021 年版;罗勇:《经略滇西:明代永昌地区军政设置的变迁》,社会科学文献出版社 2019 年版;杜洪涛:《戍鼓烽烟:明代辽东的卫所体制与军事社会》,上海古籍出版社 2021 年版。

与改革,出现了行政化趋势,为清前期卫所改州县的行政体制变革奠定了基础。郭红等人专门考察了卫所的"民化"过程,指出明代中后期,"民化"成为卫所衰落的主体变迁趋势。① 此外,以上研究成果还结合地理位置与社会状况的不同,总结了该地区呈现出的不同特点。而这些相对独立的小区域之间互相联系形成了大的地域特色,诸如明代辽东地区所在的北方边疆以及贵州、云南所在的西南地区,目前的研究成果多集中在以省为单位的区域研究上,缺乏省域之间彼此联系的研究,以及从更大的地域视角探寻卫所与地方社会的变迁情况。

（二）明代武官制度与军官、军户群体

明代对于武官的设置、任命与管理形成了一套与卫所制相辅相成的制度,涉及世袭、考选等多项内容。由于明代武官群体作为军户中的一部分,在相关研究中多被提及,如于志嘉与张金奎等对军户的来源、组织管理进行研究时,探讨了武官的世袭与武选等问题。② 梁志胜则专门对明代武官世袭制度进行全面研究,厘清了明代武官世袭制度的基本内容及其流变,对卫所武官的类型划分加以考察,并专门探讨了武官犯罪对武职袭替的影响。③ 曹循近年来拓展了对明代武官世袭情况的研究,考察了世官实际人数的变化情况,提出:"世职贴黄不断增长,而实际人数在宣德前后达到顶峰后,就逐渐减少"④,并分析了武官世袭人数变化对经济、社会产生的影响。明代武官的任命除了世袭任职以外,还有会推、武举等方式,高级武官会推制度是由兵部推选发展而来,这是为了制约兵部权力的扩大而作出的调整,武举则在嘉靖中叶以后成为军民晋升为将的重要阶梯。这方面的研究可参见《明代武举与武官选任新探》《明代武官会推制度的形成与演变》等论文。⑤ 明代为加强对武官的管理,提高武官的官员素质,制定了考核制度。张祥明针对都司卫所武官、在京武官、镇戍武官等,分类梳理了考选

① 郭红等:《明代卫所与"民化":法律·区域》,上海大学出版社 2019 年版。
② 于志嘉:《卫所、军户与军役》,北京大学出版社 2010 年版;张金奎:《明代卫所军户研究》,线装书局 2007 年版。
③ 梁志胜:《明代武官世袭制度研究》,中国社会科学出版社 2012 年版。
④ 曹循:《明代世袭武官人数增减与制度变迁》,《文史》2020 年第 1 辑。
⑤ 曹循:《明代武举与武官选任新探》,《中国史研究》2021 年第 1 期;李小波:《明代武官会推制度的形成与演变》,《历史档案》2021 年第 4 期。

制度的演变与实施的具体过程,通过考选结果可见明代中后期不法武官的普遍存在。他指出巡按与巡抚是地方武官考核的重要执行者,随着考选制度趋于形式化,而不能有效处置不法武官。①

上述研究成果对明代武官的基本制度进行了系统研究,但明代武官群体数量庞大,内部逐渐产生分化,除了世官与流官的区别外,还有现任官与带俸官、军功授予与纳粟、恩荫授予等不同,不同类型的武官其职权与管理皆有所区别,需要进一步探究。

除了相关制度的研究之外,有关不同武官群体的权力变化、生活面貌亦颇受学者关注,这一领域的研究跨越了政治史、社会史等多元视角,如秦博分析了明代勋贵群体的政治权力及其地位待遇状况,考察了勋臣的政治影响。② 曹循则关注到基层武官的分类与晋升途径,将明代营兵中的基层武官分为中军、千总、把总等管营官与操守、防守、守堡等守土官两类。③ 彭勇以四川地区武官群体作为研究对象,从民族关系、婚姻家庭、医疗生活、精神世界等方面探讨了他们的社会生活状态。其作为强势群体,有的会侵扰周围的少数民族,激化社会矛盾,罪重者因而受到法律惩处。同时该地区的武官通过长期的边疆生活,逐渐塑造了别具特色的边疆移民群体。④ 此外,明代军中还有一些特殊的群体,虽非正式武官,却行使武人的职权,如陕西行都司内的土官,他们是明初北方归附的土官军民被纳入卫所的管理体制下,此类土官没有行政独立权,受到军镇武将的管辖。明代军镇中还存在很多参随人员,他们是由镇守武官、钦差内官、钦差文官等人奏带而来,参与军务。⑤

明代武官群体与文官的关系是一个复杂而又引人注目的话题,这与武官的社会地位紧密相关。陈宝良提出:"明代的文武关系,实与军事制度的演变

---

① 张祥明:《明代军政考选制度研究》,中华书局 2021 年版。此外曹循的《明代卫所军政官述论》(《史学月刊》2012 年第 12 期)指出了军政官考选是针对武官世袭任职导致军政败坏而采取的举措。

② 秦博:《明代勋臣政治权力的演变》,中国社会科学院研究生院 2013 年硕士学位论文。

③ 曹循:《明代镇戍营兵中的基层武官》,《中国史研究》2018 年第 1 期。

④ 彭勇:《卫所制度与边疆社会:明代四川行都司的官员群体及其社会生活》,《文史哲》2016 年第 6 期。

⑤ 陈文俊:《军卫体制下陕西行都司土官身份考察》,《吉林师范大学学报(人文社会科学版)》2017 年第 2 期;孙武:《明代参随研究》,西北大学 2022 年硕士学位论文。

桴鼓相应。"①二者关系的变化趋势可总结为由明初的重武轻文到中期以后的崇文黜武,至明末兵兴,则重新重用武将,武臣拥众自重,出现跋扈之势。受武官地位的影响,文臣对其态度亦随之变化,晚明文人兴起尚武之风,而武臣为了提高声誉,改变缺文的社会形象,出现好文的倾向。万明则以戚继光为个案,通过考察其文化交游活动以及文化创作,解读晚明"武臣好文"现象。② 秦博考察了在"以文统武"之制下,由于文官主管武将铨选、军功考核等,有些武官通过结交文臣寻求权力庇佑,以获得重用。③ 然而,明代文武之间的关系除了在不同时期具有不同特点外,还具有其他方面的复杂性。明代中后期,对于总督、巡抚等高级文官而言,他们的权力与社会地位对武官形成明显的优势,左右着武官的仕途。言官则利用舆论力量与监察权影响对武官功过的评定,而上层文人士大夫的偏好引领了社会中对文与武的态度。但在卫所与府县同城而治的基层社会中,某些卫指挥等武官在当地依然占据着较高的社会地位,甚至凭借武力欺压府县官吏。因此我们在分析文武关系时,一方面需要纵向考察二者关系的变化,把握大的发展趋势,另一方面还需要针对文武官员中不同群体、不同场域进行具体分析。

(三)明代军事司法制度与司法审判

明代司法审判制度具有维护政治安定与社会稳定的多项功能,此外对发扬儒家伦理道德亦有重要作用。杨雪峰《明代审判制度》是研究明代司法审判较早较详尽的著作,不仅详细阐释了审判制度的上述功用,还全面探讨了明代司法审判机关的设置以及起诉、取证、审讯等司法审判程序。该书指出明代审判机关具有系统复杂、事权不一的特点,尤其省级审判机构包括按察司、布政司、巡按、巡抚在内的机构存在彼此之间互相牵制的情形。那思陆对明代中央审判制度进行了详细考察,提出皇帝拥有最高司法审判权,无论在侦查、审判及执行中,皇帝的裁决具有决定性,而内阁由于不是典制下的丞相机关,无法制衡皇帝的最高司

---

① 陈宝良:《明代的文武关系及其演变——基于制度、社会及思想史层面的考察》,《安徽史学》2014 年第 2 期。
② 万明:《从戚继光的文化交游看晚明文化视域下的"武臣好文"现象》,《鲁东大学学报(哲学社会科学版)》2009 年第 4 期。
③ 秦博:《论明代文武臣僚间的权力庇佑——以俞大猷"谈兵"为中心》,《社会科学辑刊》2017 年第 4 期。

法审判权。书中还提到了对武官的诉讼与审判程序,需自下而上陈告。明初由五军都督府断事官担任军事系统的最高审判官,后罢黜不用,兵部的权力相应上升。① 该书对于明代中央审判机构、审判程序的考察全面而深入,并用动态视角分析了审判制度在不同时期的变化。

明代军事立法分为两类,一类分布于综合性律法之中,另一类为专门性军事条例。杨一凡对《大明律》《大诰》《问刑条例》等法律文献的研究,体现了明代从中央到地方,从明初到中后期的立法活动,他还着重对明初法律的实施情况进行了分析与总结,考察了《大诰》颁行的社会背景、法律效力等,总结了《大诰》"律外用刑""重典治吏""明刑弼教"的法律特色。② 尤韶华则对明代会审制度、民间诉讼制度、充军与赎刑等制度进行了专题研究,指出了官吏犯罪的实际处置分为四个阶段,第一阶段采用官吏犯罪戴罪记过考核的办法,三犯则如律处置;第二阶段则规定犯赃官吏赎罪后,发原籍为民;第三阶段增加了其他行止有亏的行为也要赎罪后发遣为民;第四阶段对待官吏犯罪的处罚更加严格,赃多未完,不得赎罪。该书对每个阶段所涉及的军官犯罪的处置办法亦进行了介绍。③ 以上研究成果考察了明代立法与执行情况的演变,为进一步研究明代武官所处的法律环境奠定了基础。同时也显示了明代司法具有多变的特性,因此必须从动态角度对明代司法进行深入的考证和研究。

学界对明代军事司法制度的专门性研究近年有所增加,但仍然比较有限。较早研究的有陈学会主编的《中国军事法制史》第十章,④ 从军事立法、军事行政、军事刑法、军事司法四个层面对明代军事法律制度进行了论述。张金奎则考察了明代卫所司法系统的变化,提出其逐渐被行政系统所侵袭,失去了独立的地位。⑤ 于志嘉则利用个案考察了基层社会中军民纠纷的司法审判程序,如《从〈萫辞〉看明末直豫晋交界地区的卫所军户与军民词讼》一文利用《萫辞》中所载

① 那思陆:《明代中央审判制度》,北京大学出版社 2004 年版。
② 杨一凡:《明代立法研究》,中国社会科学出版社 2013 年版;《明初重典考》,湖南人民出版社 1984 年版;《明大诰研究》,江苏人民出版社 1988 年版。
③ 尤韶华:《明代司法初考》,厦门大学出版社 1998 年版,第 1 页。
④ 陈学会主编:《中国军事法制史》,海潮出版社 1999 年版,第 197—215 页。
⑤ 张金奎:《明代卫所司法简论》,《故宫学刊》第 3 辑,紫禁城出版社 2006 年版;《明代卫所军户研究》,线装书局 2007 年版。

案例阐释了明代军户的经济生活,因转佃屯地等事务中存在矛盾而引起司法纠纷,有关此类纠纷的处置往往采取军职衙门会同行政机构约问的审判程序。

刘少华对明代军人司法制度进行了较全面的研究,重点论述了惩治军人犯罪的法规和相应的审判制度,还对嘉靖《问刑条例》与万历《问刑条例》等不同时期颁行的条例进行了对比研究。① 徐望利用《皇明条法事类纂》对明代中期武职犯罪的审理程序进行了有力分析。他指出成化、弘治时期武臣犯罪审判受到了文官权力在司法领域扩张的影响,因多种力量的参与,容易引发滥诉与诬告问题,因此为保护武臣权益而出台了新的条例。② 刘正刚、柳俊熙针对明代卫所军官犯奸惩治条例进行了详细梳理,指出了明代对军官犯奸的惩治总体呈轻刑薄惩的状态。③

对于明代武官犯罪刑罚制度的研究,集中在立功赎罪、调卫等惩罚方式的探讨。如吴艳红提出从永乐初年始,“立功”便成为犯罪武职罚役赎罪的普遍形式;景泰以后,立功又发展为独立惩治犯罪武职的一种方式。④ 黄谋军考察了“调卫”惩罚措施在军事司法领域的应用,指出其正式确立于宣德四年,并不断推广,涉及军官在职务、经济、道德等方面的罪行惩治,然而在实施过程中产生了系列问题。⑤ 上述刘少华的研究中亦涉及武官犯罪的刑罚,除了立功赎罪与调卫之外,他还列举了带俸差操、降级、充军、为民等,而较少使用五刑。从现有成果来看,学界虽已关注到明代武官犯罪的几种常见惩罚方式,但尚未深入探究这些刑罚制度背后的动因及主要程序。事实上,这是为了适应军事防御的需要,以及保障军队力量和对武官的优待,形成了有别于文官的刑罚制度。看似缺乏统一标准的量刑方式,其实皆有律例可循,司法官员给犯罪武官拟定审判方案时,往往根据《大明律》拟罪,再依据现行条例转化为实际的惩罚方式,而不同的犯罪类型对应着不同的惩罚,例如行止有亏者发原卫为民,令其子孙袭职;失误军

---

① 刘少华:《明代军人司法制度研究》,北京燕山出版社 2014 年版。
② 徐望:《明中期武职犯罪的审理程序——以《皇明条法事类纂》为中心》,《上海大学学报(社会科学版)》2017 年第 6 期。
③ 刘正刚、柳俊熙:《明代卫所军官犯奸惩治条例探析》,《安徽史学》2023 年第 3 期。
④ 吴艳红:《明代武职“立功”考论——兼论赎例在明代武职中的行用》,《史学集刊》2002 年第 4 期。
⑤ 黄谋军:《明代犯罪武职调卫考论》,《郑州大学学报(哲学社会科学版)》2020 年第 2 期。

机者重则被罚充军,轻则降级、罚俸。因此,我们对明代武官刑罚制度的研究,一方面需要结合具体犯罪内容进行分析,另一方面还需要辨别律与例之间的联系与区别,考察例的变化。

目前学界对明代武官犯罪司法实践方面的专门研究较少,张国源探讨了明代九边对军事渎职等行为进行惩罚的方式和类型,并关注到法律的执行环节,指出了九边同罪不同刑的现象比较突出,具有明显的随意性,这种随意性对明代军惩制度的最终落实造成了一定干扰。① 明代武官犯罪的司法实践确实受到政治因素的影响较大,皇帝拥有最高审判权,可以否定司法官员的审判而作出新的判决,如此造成军事司法审判具有很大的不确定性,影响了法律的公正性与权威性。但明代武官犯罪的司法实践并非全无规律可循,在不牵涉重大政治事件情况下,皇帝给予犯罪武官的处置总体遵循了明初以来"重其重罪,轻其轻罪"以及优待功臣的原则,对谋逆重罪予以重罚,而对高级武官犯谋逆之外的罪行处罚较轻,甚至可以获免,对中下级武官犯罪则能够较为严格地按照现行条例进行处置。可见,明代武官犯罪司法实践的特点呈现出多元性,需要进一步深入探讨。

(四)海外研究成果

国外的研究成果主要集中于军事制度方面,如日本学者川越泰博对《卫选簿》的了解极为深入,他从军事和政治、军事和外交的研究视角,着重分析了土木之变的发生,并对班军等不同类型的军队进行了考察。② 清水泰次对军屯制度进行了较为全面的梳理,指出屯军的逃亡是军屯制度衰落的主要原因。③ 奥山宪夫关注卫所制度的宏观演变,指出了兵源从卫所制度下的军户,变为游民;军队的统治势力从武臣变为官僚。④ 其新著则对明代宣德时期的武臣犯罪情况及其处罚措施进行了专门研究,探讨明代武臣军事能力低下的原因,包括宣宗的性格等皆作了有力分析。⑤ 加拿大学者宋怡明运用了大量家谱、地方志、口述史

① 张国源:《明代九边防务中的军事惩罚》,陕西师范大学 2012 年硕士学位论文。
② [日]川越泰博:《明代中国の軍制と政治》,国书刊行会 2001 年版。
③ [日]清水次泰著,方纪生译:《明代军屯之崩坏》,《食货》1936 年第 4 卷第 10 期。
④ [日]奥山宪夫:《明代军政史研究》,汲古书院 2003 年版。
⑤ [日]奥山宪夫:《明代武臣の犯罪と処罰》,汲古书店 2018 年版。

等民间资料探讨了福建军户在原籍、卫所和军屯的生活,涉及军户多种人际关系的处理,针对国家管理制度,则"在服从与反抗中彼此制衡"①。

综上所述,目前学界对明代军制、武官群体、军事司法的研究取得了巨大突破,不仅系统分析了卫所制、营兵制、武官世袭、武官考选、武官任命、武官司法等基本制度,还将制度史与社会史相结合,探讨卫所制度与地方社会的互动、武官群体的社会生活等系列问题,研究视角与研究方法都有了很大创新。但目前的研究仍存在一些不足。

第一,卫所及其相关制度的研究比较集中于对不同类型的制度规定进行梳理,包括军户制度、武官制度、军屯制度等,而针对制度实际运行中,不同卫所、不同官军群体的具体形态进行的研究仍然比较缺乏。第二,军事司法方面的研究仍然有限,尤其缺乏对武官犯罪司法实践方面的深入考察,例如明代社会变迁、政治格局变化、文武关系转变等对军事司法实践的影响等尚待进一步研究。第三,对区域社会与明代军事制度变迁之间的关系研究较为薄弱,虽然已经出现了以特定区域为个案进行考察的尝试,但数量还比较少,且综合运用制度史、社会史、历史人类学研究方法的力度还不够,如对区域社会内卫所的建置沿革、卫所人口的迁移研究较多,而对其他卫所制度在区域内的实施情况研究较少。因此包括军事司法在内的地域特征仍需要进一步挖掘,如虽然《大明律》《问刑条例》通行全国,但不同地域、不同军事防御形势以及民俗影响下,军事司法运作会呈现不同特征,这方面的研究还存在很大的拓展空间。

---

① ［加］宋怡明著,钟逸明译:《被统治的艺术——中华帝国晚期的日常政治》,中国华侨出版社 2019 年版。

第一章　明初武官的设置与军事司法体系的建立

　　明太祖朱元璋以武功定天下,在这一过程中,武将起到了至关重要的作用。他们既负责攻战,亦要镇守一方、总制军民,故而才兼文武者更加受到明太祖的器重。在当时的政治环境下,明太祖奉行"文武并重"的治国理念,同时为了拉拢势力庞大的武官集团,其通过封爵大力奖励功臣,制定武官世袭制度与优养制度以确保武官群体的长久利益,允许功臣子弟入国子学、地方府县学受业,提高武官群体的文化素养,保障了明初武官较高的政治、社会地位。

　　除了重用与优待武臣外,明太祖还认识到礼法约束对统治武官的重要性。随着明朝政权的稳定,明太祖着手完善一系列国家制度,其中司法制度的建立是一项重要内容,他曾对时任左相的徐达曰:"然建国之初,当先正纪纲。元氏昏乱,纪纲不立,主荒臣专,威福下移,由是法度不行,人心涣散,遂致天下骚乱。今将相大臣辅相于我,当鉴其失,宜协心为治,以成功业,毋苟且因循,取充位而已。"①在明太祖礼法结合、德刑并用的指导思想下,明朝开始建立起一套独立的军事司法体系,并制定倾向于武官的审判程序。由此,一方面加强司法体系对武官群体的约束与监督,另一方面给予武官较高的司法待遇。

　　此外,明初武官的设置与职权划分亦适应了政治格局的变化并遵循了明太祖的治国思想,经历了从战时状态到和平稳定时期的演变。这一时期,武官制度借鉴元代制度并结合新的形势不断创新与改革,最终以卫所制度为依托,建立具有明代特色的武官职官体系。

---

　　① 《明太祖实录》卷 14,甲辰年正月戊辰,第 176 页。

第一节　明初武官的任职与演变

明初,各项制度经历了从初创到不断尝试新的调整的过程。武官体系的构建,自朱元璋称吴王时期起,至其称帝后,特别是经过洪武十三年的重大改制,经历了显著的演变。具体而言,武官的官职名称由最初的混杂状态逐渐统一并有序化,其命名方式从沿袭元朝的旧制,逐步结合新设机构进行调整;在权力分配方面,由原先基于亲疏关系和战时需求的分配模式,转变为适应国家治理体系和加强君主集权的需要。这些变化与整个政权的发展进程及军事制度的演进紧密相连。

一、文武兼备:明朝建立前后武官任职的过渡形态

自科举取士以来,文武分野,武官群体区别于文官之处可从其入仕途径、所属机构、掌握的职权范围、升迁的条件等进行判断。然而义军政权初创阶段,局势不稳,更需要文武兼备之才统筹兼顾。因此,这一时期文武官的身份与职权并无绝对的界限,有武官掌管民事者,亦有文职转武官者。如南阳卫指挥佥事郭云的任职经历便由文入武,他于元末聚集乡人为义兵,累官至湖广行省平章政事,坚守裕州。时指挥曹谅率兵围之,云战败被擒,朱元璋观其状貌奇伟,命释之,并问:"汝识字乎?"郭云回答说:"识",并当众熟练朗诵。于是郭云被授予溧水知县,由于治理有方,民对其称颂有加。[1] 朱元璋得知郭云才兼文武之后,"特授南阳卫指挥职事,命还乡里戢兵,备御南阳。到任之后,军民乐业"[2]。后来其子郭洪得以世袭武官之职。

又如署云南布政使司事汝南侯梅思祖,初从张士诚为中书省右丞,向徐达投降后,多次立下战功,累官至浙江行省右丞。洪武三年朱元璋赏赉诸功臣,封梅思祖为汝南侯。十五年平云南,置贵州都指挥使司,以思祖署都指挥使。又因云南初平,需要重臣镇之,于是命思祖署云南布政使司事,与平章潘原明共同镇守。思祖镇守期间"善抚辑,民夷安之"[3]。梅思祖的任职经历并非局限于武官,前期

---

[1]　(明)焦竑辑:《国朝献征录》卷 111,《四库全书存目丛书》第 106 册,第 362 页。(《明太祖实录》卷 34,第 622 页,记载郭云"授溧水知县")

[2]　钱伯城等主编:《全明文》卷 3《飞熊卫指挥使司佥事郭洪诰》,第 1 册,第 27 页。

[3]　《明太祖实录》卷 149,洪武十五年十月壬午,第 2349 页。

为行省右丞,后来署布政使司事。可见明朝建立前后,由于大小战事不断,需要有威望的武臣镇守地方,因此武官群体承担了攻城与守土的双重职责。有些武官在镇守期间精心经营受到了朱元璋的嘉赏。如镇守辽东后军都督佥事叶旺在辽东十七年,"翦荆棘、修城湟,建立官府,抚辑军民,功绩甚著"①,太祖嘉劳之。

(一)明初的武相

朱元璋在与大臣的对话中多次表达自己对武官能够出将入相的期许,大将担任丞相是其文武兼资思想的实践。虽然明代武相设置时间较短,随着朱元璋废除丞相制度即不复存在,但却体现了明初武官任职的一种过渡形态。

在中央,朱元璋即吴王位后,建百司官属,置中书省左、右相国,正一品;平章政事,从一品。以李善长为右相国,徐达为左相国,常遇春、俞通海为平章政事。② 吴元年,命百官礼仪俱尚左,改右相国为左相国,左相国为右相国。③ 洪武元年太祖即帝位以李善长、徐达为左右丞相。④ 其中徐达、常遇春、俞通海皆出身于武官之列,如徐达曾任统军元帅、常遇春任中翼大元帅、俞通海任秦淮翼元帅府元帅。攻打张士诚时,由相国徐达为大将军,平章常遇春为副将军,率师二十万伐之。吴元年(1367)十月,命中书右丞相徐达为征虏大将军、中书平章掌军国重事常遇春为征虏副将军,北取中原。⑤ 洪武四年(1371),朱元璋命中书右丞相徐达往北平操练军马,缮治城池。⑥ 可见徐达任相期间常年在外挂大将军之衔,行武官之责。

另外,王府中亦曾设有武相。洪武二年(1369)设王府官属,其中王相府左右相各一人,正二品;左右傅各一人,从二品。⑦ 洪武三年(1370)陆续任命了多位王府的武相与武傅,包括秦王府武相耿炳文兼陕西行省右丞,都督佥事郭子兴为秦王府武傅仍兼陕西行都督府佥事,都督同知汪兴祖为晋王府武傅兼山西行

---

① 《明太祖实录》卷189,洪武二十一年三月戊寅,第2832页。
② 《明史》卷1《太祖一》,第12页。
③ 《明太祖实录》卷26,吴元年冬十月丙午,第384页。
④ 《明太祖实录》卷29,洪武元年春正月乙亥,第482页。
⑤ 《明太祖实录》卷26,吴元年冬十月甲子,第395—396页。
⑥ 《明太祖实录》卷60,洪武四年春正月丁亥,第1168页。
⑦ (明)王圻:《续文献通考》卷96《王府官僚》,《续修四库全书》第763册,第607页。

都督府同知,位居武傅谢德成之上。① 广西行省参政蔡仙任靖江王相仍兼参政,提督广西卫。② 大都督府都督金事华云龙任都督同知兼燕府武相,③同时又兼北平行省参知政事,被封淮安侯。④

洪武九年(1376)正月,又任命户部侍郎汤槃为秦府右傅,金都督谢成为晋府左相,致仕湖广参政陶凯为右相,太原护卫指挥使袁洪为左傅,户部侍郎陈显为右傅,燕府左傅费愚为本府左相,河南参政陈昧为右相,金都督丘广为左傅,户部郎中王务本为右傅,广西护卫指挥金事董勋为靖江府左相,浙江参政李质为右相,飞熊卫指挥金事徐礼为左傅,户部尚书李泰为右傅。⑤ 次月重定王府官制,王相府设左右相二人,武相一人,文相一人;左右傅二人,武傅一人,文傅一人。⑥ 王府左右相初为正二品,后降为从二品;左右傅初为从二品,降为正三品。

因王府中武相多由勋臣兼任,朱元璋下诏"诸王相府,武相居文相之上,相府官属与京官更互除授"⑦。并在待遇上规定:"凡武官任王相傅者,与兼职之禄。"⑧王府武相的设置秉承了朱元璋"出将入相"的用人思想,其在敕谕秦相府官中曰:

> 王府设官,本古之道,然古者惟以文章之士匡辅诸王。朕封诸子兼设武臣于相府者,盖欲藩屏国家,御侮防患。无事则助王之治,所以出则为将,入则为相。今靖江相府官与指挥耿良不协,甚有欺凌指挥之意,由是命武相有警,则出而为将,获卫指挥副之,归则勿与金谷刑名之事。军务则文武议之,无事则导王以善,或中书省文移,有乖朕意,尔即如敕行之。⑨

由上可见,武相的作用在于藩屏国家,维护明王朝的统治,与朱元璋分封同姓王的初衷是一致的。武相多身兼地方官职,初期武将由勋臣或都督担任,后期亦有指挥使充任者。武相主要掌管军务,但平时无统兵之权,且不干涉文官所管

① 《明太祖实录》卷53,洪武三年六月庚辰,第1051页。
② 《明太祖实录》卷55,洪武三年八月丙子,第1078页。
③ 《明太祖实录》卷53,洪武三年六月癸亥,第1036页。
④ 《明太祖实录》卷58,洪武三年十一月丙申,第1130页。
⑤ 《明太祖实录》卷103,洪武九年春正月甲戌,第1736—1737页。
⑥ 《明太祖实录》卷104,洪武九年二月丙戌,第1741页。
⑦ 《明太祖实录》卷51,洪武三年夏四月癸酉,第1007—1008页。
⑧ 《明太祖实录》卷53,洪武三年六月壬申,第1040页。
⑨ 《明太祖实录》卷119,洪武十一年秋七月戊子,第1939页。

的刑名钱粮等事,有警则率兵防御。这从武相、傅的诰命中亦可看出,其文曰:

> 古者诸侯王居方隅,列土虽有多少之不同,其设官匡政,则有大夫、相、傅之职,职必文武备之。所以用文武者,文以臻善启德,武以耀武扬威。然居安之时,或相或傅,则不专操其兵事。在卫官若入宿值日,其士卒之数有无,或如否常法,则相、傅点闸分明,毋使昼勤而夜惰。其相、傅如忽有警,则出为主将,傅与指挥副之,入不预兵,止怀韬谋,以控奸顽,是谓设武相、傅之道在斯。若非忠良而毅果,岂称是任?①

洪武十三年(1380),随着宰相制度的废除,诸王相府亦被废除,正五品的左右长史成为王府的长官。②

(二)明初的总制

明代中后期所设总制由文官担任,负责总督一方军政,而较早出现的总制应用于"总制军马"之义,如元代时的督制,至正十二年(1352)八月,"脱脱以答剌罕、太傅、中书右丞相分省于外,督制诸处军马,讨徐州"③。明初,李文忠曾任浙东行省右丞"总制处州等五府一州军马"④。此时的总制既有文官充任,又有武官担任者。

武官担任总制者如朱元璋养子徐司马,癸卯年(1363)为总制,守金华。⑤ 徐司马后来升任的官职皆为武职,"吴元年(1367)授金华卫指挥同知。洪武元年(1368)从曹国公李文忠北征……三年十一月升杭州卫指挥使,十二月以本卫为都司升都指挥使"⑥。朱元璋义子何文辉,命为总制,迁天宁翼元帅,以功升同知南昌卫指挥使司事,守其地。寻进江西行省参政,转左丞。以征南副将军平福建……复拜河南卫指挥使。⑦ 最终官至大都督府同知。

由文职总制地方者,如孙炎以分省都事"为处州总制,凡钱谷兵马之事悉委

---

① 钱伯城等主编:《全明文》卷4《王府武相武傅诰》,第51—52页。
② 《明太祖实录》卷134,洪武十三年冬十月壬戌,第2122页。
③ 《元史》卷42《本纪·顺帝五》,第902页。
④ (明)徐学聚:《国朝典汇》卷1《朝端大政》,书目文献出版社1996年版,第16页。
⑤ 《明太祖实录》卷12,癸卯春正月壬寅,第147页。
⑥ 《明太祖实录》卷224,洪武二十六年正月辛亥,第3274页。
⑦ 《明太祖实录》卷106,洪武九年五月壬辰,第1771页。

之"①。孙炎以儒士得录用,曾任池州同知、知府,以文官身份升任处州总制。胡深归附朱元璋后,擢中书省左司员外郎,壬寅年(1362),升浙东行中书省左右司郎中,总制处州军民事。甲辰年(1364),领兵攻破方明善,复平阳、瑞安二县,②任处州总制时,关心盐政,提出盐税十取其一太重,仍从二十取一之例。③ 后升王府参军,仍总制处州。又有王恺以左司郎中总制衢州军民事:

> 恺增城浚濠,置游击军,募保甲,翼余丁及旧民兵,得六百人以益戍守。兵食不足,则斥并城废田五十余亩,使之耕以自给。民有田,力弗能艺者,听军士贷耕而为输粮。为县官,籍江山、常山、龙游、西安四县丁壮,凡六丁之中,简一以为兵,置甲首、部长统之,得兵一万有奇。无事则为农,脱有警,则兵者出攻战。④

朱元璋非常重视浙东地区的镇守,曰:"金华是吾亲征之地,密迩江西、福建,迫于敌境,重镇也,必得重望之臣镇之。"⑤故而,除令其外甥李文忠总制浙东五府军马外,其下辖的处州、金华、衢州等都曾设置总制之官。其他地方,如乙巳年(1365),命参军詹允亨总制辰、靖、宝庆等处州郡,听湖广行省节制。⑥ 可见,该时期的总制有两类,一类为专任官职,名为总制,如武职徐司马、何文辉曾担任此职,级别较低;一类以他官行总制之事,如左右司郎中、参军等,多为文官兼任。不论哪一类,皆要负责守护城池、安抚地方,平时需壮大武备力量,战时能带兵应敌。这与当时社会处于动荡时期,地方文武官在职权上并未泾渭分明而是皆有守城之责有关。

乙巳年,朱元璋命千户夏以松守临江,张信守吉安,单安仁守瑞州,悉属江西行省节制。众人赴任之前,朱元璋特谕之曰:

> 汝皆吾亲故有功之人,故命以专城之寄。夫守一郡必思所以安一郡之民,民安则汝亦安矣。昔者丧乱,未免有事于征战,今既平定,在于安辑之而已。凡守城者,譬之守器,当谨防损伤,若防之不固,致使缺坏,则器为废器,

---

① 《明太祖实录》卷10,壬寅年二月丁亥,第134页。
② 《明太祖实录》卷17,乙巳年六月甲辰,第231页。
③ 《明太祖实录》卷12,癸卯年闰三月丁丑,第150页。
④ (明)过庭训:《本朝分省人物考》卷40,《续修四库全书》第534册,第71页。
⑤ (明)徐学聚:《国朝典汇》卷1《朝端大政》,第16页。
⑥ 《明太祖实录》卷16,乙巳二月辛丑,第220页。

守者亦不得无责矣。吾不以富贵而忘亲故，汝等勿以亲故而害公法，庶几上下之间，恩义兼尽，生民享安全之福，汝等亦有无穷之美矣。①

朱元璋强调守城的重要性，命令武官要保障城中百姓的安全，这些守土之官的派遣与总制的设置有相通之处。明代立国前所设总制，文武皆可充任，正是适应当时军事形势与朱元璋灵活用人策略的表现。乙巳年后，明初武将仍多总制之名，但以文臣为总制的现象不复存在，②至成化时仍有令武臣总制各路军马之命。

成化元年(1465)十二月，虏贼寇延绥，命大同总兵官彰武伯杨信统大同马队官军一万，宁夏总兵官都督佥事李杲统宁夏官军五千，都督佥事王瑛同宁远伯任寿、右副都御史项忠统见调陕西属卫官军一万驰诣延绥御之，仍命信总制诸军。③此次出兵仍只派遣武臣总制各路军马，但不久出现了派文臣总督军务，武臣协同总制大军，文武重臣并用的局面。成化四年(1468)，朝廷任命巡抚陕西右副都御史项忠总督军务，都督同知刘玉充总兵官，统调京营及延绥、宁夏、甘凉等处军马共一万三千，征剿固原反贼满俊。④

明朝建立前夕，朱元璋命武官担任总制一职，以率军守卫城池，此后，武臣总制之名在明初亦不罕见。到了成化年间初期，战时由文武大臣共同负责节制军马。在这一时期，尽管有些文臣拥有总督军务的头衔，但实际上他们更多地扮演着参赞和提督军务的角色。随后，陕西地区设立了三边总制，其他重要军镇也相继派设总督，这些职位均由文臣担任，并常驻军镇之中，负责统筹军务。随着总督权力逐渐扩大，总兵官受制于总督，武臣失去了总制大军的首要职位，文臣统兵的格局形成。

二、常规军事机构中的武职

随着明朝政权的建立，军队规模的扩大，军事体制逐渐完善，军队的常规化管理走向稳定，机构设置更加完备。明初武官的设置经历了立国前的初创阶段至洪武十三年的调整与确立阶段。

---

① 《明太祖实录》卷16，乙巳二月辛丑，第219—220页。
② 李新峰：《明前期军事制度研究》，第124页。
③ 《明宪宗实录》卷24，成化元年十二月己卯，第464页。
④ 《明宪宗实录》卷56，成化四年七月癸酉，第1145—1146页。

（一）从枢密院到都督府中的武职

五军都督府是明代在中央设置的军事机构，所设都督、都督同知、都督佥事皆由武官担任，据《明会典》记载其前身先后为统军大元帅、枢密院、大都督府："国初置统军大元帅府，后改枢密院，又改为大都督府，秩正一品，设左右都督、都督同知、都督佥事等官。洪武十三年始，分中、左、右、前、后五军都督府。各府都督初间以公侯伯为之，参与军国大事。后率以公侯伯署府事，同知、佥事则参赞军事。"①

朱元璋渡江成功以后，一段时间内仍然奉龙凤政权为正朔，名义上接受了韩林儿授予的枢密院同佥的职位，"是月亳都，升上为枢密院同佥……寻升上为江南等处行中书省平章"②。枢密院的设置继承了元代的制度，《元史》载延祐五年（1318），增同知一员，"后定置知院六员，从一品；同知四员，正二品；副枢二员，从二品；佥院二员，正三品；同佥二员，正四品；院判二员，正五品；参议二员，正五品；经历二员，从五品；都事四员，正七品"③。除此之外，有征伐之事，则置行枢密院。④ 朱元璋开始着手建设自己管辖下的军事机构，"改集庆路为应天府，置天兴、建康翼统军大元帅府，以廖永安为统军元帅，命赵忠为兴国翼元帅"⑤。又在攻克集庆路后不久设置了江南行枢密院，"升廖永安为行枢密院同佥，俞通海为行枢密院判官"⑥，又以元帅邓愈为行枢密院判官。⑦ 己亥年（1359），升同佥行枢密院事常遇春为佥枢密院事。⑧ 另外，还有分枢密院之设，"改淮海翼元帅府为江南等处分枢密院，以缪大亨同佥枢密院事，总制军民"⑨。

由上可见，行枢密院所设官职包括佥院、同佥、院判等，佥枢密院事有总制各路军马之权，辛丑年（1361），以佥院邓愈为中书省参政仍兼佥行枢密院事，总制

① （明）申时行等编：(万历)《明会典》卷227《五军都督府》，第1113页。
② （明）俞本撰，李新峰笺证：《纪事录笺证》，中华书局2015年版，第48页。
③ 《元史》卷86《百官二》，第2155页。
④ 《元史》卷86《百官二》，第2156页。
⑤ 《明太祖实录》卷4，丙申二月辛卯，第43页。
⑥ 《明太祖实录》卷5，丁酉年三月壬午，第51—52页。《明太祖实录》卷4(丙申年六月辛未，第44页)记载："置行枢密院于太平，以总管花云为院判。"
⑦ 《明太祖实录》卷5，丁酉年七月壬午，第56页。
⑧ 《明太祖实录》卷7，己亥年十月壬申，第89页。
⑨ 《明太祖实录》卷8，庚子三月戊子朔，第92页。

各翼军马。① 其他官员的职责包括遣将征讨,如行枢密院判邓愈遣部将王弼、孙虎及汪同、孙茂先等取婺源州……复遣万户朱国宝攻高河垒克之。② 或亲自率军出战,如院判邓愈出兵建德路,③院判耿再成率兵屯缙云县黄龙山,规取处州。④ 或守城池,兼管民政,如缪大亨以同佥行枢密院事守江淮府"有治才,宽厚不挠,多惠爱及人,至于禁戢暴强,剖析狱讼,皆当其情,民甚悦之"⑤。

辛丑年(1361)改枢密院为大都督府,命枢密院同佥朱文正为大都督,节制中外诸军事。⑥ 不久,增置大都督府左右都督同知、副使、佥事、照磨各一人。⑦ 大都督从一品,左右都督正二品,同知都督从二品,副都督正三品,佥都督从三品。⑧ 吴元年,罢去大都督一职,提高了左右都督的品级,左右都督正一品,同知都督从一品,副都督正二品,佥都督从二品。⑨ 洪武九年(1376),又罢副都督一职。洪武十二年(1379),升都督府佥事为正二品。⑩ 洪武十三年罢中书省,改大都督府为五军都督府,分领在京除锦衣等亲军与上直卫外各卫所,及在外各都司、卫所。起初定五军都督府为正二品,不久升为正一品。朱元璋还在特殊要地设置行大都督府,时大将军徐达北征元都,北方成为军事重地,遂置大都督分府于北平,以都督副使孙兴祖领府事,升指挥华云龙为分府都督佥事。⑪ 后又于临濠设行大都督府,由大都督府同知荥阳侯郑遇春、佥都督庄龄前往负责开设。⑫

朱元璋令大都督府掌握天下兵马,节制中外军事。洪武十二年七月在给李文忠的敕书中曰:

> 大都督府掌天下兵马,其迁选调遣,辨强弱,知险易,发放有节,进退信期,度行卒之劳逸,察司队者邀功,若防奸御侮,非止一端,于斯职也甚贵。

① 《明太祖实录》卷9,辛丑年正月辛酉,第111页。
② 《明太祖实录》卷6,戊戌年正月乙卯,第62页。
③ 《明太祖实录》卷6,戊戌年三月丙辰,第64页。
④ 《明太祖实录》卷7,己亥年正月庚申,第79页。
⑤ 《明太祖实录》卷8,乙卯年三月戊子,第92—93页。
⑥ 《明太祖实录》卷9,辛丑年三月丁丑,第113页。
⑦ 《明太祖实录》卷9,辛丑年冬十月戊寅朔,第120—121页。
⑧ 《明太祖实录》卷14,甲辰年三月戊辰,第183页。
⑨ 《明太祖实录》卷27,吴元年十一月乙酉,第412页。
⑩ 《明太祖实录》卷126,洪武十二年九月己亥,第2014页。
⑪ 《明太祖实录》卷35,洪武元年九月壬寅,第627页。
⑫ 《明太祖实录》卷64,洪武四年夏四月甲申,第1211页。

朕以贵赏功,其于机也甚密,特以机密托之腹心。所以都督天下兵马,谓裁其事耳。今府佥事已任,左右都督、同知都督未职,特以尔曹国公李文忠专行提调府事,都府一应迁选调遣,务从尔议,然后一同来奏。若府官及大小军职少有不如律者,即便究治。若有功并如律者,奏毋他隐。①

都督府中的官员确有调兵遣将、率师出征者,如大都督朱文正遣参政何文辉、指挥薛显等讨新淦邓仲谦,②或在大将军的统一安排下总制部分军队,如吴元年,大将军徐达派遣都督同知张兴祖率领宣武等卫军兵往徐州进取山东诸州县。③ 洪武元年大将军徐达奉命攻打乐安,朱元璋遣使传达谕令:"其羽林等卫壮士,并各卫军马令都督冯宗异总之,都督同知张兴祖、康茂才,右丞薛显,参政傅友德诸将士等,俱令至济宁草桥以听调发。"④大将军徐达檄都督同知张兴祖、平章韩政,都督副使孙兴祖,指挥高显等率领益都、徐州、济宁之师会于东昌,又命右丞薛显,参政傅友德,左丞赵庸,平章曹良臣、俞通源,都督副使顾时,右臣梅思祖各领军卫分布士马渡河。⑤ 大战在即,都督府有选兵、调兵之责,洪武十四年(1381)命都督府选骑士赴北平,从大将军徐达征进,得精壮者万六千一百三十五人。⑥

此外,禁卫军系列亦归都督府掌管,甲辰年(1364)将此前行省所设都镇抚改为大都督府镇抚,归属于大都督府,秩从四品,掌调各门守御千户所。⑦ 后升为留守卫指挥使司,"领军马,守御各城门及巡警皇城与城垣造作之事"⑧。都督府还有参与军事机要的权力,皇帝与之商议军务。吴元年,朱元璋登戟门与大都督府臣讨论各处用兵的策略,曰:

胡廷瑞已得邵武,今命汤和又从海上取福州,其势必得。既得福建,当留兵守要害,俾由海道取广东,杨璟兵取广西,既克就以其兵下西蜀。中原

① 钱伯诚等主编:《全明文》卷8《命曹国公李文忠提调都督府事敕》,第120页。
② 《明太祖实录》卷16,乙巳年正月甲戌,第216页。
③ 《明太祖实录》卷27,吴元年十一月丙子,第409页。
④ 《明太祖实录》卷30,洪武元年二月乙丑,第531页。
⑤ 《明太祖实录》卷32,洪武元年七月丁酉,第575页。
⑥ 《明太祖实录》卷137,洪武十四年四月丙辰朔,第2159页。
⑦ 《明太祖实录》卷15,甲辰年十月乙卯,第205页。
⑧ 《明太祖实录》卷49,洪武三年二月丁亥,第972页。

> 赤地千里,人民艰食,军马所经粮饷最急,当令人往徐邳运粮,兵精粮足,所向必克,卿等以为何如?①

然而,大都督府成立之初,官员任命并不充足,除了朱文正、李文忠是与朱元璋有血缘关系的亲信外,原枢密院中的高级武官徐达、常遇春、汤和等调任到中书省,分别担任中书右丞、平章政事、中书左丞。反而提拔了一些指挥使进入都督府,如"以神武卫指挥使康茂才为大都督府副使"②,鹰扬卫指挥使郭子兴、天策卫指挥使陈德并为金都督。③(相关事例详见表1-1)指挥使、指挥同知以及后来的都指挥入都督府,多被任命为都督金事。

洪武三年(1370年)十一月,明太祖朱元璋对功臣进行了大规模的封赏,任命了一批开国功臣担任都督府的高级职务,或对已在任的都督同知、金事进行爵位封赏。例如,汤和由御史大夫晋封中山侯,并任大都督府同知,唐胜宗在洪武三年四月升都督府同知,并在此时封延安侯;陆仲亨则在洪武二年以江西行省平章之官衔署大都督府事,此时以都督府同知封吉安侯。此外,陈德、顾时、郭子兴等其他已在都督府任职的官员亦被封爵,分别获封临江侯、济宁侯、巩昌侯等。④继而,洪武十年,大都督府同知沐英被封为西平侯。⑤ 洪武十二年,大都督府金事仇成被封为安庆侯;⑥洪武十五年,中军都督金事李新被封为崇山侯;⑦洪武二十三年(1390),右军都督府都督金事张铨被封为永定侯。⑧

洪武九年(1376),羽林卫指挥使陈方亮升为都督金事,朱元璋撰写的任命诰中称:"曩者天下兵久,迩来既偃以息民,朕尝设都督府以总内外诸军事,其任官也非勋旧有功德者,安能职焉?"⑨可见朱元璋称帝之前,政出江南行中书省,此时都督府军事大权有限。明朝建立之后,按照朱元璋的机构设计"中书省以

---

① 《明太祖实录》卷28上,吴元年十二月戊午,第432页。
② 《明太祖实录》卷17,乙巳五月甲申,第228—229页。
③ 《明太祖实录》卷27,吴元年十一月乙酉,第412页。
④ 《明太祖实录》卷58,洪武三年十一月丙申,第1129、1130页。
⑤ 《明太祖实录》卷115,洪武十年十月戊午,第1886页。
⑥ 《明太祖实录》卷127,洪武十二年十一月甲午朔,第2021页。
⑦ 《明太祖实录》卷150,洪武十五年十二月乙亥朔,第2366页。
⑧ 《明太祖实录》卷205,洪武二十三年十月甲申,第3065页。
⑨ 钱伯诚等主编:《全明文》卷3《大都督金事陈方亮诰》,第1册,第29页。

总天下之文治,都督府以统天下之兵政,御史台以振朝廷之纪纲"①,都督府成为中央最高军事机构。洪武二十九年(1396),礼部会议定各司奏事次第,军情重事优先上报:"凡奏事,一都督府,次十二卫,次通政使司,次刑部,次都察院,次监察御史,次断事官,次吏、户、礼、兵、工五部。"②都督府官员实际任命的数量逐渐增多,都督、都督同知以勋臣领之,这一时期都督府武官的整体地位被提高,然而随着兵部权限的增大、勋臣社会地位的降低,都督府武官亦受到影响。

表1-1 明初部分都督府官员的任职信息

姓名	入都督府前官职	入都督府时官职	出处
康茂才	神武卫指挥使	大都督府副使	《明太祖实录》卷17,乙巳五月甲申
郭子兴	鹰扬卫指挥使	大都督府佥都督	同上
陈德	天策卫指挥使	大都督府佥都督	同上
华云龙	指挥	北平分府都督佥事	同上
吴良	苏州卫指挥使	大都督府都督佥事	《明太祖实录》卷50,洪武三年三月庚戌
胡海	宝庆卫指挥使	大都督府佥事	《明太祖实录》卷78,洪武六年春正月乙丑
丘广	长沙卫指挥同知	都督佥事	《明太祖实录》卷90,洪武七年六月戊戌
曹兴	燕山卫都指挥使	大都督府佥事	《明太祖实录》卷96,洪武八年正月戊辰
谢成	太原都卫都指挥使	大都督府都督佥事(兼晋相府左傅)	《明太祖实录》卷97,洪武八年二月庚子
瞿通	凤阳卫指挥使	大都督府佥事(致仕)	《明太祖实录》卷102,洪武八年十二月乙卯
毛骧	羽林左卫指挥使	大都督府佥都督	《明太祖实录》卷106,洪武九年五月乙巳
陈方亮	羽林卫指挥使	大都督府佥都督	《明太祖实录》卷106,洪武九年五月乙巳
曹震	陕西都指挥使	大都督府都督佥事	《明太祖实录》卷108,洪武九年八月乙未
李新	留守卫指挥佥事	大都督府佥事	《明太祖实录》卷110,洪武九年十月壬寅

① (明)徐学聚:《国朝典汇》卷35《吏部二》,第768页。
② 《明太祖实录》卷247,洪武二十九年十月丁酉,第3590页。

姓名	入都督府前官职	入都督府时官职	出处
张赫	兴化卫指挥使	大都督府佥事	《明太祖实录》卷118，洪武十一年夏四月丙辰
张铨	羽林左卫指挥使	大都督府佥事	《明太祖实录》卷118，洪武十一年夏四月己亥
孙恪	武德卫指挥使	大都督府佥事	同上
谢熊	留守卫指挥使	大都督府佥事	同上
张德	兴化卫指挥同知	大都督府佥事	同上
马云	辽东都指挥	凤阳行大都督府佥事	同上
叶昇	陕西都指挥使	大都督府佥事	《明太祖实录》卷115，洪武十二年七月甲寅
仇成	留守右卫指挥	大都督府佥事	同上
郭英	北平都指挥使	大都督府佥事	《明太祖实录》卷127，洪武十二年十一月己亥
王诚、陈桓	浙江都指挥使	大都督府佥事	同上
濮英、萧成	陕西都指挥使	大都督府佥事	同上
高显	宁川卫指挥佥事	大都督府佥事	同上
何德	虎贲右卫指挥同知	大都督府佥事	同上
张翼	府军卫指挥佥事	大都督府佥事	同上
朱文质	以太仓卫指挥使	后军都督府都督佥事	《明太祖实录》卷134，洪武十三年十二月壬申
陈文	福州左卫指挥佥事	后军都督府都督佥事	同上
丁德	升应天卫指挥使	左军都督佥事	《明太祖实录》卷142，洪武十五年二月丁卯
单发	南宁卫指挥佥事	右军都督佥事	《明太祖实录》卷142，洪武十五年二月癸丑
沈铺	河南中护卫指挥佥事	左军都督府都督佥事	《明太祖实录》卷172，洪武十八年三月壬午
何福	金吾后卫指挥同知	前军都督府佥事	《明太祖实录》卷174，洪武十八年秋七月戊寅
祝哲	羽林左卫指挥同知	右军都督府佥事	同上
沐春	西平侯沐英子	后军都督府佥事	《明太祖实录》卷176，洪武十八年十一月庚午
徐司马	河南都指挥使	中军都督府都督佥事	《明太祖实录》卷177，洪武十九年春正月壬申

姓名	入都督府前官职	入都督府时官职	出处
宋炳	五开卫指挥金事	前军都督府都督金事	《明太祖实录》卷181,洪武二十年四月壬午
孙彦	山西朔州卫指挥	后军都督金事	《明太祖实录》卷182,洪武二十年五月丙子
李恪	庆阳卫指挥同知	后军都督府都督金事	《明太祖实录》卷183,洪武二十年秋七月
胡通	旗手卫指挥金事	前军都督府都督金事	《明太祖实录》卷189,洪武二十一年三月丁丑
张春	指挥同知	前军都督府都督金事	《明太祖实录》卷193,洪武二十一年八月戊辰
罗楫	指挥同知	中军都督府都督金事	同上
茅鼎	指挥同知	后军都督府都督金事	同上
王约	山西行都指挥使司都指挥使	左军都督金事（守边岁久累著劳绩）	同上
马鉴	山西都指挥同知	前军都督府都督金事	《明太祖实录》卷204,洪武二十三年九月庚寅
戈预	安庆卫指挥使	前军都督金事	《明太祖实录》卷214,洪武二十四年十一月辛亥
窨正	云南都指挥使	右军都督府左都督（镇守云南）	《明太祖实录》卷219,洪武二十五年秋七月庚寅
陈麟	府军右卫指挥金事	中军都督金事	《明太祖实录》卷223,洪武二十五年十二月辛酉
耿璇	长兴侯耿炳文男	前军都督府都督金事	《明太祖实录》卷229,洪武二十六年七月癸丑
李茂	马隆卫指挥金事	中军都督府都督金事	《明太祖实录》卷235,洪武二十七年十一月甲子
袁宇	骁骑右卫指挥使	右军都督府都督金事	《明太祖实录》卷238,洪武二十八年夏四月己卯
盛熙	北平都指挥使	中军都督府都督同知	《明太祖实录》卷242,洪武二十八年闰九月庚子

（二）元帅府与卫所中的武职

朱元璋下江南后,随着浙江、湖广、江西、河南等地的平定,至正十五年（1355）六月至至正二十四年（1364）,先后设立了诸如太平兴国、淮兴镇江、永兴、淮海、德兴、金华等二十余处翼统军元帅府。① 据《明会典》记载:"国初设太平诸郡翼元帅府以统诸道兵,设总制亲兵都指挥使司及都镇抚以总禁卫,续改诸翼为亲军。"②元帅府的职权在于统率地方军队,其中"元帅正三品,同知元帅从三品,副使正四品,经历正七品,知事从八品,照磨正九品……千户所正千户正五品,副千户从五品,镇抚百户正六品,各万户府正万户正四品,副万户从四品"③。

元帅府长官除了元帅之外,徐达曾任镇江翼元帅府统军大元帅,常遇春任中翼大元帅。此外,还有总兵都元帅之称,如改长兴州为长安州,立永兴翼元帅府,以耿炳文为总兵都元帅,刘成为左副元帅,李景元为右副元帅守之。④ 元帅上任之前多有管军总管的经历,如俞通海先任管军总管以功升秦淮翼元帅,邓愈先为管军总管,因"定金陵,拔溧水、溧阳,破镇江皆有功"升元帅,⑤汤和先升万户,克滁州升管军总管,后升统兵元帅。廖永安先为管军总管,后置天兴建康翼统军大元帅府,以廖永安为统军元帅。茅成隶元帅常遇春麾下,先后以军功升总管、副元帅,后改为太平兴国翼元帅。⑥ 严德历任都先锋、管军总管、翼同知元帅后转统军元帅。⑦ 航海侯张赫以管军总管从徐达克常州,授定远将军毗陵翼元帅。⑧除了管军总管外,还有行军总管,如置广兴翼行军元帅府,以邓愈、邵成为元帅,汤昌为行军总管。⑨ 可见,总管是低于元帅的官职,甲辰年三月定元帅府官制之后,次月改各门总管府为千户所,设正副千户各一员。⑩

朱元璋定元帅府官职品级不久,陆续改元帅府为卫,置武德、龙骧、豹韬、飞熊、威武、广武、兴武、英武、鹰扬、骁骑、神武、雄武、凤翔、天策、振武、宣武、羽林十七卫亲军指挥使司,"先是所得江左州郡置各翼统军元帅府,至是乃悉罢诸翼

① 参见南炳文:《明初军制初探》中诸翼统军元帅府表的统计,《南开史学》1983 年第 1 期。
② (明)申时行等编:(万历)《明会典》卷 124《都司卫所》,第 636 页。
③ 《明太祖实录》卷 14,甲辰年三月戊辰,第 183—184 页。
④ 《明太祖实录》卷 5,丁酉年三月乙亥朔,第 51 页。
⑤ 《明太祖实录》卷 116,洪武十年十一月癸未,第 1892—1893 页。
⑥ 《明太祖实录》卷 21,丙午年十一月癸卯,第 309—310 页。
⑦ 《明太祖实录》卷 25,吴元年九月丁酉,第 373 页。
⑧ 《明太祖实录》卷 203,洪武二十三年八月甲子,第 3042 页。
⑨ 《明太祖实录》卷 4,丙申年六月乙卯,第 44 页。
⑩ 《明太祖实录》卷 14,甲辰年四月甲辰,第 192 页。

而设卫焉"①。元帅府既罢,官职名称亦随之改变,且此前各级官职并未统一有序,所谓"招徕降附,凡将校至者皆仍其旧官,而名称不同"。因此需要进一步改善,朱元璋下令实行部伍法:"为国当先正名,今诸将有称枢密、平章、元帅、总管、万户者,名不称实,甚无谓。其核诸将所部,有兵五千者为指挥,满千者为千户,百人为百户,五十人为总旗,十人为小旗。"②如此部伍严明,名实相副。内外卫所设置之后,"凡一卫统十千户,一千户统十百户,百户领总旗二,总旗领小旗五,小旗领军十,皆有实数"③。洪武七年(1374),重定其制,"大率以五千六百人为一卫,而千百户、总小旗所领之数则同,遇有事征调则分统于诸将,无事则散还各卫,管军官员不许擅自调用,操练抚绥务在得宜,违者俱论如律"④。

卫所的官制根据机构的变化进行调整,其中亲军设置较早,朱元璋早年即注意亲兵队伍的建设,丙申年(1356)置帐前总制亲兵都指挥使司,以冯国用为都指挥使,朱文忠任左副都指挥兼领元帅府事。⑤ 朱元璋曾率亲兵征战,如因枢密院判胡大海兵攻婺州不克,乃自将亲军副都指挥使杨璟等师十万往征之。甲辰年定亲军官制:"各卫亲军指挥使司指挥使正三品,同知指挥从三品,副使正四品,经历正七品,知事从八品,照磨正九品。"⑥吴元年,朱元璋定大都督府及各卫官制,规定:"内外各卫指挥使司佥事、宿卫镇抚从四品,各卫镇抚从五品,千户所镇抚从六品,各卫知事正八品,宿卫知事从八品。"⑦洪武九年,定大都督府左右都督为正一品,布政使与都指挥使为正二品,六部尚书与各卫指挥使为正三品,各卫指挥同知为从三品,各府知府与各卫指挥佥事为正四品。⑧ 洪武十三年,卫所制基本定型,规定:"在内亲军指挥司,在外各卫指挥司并护卫指挥司皆为从三品,都指挥使司正三品,以金吾、羽林、虎贲、府军等十卫职掌守卫宫禁,凡有支请,径行六部,不隶五军。"⑨

---

① 《明太祖实录》卷14,甲辰年三月庚午,第185页。
② 《明太祖实录》卷14,甲辰年四月壬戌,第193页。
③ 《明史》卷76《职官志五》,第1874页。
④ 《明太祖实录》卷92,洪武七年八月丁酉,第1607页。
⑤ 《明太祖实录》卷4,丙申年七月己卯朔,第46页。
⑥ 《明太祖实录》卷14,甲辰年三月戊辰,第183—184页。
⑦ 《明太祖实录》卷27,吴元年十一月乙酉,第412页。
⑧ 《明太祖实录》卷109,洪武九年闰九月癸巳,第1809—1810页。
⑨ 《明太祖实录》卷129,洪武十三年春正月甲辰,第2053—2054页。

最初元帅府被罢后,元帅可转为指挥使等职,如改永兴翼为长兴卫指挥使司,以耿炳文为长兴卫指挥使,①又有元帅吴复为振武卫指挥同知,郭子兴为鹰扬卫指挥使,茅成迁武德卫正千户寻升指挥副使,严德累功升海宁卫指挥同知,陆仲亨任赣州卫指挥使。张赫授福州卫指挥使,洪武二年率兵备倭寇于海上,三年升福建都司都指挥同知。置宁国卫以元帅陈德成为指挥同知。② 右副元帅金朝兴为龙骧卫指挥同知,右副元帅王志为飞熊卫指挥使。元朝旧官归附后亦依据卫所官职改任,如罢巩昌故元总帅府,以总帅汪灵、真保为巩昌卫指挥同知,张虎、都帖木儿为佥事。③

都司卫所掌管地方军队,朱元璋非常重视都指挥官员的任命,量才授官:"国家设都卫节制方面,所系甚重,当于各卫指挥中遴择智谋出众以任都指挥之职,或二三年、五六年从朝廷升调,不许世袭。"④甚至有以都督佥事任都指挥者,如以都督佥事曹震为河南都指挥使,⑤以凤阳行都督府佥都督周能为山西都指挥使,朱辅为四川都指挥使。⑥ 洪武二十六年(1393),命中军都督佥事陈麟掌四川都指挥使司事。⑦ 对不称职者,朱元璋果断责问并罢其都指挥之职,内调都督府官员前往管事,其言:"然而都府系总天下之雄师,都卫亦总方面之勍兵。若居是职者,选非轻易,任非薄功。迩来西安卫都指挥濮英等惰事弗勤,不谋怯敌,是致归者失于抚劳,逃者终不复还,为斯官不称任,难居重位。诏令还朝送付法司责问难易。其西安所在机务甚重,不可一时缺官,今特内调都府佥事叶昇、林济峰前往署事,以长兵戎。"⑧

根据卫所制的基本规定,"每卫设指挥使一人,指挥同知二人,指挥佥事四人,又设前后中左右五千户所以分领士卒"⑨。各卫管军官员战时听调,平时负责训练军士,无权调动军队。洪武二十年(1387),命各卫指挥分领千户所事,加

① 《明太祖实录》卷 15,甲辰年九月甲申,第 203 页。
② 《明太祖实录》卷 22,吴元年春正月乙未,第 313 页。
③ 《明太祖实录》卷 67,洪武四年八月庚寅,第 1264 页。
④ 《明太祖实录》卷 69,洪武四年十一月甲戌,第 1291 页。
⑤ 《明太祖实录》卷 111,洪武十年春正月甲午,第 1841 页。
⑥ 《明太祖实录》卷 117,洪武十一年春正月辛卯,第 1908 页。
⑦ 《明太祖实录》卷 226,洪武二十六年三月戊辰,第 3308 页。
⑧ 钱伯城主编:《全明文》卷 3《西安卫都指挥使叶昇林济峰诰》,第 1 册,第 27 页。
⑨ 《明太祖实录》卷 186,洪武二十年冬十月丁巳,第 2787 页。

强了卫指挥官的军政管理责任，"是时京卫指挥朝退，多不入公署莅政事，遇有责成，互相推避，遂命指挥使掌印、同知、佥事各领一所士卒，有武艺不训练、器械不坚利者，皆责所领之官"①。一般的卫所主要负责管理军队，而设置在土司地区的军民指挥使司则要负责管理军民，如将河州右卫指挥使司改为河州军民指挥使司后，便革去河州府。② 洪武二十三年（1390），沐英提出："永昌居民鲜少，宜以府卫合为军民指挥使司。"于是罢永昌府，改金齿卫为军民指挥使司。③

随着卫所制逐渐健全，武官的设置更趋有序，洪武二十六年（1393）三月，内府刊定的《诸司职掌》，将卫所制下武官作了明确规定。具体为：

都督府：左都督、右都督、都督同知、都督佥事；

留守司：正留守、副留守、指挥同知；

都指挥司：都指挥使二员，都指挥同知二员，都指挥佥事四员；

卫：指挥使一员，指挥同知二员，指挥佥事四员，卫镇抚二员；

所：正千户一员，副千户二员，所镇抚二员，百户一十员；

仪卫司：仪卫正一员，仪卫副二员，典仗六员。④

武官官制的完善对武官的管理与司法约束提供了条件，也有利于武官世袭政策的实施更加有章可循。

三、战时与防御体制下的武职

都司卫所是明朝军队的基本编制，也是对武官、军士、舍余进行组织管理的军政单位。而战时命将出征，为了适应行军作战的需要，形成了有别于卫所官职的新职位，此外在军事重地设置专门的官职总制军队，镇守一方，完善了明朝的军事防御体制。

（一）出征领军类

明朝建立前后，大小征战不断，将领的任命包括大将军、将军、副将军等，如命中书左相国徐达为大将军，平章常遇春为副将军，率师二十万伐张士诚。⑤ 其

---

① 《明太祖实录》卷186，洪武二十年冬十月丁巳，第2787页。

② 《明太祖实录》卷125，洪武十二年秋七月丁未，第2004页。

③ 《明太祖实录》卷206，洪武二十三年十二月庚申，第3073页。

④ 《诸司职掌》，杨一凡主编：《中国珍稀法律典籍续编》第3册，黑龙江人民出版社2003年版，第244页。

⑤ 《明太祖实录》卷21，丙午年八月辛亥，第296页。

他根据征伐对象被任命为征虏将军、征南将军、征西将军等,如攻打王保保时兵出三道,徐达为征虏大将军出中路,曹国公李文忠为左副将军出东路,宋国公冯胜为征西将军出西路。① 又如命汤和为征南将军,金大都督府事吴祯为副将军,帅常州、长兴、宜兴、江阴诸军讨方国珍于庆元。② 而讨伐四川明昇时,汤和改命为征西将军,江夏侯周德兴为左副将军,德庆侯廖永忠为右副将军……趋重庆。颍川侯傅友德为征虏前将军,济宁侯顾时为左副将军……由秦陇趋成都。③ 数月后仍未获得捷报,又命永嘉侯朱亮祖为征虏右副将军率兵前往助之。④ 出征将领在将军以下设有参将。如洪武二十年(1387)北伐,冯胜为征虏大将军,傅友德为左副将军,蓝玉为右副将军,其他则有南雄侯赵庸、定远侯王弼为左参将,东川侯胡海、武定侯郭英为右参将。⑤ 参将以下则为普通战将,如此次北伐期间将领有所调整,左参将南雄侯赵庸、右参将东川侯胡海并落参将,止充战将在军听调。⑥

将军出征所率军队调自卫所,如发河南卫兵二万人从征西将军冯胜北征,山东步骑二万八千人从左副将军李文忠出应昌。⑦ 出征期间大将需及时汇报战情,朱元璋亦通过派遣使臣下达谕令指挥作战,同时将军有权随机应变。朱元璋曾遣使向徐达传达攻打山东地方的策略,曰:"闻将军已下沂州,未知勒兵何向。如向益都,当遣精锐将士于黄河,扼冲要,断其援兵,使彼外不得进,内无所望,我军势重力专,可以必克。若未下益都,即宜进取济宁、济南二城,既下益都,山东势穷力竭,如囊中之物,可不攻而自下矣。"随即又曰:"兵难遥度,随机应变尤在将军。"⑧将军有权调动副将军及以下武官率兵攻战。洪武六年(1373),有敌兵入侵,情报到达大将军徐达驻师地点,徐达即刻遣临江侯陈德、巩昌侯郭之(子)兴率兵往击之。⑨ 为激励将士,将军可阵前行赏格,如攻讨苏州阊门胥门之战

---

① 《明太祖实录》卷71,洪武五年春正月庚午,第1321页。
② 《明太祖实录》卷26,吴元年冬十月癸丑,第387页。
③ 《明太祖实录》卷60,洪武四年春正月丁亥,第1167页。
④ 《明太祖实录》卷64,洪武四年夏四月庚寅,第1214页。
⑤ 《明太祖实录》卷180,洪武二十年春正月癸丑,第2721页。
⑥ 《明太祖实录》卷183,洪武二十年秋七月辛丑,第2760页。
⑦ 《明太祖实录》卷72,洪武五年二月乙巳,第1331页。
⑧ 《明太祖实录》卷27,吴元年十一月庚寅,第413页。
⑨ 《明太祖实录》卷82,洪武六年五月庚申,第1478页。

时,大将军徐达定赏格出印帖付获功者,朱元璋命悉依所定格给予奖赏。① 武将班师之后要交还印绶,如洪武四年(1371)右副将军永嘉侯朱亮祖还京师,上交所佩将军印绶。②

洪武时期,除了任命将军率兵出征外,还派设总兵、副总兵统兵出战,以讨伐地方叛乱,总兵官最初常由卫指挥充任,如洪武二年(1369),"命潭州卫指挥同知丘广为总兵官,宝庆卫指挥佥事胡海、广西卫指挥佥事左君弼副之,率兵讨左江上思州蛮贼黄龙关等"③。洪武六年,"以广洋卫指挥使于显为总兵官,横海卫指挥使朱寿为副总兵出海巡倭"④。洪武十一年,五开洞蛮吴面儿等作乱,朱元璋命辰州卫指挥杨仲名为总兵官率师讨之,任命敕曰:"三苗无道,倚恃险厄,不通人事,不奉天时,屡起盗心,久为民患。近又杀害过兴,罪不可恕。今命尔为总兵官率辰沅等处官军,及土著隘丁兵夫以讨之。尔其思制人之韬略,相机进取,以弭民患。其辰沅等处应调官军悉听节制。"⑤

洪武中后期,总兵官多佩将军印,由高级武官或勋臣充任。例如,洪武二十八年,"命左军都督府左都督杨文佩征南将军印为总兵官,广西都指挥使韩观为左副将军,右军都督府都督佥事宋晟为右副将军,刘真为参将,率京卫精壮马步官军三万人至广西,会各处军马讨龙州土官赵宗寿及奉议、南丹、向武等州叛蛮"⑥。洪武三十年(1397),派左军都督杨文佩征虏前将军印为总兵官,右军都督同知韩观副之,统率京卫及湖广、江西等都司军马前往征讨古州(蛮寇)林宽。⑦ 朱元璋还令总兵官推荐合适人选担任卫所武职,如都督杨文任总兵官出征广西,令其"待平寇日,于诸将中选其材智可任者署都司事"⑧。永乐时期,总兵官的任命更加频繁,如永乐四年(1406)时,命征讨安南右副将军新城侯张辅佩征夷将军印充总兵官,仍以云阳伯陈旭为右参将,率师征安南。⑨

---

① 《明太祖实录》卷26,吴元年冬十月辛亥,第385页。
② 《明太祖实录》卷68,洪武四年冬十月丙申,第1282页。
③ 《明太祖实录》卷46,洪武二年冬十月癸未,第924页。
④ 《明太祖实录》卷80,洪武六年三月甲子,第1455页。
⑤ 《明太祖实录》卷119,洪武十一年六月己巳,第1937页。
⑥ 《明太祖实录》卷240,洪武二十八年八月丁卯,第3485页。
⑦ 《明太祖实录》卷255,洪武三十年九月乙亥,第3680页。
⑧ 《明太祖实录》卷245,洪武二十九年三月丁亥,第3559页。
⑨ 《明太宗实录》卷60,永乐四年冬十月丁未,第878页。

（二）镇守防御类

镇守武官的任命最初根据征战与防御的需要，临时派设，事定返京。有的将军除了领兵出征外，亦有镇守之责。洪武六年，北方有警，为加强北部边防，朱元璋遂命魏国公徐达为征虏大将军，曹国公李文忠为左副将军，宋国公冯胜为右副将军，卫国公邓愈为左副副将军，中山侯汤和为右副副将军，统诸将校往山西、北平等处备边。① 随后，徐达分遣左副将军李文忠、济宁侯顾时、南雄侯赵庸、颍川侯傅友德、永城侯薛显、巩昌侯郭子兴、临江侯陈德、营阳侯杨璟、都督佥事蓝玉、王弼统骑兵，右副将军冯胜、右副副将军汤和同南安侯俞通源、永嘉侯朱亮祖、宜春侯黄彬、都督何文辉、平章李伯昇、都督佥事张温等统步兵，分驻山西、北平等处，伺机讨伐残元势力。② 元朝灭亡之后，北边局势依然严峻，朱元璋非常重视北边的军事防御，于是此次备边安排了为数较多的勋臣参与，除了任命副将军之外，还增加了副副将军。驻军安排妥当之后，洪武八年二月，诏大将军徐达、左副将军李文忠、右副将军冯胜率济宁侯顾时等回京，而其所统军队仍留镇北平，由傅友德等总领，③此时已有镇守北平之意。

除了北平之外，洪武十四年时，徐达又奉命北征，命宋国公冯胜佩（帅征）〔征讨〕将军印节制河南，朱元璋所赐手诏曰："河南为天下重镇，地广民稠，士马甚重，方今大将军征北，特命尔节制其地，宜休息民力、训练士卒，以佐征讨。"④冯胜以将军的名义节制地方，起到了备御以及稳固后方的作用。洪武十六年，云南平定，征南将军傅友德等被召回京，留右副将军西平侯沐英镇守云南以抚绥当地。⑤沐英去世以后，以云南都指挥使瞿正为右军都督府左都督，镇守云南。⑥又如洪武二十七年，命曹国公李景隆佩平羌将军印，往甘肃镇守。⑦

随着边疆各地的平定，越来越多的武臣镇守军镇，以总兵之印节制兵马。早在洪武二年，徐达征伐西北，朱元璋谕令攻克庆阳之后，由右副将军都督同知冯

① 《明太祖实录》卷80，洪武六年三月壬子，第1451页。
② 《明太祖实录》卷83，洪武六年六月丙午，第1486页。
③ 《明太祖实录》卷97，洪武八年二月癸丑，第1665页。
④ 《明太祖实录》卷136，洪武十四年三月辛丑，第2154—2155页。
⑤ 《明太祖实录》卷153，洪武十六年三月甲辰朔，第2391页。
⑥ 《明太祖实录》卷219，洪武二十五年秋七月庚寅，第3215页。
⑦ 《明太祖实录》卷231，洪武二十七年春正月辛酉，第3375页。

宗异掌总兵印统军驻庆阳,节制各镇兵马粮饷。倘若河中四外已宁,则以都督同知康茂才往镇山西,凡太原诸城悉听节制。① 然而,洪武时期负责戍守的总兵官与后来的镇守总兵官尚有不同,多为临时派设,并不固定,总兵的职责依据皇帝的敕令执行。有的偏重训练士卒,如洪武二十四年,"敕颍国公傅友德佩征虏将军印充总兵官,定远侯王弼充左副将军,武定侯郭英充右副将军……遴选精锐军士训练以备边"②。洪武二十五年,"命宋国公冯胜为总兵官,颍国公傅友德为之副,往山西、河南训练军马及领屯卫,其余公侯、都督悉听节制"③。

有的偏重守边与巡视敌情,朱元璋以西凉、山丹等处远在西陲,诸军务宜命重臣专制之,乃命都督宋晟为总兵,都督刘真副之,遣使制谕曰:"其西凉、山丹诸卫军马,凡有征调悉听节制。"④洪武二十五年,朱元璋敕令燕王选北平都司并护卫骑兵,"命北平都指挥使周兴为总兵官远巡塞北,搜捕残胡,以绝弭边患"⑤。洪武三十年,朱元璋命长兴侯耿炳文佩征西将军印任总兵官,武定侯郭英为副,"往陕西及甘肃选精锐步骑,巡西北边,以备胡寇"。朱元璋谕炳文等曰:"帝王之治天下,务安民也,今海内无虞,民固安矣。然边境之备,不可废弛,尔其竭乃智虑,以副朕心。凡有寇盗即殄灭之,俾边民乐业,则余汝嘉。"⑥

有的武官临时受命前往地方负责军政事务,虽未授予总兵之职,但拥有统理军政之权。例如,在河南、山东、北平等地区,尽管已设立军卫机构,但士兵纪律松弛,军饷开支日益增加,导致当地百姓负担增加。为解决此问题,朱元璋强调屯田策略的重要性,通过"无事则耕、有事则战",实现"兵得所养而民力不劳"的效果。基于此,他派遣都督金事王简前往彰德,都督金事王诚赴济宁,以及平章李伯昇赴真定,负责当地的军政管理,包括镇守、屯田和训练等事务,赋予其全面的管辖权。⑦

洪武时期,朱元璋重用亲王镇守一方,派出的将军或总兵官有的需要接受亲

① 《明太祖实录》卷44,洪武二年八月甲戌,第865页。

② 《明太祖实录》卷207,洪武二十四年春正月戊申,第3083—3084页。

③ 《明太祖实录》卷223,洪武二十五年十二月戊戌,第3269页。

④ 《明太祖实录》卷216,洪武二十五年二月癸酉,第3183页。

⑤ 《明太祖实录》卷217,洪武二十五年三月甲申,第3188—3189页。

⑥ 《明太祖实录》卷249,洪武三十年春正月丙辰,第3605页。

⑦ 《明太祖实录》卷87,洪武七年春正月甲戌,第1545—1546页。

王的节制。如傅友德以征虏前将军赴北平训练军马,听燕王朱棣节制;定远侯王弼往山西练兵,则听晋王节制。① 朱元璋给总兵官杨文的敕中清楚地写道:"朕子燕王在北平,北平中国之门户,今以尔为总兵往北平参赞燕王,以北平都司、行都司并燕谷宁三府护卫选拣精锐马步军士,随燕王往开平堤备,一切号令皆出自王,尔奉而行之,大小官军悉听节制,慎毋贰心而有疑志也。"②

永乐年间,镇守总兵官的任命逐渐常态化,北部军镇以及西南地区皆派有总兵官镇守。镇守北边的如右军都督府左都督何福,命其佩征虏前将军印充总兵官,往镇陕西宁夏等处,节制陕西都司、行都司,山西都司、行都司,河南都司官军。③ 又如后军左都督宋晟佩平羌将军印充总兵镇甘肃。④ 江阴侯吴高赴河南、陕西二都司整肃兵备,事宁则镇守陕西。⑤ 左军都督府左都督刘贞镇守辽东,其都司属卫军马听其节制。⑥ 永乐元年(1403),命武安侯郑亨充总兵官,武城侯王聪充左副总兵,安平侯李远充右副总兵,率师驻宣府备御。⑦ 镇守西南地区的如右军都督同知韩观,命其佩征南将军印充总兵官,镇守广西,而节制广西、广东二都司。⑧ 西平侯沐晟镇守云南,云南都司属卫听其节制。⑨ 襄城伯李浚充总兵官,锦衣卫指挥陈敬为副总兵,往江西操练军民,镇守城池,节制江西都司并护卫官军。⑩

从上述总兵官的任命来看,其首先有节制当地及附近卫所官军的职权,其他兵马钱粮等军务亦皆由其总制,包括整饬兵备,操练军马,镇守城池,如朱棣敕谕宣府总兵官郑亨等修筑屯堡,敕谕曰:"于宣府万全、怀安诸处,简军马、坚垒壁、谨烽堠、慎防御之务。"⑪通过郑亨等经营规划,屯堡最终修筑完成。此外还需要筹措军饷,主要通过经营屯田与盐政等方式实现。如宁夏总兵官左都督何福曾

---

① 《明太祖实录》卷199,洪武二十三年春正月丁卯,第2981—2982页。
② 《明太祖实录》卷257,洪武三十一年五月戊午,第3715页。
③ 《明太宗实录》卷11,洪武三十五年八月己未,第178页。
④ 《明太宗实录》卷16,永乐元年春正月丁酉,第296页。
⑤ 《明太宗实录》卷10下,洪武三十五年秋七月癸卯,第169页。
⑥ 《明太宗实录》卷11,洪武三十五年八月壬子朔,第175页。
⑦ 《明太宗实录》卷21,永乐元年六月戊辰,第391页。
⑧ 《明太宗实录》卷12下,洪武三十五年九月乙未,第216页。
⑨ 《明太宗实录》卷11,洪武三十五年八月甲子,第182页。
⑩ 《明太宗实录》卷19,永乐元年夏四月甲戌,第351页。
⑪ 《明太宗实录》卷37,永乐二年十二月庚午,第631页。

管理盐粮,为了避免精锐下屯田耕种,其上疏言:"陕西都司、行都司军士,精锐者下屯,疲软者操备,非防边捍敌之道。宜简阅而易置之,庶可适用。"①由于何福对屯田勤于用心,屯田收入最多,明太宗朱棣降敕奖谕之。②

朱棣授予总兵官镇守一方的职权,并示以信任,时何福被人诬陷,朱棣云:"朕委尔镇守一方,凡大小事务计度合宜即行之,勿以小人之言有疑惑意,朕推心任尔,尔不能自任,何以成事?"③又有御史言甘肃总兵官左都督宋晟擅窃威权事,朱棣对此认为任人不专,则不能成功,况大将受边,不可尽拘文法,遂敕晟曰:"前者御史言卿专擅,此言官欲举其职,而未谙事理,夫为将不专,则功不立。朕既付卿以阃外之寄,事有便宜即行之,而后以闻。自古明君任将,率用此道,而忠臣事君亦惟在成国家之大事,岂拘细故。况朕知卿有素而委以重任,彼虽有言不能间也,卿勿以置意,但尽心边务,终始一致,以副朕怀。"④洪武年间,藩王受命能够节制总兵官,而永乐时期藩王则需与总兵官商议而行,总兵官不再受制于藩王。如朱棣命左都督袁宇往四川云南整肃兵备、抚安军民并镇守云南时,特赐书岷王朱楩曰:"今遣都督袁宇赴云南整肃兵备,镇抚一方,凡事可与计议而行。夫藩屏至重,贤弟宜慎出入,谨言节饮。"⑤

随着军镇的发展与营兵制的推广,营官设置也逐渐完善,形成了由镇守总兵、协守副总兵、分守参将、游击将军以及千总、把总等组成的职官体系。永乐年间还对京城的军队进行改编,推行军营体制,以京卫和中都、山东、山西、河南、陕西、大宁各都司及江南、江北诸卫所番上兵组成五军营,与三千营、神机营并称京畿地区武官三大营。⑥ 不论府司卫所中掌管军政的武官抑或被任命的营将,皆有明确的职责,需要遵守相关制度行事。

综上所述,明初武官职位的设立经历了与军事形势和制度变革相适应的持续演变。在元朝末年,群雄割据的背景下,明代军事机构正处于初创阶段。朱元璋所辖的武官职位主要借鉴了元代的地方军事体系,元帅府时期,武官职位涵盖

---

① 《明太宗实录》卷15,洪武三十五年十二月丁卯,第281页。
② 《明太宗实录》卷38,永乐三年春正月乙巳,第640页。
③ 《明太宗实录》卷24,永乐元年冬十月丙辰,438—439页。
④ 《明太宗实录》卷35,永乐二年冬十月壬申,第611页。
⑤ 《明太宗实录》卷10下,洪武三十五年秋七月癸卯,第168页。
⑥ (明)申时行等编:(万历)《明会典》卷134《营操》,第685页。

了百户、镇抚、千户、万户以及管军总管等。至丙申年(1356),朱元璋设立行省,对所辖区域进行划分,并统一管理各地的军事事务。在这一时期,为了强化防御和安抚地方,有武官担任行省内部的高级职务者,负责镇守一方,其他中下级武官亦有守护城池、修整地方与管民之责,武官权力范围依当时实际需要而定。明朝建立后,随着卫所体系的完善和进一步确立,武官职位的设立从中央到地方趋于稳定,权力分配也变得更加明确。然而,战时体制下武官的派设仍具有灵活性,在洪武初年,出征时将军、副将军、参将以及总兵、副总兵等均为临时指派,与武官原有的职衔并无固定联系,任务完成后即返回朝廷。随后,为了满足边疆镇守的需求以及营兵制的发展,总兵、副总兵的职官体系逐渐完备,并被固定设置,成为明代边防体制中的重要官职。

明初武官的设置还受到了明太祖对文武关系认识的影响,一方面他重用武将来巩固自身的统治地位,另一方面也广纳贤良文臣以治理天下,在政治上健全文武两套职官体系,在司法上分别建立军、民两套审判系统,文武并用。由于当时武官集团势力雄厚,武官群体拥有较大的政治权力,可与文官相互制衡。

第二节 明初军事司法体系的构建

随着明代军事制度的建立与完善,朝廷对武官群体的管理更趋规范,同时还制定了军事律例对武官进行司法约束,朱元璋亲自指导编撰了《大诰·武臣》,专门针对武官犯罪行为进行训诫,以儆效尤。此外,明代还设有专门的军事司法机构负责审理军事案件,尤其在洪武时期自中央的都督府断事官至各地都司所属断事司以及卫镇抚,形成了自上而下较为完整且独立的军司法体系。断事司中的官员需要熟读律法,掌握勘验、审讯等各种技能,明确司法审判制度中的各项规定,因此由文官担任,但需受到军政官员的管辖。

一、颁律法、行劝诫

据《明史·刑法志》记载:"盖太祖之于律令也,草创于吴元年(1364),更定于洪武六年,整齐于二十二年,至三十年始颁示天下。"①洪武元年颁行《大明

---

① 《明史》卷93,第2284页。

令》，朱元璋命令"杨慈、刘基、陶安等裁定，分六曹，凡一百四十五条"①。朱元璋提出律法是治理天下的良策，而律令贵在简明以便百姓理解律意："朕惟律令者治天下之法也，令以教之于先，律以齐之于后，古者律令至简，后世渐以繁多，甚至有不能通其义者，何以使人知法意而不犯哉？人既难知，是启吏之奸，而蹈民于法，朕甚悯之。今所定律，芟繁就简，使之归一，直言其事，庶几人人易知而难犯。"②《大明令》颁布之后，洪武六年又诏刑部尚书刘惟谦详定《大明律》，此后对《大明律》进行了多次修订。朱元璋认为："古者风俗厚而禁网疏，后世人心漓而刑法密，是以圣王贵宽而不贵急，务简而不务烦，国家立法得中，然后可以服人心而传后世。"③于是洪武九年命胡惟庸、汪广洋等复详加考订，"厘正者凡十有三条"④。洪武二十二年，编撰类目附于律例前，以便刑官尽快熟悉律法，"命翰林院同刑部官取比年所增者，参考折衷，以类编附旧律，名例律附于断狱下，至是特载之篇首，凡三十卷，四百六十条"⑤。洪武三十年，正式颁行天下。《大明律》共七篇，条例简于唐律，其中《兵律》集中反映了军事法律的内容，有关军人犯罪的条目共计 63 条，其中"军官有犯""文武官犯公罪""军官军人犯罪免徒流""杀害军人""选用军职""冒支官粮""纵军掠夺""不操练军士"等有关武官犯罪条目是明律特有的。

　　明初法律严明，离不开朱元璋重典治吏的思想，除了颁布系统全面的《大明律》之外，还有特殊案例汇集而成的《御制大诰》系列，汇编了以酷刑惩治官民过犯的案例，以及各种峻令和训诫。朱元璋提出："朕有天下，仿古为治，明礼以导民，定律以绳顽，刊著为令，行之已久。然而犯者犹众，故于听政之暇，作《大诰》昭示民间，使知趋吉避凶之道。"⑥其中《大诰·武臣》即针对武官犯罪而颁布的，朱元璋详细说明了颁行的原因："这等害人的人，这个不有天灾，必有人祸。似这等灾祸应呵应，则有迟有疾。且如在京的管军官吏人等，我每日早朝晚朝，

---

①　（清）万斯同：《明史》卷 134《艺文二》，《续修四库全书》第 326 册，第 342 页。

②　《皇明诏令》卷 1《太祖高皇帝上·颁行律令敕》洪武元年正月十八日，《续修四库全书》第 457 册，第 35 页下。

③　（明）徐学聚：《国朝典汇》卷 181《刑部》，第 2306 页。

④　（明）徐学聚：《国朝典汇》卷 181《刑部》，第 2306 页。

⑤　（明）徐学聚：《国朝典汇》卷 181《刑部》，第 2306 页。

⑥　《昭代典则》卷 11，丁丑三十年五月壬子朔，《续修四库全书》第 351 册，第 298 页上。

说了无限的劝诫言语,若文若武,于中听从者少,努目不然者多,其心专一害众成家。及其犯法到官,多有怀恨,说朝廷不肯容,又加诽谤之言,为这般凌迟了这诽谤的人若干。及自有一等不诽谤,甘心受贬,做军三二年、五七年、十数年,终可怜他,召回复职,到任都无二月,其害军尤甚前日,更加奸骗军妇。似此等愚下之徒,我这般年纪大了,说得口干了,气不相接,也说他不醒。我将这备细缘故,做成一本书,各官家都与一本。"①

《大诰》的颁行重在起到警示作用,朱元璋还令武臣子弟诵习《大诰》,承袭武职之前即吸取前人教训,朱元璋曰:"曩因武臣有违法厉军者,朕尝著《大诰》昭示训戒,格其非心,开其善道。今思其子孙世袭其职,若不知教,他日承袭抚驭军士,或蹈覆辙,必至害军。不治则法不行,治之又非保全功臣意。盖导人以善行,如示之以大路;训人以善言,如济之以舟楫。尔兵部其申谕之,俾咸诵习,遵守毋怠。"②

除了颁行正式的法律文件外,朱元璋还利用谕令、榜文等形式对武官进行劝诫。洪武五年,鉴于有些功臣恃功跋扈,作恶多端,累宥不悛,朱元璋特颁布铁榜,对公侯进行严厉告诫,要求其恪守律法,谨守其身,严加管束奴仆。若其家仆触犯国法,则罪不可恕,"但凡奴仆一犯,即用究治,于尔家无所问。敢有恃功藏匿犯人者,比同一死折罪"③。该榜文共有九项内容,包括武官私受公侯钱财、公侯等官私役官军、公侯之家强占官民山场等财产、官军交结公侯、功臣之家管庄、奴仆等人欺殴人民或侵夺民产、私自投充功臣之家躲避差役、功臣之家利用虚钱实地侵夺他人田地以及接受他人投献土地等罪行的惩罚。若功臣有犯,大多情况下初犯、再犯可免罪附过,三犯准免死一次,例如:"凡公侯等官,非奉特旨不得私役官军,违者初犯、再犯免罪附过,三犯准免死一次。"④经济类犯罪则初犯免罪附过,再犯停支俸给一半,三犯停其禄,四犯与庶民同罪。功臣犯罪虽然有免罪的机会,但若屡犯不改,则难逃惩罚。

---

① (明)朱元璋:《大诰武臣·序》,杨一凡:《明大诰研究·附录》,江苏人民出版社1988年版,第426页。
② (明)徐学聚:《国朝典汇》卷20《朝端大政》,洪武二十一年八月,第384页。
③ 《明太祖实录》卷74,洪武五年六月乙巳,第1379页。
④ 《明太祖实录》卷74,洪武五年六月乙巳,第1379页。

　　洪武二十一年(1388),朱元璋颁行《武臣敕谕》一卷,①又颁《武士训戒录》,利用古人事迹知古鉴今,"时上以将臣于古者善恶成败之事少所通晓,特命儒臣编集申鸣、鉏麑、樊哙、金日磾、张飞、锺会、尉迟敬德、薛仁贵、王君廓、仆固怀恩、刘辟、王彦章等所为善恶为一编,释以直辞,俾莅武职者日亲讲说,使知劝戒"②。武臣受命守御一方,却因贪财危害地方安定,如广西都指挥耿良以科敛激变良民,江西都指挥戴宗以贪贿赂纵容山贼逃逸,为了避免其他武官出现上述行为,朱元璋将《武臣保身敕》颁给诸武臣,"使朝夕览观,知所鉴戒"③。此外通过府军左卫指挥佥事凌云奏请,还督促非嫡系武官子弟学习相关训诫书,其言:"武官子弟除嫡长袭父职总军伍,余自十五岁以下,令入郡县学讲读经史及御制武臣鉴戒诸书,使其通晓礼法,习知今古。候有成,立授以牧民之职。"④洪武三十一年(1398),明太祖为处理民间细事,减少民间词讼,特命户部制定和颁行了《教民榜文》,永乐年间又有所增设。其中包含了军官侵欺军人、百姓的案例。

　　明初,五军都督府总管天下军官,朱元璋往往通过都督府颁布军事禁令,约束武官。洪武四年(1371),谕大都督府臣曰:"朕以海道可通外邦,故尝禁其往来。近闻福建兴化卫指挥李兴、李春私遣人出海行贾,则滨海军卫岂无知彼所为者乎,苟不禁戒,则人皆惑利而陷于刑宪矣。尔其遣人谕之,有犯者论如律。"⑤洪武十五年(1382),谕五军都督府臣曰:"近福建行都司及建宁左卫守御官不奉朝命,辄役军士伐木,修建城楼,因而私营居室,极其侈靡。军士富者责其纳钱免役,贫者重役不休,今军士忿抑来诉,已令法司逮问。五军都督府宜榜谕天下都司,自今非奉命不得擅兴营造、私役军士,违者或事觉或廉得其状,必罪之,削其职。"⑥

　　朱元璋依靠律法加强国家治理的同时还重视儒家礼仪制度的实施,推行礼法之治,通过礼仪约束功臣的言行。洪武五年,朱元璋诏告天下举行乡饮酒礼,学习礼法,"其武职衙门在内各卫亲军指挥使司及指挥使司,凡镇守军官,每月

① (清)万斯同:《明史》卷134《艺文二》,《续修四库全书》第324册,第342页。
② 《明太祖实录》卷194,洪武二十一年冬十月乙丑,第2912页。
③ 《明太祖实录》卷194,洪武二十一年十一月庚子,第2917页。
④ 《明太祖实录》卷235,洪武二十七年冬十月壬午,第3430页。
⑤ 《明太祖实录》卷70,洪武四年十二月乙未,第1307—1308页。
⑥ 《明太祖实录》卷150,洪武十五年十一月丁巳,第2358—2359页。

朔日亦以大都督府所编《戒谕书》率僚佐读之,如此则众皆知所警而不犯法矣"①。明初功臣多不通文史,往往恃功骄恣,逾越礼分。洪武二十六年,蓝玉案发,籍其家时,朱元璋发现其服舍器用僭侈逾制,因此"诏翰林院稽考汉、唐、宋功臣封爵食邑之多寡及名号虚实之等第,编辑为书,名曰《稽制录》,御制序文,颁示功臣,使之朝夕省览,以遏其奢僭"②。不久即命礼部申严公侯制度僭侈之禁,朱元璋在敕令中申明了遵守礼法的重要性,令功臣仔细按照《稽制录》安排各项礼仪,曰:"历代圣君贤臣必谨礼节、循法度者,所以畏神明也。盖知畏神明则知守礼法,一或不谨,则鬼神鉴之,将假手于人而祸患作矣。朕自即位之初,稽古定制,凡爵禄礼仪等杀皆著为令,俾勋臣之家世守之。"③

然而,时隔三年之后,朱元璋认为诸功臣之家依旧不循礼法,往往奢侈自纵,虽屡加诫敕,终莫之省,于是"命翰林儒臣取唐宋制度及国初以来所定礼制,参酌损益,编类成书。凡勋旧之家坟茔、碑碣丈尺、房屋间架,及食禄之家货(植)〔殖〕禁例,皆有定制,命颁之功臣之家,俾遵行之"。此书命名为《稽古定制》。④

二、设断事以理刑狱

明代所设断事官承袭元代断事官制度而来,元代断事官"秩三品,掌刑政之属。国初,尝以相臣任之。其名甚重,其员数增损不常,其人则皆御位下及中宫、东宫、诸王各投下怯薛丹等人为之……(至元)二十七年(1290),分立两省,而断事官随省并置"⑤。朱元璋称吴王之后,建立百官司属,定断事官从三品。⑥ 然而明代断事官职权较元代为弱,吴元年改中书省、都督府断事官俱从五品……理问所正理问从五品。⑦ 洪武元年立大都督府断事官,秩从五品,⑧从此断事官专门负责处理军事案件,后改中军都督府断事官为五军都督府断事官。大都督府中还设有掌判官,在断事官之上,由大都督府参议变更而来。洪武十二年升大都

---

① 《明太祖实录》卷73,洪武五年四月戊戌,第1343页。
② 《明太祖实录》卷226,洪武二十六年三月甲戌,第3310页。
③ 《明太祖实录》卷228,洪武二十六年六月辛丑,第3328页。
④ 《明太祖实录》卷248,洪武二十九年十一月己巳,第3598页。
⑤ 《元史》卷85《百官一》,第2124页。
⑥ 《明太祖实录》卷14,甲辰年正月丙寅朔,第175页。
⑦ 《明太祖实录》卷25,吴元年九月癸巳,第372页。
⑧ 《明太祖实录》卷29,洪武元年春正月庚子,第500页。

督府掌判官,秩正三品。① 洪武四年,经中书省奏准,各处都指挥使司统属诸卫,凡有军官军人词讼,设断事司以理之,断事一人正六品,副断事一人正七品。②由此自中央至地方的军事司法机构建立起来。

（一）断事司的人员设置及其职权

五军断事官设置之后,较长一段时间内并未增加属官,直到洪武十七年,五军断事官邵文德上疏反映都督府只设断事官难以胜任工作,请求朝廷增设成员:"本司与刑部、都察院皆掌天下刑名,而刑部分设四部,各有郎中、员外郎、主事,都察院置十二道,有监察御史以分掌之。部又有尚书、侍郎,院又有都御史以总其纲,犹虑壅滞不决,惟断事官独员,实难其任。乞增置员数,分隶五府,各掌其事,庶几狱讼易理,而无稽违之患。"朱元璋遂令五军都督府各设左右断事二人,提控案牍一人,司吏三人,典吏六人,以分理刑狱。③ 洪武二十三年,断事司规模继续扩大,"升五军断事官秩正五品,总治五军刑狱,分左右中前后五司,司设稽仁、稽义、稽礼、稽智、稽信五人,俱正七品,各理其军之刑狱"④。断事司还设有司狱司,用来关押囚犯,"司狱司额设司狱二员,专一监收五司见问囚人,验罪轻重,如法枷锁。按月五司轮委官一员,亲临提调"⑤。

据《诸司职掌·五军都督府断事官》记载,五军断事官及下设五司的主要职能有"问拟刑名""起解赃罚""月报军官""处决重囚""详拟罪名"等项,其中"问拟刑名"一项详细说明了断事司审问囚犯的程序。首先,断事官接收都督府下发的案件进行立案审讯,然后通过对证获取供词,倘若犯人证据确凿,即可拟定罪名。初审意见需要交给大理寺审核,最终根据审判结果包括死罪、徒流罪、杖笞以及无罪等不同类别给予不同处理方案。具体内容为:

> 凡奉五军都督府札付,发下犯人若干名到厅,连案送该司承行。该司随即立案,将送到一干人证当官引问,对证明白,取讫各人亲书招供服辩在官。
> 如囚别无冤枉,依律定拟罪名,具本备云原发事由,问拟招罪。前件议得照

① 《明太祖实录》卷128,洪武十二年十二月癸未,第2033页。
② 《明太祖实录》卷61,洪武四年二月癸酉,第1190页。
③ 《明太祖实录》卷168,洪武十七年十一月丁丑,第2569页。
④ 《明太祖实录》卷199,洪武二十三年春正月丁卯,第2982页。
⑤ 《诸司职掌》,杨一凡主编:《中国珍稀法律典籍续编》第3册,第342—343页。

行事理,官吏金书完备,引囚赴厅,圆审无异,将奏本连囚牒缴大理寺审录。候本寺将各囚审录无冤,比律允当,勘合平允,回报该司,照依拟定罪名发落。如囚犯该死罪者,发下司狱司牢固监收,听候处决。犯该徒、流者,照例送工部,转发工役。犯该杖、笞合决断者,具手本会请监察御史、刑部、大理寺等衙门官,公同断决。供证明白无罪者,军送该府转发属卫着役,民送兵部给引宁家。本宗事内或有照出合问军官,呈厅具奏请旨,行移该府提取,如干问有司入流官员,亦须具奏请旨,行移兵部提取发来归结。若有干问卫所令典、旗军及有司令典、民人,不须具奏,就行该府兵部提取归结。①

"起解赃罚"指断事司将犯人所受赃物包括金、银、钱钞、段匹等追回,并进行贮存、点闸与辩验,最后交于内府。对于各都司断事司所呈案件,五军断事官需要根据原审问情况进行拟罪,或依照原拟罪名比照律法,处理完毕之后,将案情由来一并交由大理寺审核,最后再由所属都督府转行都司施行。

另外,断事官还会根据皇帝的指令参与审录罪囚的工作,洪武十五年命刑部、都察院、断事等官审录囚徒,朱元璋交待相关注意事项,并指出关键在于刑官要有公正之心,曰:"录囚务在情得其真,刑当其罪。大抵人之隐曲难明,狱之疑似难辨,故往往有经审录寻复反异,盖由审刑者之失,以至此耳。故善理狱者,惟在推至公之心,扩至明之见,则巧伪无所隐,疑似无所惑,自然讼平理直,枉者得伸,系者得释……今命尔等审录囚徒,务以公破私,明辨惑,毋使巧伪繁滋而疑谳不决……凡录囚之际,必预先稽阅前牍,详审再三,其有所诉,即与辩理,具实以闻。"②

由于断事面临很多难以管束的骄兵悍将,故而要严格执行军法以治之,且理刑时需要公正无私。洪武十年,褚君担任大都督府断事官,有宾客提醒此职之难在于治兵,曰:"子其慎哉,治兵与治民异,民牛羊也,叱之前而前,麾之却而却,而剽悍之士如扰龙槛虎,急则忿怒而无以服其心,缓则玩肆而无以折其气,其势岂不难哉?"贝琼则反对其说法:"莫重于法,法一定而人从之……至悬法以示之,使知所守,则暴者为之戢,贪者为之肃,怠者为之奋,骄者为之惩,一出一入莫

---

① 《左右中前后五司·问拟刑名》,载《诸司职掌》,杨一凡主编:《中国珍稀法律典籍续编》第3册,第342页。按,"服辩"原作"服辨",疑误。
② 《明太祖实录》卷149,洪武十五年冬十月丙申,第2351页。

敢或越其防,由是观之治兵亦治民耳……盖有其法而行之,以公无私,孰得而干政犯令也。则今之往也,位虽下而势实尊,名虽小而事益专。"①可见,虽然军人难于管理,但只要秉公执法,依法治理,无论贪暴、骄纵、懈怠皆有所约束,从中体现了断事官的重要性。

(二)断事的任命与司法职能的发挥

断事司虽然属于军事司法机构,但其官员皆由文官担任,据《八闽通志》记载:"断事司,掌断都指挥使司一切狱讼,而司狱司则主其所系囚也,故皆附焉。断事、副断事各一员,吏目一员,吏目盖幕官也……自经历至此俱用文职充。"②朱元璋以文官掌管军事案件,其意义深远。首先断事掌管刑狱,需要熟悉律令,善于剖析案情,而明初武官多不识书,无法胜任断狱之事。因此,虽然由官品较低的文官担任断事,其职责却不容小觑,所谓"桁杨箠楚非帅所可亲,巧比微文非帅所尝习,于是以断事佐之。凡狱之轻重取舍,帅惟总其要、视其成而已,是非曲直,一有不当,皆断事之责也"③。其次,文官处理繁复的案件,武官方可以专于防御之事,"皇朝法古建制于方州,置都帅之府以当一面之寄,而所任皆武功之臣,不可无文吏以辅之,此经历、断事之司所由致也。有二司以掌其吏牍、理其刑名,故武臣不必劳心于会计,竭智于讯谳,而所部之内,事不至于愆期,狱不至于淹抑,政务自得其理,帅府所资于二司不轻而重益明矣"④。

可见,断事司设置的初衷一方面在于利用文官处理军事案件,防止武官跋扈,另一方面适应了掌管刑法所需的能力。断事司具有较强的专业性,即使同为都司之中的经历司也不可相比,"夫二司虽皆帅府之所不可无,然经历所司之地又非断事比也。盖断事理官,狱情之枉直,刑罚之重轻,人命之生死,莫不系之,尤为帅府所重之司"⑤。再者,断狱本身即关系重大,需要刑官具有很强的公

---

① (明)贝琼:《送褚德刚序》,陈子龙等:《明经世文编》卷5,第41页。

② (弘治)《八闽通志》卷27,《四库全书存目丛书》史部第177册,第723页。

③ (明)费宏:《费文宪公摘稿》卷11《送中都留守司断事陈君景昭序》,《续修四库全书》第1331册,第487页。

④ (明)刘球:《两溪文集》卷10《送刘断事赴福建都司序》,《景印文渊阁四库全书》第1243册,第554页上。

⑤ (明)刘球:《两溪文集》卷10《送刘断事赴福建都司序》,《景印文渊阁四库全书》第1243册,第554页上。

平公正意识,"故必持之以公,昭之以明……况狱之所系尤为不轻,古人论战,至于小大之狱,或得其情而后可,岂不以兵者刑之大也,惟用民者能重其生"①。

虽然建文帝时期废除了五军都督府断事官,但地方都司中一直设有断事,因此,文官担任断事者并不罕见。在明代地方志、传记、文集等文献中记载了诸多关于断事的任职经历。(见表1-2)

表1-2　明代部分断事官任职信息

姓名	任事前	所属都司/都督府	升迁\降黜\改任	出　　处
霍矩	—	大都督府断事官	刑部侍郎	《明太祖实录》卷124,洪武十二年四月戊申
翟益	—	都司断事	陕西按察司佥事	《明太宗实录》卷26,永乐元年十二月丁酉
铁铉	礼科给事中	五军都督府断事	建文朝擢山东布政司参政	(明)雷礼:《国朝列卿记》卷46
傅奎	—	大都督府掌判官	广西布政使司左参政	《明太祖实录》卷121,洪武十一年十二月癸丑
陈铭	吏部尚书	大都督府掌判官	福建布政使	《明太祖实录》卷119,洪武十一年六月己酉;《明太祖实录》卷123,洪武十二年三月壬申
赵璧	监生	(山西都司)断事	洪武三十一年升佥事	(成化)《山西通志》卷8
邝孟珏	洪武十三年任沁源知县	升左军都督府断事	—	(成化)《山西通志》卷8
董亮	洪武中参政	降除行都司断事	—	(成化)《山西通志》卷8
麦志德	洪武初以孝弟力田举	五府断事	累迁右参军	(明)黄佐:《广州人物传》卷11
程敏	洪武间国子生	都督府断事	调刑部主事(累官广东布政司左参议)	《明一统志》卷27
刘德润	(举人)洪武中授山西按察司佥事	五军都司断事	升监察御史	(嘉靖)《南安府志》卷31
何隽	贡生	贵州都司断事	升监察御史	(嘉靖)《南安府志》卷31

① (明)费宏:《费文宪公摘稿》卷11《送中都留守司断事陈君景昭序》,《续修四库全书》第1331册,第487页。

续表

姓名	任事前	所属都司/都督府	升迁\降黜\改任	出　　处
张思忠	太学生	河南都司断事官	—	(明)李开先:《闲居集文》卷9《西皋举人张君行状》
赵仁宁	洪武初以荐起家	累迁五军都督府断事	擢都御史调兵部尚书	《明一统志》卷25
彦章	(洪武中)国子监生	都督府断事	调刑部主事	(万历)《开封府志》卷18
林瑜	洪武中太学生	五军断事中司稽礼升右断事	江西按察司佥事	(明)杨士奇:《东里集·续编》卷38《前浙江布政司左参政林公墓志铭》
廖昇	以学行名	(洪武中)左府断事	擢太常少卿	(明)过庭训:《本朝分省人物考》卷77
康志高	洪武辛未以才举至京初授知县	中都留守司副断事	—	(明)杨士奇:《东里集·续编》卷38《故中都留守司副断事致仕康志高墓碣铭》
李原逻	—	福建都司断事	广东道监察御史	《明太宗实录》卷92,永乐七年五月戊戌
高孟廉	永乐丁酉举人	陕西都司断事	—	(嘉靖)《河间府志》卷23
萧翔	户部浙江司郎中	辽东都司断事	—	《明宣宗实录》卷59,宣德四年冬十月己酉
金忠	刑部陕西司郎中	陕西都司断事	—	《明宣宗实录》卷59,宣德四年冬十月己酉
章仪	监察御史	黜为陕西都司副断事	—	《明宣宗实录》卷95,宣德七年九月丁卯
张厚	—	河南都司副断事	—	《明宣宗实录》卷95,宣德七年九月丁卯
陈演	正统九年乡贡	山东都司断事	升辰州府同知	(成化)《山西通志》卷10
俞廸	天顺年乡贡	广东都司断事	归田	(明)过庭训:《本朝分省人物考》卷44
蒋良	天顺丁丑授云南河西知县	广东都指挥使司副断事	—	(明)李东阳:《怀麓堂集》卷76《明故赠翰林院编修蒋君墓表》
刘逊	(成化十四年进士)武冈知州	谪四川行都司断事	升湖广佥事	(明)过庭训:《本朝分省人物考》卷68
周鄂	监生	广西都司断事	万州知州	(正德)《琼台志》卷31

续表

姓名	任事前	所属都司/都督府	升迁\降黜\改任	出　　处
芮廷延	太学生	山东都司断事	—	（明）陆简：《龙皋文稿》卷9《送芮廷延断事之山东序》
葛义	监生	宣府断事	—	（嘉靖）《河间府志》卷23
张绅	监生	山东都司断事	宁海同知	（嘉靖）《河间府志》卷23
王恭	监生	断事	累官至苏州府知府	（嘉靖）《河间府志》卷23
李端任	监生授开封府推官	广东都司断事	—	（嘉靖）《河间府志》卷23

由上表可见，断事大多由监生、贡生、举人等无任官经历的人担任，亦有少数是由郎中、知县升任而来。其升迁去处仍以司法系统为主，如御史、按察司金事等，或调任刑部，也有部分断事升为参政、知府，成为牧民之官。[1] 断事的经历使其积累了一定的断狱经验，为监司培养了储备力量。"正统六年(1441)奏准，凡御史员缺，于行人、博士、知县、推官、断事、理问及各衙门司务，各按察司首领官，进士、监生出身一考两考者，吏部拣选送院问刑半年，堂上官考试除授。"[2]明初军事诉讼的审理离不开断事官，朱元璋对其极为重视，有能力者可以获得超迁，"然兵之所聚，刑亦丽之，其必有争讼焉，有遘诛焉，有斩断焉，推而谳之，必欲得其情而不冤。有非军将之所能也，此断事之官所繇设欤。盖其官仅六品而权行于一方，辜斯罚之主率不得私以宥，冤斯伸之主率不得私以抑，故官得其人则一方之兵无冤者。不幸而或非其人，则其所失岂小哉？太祖初置是官时，有能胜其任而致声者，辄拔擢之登庙廊方岳，往往有其人焉"[3]。

然而断事官在实际行使司法职权时，并未完全实现当初的设置理念。都司断事司最初受五军都督府断事官管辖，因官员品级较低，往往受到上级都指挥使

---

[1]　有关断事官任职经历还可参见李军：《明代断事司考述·明代辽东都司部分断事官任职简表》，《故宫学刊》第7辑，紫禁城出版社2011年版，第84页。

[2]　（明）申时行等编：《明会典》卷209《急缺选用》，第1045页。

[3]　（明）徐有贞：《武功集》卷3《送钱季学赴大宁都司序》，《景印文渊阁四库全书》第1245册，第127页。

等官的干预。贵州都指挥同知焦得曾领军征剿广西叛蛮,有军人临阵而逃,抓获后先杖之四十,而后交付断事司审理,最终死于狱中。朱元璋以严明军纪为由,军纪在前,上级武官有权依据军律处罚军人,因此焦得并未因杖死军人而加罪。① 宣德年间,有江西都司断事周济,其所在都司遇到案件,量刑皆由都指挥决断,后来因周济坚持履行自己的职责,才赢得了断狱之话语权。"济曰:'此吾职也,彼何与焉?'虽盛怒执愈坚,既久服其公,反加礼焉。"②待五军都督府断事官取消之后,断事司受按察使司、巡按御史节制。成化年间,有都指挥同知卻佽科敛军人,受害军人之子桑盟将其状告至巡抚处,巡抚批示由都司派官审理,于是由万全都司断事司审问后将案件上呈,最后由巡按监察御史将卻佽提问发落。③

五军都督府断事官权力大于都司断事,但针对武官犯法亦无权判决,最终需要皇帝定夺。保宁卫千户谷兴不能体恤军人反而迫害之,右军断事官"论兴罪当杖",朱元璋命谪戍大宁。④ 洪武二十九年,五军断事官言"军校四十五人皆犯重法当死",朱元璋认为:"其情亦有可矜者,其以情之至重者一人寘于法,余皆减死发戍三万卫。"⑤

至明代中期,断事等官往往以年老监生授任,其中有很多不熟悉律法者,无法胜任理刑之职,有些则被派去营干他事,致使本职工作受到影响。马文升反映道:"推官、断事等官一概以年老监生除授,且前项等官多有不识宪体,不谙刑名,问刑之际,止凭吏人任情出入,伤天地之和……各处巡抚、巡按、三司官多有将推官、理问、断事往往差遣赴京或别项公干,经年半载不得回任,以致问刑缺人,尤为误事……推官、理问、断事有缺,俱于法司办事进士及历事年力精强举人监生内除授,不宜似前一概滥除。"⑥

断事职权的衰微与明代政治制度的变化有一定关系。按照朱元璋最初的制

① 《明宣宗实录》卷42,宣德三年闰四月壬辰,第1030—1031页。
② (明)过庭训:《本朝分省人物考》卷90《周济》,《续修四库全书》第535册,第480页。
③ (明)叶盛:《叶文庄公奏议·上谷奏草》卷2,《续修四库全书》第475册,第516页。
④ 《明太祖实录》卷182,洪武二十年六月壬午,第2744页。
⑤ 《明太祖实录》卷247,洪武二十九年九月乙丑,第3585页。
⑥ (明)马文升:《端肃奏议》卷3《题振肃风纪裨益治道事》,《景印文渊阁四库全书》第427册,第728页。

度设计,军政与行政互不干涉,从军政到军事司法皆有独立的机构负责,最终都听命于皇帝。然而随着社会的安定、文官地位的上升,五军都督府权力逐渐被削弱,兵部职权日益扩大,军队的调度与操练、武官任免等重要军政事务交由兵部。自建文帝以后,中央断事官被取消,改由三法司全权处理,而地方都司断事司的权力也变得越发微小,有官员建议进行裁员。分守边备右参议杨镐呈称:"查得原额辽东都指挥使司置经历司都事、断事司副断事,盖仿省直之成制,以为军政之赞襄。嗣后,按院守道驻临及本都司凡有批行差委,皆于四首领分任,然都事、副断事原无重大责任,较之经历、断事有印务者差异,于中裁减一员。"①

断事司接手的案件也逐渐减少,甚至沦为闲杂之职。正德年间,有人反映:"凡都司一切讼谍必下断事裁决,然承平既久,戎务甚稀。予尝见为断事闽中者,每旦视事不过一二刻,至食时吏卒皆散去,公庭无人,断事君独从二三儒生以文酒为娱,其闲且适如此。今以世善任此,似未足以究其用。"②断事一职愈加被人轻视,虽与推官同为基层司法官员,人却多不乐从。"芮廷延自太学就吏部试优等,众谓廷延必得守一州或判一郡矣,既而擢山东都指挥使司断事,众咸不满所望,而廷延亦甚快快焉。"③陆简从将帅号令不行且不得干预断事办理公务角度宽慰之:"凡主帅号令之所不行者,则付之断事,主帅曰'可宥',断事曰'不可'。主帅曰'不可',断事曰'可'。断事之权与责,盖虽将帅之所委任,而实有不得与焉者也,夫岂轻哉?"④实际上仍然从文官角度提升对断事的认可,军事司法机构的威望已大不如前。

明太祖极为重视制度建设,明初机构的设置、政令的颁布、律法的制定皆体现了其对国家治理的理想设计。其中在武官任用方面,明太祖主张文武并重,设立了独立的军政机构与军事司法体系,与文官系统并列而行。然而,明代在文武关系的处理上并没有按照明太祖文武并重的思想发展下去,而是逐渐形成了重

---

① (明)李化龙:《摘陈辽左紧要事宜疏》,陈子龙等:《明经世文编》卷422,第4596页。

② (明)林文俊:《方斋存稿》卷4《送邹断事序》,《景印文渊阁四库全书》第1271册,第732页。

③ (明)陆简:《龙皋文稿》卷9《送芮廷延断事之山东序》,《四库全书存目丛书》集部第39册,第298页。

④ (明)陆简:《龙皋文稿》卷9《送芮廷延断事之山东序》,《四库全书存目丛书》集部第39册,第298页。

文轻武、以文驭武的局面。以文驭武自宋代以来已渐成趋势,科举考试为国家所输送人才为持有儒家思想的文人,文官群体日益壮大,形成了文官治国的模式。明初以后,战争减少,文官参与治理国家的机会增多,权力扩大,文官政治走向成熟,必然影响了军事机构的权力与运作,武官的司法审判逐渐被纳入文官掌管的司法体系之中,原有的军事司法体系失去独立性。

第二章 明代武官犯罪的司法
审判程序与军政考核

　　明代的司法审判制度因司法机构设置与职掌的变化,可分为不同的发展阶段。① 明初以后,首先,三法司制度逐渐成为定制,太祖时期大理寺的设置并不稳定,洪武二十九年再次被罢,至建文时恢复。成祖即位后保留了三法司,永乐十九年(1421)明成祖批准京师案件经刑部、都察院初审后,送大理寺复审:"刑部、都察院问拟囚犯,仍照洪武年间定制,送本寺审录发遣。"②标志着三法司制度成为定制。其次,恤刑程序与慎刑制度不断完善,包括热审、五年大审、会审等。明成祖非常重视三法司理刑的谨慎,永乐四年(1406),曾因刑部断狱牵连无辜军职,特召三法司官谕之,并督促轻罪尽快审录,即夏季进行的热审,曰:

　　　　朕屡命尔等决狱,贵在明而无滞,明则有罪不与无罪者同免,滞则无罪将与有罪者同困。前日见刑部引奏辽东卫官纵军士往高丽者,一指挥专理屯田,未尝与知,而一概逮系,久不疏决,至于病危,假令病竟不治,此人何罪? 即是尔等枉杀之。司理之职,重民命为本;辅君之道,施行政为务……今天气已热,除犯斩绞罪系之,其徒流以下皆令所在发遣,庶几瘐死无及于轻罪。③

　　弘治十三年(1500)规定,京师重大案件需由三法司会审,在审判程序上作出了又一调整,会审制度逐渐完善。从军事司法审判制度的变化而言,明初以后,中央以五军断事司为主的军事司法机构被废除,由三法司掌管武官犯罪的司

---

　　① 那思陆:《明代中央司法审判制度》提出:"明代司法审判制度的历史分期可以分为前期:洪武元年—永乐十八年,共53年。中期:永乐十九年—弘治十二年,共79年。后期:弘治十三年—崇祯十六年,共143年。"北京大学出版社2004年版,第4页。
　　② (明)申时行等:(万历)《明会典》卷214《大理寺》,第1072页。
　　③ 《明太宗实录》卷54,永乐四年五月庚寅朔,第801页。

法审判,地方则以巡按御史、按察司等机构与官员为主导。司法审判程序根据司法机构的变化亦作出了一定的调整,但武官犯罪的最终判决依然取决于皇帝。

第一节　明初以后武官犯罪的司法审判机构

明太祖建立了明代武官制度的基本架构,以卫所制度为依托,以世袭制度为保障,设立了完备的武官职官体系,为此后武官各项制度的发展奠定了基础。而武官的司法审判既受到武官制度的影响,又与整个明代司法审判制度的发展趋势相适应,结合了军事体制与司法体制的双重变化而进行演变。

一、中央三法司等机构

明初以后,五军都督府的地位开始下降,五军断事司被废除,重大的军事案件多由中央三法司受理。如:

洪熙元年(1425),巡按直隶监察御史顾达奏凤阳卫指挥萧敬等克减军士月粮。上语侍臣曰:"古良将之抚士卒,足其衣食,艰难则同甘苦,贫困则给以私财。今所为如此,平日残忍可知。"命刑部逮治。①

宣德元年(1426)二月,辽东都司义州备御都指挥同知李信挟私杖杀义州卫指挥马迅。事觉,都察院逮问得实,拟律当斩。②

宣德六年(1431),开平卫百户刘信以失机被逮,大理寺论信当杖一百充军,信自陈初守赤城堡,寇先犯堡,信与敌被伤,及寇再至,信守内堡而外堡被掠。上曰:"此法司不究情,既被伤又守内堡,无失,何以罪?"遂释之。③

上述案例分别由刑部、都察院、大理寺审断拟罪,其中大理寺对开平卫百户刘信拟罪不当,被宣宗否定。另外,兵部负责武官任命,对于犯官降职、调用等处置,兵部参与拟定。正统元年(1436)三月,万全都司都指挥佥事卞福、大宁都司都指挥佥事石得等犯受财枉法绞罪,罚工完日还职。兵部请如例调用,遂调往广西。④

① 《明宣宗实录》卷10,洪熙元年冬十月壬辰,第291页。
② 《明宣宗实录》卷14,宣德元年二月己丑,第388页。
③ 《明宣宗实录》卷78,宣德六年四月夏丙申,第1803页。
④ 《明英宗实录》卷15,正统元年三月己巳,第278页。

锦衣卫作为纠察、监督百官的特殊机构,亦时常受命参与对武官犯罪的审理并羁留嫌犯。成安侯郭晟、建平伯高远扈跸被劾"郊外不奏先归,夜叩德胜门而入,径回私第,怠惰偷安",命下锦衣卫狱。① 又有保定伯梁珤犯纳贿等罪,被御史劾奏,法司论以赎绞还爵,英宗特命监禁之,于是下锦衣卫狱。②

二、按察司等地方司法机构与官员

地方上,卫所镇抚的司法权也渐被削弱,由按察司、巡按御史节制。另外,由于卫经历司官员由文官充任,略通刑名,令其审理案件。明末,广州府推官颜俊彦受理一起诬诈案,案件初审者为当时尚处于候任的经历任复元,任复元因处置不当被责罚。此案初审时,任经历未查明真相,即差使周升、马良等人,拘拿被诬指的李玉田,周升、马良吓诈玉田未遂,竟将其十岁幼男捉拿到监,幼童因在南海县狱中被牵累,出狱不久而亡。察院批:"任复元以侯缺之卫首领而越署,且借署而差拘,狼吻未魇,而后呈堂批县,该县不审轻重,径置幼孩于圜土也。任复元法应拿问,以警其余。"推官颜俊彦复审后提出:"任复元已经宪台考察痛责,方惴惴残喘,或可免其一解,此宪台法外之仁,而非卑职所敢必也。"任复元最终被革任,但并未深究,本院批:"任复元业经痛责,即斥逐离任,姑免究。"③

宣德五年(1430),监察御史林英上疏阐述了镇抚审理刑狱的诸多弊端,认为应选谙熟法律者授以经历职,以协理刑狱。其曰:"天下都司设断事司专理刑狱,已有定制,而各卫所及守御千户所设镇抚以理刑狱,抚镇武人多不谙文移,不通律意,甚至有不识一字者,刑狱往往委之于吏及识字军,致是非不明,狱囚淹滞冤枉者多。乞令天下卫所援都司断事司之例,别设一员专理刑狱,或选谙法律者,授以经历、吏目协理刑狱,庶免淹滞之患。"④林英以断事司为例,试图改变镇抚断狱不明的弊端,事实上二者均已无法发挥原有的作用,不得不借助于经历、吏目。断事司所设监狱也成为多余机构,以广州府为例,按察司(驻地广州)有

① 《明宣宗实录》卷70,宣德五年九月庚申,第1651页。
② 《明英宗实录》卷45,正统三年八月甲寅,第866页。
③ 参见(明)颜俊彦:《盟水斋存牍·诬诈梁海云等》,中国政法大学出版社2002年版,第119—120页。
④ 《明宣宗实录》卷73,宣德五年十二月乙酉,第1705页。

监,府有监,两县有监,四卫有监,凡人命强盗罪重者发按察司监,次则发府监、县监,又次则发四卫监。断事司一监,各衙门发放甚杂,因此广州府推官奏请裁并此监,汰此狱官。①

五军断事官废置以后,都司断事遇到疑难案件只能向刑部呈报,而与刑部处于同一系统的按察司官员品级居于都司断事之上,使得按察司官员很自然地介入到卫所的司法事务中。② 在处理地方事务时,军卫与按察司存在种种矛盾,从中可以看出这种变化的趋势,宣德六年(1431)五月,广州前卫所镇抚袁谦承都司委派捕盗新会县,而按察司移文都司,令其召谦领军还,而所捕贼未获,谦言按察司挟制军卫,又讦按察司官家人之过。上曰:"谦必在外扰民,虑按察司治之,故支吾文过。"遂命兵部行广东都司别遣人捕盗,谦所奏事令巡按御史体实,并察谦果害民,即治之。③ 在此事的处理上,显然所镇抚处于劣势,宣宗怀疑其有过在先,惧怕按察司查其罪,遂先发制人。

景泰六年(1455),经都察院奏准,从制度上认可了按察司以及巡按御史在军事司法审判中的地位。"宜通行天下,诸狱原发都布司者,但会都布司官;在府卫者,会府卫官;在按察司及巡按御史者,不必会官,即为问结,当奏请径以闻。如有淹滞,按察司及巡按御史治之。"④遇到涉及中高层军官的重大案件或冤狱,当事人可以越过军卫断事,直接上诉到按察司与巡按御史处。

随着巡按御史职权的扩大化,其逐渐发展成为审理武官犯罪的重要司法官员。成化元年(1465)二月初一日,四川监察御史赵敬题:"风宪为朝廷耳目,所至之处须问军民(体)〔休〕戚及利所当兴、害所当革者,随即举行之。该巡历去处,但知有司等官收发奉公,廉能昭著,随即举闻。若奸贪废事、蠹政害民者,即便拿问。若知善不举、见恶不拿,杖一百、发烟瘴地面安置。"⑤其所建议"御史出巡,遇有军职不公不法、剥削害军等项,重则参奏提问,轻则量情惩戒",与《宪纲条例》所规定的"军职不公不法奸贪等事,即便纠举拿问",有相通

①　参见(明)颜俊彦:《盟水斋存牍·议并监犯详》,第329页。
②　张金奎:《明代卫所军户研究》,第188页。
③　《明宣宗实录》卷79,宣德六年五月壬午,第1838页。
④　《明英宗实录》卷259,景泰六年冬十月丁卯,第5561页。
⑤　(明)戴金编:《皇明条法事类纂》卷24《御史惩戒军职及御史等官出差边境用军防送例》,《中国珍稀法律典籍集成》乙编,第4册,科学出版社1994年版,第1033页。

之处,命照旧遵行。① 如成化七年(1471)七月,"陕西都指挥佥事马聪,坐守怀远堡,为部下军人讼其役占军士,侵克月粮及纳赂等事,巡按御史鞫得实情,逮聪于狱"②。

巡按御史掌管地方军民两大系统的司法审判,提高了军民诉讼案件的审判效率。腹里卫所与府州县犬牙交错,随着社会经济的发展,二者的交往也更加频繁。很多军民诉讼同时涉及军官与民官,遇到军民交错的案件,往往各府委官审查案情,导致有些军犯"不行随即出官,或逃躲患病,百般推调,经年累月不得完结,负累原勘官员"。此外,有些涉案人员需要押赴京城审理,"亦有勘提到京而原告夤缘脱逃,以致事难归结",如此一来,不仅妨碍了人们的生产、生活,亦影响政务的有效处理。针对此类事件的发生,特令巡按御史就近提审:"今后如有前项府卫军民赴京奏告词讼,合无俱行监察御史就近提问,照例发落。"③成化六年对巡按御史审理词讼作了明确规定,"各处巡按御史俱要亲理词讼,仍将本院递年发去勘合逐一问结缴报,御史回还,备开接管"④。

另外,都司断事等受到按察司、巡按御史的监督,都司断事在任内需要接受巡按御史的考核,御史可以纠察其中不谙律法者。洪熙元年,巡按江西监察御史王缙绅奏:"按察司副使申岳等昧于宪体及诸理问断事、推官不谙刑律皆应黜降。"⑤宣德十年(1435),于谦巡抚河南时,建议巡按、按察司考察断事等官,曰:"都司卫所正佐官俱系军职,事体生疏,凡公务不过总其大纲,遇有钱粮、刑名、军伍等事,行移文案,俱系首领、断事等官职掌。宜令巡按御史、按察司考察,公廉材干者存留,阘茸无能者黜退,庶使官得其人,事无妨误。"⑥经会议奏准:"凡在外都司卫所首领官并断事等官,从巡按御史、按察司考察,阘茸无能者起送赴部。"⑦

---

① (明)戴金编:《皇明条法事类纂》卷24《御史惩戒军职及御史等官出差边境用军防送例》,《中国珍稀法律典籍集成》乙编,第 4 册,第 1034 页。

② 《明宪宗实录》卷93,成化七年七月癸未,第 1787 页。

③ (明)戴金编:《皇明条法事类纂》卷38《军民词讼行巡按御史就便提问》,《中国珍稀法律典籍集成》乙编,第 5 册,第 534 页。

④ (明)申时行等:(万历)《明会典》卷 211《回道考察》,第 1054 页。

⑤ 《明宣宗实录》卷2,洪熙元年六月壬戌,第 56 页。

⑥ 《明英宗实录》卷7,宣德十年秋七月辛巳,第 137 页。

⑦ (明)申时行等:(万历)《明会典》卷 210《出巡事宜》,第 1051 页。

若都司断事处置罪犯不当则受到巡按审查，正统九年（1444），陕西都司狱瘐死强盗二人，"都指挥使马让等不以报，逾四年，会赦始报"，都察院请正其罪。对于马让的处罚，英宗只命记其罪，而断事官则令巡按御史鞫之。① 针对同一案件，当按察司与断事司审判结果不同时，往往交由巡按御史审断。山西朔州卫有军士斗殴杀人者，按察司论绞，军士上诉冤枉，移断事司为理，得释。此后，"刑部移都指挥佥事张纛勘之，纛报如断事司，刑部复移按察司，卒仍坐绞，因劾纛勘不实"。于是英宗命巡按御史逮鞫之。②

卫所获罪武官面对地方司法机构的审判，有的通过行贿、逃避等方式试图脱罪，增加了案件审判的难度，案情愈发曲折、复杂。我们从中可窥见不同司法官员对武官犯罪案件审理的参与。时陕西署都指挥佥事张通受贿，李谅私役军士，被官府获悉后，"巡按御史论通绞，系都司狱。按察司论谅斩，械如京。诏调通极边，谅甘肃。通惧，诈称疾，嘱都指挥佥事费铭释己，出狱治疗，遂亡去。铭坐是赎杖还职"。此后，张通至京告御史受右副都御史陈镒之令故意加重其罪，李谅趁机亦告诉陈镒令按察使邓棨冤枉自己。经刑科给事中廖庄审查，发现通、谅所奏镒事皆为诬告，而刑部改论通、谅罪当赎复职。最终英宗判决："通、谅既负重罪，复诬风宪官，不宜论以常律，其仍调之。"③此案件中，巡按御史、按察司、都司皆有参与。显然至明代中期，巡按御史、按察司已经逐渐掌控了地方上的军事司法事务，负责纠劾地方武官的不法行为。"若军官有犯，在京从都察院，在外从巡按监察御史、按察司并分司密切奏请施行。"④可见，明代军事机构中专设的司法部门逐渐被文臣制约，其司法权力亦被削弱。

巡按、按察司官员承担起地方军事司法审判之责后，需要依法审判获罪武官，同时不能懈怠或有意包庇其罪。行在都察院右都御史陈智奏："山东大嵩卫指挥孟善等坐侵欺罪斩，例当奏闻调卫。而按察佥事李场、都指挥江源辄令善等输赎还官，按察使李缙复庇场等不举按，请治其罪。"英宗令缙等自陈。⑤ 贵州总

① 《明英宗实录》卷113，正统九年二月庚寅，第2272页。
② 《明英宗实录》卷159，正统十二年冬十月癸酉，第3098页。
③ 《明英宗实录》卷82，正统六年八月壬午，第1647页。
④ （明）申时行等：（万历）《明会典》卷209《风宪总例》，第1039页。
⑤ 《明英宗实录》卷36，正统二年十一月壬辰，第700页。

兵吴国贪庸欺纵,被兵科都给事中裴应章论劾其十大罪状,而巡按此前却并无任何举发,因而受到谴责。得旨:"吴国既有罪状,该抚按知之必真,何无一言,而科疏乃历历有据。其革国任,按臣勘实以闻。"①

地方司法事务繁多,巡按、按察司往往转委下属官员代为审理,造成案件处置草率、失当等现象。成化三年(1467),都察院左副都御史贾铨等奏:"云南楚雄卫军有奏指挥李嵩等擅开银场,聚众为奸利者;云南县民有奏知府李逊、知县郭凯,受贿枉法者。事下云南按察司,关委洱海、金沧二道问理。二道分巡官不亲临按问,转委镇抚、知县鞠之,且狱词多不明,按察司亦不驳正,但据成案呈覆。云南道御史觉其失,请皆治罪。"最终贾铨奏准"通行天下布按二司,遇有委任,必须躬理,不许转委"。②

三、多官会审

在军事司法审判中,多官会审军事案件是一种常见方式。中央除了常规例审如大审、热审、朝审等,遇到疑难案件,通常由皇帝下令委任三法司、锦衣卫、六部、五府甚至包括司礼监太监会审。如宣德二年(1427),监察御史吴启先等、六科给事中贾谅等劾奏镇远侯顾兴祖自镇守广西以来暴虐贪婪、怠慢废事、失地丧师等罪,"上命执于午门外,三法司同公、侯、伯都督讯之"③。又如交阯总兵官成山侯王通等被文武群臣劾奏"违命擅与贼和,弃城旋师之罪",宣宗命公侯伯、行在五府、六部、都察院等衙门官同鞠之。④ 松潘卫指挥吴玮激变番人,损失官军四十余人,杖杀军人。宣宗命公侯伯、五府、六部、都察院大理寺、锦衣卫、六科给事中会问,最终斩于市,籍其家。⑤

成化二十三年(1487)七月,"有指挥周铎与军人萧兴以小忿相殴,兴不能胜,夜归杀其侄鋐,谋陷铎死。奏下御史郭绅鞠问,已而众证其诬,铎得免"。此案到此本已问结,只是萧兴所犯故意杀人罪未被发觉。兴唯恐事发反坐己罪,复诱其侄偏儿,自服杀其兄,问拟凌迟律。至此,萧兴成功将罪嫁祸于他人身上。

---

① 《明神宗实录》卷 67,万历五年九月庚申,第 1460 页。
② 《明宪宗实录》卷 39,成化三年二月庚子,第 777 页。
③ 《明宣宗实录》卷 34,宣德二年十二月戊午,第 861 页。
④ 《明宣宗实录》卷 42,宣德三年闰四月戊申,第 1040 页。
⑤ 《明宣宗实录》卷 68,宣德五年秋七月辛酉,第 1603 页。

然而周铎又被诬告，"铎继妻张氏与都指挥使朱远妻姊妹也，远尝与奸，铎赴狱时以所积珍宝寄远家，事平索之不得，复恶张氏有淫行出之。张氏愧恨，遂谋于远，告于缉事官校，谓前日杀铉者铎，以赂众获免。事闻，命三法司、锦衣卫官会鞫，铎苦拷讯，不得已诬服"。张氏通过锦衣卫刑狱系统诬告周铎，得逞。

明宪宗对此案产生怀疑，"命从公会鞫于廷，毋得顾忌枉人。会铎家亦击登闻鼓诉冤，乃逮远等，廷鞫之，犹未有以白也"。遇到重大案件则采取廷审的方式，可见宪宗对该案的重视程度，遗憾的是依然未得实情。"上复命司礼监官监鞫，殆尽得陷铎状，兴竟坐罪，远冠带闲住，其余连坐者拟罪有差。"经复审，此案审理有了新的进展，周铎被诬陷之事查明，萧兴受到惩罚。科道官劾奏三法司堂上官等断狱不明，乞宪宗皇帝将所经司法官员一一查办。"上以缉事官校副千户夏旺等十四人不察虚实，及副千户赵恭平昔徇情行事，多有不公，复命会问杖讯之。于是给事中、御史交章劾奏刑部尚书杜铭、都御史刘敷、大理寺卿冯贯、管锦衣卫事都指挥朱骥与其僚佐前日鞫狱不明，宜各明正其罪，以为顾忌不职之戒，并以缉事官校俱当究治为言。"最后，上宥铭等，降旺及恭为百户，吕绅、刘通、徐瓒为试百户，旗校降罚者各有差。

此案例载于《明宪宗实录》中，案后有人总结道："初周铎之狱，路人皆知其冤，法司以其事发自东厂，莫敢直之，及承命会鞫者再犹依违观望，不敢决断。非上之仁明，则铎之死狱成矣。"①此案前后涉及的当事人有都指挥使、指挥、军人、官妇等；涉及的缉拿人员有锦衣卫官校等；最初接案者为东厂，会审涉及三法司堂上官、锦衣卫管事等，最终引起皇帝注意，经过复审方得结案。综观该案例，本属于一件斗殴、人命案，案情清晰，最后却演变成一桩复杂的大案，实与政治因素参与其中、军事司法机构的独立司法权丧失有关。

地方上，则有都布按三司会审。另外，随着九边军镇的设立，边卫的"三堂体制"②也逐渐确立，并在很长一段时间内发挥作用。三堂体制下的边卫治理，原则上由巡抚负责统筹、巡按负责司法，但是二者与镇守太监、总兵官的权力往往相互掣肘，因此遇到重大军事案件如失机重案时，多采取"三堂会审"

---

①　《明宪宗实录》卷292，成化二十三年秋七月乙巳，第4939页。

②　关于"三堂体制"的问题，参考赵现海：《明代北边镇守太监研究》，《故宫学刊》第6辑，紫禁城出版社2010年版。

的方式,使权力分配达到平衡,审判更加公平。有些案件复杂难判,从地方到中央往往要重复会审多次。多官会审是明代审判重大案件的特色,不论军民诉讼,皆有会审的形式,可提高审判的公正性,防止舞弊,体现了明代中后期以来的慎刑思想。

四、其他职官对武官司法审判的干预

明初以后,文臣掌管的司法机构逐渐成为武官犯罪主要的审判机构,但这并不表明所有军事案件的审理都已移交到由中央三法司为核心包括巡按御史、按察司在内的司法系统。事实上,总兵官、都指挥使、镇守内官皆有滥受军事词讼现象,而总督、巡抚总揽地方大权,亦频繁干预军事司法事务。①

仁宣时期,武官政治地位仍然较高,尤其勋臣得到皇帝倚重,出任总兵等重要官职,有些案件会直接交由勋臣审理。如宣德七年(1432),"朔州卫指挥王瑛私役军卒出烟墩十里,为虏寇所执,又掠瑛等马骡出境。卒逸归,白于千户谷胜,胜与瑛等匿不以闻",宣宗认为"人臣蒙蔽乃大恶",令武安侯鞫之,定罪以闻。②武安侯郑亨时任大同总兵官,对山西行都司之内的卫所有统辖之权。总兵辖区内武官之间遇到纠纷往往主动寻求总兵论断,应城伯孙岩镇守通州时,"通州卫千户蔡原与金吾右卫千户马俊斗殴,赴岩陈诉,岩怒俊言不逊,捶杀之"。通过法司会同公侯鞫问,最终免孙岩死罪,安置交阯。③

然而总兵受理案件逐渐遭到文臣的反对,巡按直隶监察御史全智言:"各处镇守军职滥受词讼,得贿者泯之不行,无贿者转发送问,狃兴庶狱,荼毒军民。乞通行禁约军职止许操军御寇,毋蹈前非,违者治罪。"从之。④ 文臣认为总兵官、参将与都指挥使等在军中位高权重,但大多缺乏专业的法律知识,有等枉法之人,不论案情的真伪是非,只图索取贿赂,对军事司法审判产生了很多消极影响,甚至还波及行政系统中的户婚、田土、斗殴等民事案件。成化元年(1465)十一

---

① 嘉靖元年,兵部据都御史姚镆题:为陈言边务事,覆题准:"今后武职有犯,照依云贵武职土官事例,笞杖罪各径自提问,仍年终类奏。其罪犯,除失机、人命、奸盗、不孝、败俗伤化、侵盗官钱、枉法、诓骗等项重情,公罪至徒者,亦听巡府衙门从宜量加惩治,或罚俸、罚粮、罚马,以助军需。其余情犯深重,应合参提奏请发落者,仍照律例施行。"黄彰健编:《明代律例汇编》卷1,第279页。

② 《明宣宗实录》卷91,宣德七年六月丙午,第2084页。

③ 《明太宗实录》卷178,永乐十四年秋七月丙午,第1941页。

④ 《明英宗实录》卷203,景泰二年夏四月辛未,第4339页。

月礼部等反映：

> 近年以来,有等新任指挥官员系武,不谙法律,恣其私意。遇有问拟罪囚,开详到卫,不分情犯轻重,不肯照文施行,故意刁蹬,辗转参驳,要增减罪名,希求贿赂。比及问有罪名不当,事有迟误,法司止有将原问官吏参责,并不推究堂上官员,事不归一,人多淹滞。及有本都司守备等项指挥及各卫指挥官员,倚持权势,专一在于私家滥受军民词状,无处批仰心腹军舍提获,或于私家马房内监禁,或送卫镇抚淹禁,半年之上,不肯疏虞,又无原发情由行问,号称寄监。中间多系怀挟私仇,扭曲作直,以致人受其害,苦无申诉。①

为此,明朝出台条例明文禁止在外总兵官、都指挥使等滥受词讼。按照制度设定的法律程序,军民词讼有都司卫所府州县问理,如是冤枉,许赴按察司、巡按御史处诉理,如勘验则调隔别无碍衙门会官勘报,一般武官不得受理词讼。弘治七年(1494)四月,奏准:"今后各处军民人等来京奏诉一应事情,转行巡抚、巡按、布按二司官,务在亲提人犯,吊取卷案到官问理。有冤枉者,不拘成案,即与辨理。倘有干碍行下体勘,检验、分豁、丈量等项,不可行下原问衙门问断,改调平昔公正无碍衙门会官勘报。其军职官不许移受词状,如有上司体勘,仍会府文职官员勘报。"②

面临军机事务时,总兵官通过与总督等会议,有权将临敌退缩的军官处以军法,以正军纪。但镇守官往往滥用此权力,擅将军职拿送法司,按察司、分巡道等官与之串通一气。如两广镇守官有将军职挟私搜捕,称其凭借"敕内便宜及军法从事"之权,拿送按察司及分巡司官衙,妄言有益地方。事实上却"彼及假托妄为,欲张威福以济贪私"。鉴于军法从事,"不曾开有军职犯罪,许其径自拿问"。因此明廷出台规定,通行两广及各镇守官处禁约:"今后军官除临敌有不用命者,遵奉敕制,以军法从事外,寻常军官有犯一应不公、不法等事,律该取问者,务遵令具奏请旨,不许一概擅自拿问,送按察司及分巡官问理。具各该官司

---

① （明)戴金编:《皇明条法事类纂》卷38《禁约在外都指挥等官私家滥受词讼并司府州县酷刑及科罚例》,《中国珍稀法律典籍集成》乙编,第5册,第497页。
② （明)戴金编:《皇明条法事类纂》卷37《在外军民奏诉冤枉行巡抚巡按二司亲问》,《中国珍稀法律典籍集成》乙编,第5册,第490页。

亦不许阿顺收问,如违,俱听各该巡抚、巡按官通行参究。"①

巡按与巡抚皆出自都察院,其中都御史之职"职专纠劾百司,辩明冤枉,提督各道,为天子耳目、风纪之司","十三道监察御史主察纠内外百司之官邪,或露章面劾,或封章奏劾"。② 二者虽皆具有司法之权,然至地方后事有偏重,巡按重在考察地方官员,而巡抚重在安抚军民,权责不明易导致在武官审判方面发生冲突。万历年间,辽东总兵杜松因"捣巢之罪"被弹劾,巡按辽东御史熊廷弼力请正其罪,都给事中宋一韩认为:"情罪未明,即按臣亦难归结,应令督抚会勘。"引起熊廷弼反对:"查勘边事,按臣专职,从无会同督抚之制,何为夺臣职,以为庇人地。"③于是兵部覆言:"辽民怨松皆入骨髓,宜着罢职不叙。至于压买貂参、扣减功银,仍专令巡按御史覆勘。"④至万历三十九年(1611),熊廷弼就此事上疏,但因军职未经奏请审问,不敢擅自拟罪,其曰:

> 但查得军官有犯,例应奏请提问……杜松大帅也,所犯大辟也,未经面讯,臣不敢擅拟。行臣勘者,原为叙功,臣所覆者乃是论罪,前后悬殊,臣不敢擅拟,仍应照例奏请提问……虽有真级二十六颗,然距边仅三十里,不过住牧奴夷乘其睡梦而窃之,非犁庭扫穴,入名王之帐而斩其头也。一出哨家丁办之矣,似难叙录……乞敕下兵部覆议,将哈流兔捷功免行叙录,仍将杜松、杨晖等行臣衙门勘问,依律正罪,并追还赏功银。⑤

然而杜松只解任回籍,万历四十六年(1618)复原官驻扎山海关。

此外,镇守内官借助监督辖区内武官之权,干预武官犯罪案件的审判。明朝皇帝派宦官提督京营,开始于英宗朱祁镇在位时。景帝于景泰三年(1452),改革京营兵制,每三营就有一名宦官监军。遇到总兵官统兵出征,同时要派宦官负责监军。后来镇守太监坐视九边,监督武官,权力更加扩大。甚至某些特殊战略要地,镇守太监可以接受词讼。如临清地处冲要,镇守官可以接受词状,但需下发到相关衙门问理,不得滥受词状,"临清地方系冲要所在,军民难处,奸盗诈伪

---

① (明)戴金编:《皇明条法事类纂》附编《各处镇守不许擅拏军职例》,《中国珍稀法律典籍集成》乙编,第6册,第152—153页。

② 《明史》卷73《职官二》,第1768页。

③ 《明神宗实录》卷463,万历三十七年十月戊辰,第8740页。

④ 《明神宗实录》卷465,万历三十七年十二月乙卯,第8773页。

⑤ (明)熊廷弼:《按辽疏稿》卷6《覆哈流兔捷功疏》,《续修四库全书》第491册,第728页。

之徒甚多，难比他处。既奏前因，但所告情重的，发去山东按察司分巡官问理。其余词讼，仰府推官问拟，不许因而滥受词状"①。

若边镇武官违法，镇守太监有权揭发其罪状，正统十三年（1448）太监郭敬奏大同左参将都督佥事石亨挟私杖指挥周忠致死，及交通王府驭卒无纪诸不法状。② 巡抚右副都御史罗亨信奏覆俱验。但亦有镇守内官有假公谋私者，如与总兵、参将、游击将军等不合，辄便上疏弹劾，或奏其偷闲息政，或奏其守备不严，致使武官被下狱逮问。

边镇由巡抚、总兵官与镇守内官分权治理，但事实上内臣权力尤为特殊，负责监督文武大臣。这通过三者的座次可以反映出，不论巡抚与总兵官职衔高低，位置如何变化，内臣始终居中而坐。成化十四年（1478）正月，照"文东武西"立班次序定夺三者座次，内臣居中，总兵官系伯爵以上者俱坐左，巡抚官系佥都御史以上者俱坐右；总兵官系左右都督，巡抚官系左右都御史，总兵官例坐右，巡抚官则坐左；总兵官系都督同知，巡抚官系副都御史，总兵官则坐右，巡抚官则坐左；总兵官系都督佥事，巡抚官系佥都御史，总兵官则坐右，巡抚官则坐左。③

综上所述，由于不同职官体系对军事司法审判的干预，致使明代中后期武官犯罪司法审判趋向复杂化，其审判机关呈现出事权不一的特点，尤其省级审判机构包括按察司、巡按、巡抚在内的机构存在彼此之间互相牵制的情形。此外，军事司法审判机构的司法权被大大削弱，而文臣管辖的司法机关也未能独掌军事案件的审判权，文职、武官、内官各种势力参与其中，以其拥有的政治权力与地位干涉军事司法的运行。

明代军事司法系统的演变与明代的军事制度、政治制度、社会风气、武官地位皆有很大关系。卫所作为明代军队的基本编制被确定下来，然而卫所不仅是一种军事组织，除了组织军队作战、负责军人操练之外，已经成为一套较为完整的管理系统。随着战事的基本平息，卫所逐步由战时建制向驻防、屯种以及预备

---

① （明）戴金编：《皇明条法事类纂》卷38《临清镇守官受理词状发分司等官问理》，《中国珍稀法律典籍集成》乙编，第5册，第528页。

② 《明英宗实录》卷164，正统十三年三月乙未，第3177页。

③ （明）戴金编：《皇明条法事类纂》卷21《定夺巡抚总兵座次并三司与内外镇守官行移》，《中国珍稀法律典籍集成》乙编，第4册，第936页。

兵编制转化。军队的人口日益增多,军官军人的生活日益社会化,卫所的行政化倾向便日益凸显。另外,由于官军操练、守备之余,其户内往往有他业经营,官军家庭与行政系统中的士、农、工、商来往频繁,原有的较为单一的军事机构已不能适应新的需求。军事与民事司法体系交互相错,必然影响到各自的独立运行。①

另外,因卫所军队战斗力下降,专门应对战事的营兵制建立并发展起来,随之一系列边防体制也重新确立,内官监军制、督抚制更加成熟。政治军事体制中文职地位提高,建立了文臣掌兵的制度,巡按御史掌握了弹劾将帅的大权,地方上一应重大诉讼案件均由其受理,极大地冲击了军事司法系统的运行。由此集政治、军事制度诸多领域的变化,使得明初设立的军事司法审判体系被破坏,呈现出司法系统交错、审判程序复杂等特点。

第二节　武官犯罪的审判程序

明代武官犯罪内容范围较广,按照明代的诉讼制度,从中央到地方的司法体系需通过多种途径与方式对武官犯罪案件开启审理,除了由当事人自诉外,还借助监察系统的纠察以及同僚的弹劾、举告等方式启动对犯罪武官的司法审判。

一、控告、弹劾犯罪武官

当事者或受害人可以按照法定程序自下而上陈告军官,如军人控告武官克扣月粮,下属告讼上司守备不严等。明初法律严明,明太祖激励将士、军吏揭发武官不法者,洪武二十六年(1393),保宁卫镇抚吕旺言其部卒征戍劳苦,千户谷兴不能体恤反而害之。"诏逮治兴,至是右军断事官论兴罪当杖。"②朱元璋认为吕旺能知士卒艰苦,于言无隐,于是将其特升为千户,以旌其直。朱元璋还大力提倡里老上京举报贪官酷吏,明律中也允许一定范围内民告官,但又增加了某些对文武官的保护条例,避免有些刁蹬军民故意诬告文武官吏。遇到民告官的案例,要先探查,再提审。成化四年(1468)七月,巡按江西御史赵敔反映有等刁蹬

---

① 关于"明代卫所的行政化"问题的探讨,可参见顾诚先生的《明前期耕地数新探》(《中国社会科学》1986 年第 4 期)、《卫所制度在清代的变革》(《北京师范大学学报(社会科学版)》1988 年第 2 期)两篇文章。另有学者提出"卫所民化"的观点,如郭红等《明代卫所"民化":法律·区域》等。

② 《明太祖实录》卷 182,洪武二十年五月壬午,第 2744 页。

之民诬告官员，远避在外，使得被告久禁，不得对理。因此"通行在外巡按监察御史及按察司官，今后按临所属地方，务要先行询察官员贤否，遇有告举滥受等项，审查事情轻重，应提问者即便提问"①。

除此之外，明代律例规定军人控告军官需自下而上陈告，由千户所到卫到都指挥司，逐级由下而上，层层递诉，不得越诉。②《大明律》明确规定："凡军民词讼，皆须自下而上陈告。若越本管官司，辄赴上司称诉者，笞五十。若迎车架及击登闻鼓申诉，而不实者，杖一百。事重者，从重论。得实者，免罪。"③若运粮官军借助到京城之便告诉原籍案件，亦属于越诉行为，不予立案。"在京校尉军匠舍余人等，并各处运粮操备官员旗军，起解军匠物料等项人役，将原籍词讼因便奏告者，各问罪，立案不行。"④

明代中叶以降，军民好讼成风，告发武官犯罪的案件增多，军人越诉，军官之间互相讦告的现象屡禁不止，甚至有些军人的诉词竟然惊动了当朝皇帝。有一在外卫所千户贪酷，被部卒告发，明英宗命令锦衣卫将其捉拿到京审问。"正统十二年（1447）九月，江西永新千户所副千户故敏为部卒诉其贪酷奢僭，与京官朋结，刑部请下巡按监察御史逮治。上命锦衣卫官械敏并籍其家，来京鞫治。"⑤另有"弘治十二年（1499）十二月，锦衣卫掌镇抚司事都指挥佥事黄英私役军校，为百户何珍所诉，下都察院鞫之"⑥。

此外，文武大臣可以通过上疏弹劾武官的犯罪行为，其中尤以监察系统为主。明代建立了一套完整的监察制度，"在京都察院及十三道，在外按察司，俱称风宪衙门，以肃政饬法为职"。风宪官被称为朝廷耳目，专门纠劾诸官吏违法之事。"洪武二十六年（1393），定左右都御史、副都御史、佥都御史职，专纠劾百司、辨明冤枉、提督各道及一应不公不法等事。"⑦各地方监察御史多恪尽职守，

---

① （明）戴金编：《皇明条法事类纂》卷38《评告军民职官先行审勘明白方许提问》，《中国珍稀法律典籍集成》乙编，第5册，第504页。

② 那思陆：《明代中央司法审判制度》，第102页。

③ 《大明律·越诉》，黄彰健编：《明代律例汇编》卷22，第853页。

④ （弘治）《问刑条例》，黄彰健编：《明代律例汇编》卷22，第855页。

⑤ 《明英宗实录》卷158，正统十二年九月庚寅朔，第3069页。

⑥ 《明孝宗实录》卷157，弘治十二年十二月壬子，第2816页。

⑦ （明）申时行等：（万历）《明会典》卷209《风宪总例》，第1039页。

出现了大量弹劾武官的案例。

> 正统二年(1437)六月,镇守密云都指挥陈亨擅率军出郊围猎,致虎伤军,又占所部枣树八百株以图利,巡按御史奏劾之。上命姑记其罪,罚俸半年。①

> 正统六年(1441)秋七月,山西巡边都指挥同知戴旺私役军士,召妓者与饮,为巡按御史所奏。命旺自陈状,至是旺输罪。②

> 正德十六年(1521)九月,巡按广东御史程昌劾都督王英、备倭都指挥同知卢英、都指挥同知于大经,各奸贪不法。得旨:英等革职回卫闲住,大经逮问。③

除了各御史、科道官有权弹劾武官以外,同僚包括上司、下属,六部诸官吏等文武大臣皆可上疏。宣德十年(1435)六月,辽东总兵官都督同知巫凯奏:"兀良哈福余卫鞑贼犯边,掠虏人畜,其守边都指挥裴俊、王祥、佟胜不行用心备御,乞正其罪。"英宗命各罚俸半年。④

二、法司立案审理

明初规定,不论武官品级高低,所犯罪行轻重皆需请旨取问,不得擅自拘拿。

> 凡军官犯罪,从本管衙门开具事由,申呈五军都督府,奏闻请旨取问。若六部、察院、按察司并分司及有司,见闻公事,但有干连军官及承告军官不公不法等事,须要密切实对奏闻,不许擅自勾问。若奉旨推问,除笞罪收赎,明白回奏,杖罪以上,须要论公定议,请旨区处。其管军衙门首领官有犯,不在此限。⑤

《读律琐言》对此律文作出解释,认为其中本管衙门指的是军职衙门,即军职衙门参问军职,因为在其所统,不用顾虑担心其他变故,可以明正其事,从容以行之。若是文官的司法系统有公事案件涉及军官,或者控告军官不公不法等事,不许擅自勾问。另外在被审前后还涉及一些待遇问题,并对于轻重不同的罪行,

---

① 《明英宗实录》卷31,正统二年六月丁卯,第612页。
② 《明英宗实录》卷81,正统六年秋七月乙巳,第1618页。
③ 《明世宗实录》卷6,正德十六年九月癸酉,第259页。
④ 《明英宗实录》卷6,宣德十年六月己酉,第121页。
⑤ (明)雷梦麟撰,怀效锋、李俊点校:《读律琐言》卷1《名例律》,法律出版社2000年版,第11页。

加以区别。如在奉旨之前,依然要照例支取其俸禄,若已奉旨推问,该衙门便将本官俸给住支,提解前来取问招状,议拟明白。除了公私笞罪招前不必序功以外,议后不必请旨,皆可令其收赎。若所犯杖罪以上,不拘替职、现任,须要叙父祖及本身功次、升袭缘由,论功定议。倘若犯官正立功守哨还未满期者,或是已经参提之人,充军为民者,另外还有已经革职的人,而又犯了其他罪行,俱不必奏请论功。其管军衙门首领官如经历、都事、知事等官犯罪,俱依职官有犯律,京官参提请旨发落,外官径自提问,不在军官有犯之限。① 可见,明初立法对武官有较优厚的待遇,甚至对候审武官的监押也不同,对军职人犯与原告只进行“羁候”,而非“监候”。审讯武官时禁止对其拷打,除临阵退缩等失误军机罪行,许用军法外,平时只能使用常刑。

此后,山西按察司副使章绘奏准,“凡各处守边及在京见操官军坐罪,果证佐已明,即行原卫住其俸粮,以候春暖逮问”。巡按山西监察御史马文升认为此法不妥,若不论罪责轻重一概停俸,容易对武官心理以及经济生活造成不利影响,因此需要区别对待。经过其奏请,皇帝批准施行新的方案。具体曰:

> 臣切思沿边备御官军,多系河南、山东、山西调来,其在大同者一年一班,在宣府、甘肃等处者半年一班,往回资用,俱自取给,而况各官妻子之在任者,全资奉给养赡。今若不论情之公私,罪之大小,未经奏请,一概住其俸给,将使在边之官无效力之心,而在任之妻子有冻馁之虞。乞今后各边及在京见操军人职,除卖放军人、克减粮赏、监守自盗、受财枉法、因公科敛,徒罪以上,一切私罪听住其俸给。其余户婚、田土、奏事不实、铃束不严、赴操违限、被人注误流罪以下一切公罪,仍依旧例听其关支俸给,俱候春暖逮问。②

为保证武官的利益,皇帝往往亲自过问案情。宣德元年,命行在刑部、都察院、北京行部,凡今武职有犯被鞫,悉录其情罪以闻。③ 不久,以上机构奉命“备录武官所犯情罪轻重,指挥、千百户凡五百二十人以闻”,宣宗“既阅之,命除杀一家非死罪三人,谋故杀人、强盗、子殴父母,及真犯情重者不宥外,其余杂犯死

① 参见(明)雷梦麟撰,怀效锋、李俊点校:《读律琐言》卷1,第11页。
② 《明英宗实录》卷249,景泰六年春正月丙寅,第5393页。
③ 《明宣宗实录》卷20,宣德元年八月乙丑,第526页。

69

罪,徒流笞杖,及见问未完、追陪粮草者,悉宥还职,见追逮未至者杂犯死罪以下,皆准此例"。① 可见皇帝掌握着武官犯罪的最终审判权,即使在边镇提督军务的文臣也不得独揽赏罚之权,景泰二年(1451),工部尚书兼大理寺卿石璞言:"臣近奉命往宣府怀来提督军务,窃谓赏罚不专则军威不振,请令有功当赏者就给冠带,有罪当刑者量加惩治,乞免奏闻。"帝曰:"赏功罚罪,朝廷大法,应奏者,仍须奏闻。"②

对于地方武官被告之后,为求审慎,往往令其赴京,当面审问。大同右卫军告山西行都司都指挥佥事王彧害人性命、邀截对封等事,皇帝谕行在都察院臣曰:"方面大臣不可辄信一人之言,而加之罪,其召至,从实讯之。"③同时令法司仔细查勘,防止冤枉,"军职被告,若不奉养继祖母、继母,及殴本宗大功以上尊长,小功尊属,并殴伤外祖父母及妻之父母者,俱要行勘明白,方许论罪"④。

明代前期,有很多司法官员因擅自拘拿军职者而被论罪的事例。宣德四年(1429),监察御史张衡巡按湖广,擅鞫武昌卫指挥,又接受罪人贿赂,法司列举其罪状,最终命追所受赃,谪戍辽东。⑤ 天顺二年(1458),贵州巡按御史刘敬"以乌撒卫指挥同知赵诩与指挥使李福争印,辄擒问诩",都察院劾奏敬不应当擅问军职,请治其罪,英宗批准。虽然此前命各处巡抚、巡按等官推选军官掌印管事时,允许"有争者擒问之"⑥,刘敬依然被罚。作为负有缉捕之权的锦衣卫,亦不能擅自缉拿高级武官。如永乐时,后军都督府奏山西行都司都指挥李谦罪,成祖察其所言有虚,命锦衣卫掌卫事都指挥刘忠执后府首领官付狱,而忠却将都督程宽逮于狱,行在兵部尚书方宾及监察御史顾敏等奏忠擅执大臣,于是将忠下狱,交付都察院鞫治。⑦ 若军官未经审讯而被施加刑罚,施刑者将被问罪。如永乐元年(1403),右佥都御史史仲成率山西军民采木于五台山,不知体恤,"有管军百户亦被箠楚",成祖闻之曰:"旧制军官有罪,非奏不得擅问,仲成不知恤此,岂

---

① 《明宣宗实录》卷20,宣德元年八月丙寅,第527页。
② 《明英宗实录》卷204,景泰二年五月戊戌朔,第4355页。
③ 《明宣宗实录》卷7,洪熙元年八月庚午,第187页。
④ (弘治)《问刑条例》,黄彰健编:《明代律例汇编》卷1,第276页。
⑤ 《明宣宗实录》卷56,宣德四年秋七月庚午,第1344页。
⑥ 《明英宗实录》卷290,天顺二年夏四月甲申,第6203页。
⑦ 《明太宗实录》卷214,永乐十七年秋七月丁巳,第2148页。

知恤军民哉?"召还,将正其罪。①

关于军职犯轻罪的审理程序,至明代中后期有所变通。万历二十一年,据刑部尚书孙丕扬提议,关于轻犯军职的审理程序为:"今后军职有犯,除立功罪名以上,照旧参(题)〔提〕外,其余轻小罪名,或无赃私,或止斗殴,或遇牵连,查非重情,姑免参奏,散拘到官,照依抚按官陈言边务旧例,量罚本色囚粮,自一石起,至十五石止。该司年终造册,送委别司查验出入。"②另外,还需根据犯罪武官承担的现行任务及犯罪性质,调整其发落时机。天顺二年十月十九日,刑部题准:"在京各营见操官军有犯,除谋逆、人命、强盗重情及窃盗被获到官,又有被人告讦,该通政使司等衙门奏,奉圣旨提问者,就便提问,依律照例发落。其余私役军人、侵剋粮(赏)〔饷〕等项,将原告仍送操备,被告暂且住提,候春暖歇操之日,提问发落。"③同样对漕运军官亦有类似规定,若犯强盗重罪可逮捕后奏提,对犯小事者不予逮捕,待交粮毕日,方可参奏。

部分文官对"武官有犯,奏闻处置"的特权表示不满,认为如此一来致使有些军职趁机逃脱,终难结案。军职被奏告之后,有的拒不接受审讯,有的则公开声称要提出申诉,安坐于家中;有的捏造虚情以威胁原勘问官员,甚至买求他人赴京申诉,所告大多与案件无关,而牵连人数却少则一二百人。如此增加了案件的复杂性,阻碍了司法审判的正常运行。甚至有些凶顽军职步入歧途,与地方恶霸来往,为害一方。成化十年(1474)五月,四川巡抚夏埙指出该地卫所军职不畏法律,克扣军人月粮,欺凌下属,甚至致人伤亡,侵占军产。事件暴露后,这些军职避走他乡,多年不能归案,严重影响到当地社会的安定。因此他希望对武官的司法审判能够因时制宜,将犯强盗人命死罪,通恶为非的军职先拘禁奏挐,再行审问,以免逃脱。刑部则认为一概提问不妥,提出犯真犯死罪者,可先将其拘系。而犯一般罪行者,未奉旨审理之前,只暂停管事。其曰:

> 今巡抚四川右副都御史夏埙(葵)要将今后军职违法害军究问,有干碍

① (明)焦竑:《国朝献征录》卷59《右金都御史史仲成传》,《续修四库全书》第528册,第250页。

② 《新颁条例》,黄彰健编:《明代律例汇编》卷1,第283页。

③ (明)戴金编:《皇明条法事类纂》卷38《京操官旗被告重情就便拿问轻事原告发回〔原籍〕练操被告待歇提问例》,《中国珍稀法律典籍集成》乙编,第5册,第500—501页。

惧罪欲逃者,许该卫所呈禀,先将犯人拘系在官,一面奏请问罪一节,虽系一时防奸革弊权宜,但军官犯罪参提,未奉明文,不分轻重一概拘系,于律有违。合无通行各处巡抚、巡按并按察司问刑衙门,今后遇有军职犯罪,除强盗、人命等项真犯死罪逃脱在外,因而交通巨恶、构结为非者,许令该卫所指实呈禀,先将犯人拘系在官,听候奏拿外,其余一应常事,仍照都察院等衙门会议奏准事例,令其暂住管事,支俸听提。若明文已到,截日住支就提,不许破调,仍旧支俸延挨。如违,将容情官吏一体治罪。①

成化十年五月,该例颁行之后,引起当朝很大争论,复行又止。因根据不同情况拘提犯罪武官的做法,使擅拿军官的现象时有发生,一方面对其人身安全造成损害,另一方面也有损其名誉与尊严。明律虽明文禁止有司衙门擅拿军职,而实际上到明代中期以来由于军职地位已大大下降,若军官被人控告,法司指以散行面审为由,辄便发牌拘唤前去,就将军官除去冠带责与原告对理。内有被告不甘,分辩曲直者,多被刑责,深蒙其辱,于律有违。在这种状况下,明廷进一步细化审判程序,具体情况作了具体规定。试图做到既防止犯人脱逃,又避免武官受辱。成化二十一年(1485)三月,成国公朱仪奏请遵循法律规定审讯军职,刑部就此会议:

> 今后如有奏告军官侵欺钱粮、受财枉法等项不公不法等事,律该杂犯死罪、徒流、笞杖罪者,若事内干证之人现在,或明有卷案可查、情伪易见别无瞒昧者,先行提取到官,鞠问得实,依律议拟。有罪之人先与摘发,干碍军官照出,另行奏提,不许先拘对问。若事内干证之人逃亡,或原与卷案可查,中间情之疑似难明,词之真伪难(便)〔辨〕,是非混淆不可逆料者,亦许将被告军官行拘(斫)〔听〕审。如果所告是实,方许奏提。若有虚诈,罪坐原告,军官不必奏提。②

除此之外,若原告与被告皆为军职,又无其他人作证,则允许通拘到官,面证明白,无罪者免提,有罪者奏提。若有强盗人命等重事,虽然有干证人,但为防止

---

① (明)戴金编:《皇明条法事类纂》卷3《军职犯强盗人命死罪及犯罪脱逃通恶为非者拘禁奏拿其余常事暂住管事支俸听提例》,《中国珍稀法律典籍集成》乙编,第4册,第128—129页。

② (明)戴金编:《皇明条法事类纂》附编《军官有犯先行拘审重刑羁候例》,《中国珍稀法律典籍集成》乙编,第6册,第138页。

其脱逃,阻碍结案,一方面先让该管衙门拘留羁候,另一方面将所犯情由差人奏提,不许辄便除去冠带,擅加刑考。①

以上是针对案件的疑难程度、罪行轻重、有无证人等作出是否奏提、拘拿的详细规定,孝宗时,进一步申明了以上规定,并将其简明化,只根据罪行轻重分为"奏提"与"羁候"两种方式。弘治六年(1493)五月,奏准:

> 合无今后云南军职有犯,除求索、科敛、诓骗、恐吓等项,徒、流、笞、杖轻罪,悉遵旧例参奏,至日提问外,今若人命、强盗、谋杀、故禁、故勘应真犯死罪并监守自盗、常人盗、诓骗夷方及土官承袭财物,受财枉法各赃至满贯者,俱听问刑衙门备呈巡抚官处,一面冠带散拘审明白,就与追检暂发羁候;一面开具实迹,奏请提问发落。②

鉴于某些武官被传讯以后,不及时到官,脱逃在外,法律针对武官被参提之后,对其出审的时间作了明确限制,违者受罚。"若参奏已到,不服提问及延经三个月之上不行出官归结,并倚恃凶顽捏词奏告……问拟改调边卫;及一年之上不肯赴官者,照依逃军事理〔例〕一体问发为民,子孙承袭仍调别卫,并带俸差操,不许管军管事;其有隐情,将男赴部替职,都司议〔该〕卫掌印官吏俱参问枉法赃罪,照例施行,仍不准替。"③

此外,犯罪武官被立案并审判以后,若有冤抑,允许其赴京申诉,若是捏词妄告,则不予重新立案。成化六年(1470)二月,条例:"与武职(俱)〔但〕系已经问结赴京申诉者,法司虽查有(缴)〔原〕问衙门缴报招由,亦与行移隔别本(官)〔管〕无碍衙门,从公勘问。果有冤枉,即与辨理。已经隔别勘问无冤,回报在卷,仍捏词妄诉者,照例问罪,立案不行。"④

三、武官犯罪自陈

伴随同僚举劾与军政考选制度的施行,明代对武官犯罪有令其"自陈"的规

---

① (明)戴金编:《皇明条法事类纂》附编《军官有犯先行拘审重刑羁候例》,《中国珍稀法律典籍集成》乙编,第 6 册,第 138 页。

② (明)戴金编:《皇明条法事类纂》附编《戒武职以正邦宪》,《中国珍稀法律典籍集成》乙编,第 6 册,第 159 页。

③ (明)戴金编:《皇明条法事类纂》附编《戒武职以正邦宪》,《中国珍稀法律典籍集成》乙编,第 6 册,第 159 页。

④ (明)戴金编:《皇明条法事类纂》卷 37《在外文武官员并监生吏典人等已经问结赴京申诉者虽有缴到招由亦与隔别勘问》,《中国珍稀法律典籍集成》乙编,第 5 册,第 459—460 页。

定,成为针对官员犯罪的特殊程序。被劾军官向皇帝陈述犯罪缘由,态度诚恳,且服罪输情者,通常多蒙减免。武官自陈始于洪武年间,最初高级武官犯罪拥有这一特权,通过直接向皇帝自陈事实,可避免被司法机构审讯。自陈者所犯过错类型多样,轻者为私受馈赠,重者则涉及失误军机与纵容敌寇。武官自陈的内容包括自认罪行,请求受罚等。如宁夏广武营备御都指挥使种兴自陈曰:"茌官不谨,干犯刑章,以致左参将都指挥丁信举发其事。蒙皇上不即加诛,令从实自陈。信所言深中臣病,臣之罪不容诛矣。"皇帝念其父叔著勋,屈法宥之,戴罪管事。①

在明代的司法审判中,针对低级武官和高级武官的处置存在一定差异,通常千户、指挥等低级武官犯罪须奏请审问,而都指挥、都督、勋贵则拥有自陈事实的机会。正统五年六月,陕西都指挥同知戴旺因巡按御史冯诚劾奏其私役军役等罪,命其自陈,戴旺输情服罪后,得到皇帝宽宥,最终只令都察院"录状示之",警告其再犯必罪不宥。② 正统六年七月,戴旺任山西巡边都指挥同知时又被奏告,巡按御史奏其私役军士、召妓者与饮,皇帝再次命旺自陈,旺输罪,再次宥之。③可见明代武官犯罪自陈成为极普遍之事,并一再将犯罪武官赦免,不必经过司法机构的审判。除了被动自陈外,还有武官主动自陈请罪的形式。明代中后期出台了针对武官的军政考选政策,如先由总兵官和副总兵官自陈求退,再由科道官军政拾遗。④

第三节　武官的军政考核

明代除了对武官进行司法约束外,还通过军政考核的办法对其加强管理。明代中期形成了对武官考核的固定期限,考核内容与考核方式越来越规范化,成为朝廷监督武官是否称职、是否遵纪守法的另一重要制度。关于武官的考核主要分为卫所军政考选、在外镇戍官考核、在京高级武官考核等不同类型。

---

① 《明英宗实录》卷142,正统十一年六月辛丑,第2809页。
② 《明英宗实录》卷68,正统五年六月戊寅,第1306页。
③ 《明英宗实录》卷81,正统六年秋七月乙巳,第1618页。
④ (明)申时行等:(万历)《明会典》卷119《兵部二》,第616页。

一、武官考核制度的制定

(一)卫所军政考选

武官的考核略晚于文官,因明代武官施行世袭制度,职务升迁以军功为准,有罪以功抵之,最初皇帝认为并无必要对武官进行额外考核。如明宣宗时,听选主事陈艮言:"文职官已有考核黜陟之令,独于武职未尝举行,宜亦考核。"宣宗则表示反对:"军职以功为秩次,子孙承袭者试弓马,有罪者论功定议。祖宗成宪如此,毋庸他言。"①然而随着宣宗对都司官等军政官员任命的重视,发现用人的重要性,其曰:"典兵之职,所系甚重,自今凡都司官及卫所正官,必择老诚、历练足为表率者任之。然人之智愚贤否未易遽知,惟公惟明乃可得人,宜尽心于此。"尚书张本提出军职数量繁多,任职情况复杂,需要调查清楚,其言:"内外军职不下九万余人,有见任者,有多余者,有老疾优给者,有操备未经任事者,有犯罪立功或调除者,有亲属袭替者,必加清理,庶知其详。"于是颁布《选武臣条式》,"各具年甲、状貌及初从军来历、所建勋劳、得官之详,及今有无残疾,仍从亲管官及同僚同队并首领官保勘回报,取其历练有才智者擢用之。"同时,宣宗申明此条式作为履历参考,"若选将任贤,尤当询察其实"。②

不久,宣宗即以整肃军政、劝惩不职军职为由,令按察司与巡按御史负责考核地方武官。敕曰:

> 兵政国之重务,任得其人则举,不得其人鲜克有济。今各处卫所指挥、千百户、镇抚有公廉干济能整饬军马者,亦有老幼残疾不能任事者。敕至,即用心察访,具实来闻。若有贪婪不才、虐害军士,亦察实具奏。③

正统元年(1436),明廷又规定:各处卫所官员,由巡按御史和按察司官员照依文职事例一体考察。④ 军政考选主要是考察武官的履历、功过、军事技能等,以决定是否继续任用。从考察的评语中可以看出很多武官存在违法犯罪行为,有的还附有相应的惩罚措施。《明代辽东档案汇编》中收录了八份《辽东都司各州卫官员考核评语名册》,如:

---

① 《明宣宗实录》卷2,洪熙元年六月丁巳,第43页。
② 《明宣宗实录》卷40,宣德三年三月癸卯,第985页。
③ 《明宣宗实录》卷63,宣德五年二月丁丑,第1477页。
④ (明)申时行等:(万历)《明会典》卷210《都察院二》,第1051页。

游营右哨把总千户李景阳：日惟酣饮，操事废弛……

游营右哨把总百户刘继懦：专管操马，不惜逃亡……

义州中哨千总程大节：不修本营，甲仗索取，贪……①

指挥林松：粗恶有声，贪淫无忌。奸盗王崇儒、崔友等得脱重刑，只缘……

中卫营田指挥薛显忠：管把总而盗拐粮银，管营田而侵隐农器。醉卧乡……

以上二员，本当究问。姑革现管职事，各提责三十，示戒。②

从以上考核评语可知有些武官犯有怠职、贪婪等罪行。成化六年（1470），明宪宗为应对各地发生的自然灾害，派遣中央官员巡视地方，考核官员，其中便包括考核武官，敕令称："军职害军误事，询察得实，一体罢黜，应问罪者，四品以上参奏拏问，五品以下并军民词讼俱送按察司、巡按御史问理，或尔就量情发落。凡一应军务、民情利所当兴、害所当革者，悉听便宜处置。"③但此时对地方武官的考选时间尚未固定，直到成化十四年（1478），兵部尚书余子俊与英国公张懋等奏请，始"命中外军政官五年一考选"④。

明代官员的考核时间并不统一，在外司府以下文官需要三年一次考察，在京五品以下文官先是十年一次考察，后来改为六年一次，⑤相较之下武官的考核间隔时间较为适中。当遇到考选之年时，兵部议定了一定的考察期限，需及时将考语送达相关部门，"凡遇考选军政年分，各省抚按、各京营科道，将所属武职严辩考选，依期具奏，俱限十月内到部类奏，稽迟查参"⑥。

卫所军政考选的对象在卫者主要包括一名掌印官、两名佥书以及杂差官等，另外，因班军领操官上班之后，原卫所需增加两名军政指挥，弘治年间，兵部奏请领操官下班归卫之后，属于军政官的仍管旧事，新增军政官只令佥书文禄。⑦ 在

---

① 辽东档案馆等编：《明代辽东档案汇编》，辽沈书社1985年版，第331页。
② 辽东档案馆等编：《明代辽东汇编》，第336页。
③ 《明宪宗实录》卷76，成化六年二月辛未，第1468页。
④ 《明宪宗实录》卷175，成化十四年二月丙午，第3157页。
⑤ 《明孝宗实录》卷177，弘治十四年闰七月癸未，第3244页。
⑥ 《明神宗实录》卷233，万历十九年三月壬戌，第4327页。
⑦ 《明孝宗实录》卷197，弘治十六年三月庚寅，第3649页。

外卫所皆在考察范围之内,在京卫所大部分亦需接受考核,如弘治十三年的一次考选由兵部与五军都督府共同负责完成,结果"存留及选补指挥陈云等四千五百二十九人,黜退指挥周英等一百八十六人,老疾替职指挥吴玺等八十五人"①。万历三年(1575),考选京卫所官军政存留、选补、调补四千七百十员,其职业不修、官箴有玷,照例带俸差操。②

（二）镇戍武官、营官的考核

在外镇戍武官包括总兵、参将等,其考核制度确立的时间晚于卫所军政考选,都御史边镛曾奏请令巡抚、巡按每年考核各处参将等武官,称"各处参将等官,其职任与布按二司文臣相等,文有考察之例,而武臣不与,故贪暴日纵。欲令巡抚、巡按每于年终,及开武臣贤否揭帖,从兵部奏请考察"③。于是,弘治元年(1488),明孝宗下诏要考核天下总兵等官,考核务在清查年老不称职者:"命考察武职镇守等官,凡有疾者戴罪待问者、年老政声无闻者、不惬人望者,皆罢之,年及六十者令致仕。"④此次考核结果为:

> 镇守宁夏东宁伯焦俊,分守雷、廉、高、肇都指挥同知段玉,守备南赣署都指挥佥事谢智,南京左府都督佥事高俊,守备汀漳都指挥佥事杨海,守备固原署都指挥佥事甘泽,镇守广西副总兵都督佥事王受,镇守贵州都督佥事吴经,总督扬州备倭都指挥使吴瓒,镇守湖广都督同知冯昇,总督浙江备倭都指挥佥事黄宗,协守松潘都指挥同知沈运,分守宁夏都指挥同知阎斌,皆罢回,原任带俸。⑤

弘治十四年(1501),监察御史胡希颜奏请考察辽东军镇武官,重新任命总兵、分守等:"请令各边巡抚都御史考核偏副将官,如博览兵书闲将略谋勇兼全者奏充总兵官,谙晓兵法谋有余而勇不足者充分守将领,习兵法勇有余而谋不足者充守备,仍各考其实行志节高下为黜陟"⑥。万历四十四年(1616),南京河南道御史郭一鹗等以考察武职拾遗劾奏广西总兵马如锦、临巩总兵杨桂、宣府总兵

---

① 《明孝宗实录》卷169,弘治十三年十二月戊戌,第3064页。
② 《明神宗实录》卷45,万历三年十二月乙丑朔,第1001页。
③ 《明孝宗实录》卷9,弘治元年正月己未,第196页。
④ 《明孝宗实录》卷9,弘治元年正月己未,第196页。
⑤ 《明孝宗实录》卷9,弘治元年正月己未,第196页。
⑥ 《明孝宗实录》卷182,弘治十四年十二月辛未,第3365页。

卢居智、固原总兵吴继祖、贵州总兵邓钟等各不职,伏乞区别处分,从之。①

边镇武官责任重大,但条件艰苦,很多军官借助卫所考选军政而返回,明朝廷利用考核处理军官逃亡事故,严禁其回京师或原卫所,并鼓励京官前往边镇,其规定曰:"在京卫所冗官甚多,请自今凡京卫武职袭替访其堪任边事及愿告外卫者选除兴营、密云等卫,以便委用。各卫官员考选军政原任边关者,不许取回。"②

京营武官依照边将考核办法进行考核,隆庆元年(1567)开始偶尔举行,万历四年(1576),巡视京营户科右给事中李邦佐提议营将照边将例三年考满优者加秩,并未俞允。时兵部覆奏:"查武臣无考满例,起于隆庆元年以边将防御无功间一请行。况京营视各边利害劳逸相去甚远,但查其年资果深与才堪边镇者,或相兼推用,或听总协大臣奏请加恩,不许狗情滥举。"诏如议行。③

(三)漕运官考核

初始阶段,漕运官的考核周期与镇戍官相同,均为每年进行一次。然而,在嘉靖年间,南京后军都督同知杨宏提出,年度考核过于频繁,建议改为每三年进行一次。户部赞同其建议,并提出了具体操作办法:"军政官员五年一次考选,漕运把总指挥等官一年一次,户兵二部会同考选,而抚按官复行更定改委,以致领兑之时缺人督理。宜令抚按官会同监兑官将运官贤否每岁一报,积候三年领运到京,该部照例考选,疏请去留,不必更以军政考选。其南京各卫运官有缺,于金书军政等项官员选补,在外卫所惟掌印官缺方许于运官内选补,其别项缺官不许揵取运官,有妨漕政,若运官坐奸赃者,听漕运衙门及巡按御史监兑,部臣指实参问,庶事权一而漕务举矣。"明世宗批准:"今后三年一次,永为定规,务严加考选,从公奖黜,毋得仍前考选失真,致招物议。"④

考核地方武官主要由巡按御史负责,有时也会由皇帝从中央派遣其他官员,如上述成化六年的考核由侍郎曾翚等参与,另外,都布按三司也需要考察管辖范围之内的官员。弘治时期,都察院右都御史白昂认为文武官员黜陟皆以巡按御

---

① 《明神宗实录》卷542,万历四十四年二月壬寅朔,第10299页。
② 《明武宗实录》卷125,正德十年五月己酉,第2511页。
③ 《明神宗实录》卷46,万历四年正月丙辰,第1041页。
④ 《明世宗实录》卷93,嘉靖七年十月甲寅,第2148页。

史所报贤否为据,难免会出现不公平等失误,提议:"其令各处御史督令都布按三司并府州正官,将本处大小文武官务秉至公、尽心访察,以求其实,文职不计崇卑,武职有异才可为边将者,则虽末官亦录。"获孝宗批准。①

正德年间,兵部尚书刘宇提出总兵以下,即参将、游击将军等先接受都布按三司考察,再交巡抚、巡按以备询访,获得批准。其曰:

> 国家文武并用,每三年开武举,每五年考军政,大抵俱仿文事而行。无非欲网罗贤才以弼治理,苟得其人,则自所、卫、都司而上以至营府,焉有不举其职者。况总兵、副参所系尤重,知之不明,则用之不当,尤不可不振顿而作新之也。臣请申饬都布按三司,将本处军职自副参、游击以至千户备开年甲、籍贯、历任缘由,各系考语于下,送抚按官再加询访,另注考语于册赍送本部,遇有大小员缺臣等查照各册所报,参以平日见闻,疏名上请委用。各官若毁誉失真、取舍欠当,或耽延岁月、废置不行者,从本部劾奏,以为狗情不忠之戒。②

(四)高级武官考核

高级武官主要指勋臣与都督等官,遇到考核,朝廷允许他们先自陈,若有未尽者需科道官进行拾遗,最后去留由皇帝定夺。嘉靖二十九年(1550),五府金书定国公徐延德、定西侯蒋傅、应城伯孙永爵、南宁伯毛重器、崇信伯费炜、怀宁伯孙秉元、署都督金事孙堪、襄城伯李应臣、彭武伯杨儒、成山伯王维熊各以考选军政自陈乞罢,上从部拟,令维熊闲住,余各供职如故。③ 嘉靖四十年(1561),南京科道官以考选军政拾遗劾南京提督操江新宁伯谭功承、掌南京右府事南和伯方炳、金书南京右府事永康侯徐乔松等各不职,诏俱革任。④

万历二十三年(1595)考选军政,五府掌印、金书等官自陈,兵部凭此提出处理意见:

> 左府金书宁阳侯陈应诏、右府金书彰武伯杨世阶、署都督金事倪尚忠、中府金书南和伯方烨、署都督金事萧如兰、前府金书阳武侯薛钲、新宁伯谭

---

① 《明孝宗实录》卷49,弘治四年三月丁酉,第995页。
② 《明武宗实录》卷26,正德二年五月癸亥,第694页。
③ 《明世宗实录》卷368,嘉靖二十九年十二月庚午,第6584页。
④ 《明世宗实录》卷497,嘉靖四十年闰五月己酉,第8338页。

国佐、后府佥书武定侯郭大诚、管理红盔将军西宁侯宋世恩、安乡伯张世恩、勋卫徐廷辅、后军前卫掌印怀宁侯孙承恩,照旧供职。左府佥书署都督佥事欧继宗、后府佥书武安侯郑惟忠、管理红盔将军武平伯陈如松,俱革任闲住。①

万历四十三年(1615),兵部重申旧例,神宗予以肯定,且在外镇守总兵等官挂都督职衔者亦允许自陈。其具体规定为:

> 五府掌印、佥书、公侯伯都督并管理府军前卫、掌管红盔将军侯伯及锦衣卫堂上掌印佥书等官,每当考选例,该自陈去留,取自圣断,中间有不协公论者,听科道官拾遗举劾。如勋位大臣废闲日久,尚堪任使者,亦许一体疏荐以备简用。又照京营并边腹总兵、副总兵但系都督职衔者,亦应如例许令自陈,科道官一体拾遗。其两京各官限本年九月内具奏,总副等官限本年十月内具奏,副参游守等官仍听总督抚按衙门考核具奏。②

二、武官考核存在的弊端

武官考核最大弊端在于不公平的现象,某些武官通过贿赂等途径获得佳绩,例如,锦衣卫自行考选时便存在该现象。正德五年(1510),兵部奏请与锦衣卫掌印官共同考选本卫千百户以下。武宗特批令本卫自行考选,于是出现了掌印官任意决定下属去留的弊端:“时绾卫印者,杨玉瑾之党也,尝引例欲免考。至是遂不会兵部,任意去留,阴受赂者辄署上考,其谨愿可用者,以无赂或至调卫,人以故怨之。”③

嘉靖初对武宗时期各项弊政进行革除,其中包括考核不公之事。明世宗曾斥责武官考核期间,兵部所属相关官吏以贪贿颠倒是非:“间者考察在京武职,司官与吏通贿变乱是非,令堂上官核实奏处。”经调查兵部查选司考察武官时,一切考语册籍俱前署郎中、今升浔州府知府廖云龙同令史江埼等掌行。世宗曰:“此奸贪官吏积岁为害,宜置之法以警将来。即差官校械捕廖云龙来京讯问,江埼等先下镇抚司拷讯,各司吏典查参未及者通令自首。”都察院右副都御史汪鋐认为兵部各官员亦有责任但情有可原:“武迁诸吏积毙有年,堂官务大体而莫之

---

① 《明神宗实录》卷292,万历二十三年十二月癸卯,第5402页。
② 《明神宗实录》卷535,万历四十三年八月丙子,第10130页。
③ 《明武宗实录》卷64,正德五年六月癸卯,1409页。

知,司官虽明知而莫之禁,宜将本司官吏尽法究治,侍郎陈洪谟虽失觉察非故纵之,其情可原。"上然其言曰:"吏缘为奸,由堂属官不能奉法所致,即行内外各衙门,自今务正身率下,严加钤束,吏犯赃有状,内听各官参奏,外听巡按御史逮问。都察院风纪之地,有奸吏沮抑伸诉沉滞冤情者,即具名以闻,一体究治。洪谟待狱上,朕自有处分。"①

其次武官考核的考语太过简练,叙述不够全面。如辽东都司武官的评语寥寥数语,虽然能发现其违法行为,却未列举任何证据:"王应奎:与人忿争,捏词呈扰。杨元吉:委干无能,索害百计。李良臣:假差下乡,刮索电民。黄堂:受军米鱼,纵放脱伍。韩承勋:奉委守堡,滥受词讼。俱金州卫。"②万历九年(1581),兵部提出武职考语疏缺"不便甄叙,推用无格,有妨激劝,加衔太易,人怀躁心,交代不明,事终无绪谨"③。针对以上考选中出现的不良行为,将予以一定惩罚。据万历三十二年(1604)奏准条令:"考选之期敢有营求权要嘱托者,就便指名黜退,永不许管军管事。考选官员及不预选之人,敢有罗织生事,或自己出名,或主使刁泼之徒投词告害者,悉照旧例,从两京兵部并抚按衙门参奏问罪,不分军官俱调发边卫带俸差操。考选毕日,将考选过官员职名造册奏缴。"④

此外,另一弊病则是有些官员与机构逃避考核。如,京营各官的考察没有根据官员的变化更新考察名单,"虽有年终巡视举劾、三年大劾考较,然皆拘于定数,其中不肖漏网者难保必无。且巡视、大阅,止据该年见在官员查覆,未将五年以内各官通行考察,致使贪缘钻刺之徒,得以幸免"⑤。又如,锦衣卫往往依照其他禁卫军事例请求免考,成化年间掌锦衣卫事都指挥同知朱骥奏准:"迩者兵部奏请考选各卫军职本卫见任官员,乞照武骧等卫事例免考。"⑥正德十年(1515),都督同知朱宁奏准免锦衣卫军政考选。⑦嘉靖十九年(1540),掌锦衣卫事都督

---

①　《明世宗实录》卷125,嘉靖十年五月乙未,2996页。

②　辽东档案馆等编:《明代辽东汇编》,第341页。

③　《明神宗实录》卷114,万历九年七月乙亥,第2168页。

④　(明)丁宾:《丁清惠公遗集》卷2《考选军政官员疏》(时任提督操江署南京兵部事),《四库禁毁书丛刊》集部第44册,北京出版社2000年版,第51页。

⑤　(明)丁宾:《丁清惠公遗集》卷2《考选军政官员疏》,《四库禁毁书丛刊》集部第44册,第52页。

⑥　《明宪宗实录》卷265,成化二十一年闰四月丙申,第4492页。

⑦　《明武宗实录》卷121,正德十年二月己亥,第2435页。

同知陈寅乞照嘉靖三年例免考锦衣卫,被批准。①

嘉靖时期严格了武官考核程序,二十九年(1550),由给事中杨允绳提议,明世宗下诏特别强调了锦衣卫官员的考核办法。诏曰:

> 五府、府军前卫、锦衣卫堂上官每遇考选军政之年,各疏自陈,仍许科道拾遗。锦衣卫指挥以下,除皇亲、带俸、达官、营操之外,同南北镇抚司、腾骧四卫官俱听兵部及该卫考定去留。②

本年十二月,锦衣卫堂上官以考选军政各疏自陈,兵部覆拟"都督同知袁天章、都督指挥朱希孝、指挥使张爵、指挥金事刘鲸宜留。右都督高恕、都督金事张锜、指挥金事杜承宗宜罢"。诏"天章等供职如故,恕、锜致仕,承宗冠带闲住"。③万历十八年(1590)考选军政,"锦衣卫南镇抚司署指挥同知杨汝业、指挥金事严梦象、李维藩,北镇抚司署正千户傅国义各以不职革任"④。万历十九年(1591),兵科张栋等讨论军政事务,提出继续扩大科道官纠察武官的范围,认为"往时武察纠拾,内止于五府锦衣堂上,外止于总兵及副总兵,有府衔应自陈者今宜严加核察,凡副参、游击、掌印都司及锦衣南北两司,悉听纠拾,毋得漏网"⑤。

明廷举行军政考选的目的在于甄别人才以及鞭策武官尽职尽责,为武官用人提供可靠依据。而考选的最终结果及武官任命由兵部掌管,嘉靖时给事中孙应奎奏曰:

> 至于兵部者,天下武职之所从出之地。夫何迩者有营求漕运、嫉毁同僚,而即升总兵者;有托亲勋要,而即推备倭者;有交懂权贵,而即升都督者;有因公至京营求,而即升都司掌印者;有未谙边务,而却推边关总兵者;有边方将官,而却总腹里戎务者;有推艰避难不任边城,而营求畿内守备者;有贪墨无耻,都司通省差人大索军官谢礼,而升为参将者;有以双聋将官坐营,而号令三军者;有案候用而经久不行推用者;有将御览揭帖高下其手而贤否不

---

① 《明世宗实录》卷235,嘉靖十九年三月癸卯,第4808页。
② 《明世宗实录》卷365,嘉靖二十九年九月戊午,第6535页。
③ 《明世宗实录》卷368,嘉靖二十九年十二月癸亥,第6579页。
④ 《明神宗实录》卷230,万历十八年十二月乙亥,第4262页。
⑤ 《明神宗实录》卷233,万历十九年三月壬戌,第4327页。

尽开者。①

可见,兵部之选任亦存在失当之处。

总之,明代武官的考核制度最初多仿照文官事例而行,尤其是地方军政考选,令都布按三司合作撰写考语,巡抚、巡按询访纠察,汇总到兵部,最终决定考核结果。又因武官群体的特殊性不能一概而论,担任五府、锦衣卫掌印与佥书的高级武官以及挂都督职衔的总兵官可以先自陈事迹,结果由皇帝定夺。另外,负责镇守边关的总兵、参将游击将军等因关系国家边防,责任重大,考核更加频繁,一年或三年一次,且不允许擅自返回原卫。明代对武官的军政考核通过裁汰老弱、罢免不职、惩处有罪者,以加强对武官的监督与约束,但执行过程中出现了一些不公平的现象,削弱了军政考核的实际作用。

---

① (明)孙应奎:《修大政祛流弊以隆圣治疏》,《皇明疏钞》卷 37,《续修四库全书》第 464 册,第 189 页。

第三章　明代武官违法犯罪类型

明代武官群体的行为风气直接影响到军队的建设与管理,军政败坏、武备废弛、军队空虚等都与武官贪酷、渎职、临阵脱逃等行为有关。"为将帅者,平日贪淫败度,受财卖军,互相交通,夤缘党比。战斗之事不习,兵戎之政不修,将帅互为雠仇,上下自相矛盾,以致临敌无功,望风瓦解。"①明代武官犯罪行为的类型繁多,不仅对国防安全构成了严重威胁,还对军队士气以及普通民众的日常生活产生了负面影响。明成祖敕谕武臣的一段话中列举了武备废弛的诸多方面,强调武官侵害军士,导致军士逃亡,进而影响国家战备的严重后果。其曰:

> 自古国家盛衰存亡,未有不系于武备之张弛……比来纪律废弛,队伍空虚,军士逃逸死亡,悉付不问。甚至通同有司受赇、卖放。取军明有程限令,纵其在外至五六年或十余年不回,及回所取军十无一二。猝有缓急或以应调武备,若此国何赖焉? 皆是尔等下不恤军,上不忠国所致。②

明代立法中包含了对武官犯罪内容的界定,例如《大明律·兵律》所载"军政"条目下包括:"擅调官军""申报军务""飞报军情""失误军事""从征违期""纵军掳掠""纵放军人歇役"等,涉及军队管理及临阵指挥等内容,为系统研究明代武官的犯罪类型提供了重要依据。然而《大明律》中的条目还不能涵盖整个明代武官犯罪的内容,从案例中可发现有很多罪行无法引用明律正条,只能比附律例,通过奏请皇帝,取得裁断。根据上述情形,可从不同角度将明代武官违法犯罪行为划分为不同类别。

按照武官犯罪的刑罚制度可分笞、杖、徒、流、死五等,其中死罪又分为杂犯与真犯两类,真犯死罪为触犯了王朝统治十恶不赦之罪,有斩立决、秋后处斩等

---

① (明)于谦:《于忠肃公文集二·急废军政疏》,陈子龙等:《明经世文编》卷34,第251页。
② 《明太宗实录》卷219,永乐十七年十二月丁丑,第2172页。

情形。杂犯死罪往往可免死减刑,允许赎罪。按照犯罪动机与犯罪性质的不同又可分为公罪与私罪,公罪指武官以国家职官的身份在处理军务时所犯罪行与过失,即"在执行公务中发生错失和违法行为,主观上出于过失,没有追求私利的违法动机"。而私罪"是指官员在执行公务中为谋求私利而发生违法行为,及与职务无关的罪名,如滥用职权、贪污、受贿等"。① 从犯罪内容而言,大致可分为经济、职务、人命、强盗、奸淫、诈骗、败坏社会风气等多种类型,其中人命、强盗、诬告等严重危害他人生命和社会秩序的罪行可归为刑事犯罪类。另外,明代武官所犯罪行中有超出军事领域者,涉及社会的方方面面,包括强占民田、强娶部女、赌博宿娼等,此类需要数罪并罚。如,"广西故都指挥葛森妾许氏,诉总兵官镇远侯顾兴祖欲夺其居宅,又逼取森次妾袁氏,私役军人造第宅及贪虐不法等五事"②。兹按照犯罪内容的不同,将明代武官犯罪类型归为经济类、职务类、刑事犯罪类、败坏社会风气类等。

第一节 经济类犯罪

明代武官利用非法手段获取经济利益的罪行归为经济犯罪一类,包括侵欺军人月粮、接受贿赂、卖放军人、盗用官粮等。明代武官"孤恩负国者亦多,纵放军士供役私门有之;委之统领,剥削科敛者有之;荒淫沉湎,酷虐无状者有之;甚至奔竞成风,趋诣势要,不顾兵戎大事"③。成化五年(1469),浙江按察司按察使黄锅上呈给都察院的案件中记录了多名卫所武官非法谋利的行为:

> 先问得犯人吴名,招系观海卫军,有本卫掌印指挥同知火英不合用低银抵换在官船料余银一十二两入己。犯人通招系军,有本所副千户麇谅不合接受军余李文质等银共七两七钱七分,卖放歇役。犯人陈原招系湖州守御千户所军,有本所副千户常玘不合,科敛余丁刘斌等银五两六钱,并冒支克减军余吴附保等月粮四石五升,各入己。并犯人徐连招系海宁卫军,有本卫指挥同知王帽不合侵收船料价银二十两,并索要粮长戴攻等银二十两。犯

① 柏桦:《明代的公罪与私罪》,第十届明史国际学术讨论会论文集。
② 《明宣宗实录》卷28,宣德二年五月戊寅,第751页。
③ (明)叶盛:《军务疏》,陈子龙等:《明经世文编》卷59,第459页。

人萧显招系桃渚千户所余丁,跟百户冉宁前去临清县广储仓关支月米,有本官不合将大使莫得隆男莫遇执打送监,吓要银二十两二钱。及有千户陈详进监,又不合逼诈莫遇银一两六钱。王瑀招系定海卫军,有本卫备倭指挥佥事陈琮不合多科敛船料银二百一十八两一钱七分,及解料百户杨端不合侵欺料银一十两二钱七厘各入己。①

从上述案例可见武官的经济犯罪形式多样,除了贪污受贿、勒索逼取外,还有冒支、科敛等,危害极大。

一、贪赃枉法

武官贪污受贿属常见之罪行,文献中有大量武官接受下属赂金而被惩罚的案例。如提督贵州军务右副都御史蒋琳劾守备都指挥魏英收受所部指挥赂金。② 福建行都司都指挥佥事刘达以受所部私馈,谪戍边。③

此外,因明代军役繁重,除操备、守御之外,还需承担大量的杂役,如修筑城池等,军士为逃避军役往往通过贿赂该管军官买闲。军官贪恋钱财者,接受军人贿赂,导致明代军队中买闲、卖放成为普遍的现象。甚至有武官对新军百般逼迫恐吓,诱其财产而放还,导致军队空虚,强健殷实军人纷纷买逃,留下贫弱之军。《大诰·武臣》中记载了此类案例:

应天卫百户韦直,接受军人叶德骥银四两、钞二十四贯、纻丝袄子一件,将本军脱放;兴化卫镇抚陈林,接受军人王受钞五十一贯,将本军脱放;太原左卫百户刘云,接受军人薛尚文、荆希成等银四十两、钞四十贯,将各军脱放;锦衣卫百户裴兴,接受力士蒋次五等八名钞九十贯、夏布五匹,将各人脱放。事发,都发去边远充军。④

明代中期以来,此类犯罪有增无减,军人擅离职守,严重影响到军政的正常运行,甚至威胁到皇城安全。以皇城铺兵为例,明代皇城外周围设红铺七十二座,每座原设守护旗军十名,并派内外官员进行点名。这些铺兵担任维护皇城治

---

① (明)戴金编:《皇明条法事类纂》卷4《文武职官犯该革职为民遇革仍照例发落例》,《中国珍稀法律典籍集成》乙编,第4册,第141页。
② 《明英宗实录》卷251,景泰六年三月癸亥,第5434页。
③ 《明太宗实录》卷27,永乐二年春正月辛亥,第494页。
④ 《大诰武臣·卖放军人》第十八,杨一凡:《明大诰研究》附录,第443—444页。

安的职责,白日负责看守铺舍,夜晚负责巡视皇城,不得擅离职守。然而,因管军官员卖放,纵容军士歇役,导致夜间铺设空虚,无籍之徒肆无忌惮。成化二十三年(1487)二月初四日,兵部反映:

> 近年以来,屡有无籍之徒,或因逃走,或盗府库财物,夜间于铺空处而越皇墙,垂下绳索显迹,并无守铺之人巡视捉获。有旗校访出者,奏送司法,将本犯治以重罪,参提该铺官军,又蒙圣恩(始)〔从〕轻发落,以致人心怠忽。奈何有等管军官员,罔遵法度,不以为重。贪饮军士酒食,或侵要直米而受钱纵放,不行在铺。虽有内官三日一点,留守卫官轮流白日点闸,将至各铺,军人呼喊报预先得知,多方破调,或情人披戴,虚应故事,一时搪哄得过,铺舍仍是空虚。成化二十二年(1486)七月内,东安门(逃迄此)〔外迤北〕第三铺,夜无官军在铺,被人丢弃男子死尸一躯在内……今访〔得〕每铺止有二、三、四、五名或六、七名者,全无者亦多。①

武官除接受私人贿赂以外,还贪没公款,如广州府审明造火药把总林廷钜现领本府银二百五十两,领硝五千零七斤,炭、磺各不等。奉宪查看,前领硝磺银两不知何处。② 犯官李钰系福州中卫左所副千户,将成造军器所用的料价银,共五十一两,陆续侵盗入己,用作赌博费用。"成化七年(1471)五月内,本卫奉都司札付为成造军器事。派令五卫五所,每所差拨军余二十名采办牌胎等料。价银自本年四月初一日起,至成化八年七月终止,连闰七十个月,该银三两,共五十一两。彼时是钰掌管本所印信,差操军余罗法保等二十名照数完纳。为因本所无库房,就在本家收贮。明知有例,卫所官旗人等,侵欺军器物料以致缺料不如法者,降等叙用,不许管事。不合故违,将前料银陆续侵盗入己,时常赌博费用。"③据扬州府推官周道核查发现,"淮安守御东海前千户所,自正德十六年(1521)起至嘉靖五年(1526)止,千户张天爵捉获私盐四万六千六百余斤、舡船二十九只、驴八头;千户胡鏖,共捉获私盐八千八百余斤;海州中前千户所千户王选,共捉获

---

① (明)戴金编:《皇明条法事类纂》卷23《各门铺守卫官不许擅离及卖放等项》,《中国珍稀法律典籍集成》乙编,第4册,第1010页。

② (明)颜俊彦:《盟水斋存牍·制造火药林廷钜》,第520页。

③ (明)戴金编:《皇明条法事类纂》卷49《侵欺军器料物指挥千百户降等旗军极边卫分充军例》,《中国珍稀法律典籍集成》乙编,第5册,第958页。

私盐二万六千六百余斤、舡六只、驴一头、小车一(千)〔十〕二辆,千户杨天骏,捉获私盐四千二百余斤、舡三只;百户刘鉴,捉获私盐一千一百七十五斤,俱卖付旗甲人等收领。已完者,即(亲)〔侵〕欺入己,或捏写旗甲姓名粘卷;未完者,延至五六年之上,不行进收贮库,希图年月深远,案卷无查,即归私索"①。

二、科敛害军

武官科敛军人主要表现在克扣月粮、巧取豪夺、冒支军粮等方面。明代卫所军士的基本收入主要分为两部分,一是月粮,即按月发放的固定粮饷;二是行粮,在军士外出执行任务时临时发放。② 月粮具体的发放数额大致是:"马军月支米二石,步军总旗一石五斗、小旗一石二斗,军一石。"和月粮同时发放的还有月盐,标准是"有家口者二斤,无者一斤"③,洪武十五年(1382)改为"以钞代之"④。后因为战事未平,财政紧张,军士月粮改为折色发放,往往不能足额,军人家庭以此维持生计尚感困难。明初军饷一般存放在卫所指定的粮仓,由卫所派人分发,军士自行前往军仓领取。而实际情况则是军官代领、冒支者比比皆是,或假公济私的隐占,或赤裸裸地豪夺,使军人生活更加困苦。如:

> 襄阳卫千户孙齐,克落各军月粮三百石入己;千户周铭,克落军人盐钞二百贯入己;镇南卫百户周原德,克罗军人月盐三十三斤入己;福州左卫百户刘义,克落军人盐钞二十二贯五百文入己……⑤

甚者巧立名目,需索诈取军人钱财,明初军官科敛军人的现象就已普遍存在。如:

> 大同前卫百户李隆,为要买马,科军人孙德等钞四百四十九贯、布四疋、银四两入己;镇南卫百户杨厅保,科各军钞贯入己;百户赵忠科各军米一十六石、钞七十五贯入己;叙南卫指挥夏晟,科各军茜草一百斤做人事送人,又

① (明)戴金编:《皇明条法事类纂》附编《户部为祛夙弊清盐法以备国储以足民用事》《中国珍稀法律典籍集成》乙编,第6册,第450页。
② 明代军人还有奖励性质的收入,如来自朝廷的犒赏等。关于明代军人的收入构成,可参考陈宝良:《明代社会变迁时期生活质量研究》上册,人民出版社2024年版,第152—176页。
③ 《明史》卷82《食货六》,第2004页。
④ 《明太祖实录》卷150,洪武十五年十一月丙辰,第2358页。
⑤ 《大诰武臣·克落粮盐》第十六,杨一凡:《明大诰研究》附录,第442页。

每旗科钉三千个打船做买卖……①

据《大诰·武臣》分析普通军人每月只有一担米，若妇人自行领米，需要花费脚钱，仓官又有所克减，实际领取到家的口粮，也就只剩七八斗米，一家人维持生计尚存困难，怎能经得起军官的科敛。至明代中期武官不知体恤军士，索要钱财的行为亦非常普遍。

> 问得犯人陈英，招系肃州卫中右所百户，弘治元年二月内，蒙本卫委英催收本年分屯粮，本年三月内英要得索取财物，不合叫总甲息惠到家，分付前去向总甲杨泰等一十名，每名要豆二斗五升送英。又以接委催麦粮下帖为由，使令息惠向杨海等每人科要小麦三斗，共买猪一口、羊一只作庆贺礼送英，收接入己。本年四月十一日，蒙委卫知事董斌放支预备仓粮，英明知有例，侵盗预备仓粮至满贯斩绞罪者，追粮完日，官吏里书人等发口〔外〕为民，旗军舍余人等调边卫差操，职官有犯监候，奏请发落。英又不合故违，使令军吏李文先将总甲息惠并纳户印全等一十名俱捏作关粮军余，在董斌处领去麦一十石，李文用驴驮送英家。②

明代卫所军人除了来源于从征军、归附军、故元的遗留军以及垛集军以外，还有大量因犯罪被发配到卫所的谪充军。武官往往对新军层层盘剥，尤其是为事充军的人犯，地位更为低下，受到大小官员的盘剥。辽东档案馆藏《明信牌档》记载谪戍军被押送到辽东都司各卫所后，卫所官员便公开要见面钱、拜见钱，勒索财物。如管队张春"索要张玉银见面钱八钱，罗中拜见钱铜壶一把"③。

国家按照军队人数拨发给卫所一定的军饷，某些武官虚捏军人数量，盗支官粮，又称为冒支军粮，数目往往较大，比之科敛更甚。"陈州指挥胡琏等六员，颍州指挥陈胜等十九员，共冒支官粮三十八万，各分如己。"武官通常利用攒造文册的机会，窜改实际人数，将多支钱粮占为己有。成化五年（1469）四月十三日，大理寺复审一起刑部广西司所审案件，主犯为虎贲左卫中所副千户刘福。成化

---

① 《大诰武臣·科敛害军》第九，杨一凡：《明大诰研究》附录，第436页。
② （明）戴金编：《皇明条法事类纂》卷32《军职侵盗预备仓粮革职》，《中国珍稀法律典籍集成》乙编，第5册，第283页。
③ 辽东档案馆藏《明信牌档》乙类，第119号卷，转引自杨旸《明代辽东都司》，中州古籍出版社1988年版，第82—83页。

四年十月,显武营把总指挥佥事陈玺委派刘福与百户樊昇核查本营官军口粮文册,扣除遇有事故等项,重新攒造文册三本,分别上交至坐营都督、抚宁候以及户部。造册期间,刘福与樊昇等人趁机篡改数据,盗支口粮:

> 本年十一月份,有本营官军指挥张铎等一千八百五十六员名,该支米七百四十二石四斗。福与樊昇纠同军人冯玉并脱逃曹荣、刘能、陈昇,各不合要盗支粮米,将该送户部粮册赴右府用印铃盖领出,却将总数洗改,添作二千二百五十六员名,支米九百二石四斗,内多写官军四百员名,盗支粮米一百六十石。福分米三十石,冯玉、樊昇各分米二十石,刘能、曹荣、陈昇各分三十石。本年十二月,福等又将官军张铎等一千八百七十三员名,该支米七百四十九石二斗文册内总数洗改,添作官军二千三百六十三员名,支米九百四十五石二斗,内多写官军四百九十员名,盗支米一百九十六石,福分米四十石。①

武官通过修改文册,多支粮米的方式较为常见,成化五年(1469)闰二月二十八日,据兵部尚书参奏,又查出神威营把总指挥刘果,多造官军一百五十员名,马匹料豆一百三十五石;耀武营把总指挥朱俊,多造官军八百八十九员名。兵部认为之所以出现这种纰漏,因各项文册包括"逐月操练官军口粮、马匹粮草文册"等,未按规定格式上报,相关印信、关防又差委不得其人,"以致官军乘机作弊,伪捏咨文,套使花押,多增军马名数,盗支粮料数多"。②

除了通过军人谋取利益外,另有军官预支自己的俸粮而脱逃者,成化二十年(1484)十月,漕运总兵官陈锐因当时遭遇旱情,影响漕运,将张家口等卫所粮米扣算一百万石,给予在京官军三个月俸粮,作为权宜之计,不料有武官趁机携资潜逃。

> (切)〔窃〕见在京各营差操等项官吏等,其间练习武艺(掳)〔撼〕忠报效者,百无一二;欺瞒官府循私作弊者,十常八九;此等之徒在在缺人使用。

---

① (明)戴金编:《皇明条法事类纂》卷33《京营洗该文册增添官军姓名盗支官粮追赃完日比照边仓事例充军守哨职官奏请例》,《中国珍稀法律典籍集成》乙编,第5册,第292页。

② (明)戴金编:《皇明条法事类纂》卷16《各营操练官军马匹粮料束委官查(等)〔第〕明白造册咨送该府〔照会〕户部敢有洗改及转委识字军人赍送者许将委官奏问并各卫官军月粮文册亦要委公正识字官员造报如有通同识字军〔人〕亦作弊者一体(察)〔参〕究例》,《中国珍稀法律典籍集成》乙编,第4册,第708页。

或俱差操得此预支三个月俸粮,随即乘卖,以充路费之资;或连妻小,往往拐带骑操马匹,逃回原籍,求觅现属赡军盘缠者;有弃马逃往各处府州县探望亲识,诈称公差等项名色,求索财物者,又有纠合三五成群潜在京城内外为非作(支)〔歹〕者,与凡奸盗诈伪靡所不为。其在京卫所官军数有多寡,每以一月常逃,少者二三十名,多者四五十名。以一月常逃官军计之,约有二千余员名。以二千员名官军预支三个月俸粮已足六千,尚不知预支粮后在逃官军几何?①

三、私占屯田、私役军人取利

明代施行屯田制,以实现军事供应的自给自足,然而明初以后,军屯废弛,徒存虚名,良田为官豪所占,军饷不能自给。导致"贫穷军士无寸地可耕,妻子冻馁,人不聊生"②。军屯破坏的其中一个原因为官豪势家侵占了大量的官田,包含武官在内,如天顺时期,锦衣卫指挥逯杲奏英国公张懋、会昌侯孙继宗、太平侯张瑾、锦衣卫都指挥同知孙绍宗俱侵官田、立私庄。随之,懋等皆输罪,命将其田还官。③ 官豪侵占田地,导致军士无地可耕:

> 其守城、守关军士,多无田地耕种。推原其故,盖因先前在京功臣等官之家,将口外附近各城堡膏腴田地,占作庄田。以次空闲田地,又被彼处镇守、总兵、参将,并都指挥等官,占为己业。每岁使军夫耕种,收利肥己。其守城等项军士,非但无力耕种,虽有余力,亦无近便田地可耕。④

另外,则因军官私役屯军,导致屯军缺额,无人耕种,大量土地荒芜。明代武官私自役占军人,且数量庞大,《大诰·武臣》中的案例反映了明初情况:"施州卫指挥乐信,占留军人九十二名,在家做买卖;叙南卫指挥徐毅,占留军人一十五名在家役使;大同前卫百户刘海,私役军人在家砍柴卖钞。"⑤从该案例可看出,明初即已存在武官私役军人谋取私利的现象。有的武官还私役军人为其耕田劳

---

① (明)戴金编:《皇明条法事类纂》附编《官军预支月粮在逃问罪追粮例》,《中国珍稀法律典籍集成》乙编,第6册,第180页。

② (明)王骥:《贵州军粮疏》,陈子龙等:《明经世文编》卷28,第207页。

③ 《明英宗实录》卷307,天顺三年九月己亥,第469页。

④ (明)商辂:《商文毅公文集·边务疏》,陈子龙等:《明经世文编》卷38,第288页。

⑤ 《大诰武臣·私役军人》第二十七,杨一凡:《明大诰研究》附录,第449页。

作,建造房屋,如守备怀安等卫奉御田真役占军人耕种田地,①山东都指挥佥事张安擅役官军造私室,②都指挥使鲁全私役操军造屋。③

此外,还有武官役使军伴远赴外地为其营利的,"有将所管官军营干己事,私自役使,令其过关,并赴各处者;假以收买军装,取讨盘缠等项为名,自出批帖,任情差遣,一月之内,每一官员甚至有批差七八起,每起数十人者"④。这些被私役的军人协助官豪贩卖私盐:"其江南常熟、江阴诸处富豪、军民、粮长之家,常令家人、军伴驾驶大船湾泊掘港诸场,交通顽民、大户兴贩。每船不下二三百引,往湖广、江西诸路发卖"⑤。有的武官私役军士,收取其月钱占为己有,如行在府军卫指挥傅全等私役军士,"按月取财,不令守卫上直"⑥。又如贵州都司都指挥佥事白纲多役军伴,复收其月钱。⑦ 一些武官肆无忌惮,指使所私役的军伴为非作歹,四处作乱,如桂林右卫指挥使林乔梓"任军伴蔡三、秦永华为爪牙,多方攫取,视抚獞熟猺为奇货,恣意诛求"⑧。

军人本以操习武艺、保家卫国为己任,然因常年被武官私役,或为办纳月钱,为工为商,钻营经济,导致本职工作渐趋荒废,军事作战能力下降:

> 向者兵士受粟布于公门,而纳月钱于私室,于是乎手不习攻伐击刺之法,足不习坐作进退之宜,目不识旗帜之色耳。不闻金鼓之节,但见其或转贩货财以为商,或习学技艺以为工,而工商之所得,仅足以补月钱之费。盖民之膏血,匠之气力皆变为金银,以惠奸究。一旦率以临敌,如率牛羊以当虎狼,几何其不败哉?⑨

可见军伴频繁参与社会生产活动,无法操练,削弱了军队力量。此外,各级武官私役军人数量巨大,导致军队缺额,如"镇守、分守、守备内外官员中间,

① 《明宪宗实录》卷41,成化三年夏四月丁巳,第843页。
② 《明英宗实录》卷30,正统二年五月丙午,第599页。
③ 《明英宗实录》卷356,天顺七年八月己酉,第7111页。
④ (明)叶盛:《军务疏》,陈子龙等:《明经世文编》卷59,第459页。
⑤ (明)朱廷立:《盐政志》卷7《曹弘禁私贩疏》,《续修四库全书》第839册,第274页。
⑥ 《明宣宗实录》卷74,宣德五年闰十二月丙午,第1723页。
⑦ 《明宪宗实录》卷203,成化十六年五月庚寅,第3554页。
⑧ (明)郭应聘:《郭襄靖公遗集》卷4《举劾武职官员疏》,《续修四库全书》第1349册,第108页。
⑨ (明)刘定之:《建言边务十事疏》,陈子龙等:《明经世文编》卷48,第377页。

（名）〔各〕将操备军士私役占用，有二三百名者，有百五十名者，妨误操备"①。成化十四年十二月，户部郎中刘道查到大宁都司所属茂山、保定等卫所的武官，"用意挑拣殷实军人，或占一二十名者有之，甚至七八十名者有之。卫所一应差使买办等项，俱派与贫难军丁出办。是以富者多买坐闲，贫者愈加靠损"②。

四、非法贸易

武官往往利用职务之便进行私人贸易，甚至通过非法途径谋求利益。如有官军将所管官船偷卖，明初对此类罪行处罚甚重，见《洪武永乐榜文》中记载：

> 洪武三十年（1397）二月十三日，奉圣旨：如今军卫多有将官用战船私下卖了，工部出榜去各处张挂，但有卖官船的，凌迟处死，家迁一万里，私买者同罪。③

开中盐引制度是明代一项重要的财政制度，既保证了国家的财政收入，又满足了部分军饷需求。盐引具有很高的经济价值，军官通过多占盐引，赚取商业利润。各边内外官员之家，"诡名开报，包占盐引数多"，有的令家人子弟购买劣质米麦上纳；有自己不去上纳，转卖与人，徒手得钱的。而边卫镇守、总兵等官非但不能禁革，有些还曲徇人情，"听令通同攒官斗级，或将官军该支用月粮，指廒作数，或将关出积年陈米，相沿进纳，虚出通关的；亦〔有〕自行包占盐引，转卖与人的；有先将本处米麦收积，临期增（偿）〔价〕、或插和糠秕，（籴）〔粜〕与客人上纳的"。以致边廪空虚，军饷缺乏。④

甚至有武官将官方印信典当，换取银两，对军政管理造成不便。百户印信由兵部掌管备案，所有卫所衙门，每卫印一颗，每所印一颗，篆文各不相同，因此卫所之间难以互相借用。成化十七年（1481）八月初六日，云南按察司副使何纯奏问得犯人杨礼，"招系临安府南长官司，有临安卫所前百户于广、方纪，右所百户李昇，于成化十四年月日不等，各因家人缺用，不合将钦降本印私自约当。于广

---

① （明）戴金编：《皇明条法事类纂》卷26《内外官员军伴定数例》，《中国珍稀法律典籍集成》乙编，第5册，第13页。

② （明）戴金编：《皇明条法事类纂》卷26《在外军职官军伴名数例》，《中国珍稀法律典籍集成》乙编，第5册，第17页。

③ 《洪武永乐榜文》，杨一凡主编：《中国珍稀法律典籍续编》，第3册，第528页。

④ （明）戴金编：《皇明条法事类纂》卷18《禁约内外官员人家包占盐引数过多转卖与人例》，《中国珍稀法律典籍集成》乙编，第4册，第817页。

当去礼银一两,方纪当去客人王昇等人三两,李昇当去千户李增米三十五石"①。还有富有武官放高利贷,非法经商,总之方式多样。

武官非法经营、贸易,侵欺军士等经济犯罪给国家造成了经济、军事上的重大损失,其中军士是直接受害者。军士生活疾苦,尤其边军,环境恶劣,并无其他经济来源,只有仰仗配给的月粮或屯田收入生活。武官所犯以上罪行直接剥夺了军士的收入,使其生活窘迫,还需承担繁重的军役。一首边军歌谣唱道:

> 边军苦,自恨生身向行伍,月支几斗仓底粟,一伴沙泥不堪煮。尽将易卖便科差,颗粒那曾入锅釜。官逋私债还未足,又见散粮来籴谷……官司积谷为备荒,岂知剜肉先成疮。近闻防守婺川贼,尽遣丁男行运粮。老弱伶仃已不保,何况对阵斗刀枪。婉婉娇儿未离母,街头抱卖供军装。②

事实上,除了边军,其他军人都不同程度受到武官的侵欺,"京师官军在卫者苦于出钱,在营者困于私役,逼令逃亡;江南军士多因漕运破家,江北军士多以京操失业。竭军民之力以运粮储,而滥食者不知;罄生民之财以买战马,而私用者罔顾。镇守者或害一方,守备者或害一城"③。

武官除了通过多种方式向下属或军士诈取经济利益外,还科敛其他平民,为害一方。广州府审得守备李光"公费派敛,计赃银一千一百五十二两"。李光贪贿,经调查得磁布客冯铭、陈三银四十两,得峒官常例银二十五两,得吴廷选等拜见常例银一百两等。④ 另外,武官还百般科索原籍军户,宗族原本要向军户提供一定的帮贴,作为军装等日常生活的补充。有郑氏军户原籍备有军田,每年获取帮贴银十二两。当郑贵升授百户时,因造册上下打点,需用银五十两。郑贵以此向原籍讨取银两,后不惜采用种种诈骗手段,以"房屋被毁""兄长死亡无埋葬银"等借口勒索原籍本宗,甚至告至官府逼迫。⑤ 又有些武官子弟袭职途中,向

---

① (明)戴金编:《皇明条法事类纂》附编《查究武职印信有将典当财物革去管伍带俸差操例》,《中国珍稀法律典籍集成》乙编,第6册,第396页。

② (明)张萱:《西园闻见录·外编》卷76《兵部二十五·恤军士·前言》,《续修四库全书》第1169册,第686页。

③ (明)刘大夏:《乞休疏》,陈子龙等:《明经世文编》卷79,第703页。

④ (明)颜俊彦:《盟水斋存牍·提问守备李光》,第8页。

⑤ 祁门:《英才公租簿》,原件藏安徽省博物馆16757号。转引自彭超:《从两份档案材料看明代徽州的军户》,《明史研究论丛》第5辑,江苏古籍出版社1991年版,第103页。

军户索要盘缠等项,逼迫军人逃役,如贵州地区,"本县民人多系躲充贵州龙里等卫所军役,其该卫指挥、千百户等官中间病故等项,起送子孙赴部袭替(及)〔乃〕祖职等,领凭不到赴管事差操。却又辄自来县递驿铺舍安歇,打听军家住在何处,沿门住户诈讨盘缠,索要酒食下程,艰难军丁中间有怠慢,各官回在卫,军人生事苦打,难以安身,只得全家逃回"①。

第二节　职务类犯罪

武官是否恪尽职守直接关涉国家的军事安全,明代武官职务繁多,包括管屯、管操、出征、守城等,其在履行职责时出现的过失之罪,最严重的为《大明律》中的"失误军事"罪,《明会典》中又称为"失误军机"罪,犯该罪者,律令规定当斩,后因情有轻重,条例又分为多种惩罚等级。其他还有妄报功次、不行操练等过失、违法行为。

一、旷职、渎职

卫所操备官员不按时操练军士,守备官员未能准时上岗,以及班军领班官员所带领的班军出现缺额或延误,均被视为武官的失职行为,将受到法律的惩处。明初对官员的失职处罚极为严厉,如浙江都指挥储杰,在任数年间,交结布政司等有司官,日日歌唱饮酒,不操练军士,不设关防,以致沿海居民常被海盗劫掠。遇事常推称风疾,影响了浙江都司的军务,最终被贬去金齿(在今中国云南德宏、临沧与缅甸东北部)。②

明代中后期承平日久,将帅日益骄奢淫逸,驰骋沙场、建功立业者少,躲操偷闲,畏难享乐者多。"镇守右佥都御史王翱劾奏守备兰州卫都指挥同知戴旺不操练军士,所部教场地俱垦为田。"③而掌管军政者,理应"清晨管事,至晚方退",却往往旷职,据浙江按察使轩輗所言"近年,浙江都司卫所官员或二三日不至公堂,或至而即回私家,荒闲度日,政事废弛"④。有些武官不服从总兵调动,

---

① (明)戴金编:《皇明条法事类纂》附编《军官不许到军人原籍扰害生事害军》,《中国珍稀法律典籍集成》乙编,第6册,第255页。
② 《大诰武臣·储杰旷职》第六,杨一凡:《明大诰研究》附录,第434页。
③ 《明英宗实录》卷80,正统六年六月戊子,第1599页。
④ 《明英宗实录》卷167,正统十三年六月甲申,第3240页。

私自逃归,"秦州卫指挥于谅等宣德三年调甘州操备,至兰县逃归,促之三年,到庄浪复逃归"①。又如永平董家口等处是临边要地,"调兴州左屯卫指挥同知黄胜领兵巡逻,胜畏难不遵调遣",镇守山海等处总兵官遂安伯陈英请治其罪。②

另外,还有武官逃避操练,隐匿于外居住。据行在中军都督府奏:"凤阳中卫百户何清有罪遇赦,赴京谢恩,遂往山西翼城县闲居旷职三年,请治其罪。"③总督两广军务右都御史马昂奏:"天下边卫守备军官,畏避征调,往往营求驰报边务,赍进表文,赴京往复动经年月,有误边备,乞行禁革。"④更有甚者已然失踪,成化九年(1473)七月,"(武城后卫)〔济阳卫〕左所带俸指挥(发)〔金〕事桑泰,不行赴操,点视不到,随即差人四散跟寻,至今日久未获"⑤。这些平时不行操备的军官,遇到盗贼或敌情,往往惊慌失措,想方设法推脱责任。通过诈称患疾,回京贪图享乐。"各边各关及沿海地方将官,中间有等奸顽之辈,平居之时不以练习韬略、保固疆圉为心,专一寻称事端、剥削军士为务。一遇地方有警,(抢)〔仓〕惶无措,辄便称托患病营干回京,将所得财物或置买庄田而崇饰妻妾之奉,或起盖房屋而耽溺声妓之乐,驰骋炫耀,无所不为。"⑥待事平之后,边境安宁之际再谎称身体痊愈,欲营求官职。

为加强京城与边境的重点防卫,明代制定了班军制度,以京操班军为例,即直隶、山东等地区的卫所军抽出部分军队组成班军,轮流上京操备。班军的上班时日、军员数量都有明确规定,倘若军队缺额或上班迟误,领班官员将受到降级、罚俸的处分,军人则受到更为严厉的处罚。

> 景泰三年(1452)八月,兵部奏山东、河南在京更番操备官军都指挥吴勋等三百余人,过限三月而犹未至。⑦

> 弘治八年(1495)九月,大宁都司都指挥佥事庞通、中都留守司都指挥

---

① 《明宣宗实录》卷83,宣德六年九月丁亥,第1925页。
② 《明宣宗实录》卷9,洪熙元年九月丙午,第227页。
③ 《明宣宗实录》卷86,宣德七年春正月丁亥,第1992页。
④ 《明英宗实录》卷259,景泰六年冬十月丙寅,第5560页。
⑤ (明)戴金编:《皇明条法事类纂》卷27《操备官员在逃三次以上者发边远立功五年满日照旧差操例》,《中国珍稀法律典籍集成》乙编,第5册,第73页。
⑥ (明)戴金编:《皇明条法事类纂》附编《禁约患病闲住武职复要管事》,《中国珍稀法律典籍集成》乙编,第6册,第131页。
⑦ 《明英宗实录》卷219,景泰三年八月乙亥,第4733页。

佥事董昂、山东都司都指挥佥事杨胜、河南都司都指挥佥事刘轵俱领班军赴京操备。通所部未到者四千余人,昂二千余人,胜、轵皆八百人。①

班军制度发展到后期,逐渐衰败,领班官员与军士皆畏惧京操,多规避脱逃,班军缺额、失期的现象极为普遍。除了常规军事训练与守御以外,武官也会被派出执行临时性的任务,如传送公文、赴京比试等。这些武官往往利用外出的机会,怠工旷职达数年之久。成化十四年(1478)十月,据贵州都司署都指挥佥事张等奏,龙里卫副千户王鉴赴都督府比试之事,"先于成化五年(1469)五月内,蒙本卫所呈送本司例文,起送右军都督府告投。至成化十二年(1476)三月内到府,蒙送中军都督府,比试得中,回卫任事差操"。而按照规定,副千户王鉴成化五年五月十一日起送,限本年七月终到府。其在途旷职,至成化十二年三月内方才到府。"遇蒙成化十一年十一月初八日赦宥。比试得中,蒙本都司批回。自合依限回任管事差操,却又在途恣意虚旷,游荡七年之上,方终回还。"②可见其往返途中皆有逗留、旷职之行为。

管屯官管屯不力亦被视作不职,户部尚书郁新言:"河南等处管屯都指挥刘英等上屯田岁收之数,臣等计之,一人所耕不足自供半岁之食,皆英等怠惰,不严督所致,宜罪之以警众。"上以法令初行姑宥之,遂召英等谕曰:"屯田军国之大务,已验之良法,尔等不留心,如此徒坐享厚禄何为?用兵数年,今始得休闲,而民已疲弊,若复役疲弊之民以赡休闲之卒,为民者愈困,为兵者将惰矣。盖畜兵以卫民,岂以兵困民,汝等宜深思之,用心勤力以督下人,若今岁仍复怠惰,耕获不及,论罪如法,悔无及矣。"③

二、纵容军士、子弟违法

武官具有管束军士的责任,若军士违法犯法,该管军官要承担一定的法律责任,甚至有些军官故意指使或纵容军士为非作恶,更需严惩不贷。

军士逃役,擅离职守,武官要负管束不严之责,如府库右卫指挥佥事王安,在西长安等门上直守卫。弘治三年(1490)五月初五日,安兴燕山前等卫指挥李

---

① 《明孝宗实录》卷104,弘治八年九月壬午,第1899页。

② (明)戴金编:《皇明条法事类纂》卷9《旷职官员调卫例》,《中国珍稀法律典籍集成》乙编,第4册,第404页。

③ 《明太宗实录》卷27,永乐二年春正月己巳,第500页。

汉、张刚及正千户何友、吴谨、吴江、曹通、刘真等，副千户岳泰、郝兴、李名，百户王永、蒋铠，镇抚张通，军人王斌等九十六名轮该本日上直。按照规定，军士当值之日，必须一直在城门前上直，没有特殊原因，不许擅自离岗。结果以上军官违反规定，"安等各不合不行管束各军上直，张刚又不合不行严谨钤束点闸在门，以致王斌等各不合，私自回家"①。

仅纵容军人歇役属于较轻的职务犯罪，另外，还有纵放军人、舍余、家人外出买卖，通番贸易等非法行为。例如："提督山海关都指挥佥事王整擅纵所部出关。"②永乐以后，明政府虽屡次严边关茶禁，或遣御史巡警，但茶马市走私的情况有增无减，尤其令官府无奈的是，"近年各边贩茶通番，多系将官、军官子弟"。而甘肃总兵刘胜即牵涉走私之事，总制杨一清分析此类违法行为屡禁不止的原因是："守备、把关、巡捕官员不能禁治。"③勋臣世家则参与盐业以谋利，而盐运司官员往往受其欺压。据行在都察院左副都御史李庆言："公侯都督往往令家人子弟行商中盐，凌轹运司及各场官吏，倍数多支。朝廷申明旧制，四品以上官员之家，不许与民争利，已令罢支。今都督蔡福等妄行奏请，既付于法，其公侯有犯者亦宜鞫治。"随即朝廷令户部榜谕禁止。④ 勋臣还纵容家奴建立私庄，如彭城伯张瑾，纵家奴集无赖于河南西平诸县旷地创庄田。⑤

漕运武官因职务之便，纵容军士非法贸易的案例极为普遍，明代律法一再禁约官军将好米沿途粜卖，而买换各类劣质米。"若官军人等将原兑好米，沿途粜卖，却籴陈湿碎米及掺和沙土、糠秕、粗谷等项抵数者"，将原运官旗送户部，需易换好米送仓上纳。⑥ 如天顺六年(1462)，浙江管运都指挥张勇奏称："绍兴卫运粮指挥何洪，纵令旗军吴宣等将船二十四只，正粮七千七百五十余石盗卖，计称遇江风沉，却来扬州府干求相视文书等情"。又如成化十二年(1476)，"温州

---

① (明)戴金编：《皇明条法事类纂》卷23《守卫官军上直不到发落》，《中国珍稀法律典籍集成》乙编，第4册，第1013—1014页。

② 《明英宗实录》卷297，天顺二年十一月癸卯，第6321页。

③ (明)杨一清《为修复茶马旧制以抚驭番夷安靖地方事》，陈子龙等：《明经世文编》卷115，第1076页。

④ 《明太宗实录》卷109，永乐八年冬十月乙未，第1403页。

⑤ 《明英宗实录》卷206，景泰二年秋七月丁酉朔，第4413页。

⑥ (明)戴金编：《皇明条法事类纂》卷16《禁约兑运官军将好米沿途粜卖买换湿碎并搀和沙土》，《中国珍稀法律典籍集成》乙编，第4册，第737页。

卫指挥张鹏等所管军人冯丑生等枭卖运官粮,得银入己,却盗在仓官粮上纳"。①

以上武官纵容军士的不法行为,败坏军纪,削弱军备,更为有害者科扰平民、抢掠百姓,对社会造成了不良影响。其中有些武官指使家人、伴当揽纳钱粮,侵没纳户财产。如弘治四年(1491)十月,户部等反映:

> 照得宣府各属城堡,随住设有仓场,近年收受山西等处民运本境屯种地亩银等项粮草,岂期有等势要官员,使令弟侄、家人、伴当,及平素交结旗军、舍余诸色人等,寻访各处纳户,多方设计,惑哄打扰,不得亲自上纳,必须尽数揽与。一得价到手,就同自己之物任意花费,或盖房娶妾,饮酒宿娼,或偿还宿债,代纳旧粮,或撒放生利,待侯下年(子)〔再〕纳。若纳户催促,辄便恃(势)〔仗〕官势,恐吓殴骂。及至告发问理,却将顽泼无籍之徒,捏写文约认罪。②

另有武官纵容军人凌辱乡民,甚至打劫船只,假公寻私,如吏部省祭官朱廷惠奏言"戒贪暴"之事,曰:

> 窃照各处卫所军职官员,〔所〕支俸给,(是)〔足〕以养廉……岂期中间有等贪暴之徒,全无卫民之心,常有剥削之计。克减军粮而起盖房屋,或计骗良善而广置庄田。甚至纵容弟〔男〕子侄人众在乡侵〔夺〕民利,以强凌弱……至于指挥等官巡盐,明知军卫有司俱有委官、兵牌、应捕人等,各(归)〔司〕其事,乃乘机带领军伴下乡,拘集捉拿里甲,〔以〕拷取过都保结为由,需索分利。甚〔至〕自带私盐,沿途加(认早)〔诬平〕人,诈骗财物。其备边陆路官军,明知有等各处犯罪边备囚徒,聚众在海名为"嘎辣"船,或二三只,七八只,摆列兵器,沿海行(使)〔驶〕,打劫民船,及至上岸抢人财物,烧残哨船。竟还追剿,将沿海居民奉例朝出暮归砍柴捕鱼小船,假公寻私,朝居暮获,不安生理。甚至凿沉舡只,夺抢柴木,骗财害民,莫过于此。③

有武官率军扰民,甚至纵军为强盗,掠取民人财物、人口。广东海南卫管屯

---

① (明)戴金编:《皇明条法事类纂》卷17《运粮官军虚捏遭风所在官司看验扶同俱坐以枉法各该把总管运等官俱要通行查提问罪例》,《中国珍稀法律典籍集成》乙编,第4册,第770页。

② (明)戴金编:《皇明条法事类纂》卷15《(包)揽纳粮草充军若本处军职家人伴当揽纳者参提降级》,《中国珍稀法律典籍集成》乙编,第4册,第691页。

③ (明)戴金编:《皇明条法事类纂》卷3《巡盐捕盗军职纵人生事害民事发其多余弟男子侄发原籍当差例》,《中国珍稀法律典籍集成》乙编,第4册,第112—113页。

百户刘得,领军入文昌县黎村掠取黎民财物,按察司奏请治之。宣宗对行在都察院臣曰:"军民各有统属,军官不得无故扰民,况海外黎人,尤当抚恤。前闻黎人作耗,朕固疑其有扰之者,今此辈是已,其令按察司执而罪之。"①江西按察司奏赣州卫指挥张俊领军三百赴茶陵捕盗,俊擅逼赣州府造锣锅帐房等物,事属违法。宣宗曰:"从来命将出师,锣锅帐户官军自备,今军未动,已违法害民,其出境纵暴可知,命如法治之。"②巡抚山西右副都御史朱鉴奏:"都指挥佥事张鹏纵军士毁人居宅,滥支刍粮诸罪。"③另外,"浙江署都指挥佥事张勇、王越坐捕贼武义等县,擅令军人掳掠平民子女"④。

明末战火四起,军纪败坏,军中无赖增多,官军抢掠平民的现象时有发生,"明季以来,师无纪律,所过镇集,纵兵抢掠,号曰'打粮',井里为墟"⑤。当时军队中出现了不少有名的纵军为恶的将领,如左良玉,"良玉新立功,骄蹇不奉调发,惮入山险,屯舒匝月,拥降丁万余,妇竖数千,为营环数十里,所至排墙屋,污妇女,掠鸡豚,村集为墟"⑥。崇祯皇帝不得不承认"将懦兵骄,焚劫淫掠"成为严重的社会问题。明末军卒骄横,所管军官惧怕兵变,故而放纵其强盗行为。当时,"兑粮各船军丁,在地方往往为盗,劫掠杀人,松郡尤甚。上官虑激变,每事姑息,无能大创之"⑦。

三、失误军事、妄报功次

官军以维护国家安全为天职,倘若作战失利,或守备不严或临阵脱逃皆属于严重失职行为。明初战事频繁,军律严明,对失机重罪惩罚较严。例如,"漳州卫千户李原,谢兴,百户侯义、结良、于德、永福等,不肯用心防备,被倭贼上岸劫掠,杀死军人五名,却做病死报官"。事发皆被发往云南充军。⑧

明代长时间处于北虏南倭的困扰之下,并且内地时有叛乱发生,因此虽处承

---

① 《明宣宗实录》卷84,宣德六年冬十月乙酉,第1952页。
② 《明宣宗实录》卷72,宣德五年十一月癸丑,第1686页。
③ 《明英宗实录》卷189,景泰元年二月丁酉,第3891页。
④ 《明英宗实录》卷208,景泰二年九月戊午,第4480页。
⑤ (清)张岱:《石匮书后集》卷63《盗贼列传》,上海古籍出版社2008年版,第384页。
⑥ (清)彭孙贻:《平寇志》卷3,上海古籍出版社1984年版,第54页。
⑦ 《启祯记闻录》卷2,转引自郑克晟:《清初之苏松士绅与土国宝》,《明清史探实》,中国社会科学出版社2001年版,第132页。
⑧ 《大诰武臣·防倭作弊》第二十,杨一凡:《明大诰研究》附录,第445页。

平时期却小规模作战不断。世袭武官多未曾受到严格的军事训练与考选,面对紧急敌情时,往往畏避惧怕,不战而逃。武官因失误军机而遭到惩罚的案例极为普遍,数量繁多,情形复杂,犯罪主体既包括总兵官、都指挥等高层军官,亦有千百户等基层官员,如巡按四川监察御史并四川都司、布政司、按察司俱奏:"四川都司都指挥佥事韩整率官军七千余驻威州,蛮贼隔溪大肆攻劫,焚官署民居,掠人畜。整坐视不救,故降充为事官,戴死罪。"①

另有军官犯失机罪,惧怕受罚,隐匿不报者,镇守、巡抚等文武大臣通同作弊。成化十三年(1477)正月,给事中丘璐奏:"以今之边将捐肾殉(徇)国者少,偷生欺国者多。寇至则束手闭门,纵其掳掠……寇去既远,则徐出追之。间或得其人口老弱者一二级,牛羊赢病者十数头。辄便朋(此)〔比〕欺罔,妄奏捷因。"②遇到失机之罪明显而被奏闻者,亦进行掩饰,"各边镇守巡抚等项文武大臣失机者,隐下重情,掩饰己罪,遇有边患,动辄(难)〔推〕病避难"③。如此一来,官员退缩避难者多,冲锋陷阵者少。

因武官升职,需依靠军功,那些规避责任、防御不力者试图通过冒功获取升赏。如,"沿边军官凡遇敌交锋,奋勇斩获贼级者固有,其用钱私买者亦多,以致功次不明,升赏未当"④。武官贪功冒赏成为一时风气,或用钱私买,或夺部下、军士功次为己功,正如程启充所言:

> 定制,军职授官,悉准首功。今幸门大启,有买功、冒功、寄名、窜名、并功之弊。权要家贿军士金帛,以易所获之级,是谓买功。冲锋斩馘者甲也,而乙取之,甚者杀平民以为贼,是谓冒功。身不出门间,而名隶行伍,是谓寄名。贿求掾吏,洗补文册,是谓窜名。至有一人之身,一日之间,不出京师,而东西南朔四处报功者,按名累级,骤至高阶,是谓并功。⑤

---

① 《明宣宗实录》卷30,宣德二年八月丁丑,第787页。
② (明)戴金编:《皇明条法事类纂》卷24《沿边镇守总兵巡抚等官不许隐匿失机重情例》,《中国珍稀法律典籍集成》乙编,第4册,第1050页。
③ (明)戴金编:《皇明条法事类纂》卷24《沿边镇守总兵巡抚等官不许隐匿失机重情例》,《中国珍稀法律典籍集成》乙编,第4册,第1051页。
④ (明)戴金编:《皇明条法事类纂》卷24《带俸军官自备弓马操练私买功次充军官军妄杀被掳人口与杀平人一体推断例》,《中国珍稀法律典籍集成》乙编,第4册,第1039页。
⑤ 《明史》卷203《程启充传》,第5433页。

这实与朝廷滥赏有很大关系,以总兵官为例,奏捷成为惯例,助长了武官冒功的气焰。"永乐以前,总兵无专官,有事命将,事平还朝。后缘为边方多事,因留总兵官镇守其地,若地方有小警,即调本镇兵马剿杀,不报捷,不宣捷。后来有扑杀或掩袭以取胜者,或七八十级,或四五十级,或三四路而并为一路,或二三日而诈为一日。概以捷音奏报,宣布于廷。奏捷者亦得升赏,遂开冒功之门,至于今而滥觞极矣。"①另外,兵部依拟捣巢功次,欲将奋不顾身者,特升署职一级,内阁大学士刘健认为如此升职太滥,担忧未来在军事行动中,不仅浪费钱财,而且致使劝赏无效,即"不独惜一时之费,实为不劝之赏"。只会刺激官军纷纷冒报"奋不顾身"等项,以图侥幸升职,谁肯着实向前杀贼?②

可见官军临阵脱逃,事后或者妄报功次,或者将损失隐匿不闻,是军事失利、屡战屡败的重要原因。王恕曾就此分析曰:

> 向时领军将校,或以轻进被参,或以损军得罪。以此遇贼,先以退缩保军为心,略无向前剿贼之志。幸而稍得其利,辄便虚增首级,妄报功次,以图升赏。不幸而折损官军,就行隐匿不闻,设辞遮掩以避其罪。况进则有死而无功,退则有生而无罪。如此,为将校者,谁肯提军出战;为士卒者,谁肯奋不顾身。此官军遇贼,所以不能成功者然也。③

武官的失职行为,轻重不同,轻者旷职杖罪,重者失机死罪。高级武官中又有专擅之罪,刑部左侍郎刘季箎言,掌四川行都司事前军都督佥事〔程〕达,〔擅〕调军职,窃弄威柄,罪不可宥。④ 把总等低级官员又有贪功冒进,滥竽充数者,"把总管队等官,多有寅缘冒进,非才滥充。以致军士不扬,战阵无勇……视兵政为等闲,与士卒如仇敌"⑤。

另外还有洗改文册,隐匿余丁不送操备等项。武官利用职权将户下舍人、壮丁隐匿不报,而以老幼残弱等顶替,导致军源素质低下,不堪重用。为避免遗漏壮丁,提高军队质量,法律规定若该管官员不行自首,则发边方立功,但军官仍然

---

① (明)余继登:《典故纪闻》卷16,中华书局1981年版,第290页。
② (明)刘健:《论军功疏》,陈子龙等:《明经世文编》卷52,第401页。
③ (明)王恕:《乞严赏罚以禁盗贼奏状》,陈子龙等:《明经世文编》卷39,第299页。
④ 《明太宗实录》卷51,永乐四年二月壬申,第763页。
⑤ (明)于谦:《兵部为拣选武职疏》,陈子龙等:《明经世文编》卷34,第248页。

明知故犯。成化二十三年(1487)六月初十日,广西清吏司问得犯人马林招任大兴左卫千户,成化二十三年七月内,林故违漏报户丁马祥等。①

第三节　刑事犯罪

明代武官中有贪酷、骄横之人,导致威逼军人致死的案件发生。此类谋叛、人命、强盗、诬告等重罪归为刑事类犯罪中,属于徒以上较重罪行。

一、致死人命

明代武官群体拥有权力和地位,有些凭借权势欺凌军士、平民,甚至伤害他人性命。如有些武官被军士控告而怀恨在心,于是私置刑具,百般拷打,将其迫害致死,甚至有的武官因私愤直接杖死军人。《大诰·武臣》中记载了多起武官致死军士的案例,有侵欺军人行粮饿死军人者,如平阳守御千户所千户彭友文领军五百人出外筑城,两个月未发放行粮。军士中备有盘缠的勉强过活,而那些家境贫难者无法筹备,忍饿做工,被饿死者达一百人。② 有威逼军士致死者,如青州护卫千户孙旺,逼令军士自缢身死。其余军人赴京申诉,他便差人邀截回去,并将各军收监在牢,诬赖他们通同马四儿作耗,将军人四名凌迟处死,其余军人尽发遣到云南。事发,孙旺被凌迟。③ 有因公打死军人者,如豹韬卫百户王德甫,为失去官木打死军人任良;府军前卫百户王斌,为撑驾征北船只,打死军人佴德旺……镇海百户侯保,为看守船只打死军人乔海秀;天策卫千户陈安,为烧砖打死军人郇仲真……④

永乐时期,有都指挥谷祥备御倭寇,恣肆贪虐,掊克部属,杖死指挥梁海,事闻命法司鞫治,遂下狱。⑤ 擅用酷刑之武官,往往干涉正常的司法程序,运用职权,私自将部属捉拿拷问。彭泽上疏痛陈此弊,"各将领于所辖官军,除临阵退缩许用军法外,其余有犯止用常刑,其情罪稍重者,行抚按参治。如有酷用非刑,

---

① (明)戴金编:《皇明条法事类纂》卷26《隐匿余丁不送操备照罪轻重立功年限例》,《中国珍稀法律典籍集成》乙编,第5册,第25页。

② 《大诰武臣·千户彭友文等饿死军人》第五,杨一凡:《明大诰研究》附录,第433页。

③ 《大诰武臣·邀截实封》第十二,杨一凡:《明大诰研究》附录,第438页。

④ 《大诰武臣·打死军人》第十四,杨一凡:《明大诰研究》附录,第440页。

⑤ 《明太宗实录》卷233,永乐十九年春正月丁卯,第2248页。

致损人命者,听各该抚按纠举论罪"①。

二、强盗、诬告

在经济犯罪中涉及武官盗支官粮等犯罪行为,而在侵盗罪行中有情犯深重者,如强盗、掳劫、吓诈等罪行,已威胁到他人生命,超出了一般的经济类犯罪范围。

烧杀抢掠原为强盗、虏寇所为,给民众的生命财产安全造成巨大威胁,属于遇赦不宥的重罪。而武官当中也存在此类恶行,犹如盗匪一般,使受害的百姓惧怕官军胜过盗贼。据直隶松江府奏:"太仓卫千户(下)〔卞〕瑾以捕盗为名,率亡赖军民二百余人,不经官司,越入上海县,掠取村民财物,纵火焚烧民庐舍。"②

明代中后期诉讼之风大兴,军民词讼增加,有等武官贪财害军,被他人所揭发,便设计诬陷,状告他人不法事,企图逃脱罪行。成化二十三年(1487)正月襄阳卫副千户丁信管运粮储,勒索运军,又娶乐妇为妾,被告发,反而诬告司法官员。据记载:

> 犯人丁信招系襄阳卫副千户,成化二十二年(1486)十月内,有本所运军王敏贫难,告蒙本多将军人张良偿运。成化二十三年正月内,信管运粮储,不合面更替运军吴刚等吓说:"若不贴钱,仍要运粮"。各人被吓,吴刚将银三两八钱、猪一只,周宽将银四两各与……遇蒙本年九月六日赦宥,各不合不行首官改正,后信差人将刘昇等捉拏监追。刘昇令伊妻崔氏具伏襄阳抚民毛副使处告,蒙将刘昇等行提到司问拟(发)落,(昭)〔招〕出信系有赃军职,参提问信与本所军人姜宁各明知有例,幕越赴京诬告十人以上,职官有犯,奏请发落。替写本状之人,不分军民,连当房妻小,发边卫充军。各不合故违,信将银七钱密与姜宁,不合枉受入己替写捏写本稿。开称:千户张洪将殷实旗甲洪宽等卖放,却将贫难陈海等差运,反捏毛副使接受谷城县民人邵玉银一百两、指挥谢鉴二百两、王洪银五十两、徐瑾银三十两,又捏指挥黄瓒科要军吏徐志等银四百八十两等项虚情。③

---

① (明)彭泽:《覆巡抚延绥都御史疏》,陈子龙等:《明经世文编》卷99,第869页。

② 《明宣宗实录》卷72,宣德五年十一月甲寅,第1687页。

③ (明)戴金编:《皇明条法事类纂》附编《文武职官偷职诬告十人发落例》,《中国珍稀法律典籍集成》乙编,第6册,第330—331页。

另有武官因对他人挟有私仇,便通过诬告进行报复。"初宿卫都指挥林丛用千户姜敏书办,已而不用,敏衔之,辄诬奏丛过失,有旨原之。时有发敏尝盗本营粮料者,敏疑为丛所嗾,复撼诉丛过,诖误者数十人。刑部尚书魏源论敏奸险当法外处之,上命杖遣边郡立功。"①还有等高级武官嫉妒下属获贼有功,反诬为强盗,欲置之死地。广州府被罢哨官麦效鲁遇到梁宦被劫,督率家丁访获贼寇,而次日"哨官黄如玉奉总弁桂士元令拿鲁人船作贼俘解捕厅。如玉、士元攻不遗力,遂置之辟,家丁六人已尽奸毙"。麦效鲁以捕贼者被上官诬指为盗,实属冤枉。兵巡道批曰:"麦效鲁以罢哨而犹能为地方获贼报效,卒启钦总桂士元之忌,反指为贼而解之,乃问官不察兵其家丁六人,概真大辟,六人相继毙狱,冤哉!"②

诬告平人为盗的现象在沿海商业发达区非常普遍,清远县有李敬装载祭物祀祖,为江道埠兵搬抢,捉敬锁禁。管江道指挥陈舜坤,诬指为盗。推官颜俊彦愤慨道:"无耻弁辈如虎如狼,精神全不用之防守地方,而专用之填满溪壑,以指盗为生涯,以擅禁为常事。"③由于粮荒,江南地区兑运官军气焰日益嚣张,崇祯十年(1637)三月,兑粮指挥泊舟枫桥,偶因被窃,乃"诬及附近饶裕之家,执其人,酷加吊拷,抄抢其家,群情愤然不平"④。

第四节　道德礼法类犯罪

儒家思想注重遵"礼",礼既表示文明社会中的具体制度,也是已为人们所接受的行为方式。同时,儒家认为,礼作为具体的行为规范,是与某些重要的道德准则相联系的。礼由于这些道德准则而具有效力。⑤ 明代注重礼法之治,尊重儒家礼教。违反伦理道德,危害社会风气的行为在当时被定为违法、犯罪行

---

① 《明英宗实录》卷27,正统二年二月壬戌,第533页。

② (明)颜俊彦:《盟水斋存牍·强盗麦效鲁》,第241—242页。

③ (明)颜俊彦:《盟水斋存牍·不法指挥陈舜坤》,第518页。

④ 《启祯记闻录》卷2,转引自郑克晟:《清初之苏松士绅与土国宝》,《明清史探实》,第131页。

⑤ (美)D.布迪、C.莫里斯著,朱勇译:《中华帝国的法律》,江苏人民出版社1995年版,第14页。

为,如宿娼、赌博、不敬不孝、娶贱民为妻妾等。

一、不尊不孝

"孝"是中国传统家庭价值观的核心,亦是法律对官吏的特殊要求,若文武官职犯"不孝"罪,则被革职为民。另外,随着宋以来宗族的发展,族内长幼尊卑也有特定的要求,若对尊长不敬属于不法行为。如府军前卫中所百户刘全,祖籍直隶保定府定兴县,其族叔刘能为刘全准备物资,用骡车赴京供送,刘全嫌少,将刘能恶骂,后来还将其殴打。① 该案例发生的背景与明代军役供应制度有关,明代军户家庭需出一人赴卫所服军役,其余贴军要为正军提供军装、盘缠。明初以后,卫所军户通过子孙繁衍,已经可以基本满足补伍替役军役的需要,卫所军户与原籍军户之间的关系逐渐疏远。② 而原籍军户为卫所军人提供军装盘缠等费用成为二者联系的主要纽带,某些卫所官军便利用回原籍取讨军装的机会,多般科扰,甚至殴骂尊长。

二、僭越礼法,有伤风化

武官僭用器物,错乱座次,阻坏礼法都要受到一定的处分。礼部尚书胡濙等奏:"大祀礼成,赐宴群臣,有带俸指挥使李春、指挥佥事王福不应与宴,却乃恣肆贪饕,入席搀坐,蹂践器物,甚乖礼法,请送法司论断。"③永乐二年(1404),"刑部尚书郑赐劾奏河南都指挥佥事刘圭蔑视亲王,过端礼门不下马,命谪戍"④。

败伦伤化罪中情节较为严重的属于强奸、合奸类,亦可将其归为刑事类。武官若奸宿部女妻妾,挟妓饮酒等,以行止有亏罪革职为民,遇赦不宥。如弘治三年(1490)四月,所审犯人黄铖系云南木密关守御千户所正千户,奸宿本所副千户可宗次女可氏川儿。⑤ 黄铖所为属于军职奸同僚室女,"害义伤化",甚为无耻,罪不可恕。

以上是在武官犯罪内容的基础上,结合犯罪性质,对其犯罪行为进行的大致

---

① (明)戴金编:《皇明条法事类纂》卷4《军职犯不孝并败伦伤化者发回原籍为民子孙承袭例》,《中国珍稀法律典籍集成》乙编,第4册,第111页。

② 张金奎:《明代卫所军户研究》,线装书局2007年版,第291页。

③ 《明英宗实录》卷112,正统九年春正月甲子,第2251页。

④ 《明太宗实录》卷37,永乐二年十二月辛未,第631页。

⑤ (明)戴金编:《皇明条法事类纂》卷42《军职奸同僚妻女革职》,《中国珍稀法律典籍集成》乙编,第5册,第726页。

分类。事实上,明代武官犯罪并没有清晰的界限,所犯大多不止一罪。以军官侵欺军士为例,有些不法武官往往同时犯了行贿受贿,私役、卖放、剥削军人,奸宿部女等多种罪行。宣德五年,行在后军都督府奏,"宁山卫指挥使李昭毁城楼以造私居,私役旗军岁割漆二千斤,办料豆八百石,科各所铜钱六千三百斤,占耕官军屯田百余顷,收粮虚卖实收一万余石,敛各屯子粒二万余石,减克军粮五百石,皆入(巳)〔己〕。军吏二人欲奏之,遣人追回,皆杖杀之,请治其罪"①。李昭科敛钱粮众多,且杖杀军吏,可谓罪恶深重。又如天顺八年(1464)九月,据河南都司宣武卫中所带俸百户刘永振言:

> 公廉干济者少,贪酷凶暴者多。私役军人,空闲军伍,扣除月粮,不行给
> 散。私自种田,不得营生。富者留收役使,贫者拨发赴远差,正军已去备御,
> 余丁仍令办纳月钱。新军才拨下屯,勒要籽粒入仓。百端非为,止图家身之
> 富,不念军士艰难。贿赂公行,正事不理,城池不加修,器械不加整,六韬三
> 略不知何物,八阵七书不知何用。荒游度日,轻则犯徒流之罪,重至绞、斩之
> 刑。朝廷不忍加(諫)〔诛〕,调拨边远充军,不二三年遇蒙恩宥回还,转加凶
> 暴,仍前害军。②

可见,许多犯罪武官恣意妄为,即使受到法律制裁,仍然旧习难改。甚至有等贪肆妄行之人,直接选择逃匿的方式,有达数年之久不服法者。从犯罪内容看,有为人命事在逃者,有侵欺官钱者,有畏惧京操者等。这些犯人潜住在城市密集处,探听消息,企图获宥,或纠集无籍之徒为非作歹,给地方治安造成严重威胁。成化十六年(1480)七月,右副都御史张瓒奏:

> 臣抚历凤阳、淮、徐一带地方,拟各卫所,将额设官员职(各)〔名〕开报,
> 除为事立功、哨瞭等项之外,问到在逃官员数多。逐查得中都留守中卫指挥
> 同知单庆,自宣德二年(1427)五月内为人命等事在逃。其余长淮等卫所指
> 挥等官张嵩等,有自天顺年间在逃者,有自成化初年在逃到今者。其(得)
> 〔中〕有畏惧京操及欺侵官钱者,有为人命、奸盗及剥削、贪暴害军者,通该
> 五十七员。远者在逃十余年,近者亦有二三年之上。各因事发追〔提〕,惧

① 《明宣宗实录》卷66,宣德五年五月辛丑,第1550页。
② (明)戴金编:《皇明条法事类纂》卷3《军职侵欺枉法满贯不许(替)〔管〕军管事累犯不悛者监候奏请》,《中国珍稀法律典籍集成》乙编,第4册,第90—91页。

怕立功、哨瞭，故意逃避，希望恩宥，复职管事。或在京城内外，或在各处市井人烟稠密去处潜住，往来买卖生理，探听消息。所犯事情多有人犯原（彼）〔被〕收监待对，或连累干证人众在官听候，经年不得归结……如泗州卫指挥使王诏，徐州左卫指挥使向震，淮安指挥同知孙潮各为贪酷害军、奸淫妇女、侵欺官钱粮等项，事发在逃，又纠〔聚〕无籍之徒，在外非为。①

此外，还有因畏怯不行出战，犯失机重罪在逃者，遇到大赦竟然心怀侥幸，企图复职。天顺八年（1464）四月，广西都司为事署都指挥佥事黄铖上奏，称本年正月颁布赦免诏书，除了谋逆、强盗等重罪不赦外，其余罪无大小皆可赦除。因此希望能够回原卫复职。都察院查到天顺三年（1459），广西都布按三司所奏其罪行："都指（辉）〔挥〕黄铖畏怯不行追捕贼人，指挥王铸承调不行进兵策应，及指挥李寔不行领〔兵〕出城杀贼，致被贼抢掳人民，事属失机等因"。经进一步查验，发现黄铖获罪之后逃脱罪责，"公然离弃地方逃躲，经年不行出官，及至遇蒙大赦，又不亲身赍本具奏，（又）〔反〕推称患病在途，令人抱奏就要复职。"②此类失机重罪遇赦亦不得免罪。

---

① （明）戴金编：《皇明条法事类纂》卷6《军职为事久逃降职调卫例》，《中国珍稀法律典籍集成》乙编，第4册，第243—244页。
② （明）戴金编：《皇明条法事类纂》卷25《失机在逃官员充军》，《中国珍稀法律典籍集成》乙编，第4册，第1084、1085页。

第四章　明代武官犯罪的司法规定

　　明代立法之初,朱元璋主张先正纲纪,用重典惩治"奸顽",用较为严厉的法律手段来维护其统治,颁行《大明律》作为祖宗成法,世代遵守。除了律以外,明代国家法律还有令、诰、例、榜文、诏、敕等多种形式,如宣德四年,张本、王骥从奏疏中辑录出大量与卫所军政事务相关的条例,编辑为《军政条例》,经明宣宗批准而颁行全国。随着时间的推移,社会经济发生变化,朝廷批准施行的事例积累繁多,甚至有自相矛盾者。至弘治朝,孝宗皇帝采用了大臣们的建议,分类编辑累年奏准的事例,在不改变《大明律》的前提下,用以弥补其不足。弘治十三年(1500)二月,《问刑条例》编成并通行天下。弘治《问刑条例》以明初以后的社会实际为依据,并对已有的大量条例删繁就简,避免了司法实践中"以例代律""以例改律"的混乱情况,成为"辅律而行"的重要立法。以后又有《嘉靖新例》、万历《问刑条例》出台,对其进行了修订。除《问刑条例》外,明朝中后期立法的另一重要成就是制定了《大明会典》,共八十卷,内容广博,论述详密,取材于官修的律、令、礼、式、《诸司职掌》、档案文书等,集明朝典章制度于一书。

　　以上立法文献载有大量关于武官犯罪的司法规定,除此之外,《皇明条法事类纂》收录了明宪宗和孝宗两朝的法律文书,其内容还追溯至宪宗以前颁行的事例,其中的"题准""奏准"当时都奉以为"例",具有律令的性质。

第一节　对经济犯罪的司法规定

　　立法之初,明太祖即对武官贪赃、欺压盘剥军士而不满,洪武十七年(1384),明太祖表达了对士卒的怜悯之情,其曰:

　　　　朕自布衣奋迹淮甸,与群雄角逐,十有五载而成帝业,皆赖尔诸将士之力。然朕每思之,当临机决胜,陈师贾勇,固出于诸将。而摧锋陷阵,冲冒矢石,则士卒实先。及天下已定,论功行赏,自公侯至于列校皆有爵禄传及子孙,而士卒艰苦,乃无异平昔,朕甚悯焉。①

在朱元璋重典治吏、体恤军士的思想影响下,明代律法对武官侵欺军士等经济类犯罪行为的惩罚规定极为详细和全面。

一、贪赃枉法罪

此处所指贪赃主要包括军官利用职务之便侵盗官物、贪污受贿、科敛军人等。明代法律中对受赃的惩罚按照侵占数额的多少,有满贯、不满贯之分,按照犯罪主体与犯罪对象的性质分为监守自盗、常人盗、窃盗、受财枉法等。《大明律》中对以上罪行的处罚,按照不同数额有详细的量刑规定,每增加若干贯,处罚加重一级。《大明律·监守自盗仓库钱粮》规定:"凡监临主守,自盗仓库钱粮等物,不分首从,并赃论罪。"具体量刑标准为:"一贯以下,杖八十。一贯之上至二贯五百文,杖九十。五贯杖一百。七贯五百文,杖六十,徒一年……二十贯,杖一百,流二千里。二十二贯五百文,杖一百,流二千五百里。二十五贯,杖一百,流三千里。四十贯,斩。"②

另外,《大明律·常人盗仓库钱粮》规定:"凡常人盗仓库钱粮等物,不得财杖六十,免刺;但得财者,不分首从并赃论罪。一贯以下,杖八十。一贯之上至五贯,杖八十。一十贯,杖九十。一十五贯,杖一百。十贯,杖六十,徒一年……五十五贯,杖一百,流三千里。八十贯,绞。"③《大明律·窃盗》规定:"凡窃盗已行而不得财,笞五十,免刺。但得财者,以一主为重,并赃论罪。为从者,各减一等……初犯并于右小臂膊上刺'窃盗'二字,再犯刺左小臂膊,三犯者,绞。"具体量刑标准为"一贯以下,杖六十。一贯之上至一十贯,杖七十。二十贯,杖八十。三十贯,杖九十。四十贯,杖一百。五十贯,杖六十,徒一年……一百贯,杖一百,流二千里。一百一十贯,杖一百,流三千里。一百二十贯,罪止杖一百,流三千里。"④可见,三者处罚轻重不同,监守自盗仓粮的处罚较重,至四十贯者斩,常人盗次之,至八十贯者绞,窃盗罪较轻,至一百二十贯只杖一百,流三千里。

---

① 《明太祖实录》卷165,洪武十七年九月丙申,第2541页。
② 怀效锋点校:《大明律》卷18《监守自盗仓库钱粮》,法律出版社1999年版,第137页。
③ 怀效锋点校:《大明律》卷18《常人盗仓库钱粮》,第139页。
④ 怀效锋点校:《大明律》卷18《窃盗》,第141—142页。

　　若武官贪赃至一定数量，明律则以盗罪论，属于《大明律·刑律》范畴。量刑时则根据是否满贯定为杖、徒、流罪，达到一定数额定为绞、斩之刑。如武官冒支军粮，通过诈冒部下应支月粮军人姓名，支粮入己，该罪行律有正条，即《大明律·冒支官粮》规定："凡管军官吏总旗、小旗，冒支军粮入己者，计赃，准窃盗论，免刺。"①武官冒支官粮通常会以窃盗罪论处，而当冒支数额较高时则以"常人盗"罪论之："若管军官吏、总小旗冒支见在军粮一石者，照依冒支律科断。一石以上，俱照常人盗律。"②明代中后期，商品经济发展，侵欺物料数额往往折合银两计算，达到一定数额按律处置，且数额较《大明律》中规定的有所增长，适应了明代中期以来经济发展、物价变化的社会实际情况。如弘治《问刑条例》中规定："各卫所管军头目人等，将明正公文，关出官军粮料布花等物。若指以公用差使为由，因而侵欺粮料一百石，大布一百匹，绵花一百斤，钱帛等物直银三十两以上者，问拟如律。军职立功五年，满日降一级，带俸差操。"③

　　又如武官科敛军人有专门的律例规定，若科敛数额较多则以盗罪论之。《大明律·因公擅科敛》规定："管军官吏、总旗、小旗科敛军人钱粮赏赐者，杖六十。赃重者，坐赃论；入己者，并赃以枉法论。"④赃重者需要比附相关刑律，若克扣军粮至一定数额以"常人盗"论。此外，还可以根据具体的条例进行量刑，新军往往成为武官争相剥削的对象，若武官向新军求索财物将其逼勒在逃，按逼逃的数目定罪，或降级处分，或立功等项。弘治十三年（1500）奏准："内外都司卫所求索新军财物，因而逼勒在逃者，指挥十名以上，千户、镇抚六名以上，百户四名以上，各问罪，降一级；每十名、六名、四名，各照数递降。"⑤

　　除对卫所武官有以上惩罚外，明代还特别制定了针对漕运军官科敛财物的惩罚条例。明代漕运官军承担了大部分运输粮米的任务，运军的收入有行粮与月粮，漕运时间近者需六七月，远者则需要七八个月，所支米麦多者三石、少者二石。⑥ 有不法武官便设法科索运军的收入，若超过一定数额，将要受到立功五年

　　①　怀效锋点校：《大明律》卷7《冒支官粮》，第72页。
　　②　《律解附例·守掌在官财物》，黄彰健编：《明代律例汇编》卷7，第552页。
　　③　（弘治）《问刑条例》，黄彰健编：《明代律例汇编》卷7，第537页。
　　④　怀效锋点校：《大明律》卷23《因公擅科敛》，第189页。
　　⑤　（明）申时行等：（万历）《明会典》卷137《存恤》，第701页。
　　⑥　唐文基：《明代的漕军和漕船》，《中国史研究》1989年第4期。

的惩罚。万历《问刑条例》规定:"漕运把总、指挥、千百户等官,索要运军常例,及指以供办等费为由,科索并扣除行月粮与船料等项,值银三十两以上者,问罪,立功五年满日,降一级,带俸差操。如未及三十两者,止照常科断。"①

有些武官因特殊原因导致支取官粮超出应给数额,如调任、事故等,并不问盗罪,体现了恤刑思想。成化十二年(1476)三月,四川清吏司犯人杨福、宋斌等各招系金吾左等卫指挥千百户等官,各因老疾等项告蒙替职优给,该日关支俸米失于扣除还官,事发,"该司问拟常人盗仓粮罪名,照例运灰、运炭完日致仕"。对此,大理寺左评事高铨认为,"窃惟老疾致仕,以(理)〔礼〕去官,所关支米,亦系本职应给月粮,况又不多。且如月支半月(半),以后优替,截日扣除,多至五斗以上,少则一斗有零,若(运)〔追〕问以前罪,不无法律过严",经奏准得:"今后遇有官吏旗军事故调用等因,遗下并过支应得俸粮五斗以上,失于还官者,事发不问盗罪,追粮还官。五斗以下,照依前例,俱免追问"。②

若武官支用他人俸粮后,被应支军人告出或查出,所诈取者为军人之粮,准窃盗论,"成化二十一年(1485)三月十六日,太子少保刑部尚书张等题,为申明旧例事。浙江司问的犯人魏成厚冒支见在军人申荣月粮二石,事发,问拟本犯(官)〔依管〕军官冒支军粮入己者,计赃准窃盗论五十贯律,减等杖一百,犯在革前,免科还职"③。

另一种情况则是应支军人或逃或故,军官不报,照旧支取其粮,所诈取者为在官之粮,问常人盗罪。上述量刑的标准是按照所冒支军粮的多少而定的,又有条例规定按照所冒支的军人额数为准。刑科给事中赵良奏准:"若管军官吏、总小旗冒支见在军粮一名者,不拘粮数多寡,照依前项冒支军粮律例科断,二名以上者,照依常人盗仓粮律断罪。"④

---

① (万历)《问刑条例》,黄彰健编:《明代律例汇编》卷7,第548页。

② (明)戴金编:《皇明条法事类纂》卷16《官吏旗军事故调用等项遗下并预支应得俸粮五斗以上不还官者不问盗罪追粮还官五斗以下免追问例》,《中国珍稀法律典籍集成》乙编,第4册,第718页。

③ (明)戴金编:《皇明条法事类纂》卷16《冒支军粮一名者依常律二名以上者依常人盗例》,《中国珍稀法律典籍集成》乙编,第4册,第734页。

④ (明)戴金编:《皇明条法事类纂》卷16《冒支军粮一名者依常律二名以上者依常人盗例》,《中国珍稀法律典籍集成》乙编,第4册,第736页。

此外,明律中对管军官、总小旗承委放粮官员人等将应扣还官钱粮朦胧支取者,俱依"常人盗仓粮"拟断;其承委放粮官员人等侵欺应放官军俸粮者,依"监守盗自盗仓粮"拟断。放粮委官还私立大小把总名色,不按时守仓发放,刁难家属,甚至"有等贪婪头目,通同官攒人等,以斛面高低为名,就中叩除有之,比及官粮到营,十分不得六七,以致军士钱窘(夫)〔失〕所,多有逃避"。又有委官每到仓场索要财物,稍有不从,即纵令军士人等径自抢掠粮米及多背草束。对此,总督仓场官、巡视御史、户部委官有责任将其拿送法司,依律问追明白,"俱照例,犯该笞杖及计赃不满贯徒罪,照常例发落;若再犯与满贯徒罪至杂犯〔死〕罪,军校、舍余人等俱发边卫充军,民发口外为民,职官奏请发落。若官攒、斗级人等有需索财物、克减军粮者,事发一体治罪"①。

除了科敛军人、冒支军粮归于窃盗、常人盗外,还有通过篡改文册支取官粮者问"常人盗"罪,如前述大理寺复审副千户刘福与百户樊昇、军人冯玉等人通过洗改文册侵盗官粮一案。按照律例规定,"刘福、冯玉所犯,俱各依常人盗仓库钱粮,但得财者不分首从八十贯律各绞。刘福照例送兵部发边卫立功五年,满日还职,仍回原卫所带俸差操,不许管军管事"。最终奉圣旨,刘福发边卫充军。②

凡管理军器物料的军职借助职务之便,侵盗所管军事物资为己所有,通常被判为监守自盗罪。如上述福州中卫左所副千户李钰,盗用军余成造军器所用的料价银,犯该监临主守自盗仓库钱粮等物斩,罪系副千户,照例降百户,不许管军管事。③ 不久对该罪行的惩罚有所变动,改为立功,满日需降级叙用。成化九年(1473)七月二十六日,"问得犯人徐功,招系〔高〕邮卫管局千户,不合侵欺成造军器料价银两入己,犯该监临主守自盗仓库钱粮四十贯律斩,照例立功,满日仍照工部奏准事例,降等叙用,奏请发落等因"④。

① (明)戴金编:《皇明条法事类纂》卷15《打搅仓场犯该笞杖并不满贯徒罪常例发落再犯与满贯徒罪常例以上军发边卫充军民发口外为民例》,《中国珍稀法律典籍集成》乙编,第4册,第667—669页。

② (明)戴金编:《皇明条法事类纂》卷33《京营洗改文册增添官军姓名盗支官粮追赃完日比照边仓事例充军守哨,职官奏请例》,《中国珍稀法律典籍集成》乙编,第5册,第292—293页。

③ (明)戴金编:《皇明条法事类纂》卷49《侵欺军器料物指挥千百户降等,旗军极边卫分充军例》,《中国珍稀法律典籍集成》乙编,第5册,第957页。

④ (明)戴金编:《皇明条法事类纂》卷3《军职杂犯死罪降级立功例》,中国珍稀法律典籍集成》乙编,第4册,第123页。

武官经济类犯罪行为的审判除了按照刑律中的盗罪类量刑外,还有"受财枉法"罪,即接受下属贿赂,卖放军人歇役等行为。《大明律·官吏受财》规定:"凡官吏受财者,计赃科断。无禄人,各减一等,官追夺除名,吏罢役,俱不叙。"量刑标准为:"一贯以下,杖七十。一贯之上至五贯,杖八十。一十贯,杖九十。一十五贯,杖一百。二十贯,杖六十,徒一年……四十五贯,杖一百,流二千里。五十贯,杖一百,流二千五百里。五十五贯,杖一百,流三千里。八十贯,绞。"①若官吏恃强求索他人财物亦属违法行为:"凡监临官吏挟势及豪强之人求索借贷所部内财物者,并计赃,准不枉法论。强者,准枉法论。财物给主……若接受所部内馈送土宜礼物,受者,笞四十;与者,减一等。若因事而受者,计赃以不枉法论。"②

具体到武官受财枉法情形,如成化八年(1472)六月内,"刑部湖广清吏司发审犯人王金等,招系大宁都司茂山等卫所百户等官,不合枉法接受操军夏满等银两,纵放歇役。事发,犯该受财枉法八十贯,律绞,照例送兵部各降二级,仍照例发边方立功,五年满日还职,带俸差操"③。

武官纵放军人歇役,若未受赃则不属于受财枉法罪,仅以失职论,给予一定的行政处分。而一旦受赃,不论多少,当重罚。"致令小人卖放在闲,点视不到,定将本管指挥、千百户、卫所镇抚、总小旗各杖一百,指挥降千户,千户降百户,卫镇抚降所镇抚,百户〔所镇抚〕降总旗,〔总旗〕降小旗,小旗降做军,〔俱〕调边卫。如是受财卖放,以致队伍不全,系是围〔宿〕重事,不问赃多少,处以重罪。"④

武官除了接受下属财物,属贪赃枉法以外,某些边卫武官接受番人贿赂,允许其走私贸易,同样以受财枉法论,且处置更为严厉,发边卫永远充军。嘉靖《问刑条例》规定:

> 各该沿海省分,凡系守把海防武职官员,有犯听受通番土俗哪哒报水分

① 怀效锋点校:《大明律》卷23《官吏受财》,第183页。
② 怀效锋点校:《大明律》卷23《在官求索借贷人财物》,第188页。
③ (明)戴金编:《皇明条法事类纂》卷3《军职杂犯死罪降级立功例》,《中国珍稀法律典籍集成》乙编,第4册,第123—124页。
④ (明)戴金编:《皇明条法事类纂》卷23《各门铺守卫官不许擅离及卖放等项》,《中国珍稀法律典籍集成》乙编,第4册,第1011页。

利金银,至一百两以上,名为买港,许令船货入港,串同交易,贻患地方,及引惹番贼海寇出没,戕杀居民,除真犯死罪外,其余俱问受财枉法满贯罪名,比照川广云贵陕西等处汉人交结夷人、互相买卖、诓骗财物、引惹边衅、贻患地方事例,问发边卫,永远充军。子孙不许承袭。①

负责押解犯人的军官,若受财卖放犯人亦属以上罪行,"在京五军都督府,选差官舍,押解充军犯人,若受财卖放犯该枉法绞罪者,官发立功,满日还职,调外卫带俸差操。徒罪以下,照徒年限,立功满日还职,带俸差操"②。综上,武官犯受财枉法罪,处罚要比其他盗罪较重,或降级后发边方立功,或立功还职后调卫差操,甚至充军。

由上可知,武官经济类犯罪行为的处罚,需要比附《大明律》相关规定,进行量刑。而实际的处罚措施则根据现行条例拟定,将杖、流、斩、绞等罪行,相应转换为纳米赎罪、罚俸、降职、边方立功、带俸差操等形式,以此代替《大明律》中所规定的身体刑与自由刑。其中纳米或做工赎罪往往使武官无视惩罚,如云南按察司副使赖巽提出因军职犯赃者,徒、流、死罪皆输作还职,奸顽玩法者愈多。于是,宣德八年(1433)二月,命法司犯赃获死罪者降级处罚,"凡军职犯赃者,死罪,降等用;徒流罪,罚输作,毕日俱调边卫备御,非赃罪者不调"③。宣德九年三月,命法司免其降调,贬为为事官,支半俸,赴广西立功,"凡武职官犯赃,死罪及徒流罪应降调者,免降调,俾称为事指挥千百户,给半俸。总小旗犯私罪,应罢役者,免罢役,仍支月粮。俱遣从都督山云于广西立功,有功者奏闻,不应降调者如旧例发遣"④。本年十二月,发遣巡边立功的武职还京,行在兵部尚书王骥,请旨处分。宣宗命令:

> 已拟罪未行,及追马未完者,死罪住俸一年,徒流罪半之。运砖未完者,死罪住俸半年,徒流三月。已完者不住俸,依见行例,死罪调卫。有犯盗卖冒支官粮及侵用军士粮布调边卫,徒流罪复任。已致仕而犯徒流死罪依律收赎,笞杖宥之,皆复职。若追赃未完,移文原卫原籍追征,其干人命情犯深

① (嘉靖)《问刑条例》,黄彰健编:《明代律例汇编》卷15,第693页。
② (万历)《问刑条例》,黄彰健编:《明代律例汇编》卷1,第311页。
③ 《明宣宗实录》卷99,宣德八年二月辛卯,第2221页。
④ 《明宣宗实录》卷109,宣德九年三月戊戌,第2451页。

重者别具以闻。①

若武官确有偷盗行为,包括窃盗、掏摸等行止有亏行为,一度可通过纳赎还职,处罚较轻。景泰六年(1455),因军职窃盗纳赎还职,故犯盗者多,大理寺左寺副王恕请仍照旧例革职。于是刑部奏准将"军职不孝,烝父妾,收兄弟妻,窃盗、掏摸、抢夺、盗官畜产者,俱革职,令子孙承袭。嫡长子孙有犯,令嫡次子孙承袭,正犯家口发原籍为民"②。天顺二年(1458),针对景泰年间"凡军官犯窃盗、掏摸、抢夺、盗官畜产者,俱照败伦伤化例革职为民,别取子孙替职"的规定进行修订,改为:"惟犯败伦伤化者如旧,其余俱发边上守哨,窃盗者一年半,掏摸者二年,抢夺者二年半,盗官畜产者三年,满日还职。"③

此外,关于武官犯贪赃枉法不满贯,按律该徒流者的具体处罚条例,明朝官员形成了不同认识。弘治时期,兵部主事何孟春提出现行条例处罚太轻而有违律意,如"枉法不满贯该徒流者,止原卫带俸",与文职犯赃罪量刑标准不同。其曰:

> 今问刑衙门文职犯赃必罢职,枉法满贯必充军,而军职犯该监守、常人盗、卖犯、侵欺、枉法满贯,该绞斩者,止降级调卫;枉法不满贯,该徒流者,止原卫带俸,犯均而罪不同科,甚不伦。臣质之律,军官有犯私罪,该笞者附过收赎,杖罪解任降等叙用,该罢职不叙者,降充总旗;该徒流者,发各卫充军。皇祖制律,未尝不罪文职者等,而刑官乃特遵近年条例。近例又有载犯该窃盗、掏摸、盗官畜产,白昼抢夺,奸宿军妻,行止有亏,败伦伤化者,俱发原籍为民,子孙承袭……其罪岂不且轻于降级、调卫之不得即替者哉?④

于是,何孟春建议军官所犯赃罪仍遵循律意处罚,"军职前项所犯罪名一断以律,成化年间事例不得引用,仍通行各处问刑衙门知会,有问该罢职为民者,必候本犯身死,方许子孙承袭"⑤。孝宗只命所司知之,并未见明确批复。⑥

---

① 《明宣宗实录》卷115,,宣德九年十二月丁未,第2580页。

② 《明英宗实录》卷252,景泰六年夏四月己卯,第5442页。

③ 《明英宗实录》卷294,天顺二年八月丙寅,第6275页。

④ (明)何孟春:《何文简疏议》卷1《应诏万言疏》,《景印文渊阁四库全书》第429册,第20—21页。

⑤ (明)何孟春:《何文简疏议》卷1《应诏万言疏》,《景印文渊阁四库全书》第429册,第21页。

⑥ 《明孝宗实录》卷144,弘治十一年闰十一月乙酉,第2516页。

而同时期,大理寺左少卿屠勋却认为近例中"有不满贯而带俸差操之例",太过苛刻。其论曰:

> 军职有犯,亦照民职酷刑革职,是皆不究律意,而以苛刻为能也。又如武职犯该枉法监守盗、常人盗至斩绞罪名者,例该立功等项满日带俸差操。至于不满贯,并求索等项,满贯至减等杖一百,徒三年者,方终革去管事,带俸差操,其余俱各照旧管事。其犯该奸所部妻女、宿娼、挟妓饮酒,例该为民,调卫带俸差操外,其犯指奸一切勿论,系先年尚书王㮣拟奏事例,经久可行。今则受赃,又有不满贯而带俸差操之例,犯该指奸而又有送兵部收查发落者,两京间断,往往不一。乞敕刑部通行两京内外问刑衙门……武职犯该前项罪名者,俱照王㮣奏行事例,其间果有情重法轻、法重情轻者,当原其情,而量减之。若情重法轻者不必又以情增罪也,要行比照重例者,临时明白,拟奏定夺。①

可见对例的规定,各有见解,形成争议。弘治《问刑条例》较为全面地梳理了成化以来关于武官犯经济类罪行的处罚条例,并加以修订,适应了明中期以来的法律需求。具体包括:

> 军职有犯监守常人盗,受财枉法满贯,律该斩绞者,俱发边方立功,五年满日还职,仍于原卫所带俸差操。其犯该窃盗掏摸、盗官畜产、白昼强夺、奸宿所部内军妻女,行止有亏者,俱发原籍为民。凡无原籍者,本卫所随住。若监守常人盗,枉法不满贯,与求索、科敛、诓骗,计赃满贯,问该流罪,减至杖一百徒三年者,俱运炭纳米等项,完日,还职带俸差操。其减至杖九十、徒二年半以下,与别项罪犯,俱照常发落。原系管事者,照旧管事。原系带俸者,照旧带俸。若犯前项流罪,遇例通减二等,至杖九十徒二年半者,仍带俸差操。②

《军政条例》中亦规定了很多军官克害军士的惩罚措施。如《存恤》条记载嘉靖十三年规定:

> 各巡按御史,严行大小将领并所属都司、卫所官员,凡遇各处解到新军,

---

① （明）屠勋:《为应制陈言疏》,陈子龙等:《明经世文编》卷89,第798页。
② （弘治）《问刑条例》,黄彰健编:《明代律例汇编》卷1,第276页。

不拘补役户丁及充军人犯,务要加意存恤,借房安插,作急帮支月粮。应种屯田者,即行拨给,各令安养得所,三个月后方送差操。不许指以使用等项为由,故违尅害,逼累在逃。每年终,各该都司转行所属各卫所,将在逃军士名数多寡从实开报,类造文册奏缴。中间若有违法尅害、累逼新军,脱逃数多者,就行参提问罪。仍照例递降职级施行。①

除以上典型的经济类犯罪外,还有很多其他的犯罪内容以及相应的处罚条例,如守卫官军多科敛军士钞物送与门官卖放回营者,事发官降一级,军人调边卫充军差操。② 另有世官袭替之际,有人乘机需索钱粮,造成武选大坏。具体表现在富者赠其钱财,方可随即保送;贫者预揭俸钱,需经年打点,方得文书。有终身不得袭替者;有本无承袭儿男,官旗受贿,上下朋欺,滥冒官吏,冒支廪禄者。弘治二年(1489)七月十八日,奏准:"事发,该管官员不合赃之多寡,问拟带俸,不许管军管事"。总之,军职贪赃枉法、科敛军人,往往巧立名目,途径多样,在此不一一列举。

二、私役、卖放军人的惩罚规定

武官私役军人的违法行为不仅对军人本身造成侵害,亦造成军事防御的衰弱,明初就已经制定了对其惩处的规定。《大明律》"纵放军人歇役"中规定:

(1)凡管军百户及总旗、小旗、军吏,纵放军人出百里之外买卖,或私种田土,或隐占在己使唤,空歇军役者,一名杖八十,每三名加一等,罪止杖一百,罢职充军。若受财卖放者,以枉法从重论。所隐军人,并杖八十。

(2)若私使出境,因而致死,或被贼拘执者,杖一百,罢职,发边远充军。至三名者,绞。本管官吏知情容隐,不行举问,及虚作逃亡,符同报官者,与犯人同罪。

(3)若军官私家役使军人,不曾隐占歇役者,一名笞四十,每五名加一等,罪止杖八十。并每名计一日,追雇工钱六十文入官。若有吉凶借使者,

---

① 《军政条例类考》卷1《存恤》,杨一凡主编:《中国珍稀法律典籍续编》,第 4 册,第 309—310 页。

② (明)戴金编:《皇明条法事类纂》卷 41《守卫官军多科军士钞物送与门官卖放回营并官自行侵克入己官降一级军人边卫差操》,《中国珍稀法律典籍集成》乙编,第 5 册,第 665 页。

勿论。①

从刑罚方式看，《大明律》中对该罪行的处罚以身体刑为主，私役一名杖八十，根据私役军人的多少加重杖刑，重者罢职充军。此外，役使非正式军人的弓兵也要受到惩罚："凡私役弓兵者，一人笞四十，每三人加一等，罪止杖八十。每名计一日，追钱六十文入官。"据《读律琐言》分析弓兵为承担官役而设，非为个人服役："弓兵乃供公家力役者，与部民夫匠不同，故追雇钱入官。"②明英宗即位后，颁布诏令，重申各官不得私役军人，诏曰：

> 各都司卫所官军，今后除瞭哨、备御及屯种、操练并有敕旨及明文差调外，其余一军不许私役，一毫不许擅科。若有指以差调及修理为由，私役种田、采打木植、烧造砖瓦等项擅自科差者，令巡按御史及所在按察司官巡察，具实奏闻，悉治以罪。③

可见，明前期在法律上是禁止武官私役军人的，除了奉特旨允许役使外，即使临时性差使也要受到惩罚。但是如此严厉的规定并没有禁止军官私役的现象，反而越加普遍。至成化时期，明朝廷以国家法律的形式允许军官役占一定数量的军伴。卫所军官、镇戍官役占军伴数皆有具体规定，较早确定军伴数量的武官为掌管京营的总兵官："京营提督内臣军伴一百名，掌营内臣与总兵官各六十名。"④随之是其他坐营官员分配军伴的数量，包括坐营官每员给予军伴十五名，把总官每员给予六名。⑤　不久，在外镇守官员的军伴数量亦得到确定："凡镇守内外官各三十六名，分守内外官各二十六名，守备内外官各一十六名，管操指挥各四名，管队千百户各二名，俱先取余丁拨用，分班养马，不许按月纳钱，遇有警急，依旧操守。"⑥

成化十四年（1478）二月十四日，经英国公张懋奏请，确定了在京卫所指挥、

---

① （明）雷梦麟撰，怀效锋、李俊点校：《读律琐言》，第259—260页。

② （明）雷梦麟撰，怀效锋、李俊点校：《读律琐言》，第276页。

③ 《明英宗实录》卷2，宣德十年二月辛亥，第45页。

④ （明）戴金编：《皇明条法事类纂》卷26《内外官员军伴定数例》，《中国珍稀法律典籍集成》乙编，第5册，第13页。

⑤ （明）戴金编：《皇明条法事类纂》卷26《内外官员军伴定数例》，《中国珍稀法律典籍集成》乙编，第5册，第14页。

⑥ 《明宪宗实录》卷177，成化十四年夏四月丁未，第3196页。

千百户等官给予的军伴数量："指挥每员定与军伴四名,卫镇抚、千百户、所镇抚并各多余指挥各与二名。先尽余丁摘拨。"①成化十四年十二月,经户部郎中刘道奏请,朝廷又颁布了在外都司卫所军官的军伴额数："不分管军、管事、管队等项,定例:都指挥六名,指挥四名,千百户镇抚各二名。先尽余丁,次及单丁、正军摘发。带俸者,不在此例。"②从以上奏疏看,至成化十四年十二月,各地卫所、军营的武官皆已有额设军伴。各官根据其职衔不同,所派军伴的数量亦不同,兵部尚书余子俊曾总结之："查得京营提督内臣军伴一百名,掌营内臣与总兵官各六十名,坐营官十五名,把总官六名,各处镇守内外官各三十六名,分守内外官各二十六名,守备内外官各二十六名,俱系成化十四年以前节次奏准,非祖宗旧制。"③

成化二十一年,经兵部尚书张鹏奏请,镇守官所配给的军伴数额有所裁减,明宪宗命："京营提督内官与五十名,掌营内官及总兵官三十名,坐营官十名,把总官五名。各处镇守内外官二十名,分守内外官十五名,守备内外官十名。"④弘治十三年,明朝廷对镇守官的军伴数作了新的调整："凡各处镇守总兵内外官,跟随军伴二十四名。协守副总兵二十名。游击将军与分守内外官十八名。监枪内官十六名。守备内外官十二名。俱不许额外役占,及卖放军人办纳月钱。"⑤

而武官所役占军伴超出以上法律规定数量者视为违法,弘治《问刑条例》规定："但有额外多占正军,五名以下,问罪,降一级。六名之上,降二级。甚至十名以上者,止于降三级。"⑥对役占余丁的法律规定前后有所变化,因其与正军不同,其惩罚力度逐渐减轻。弘治元年(1488)七月,颁布条例规定："今后如有军职多占余丁者,悉照前项多占军伴事例问(折)[断],五名以下者,降一级;五名以上者,降二级;十名以上者,该罢职或充军者,明白开奏,取自上裁。庶使武职

---

① (明)戴金编:《皇明条法事类纂》卷26《内外官员军伴定数例》,《中国珍稀法律典籍集成》乙编,第5册,第14页。

② (明)戴金编:《皇明条法事类纂》卷26《在外军职官军伴名数例》,《中国珍稀法律典籍集成》乙编,第5册,第18页。

③ (明)余子俊:《余肃敏公奏议》卷1《兵部言事》,《四库禁毁书丛刊》史部第57册,第534页。

④ 《明宪宗实录》卷262,成化二十一年二月乙卯,第4434页。

⑤ (弘治)《问刑条例》,黄彰健编:《明代律例汇编》卷14,第657页。

⑥ (弘治)《问刑条例》,黄彰健编:《明代律例汇编》卷14,第656页。

知惧而无侵扰之奸,军余获安而免役占之苦。"①

然而余丁身份毕竟与身负操练、戍守城池等重要军务的正军不同,多占余丁的惩罚似乎不应与正军等同。弘治十三年,修改了对多占余丁的惩罚条例:"军职役占余丁至五名以上者,问罪,降一级。十名以上者,降二级。二十名以上者,降三级。三十名以上者,奏请发落。"②显然该例的惩罚力度大大减轻。嘉靖三十四年续修《问刑条例》,明确提出了余丁不同于正军:"凡军职有犯倚势役占,并受财卖放余丁至三十名以上,致地方防守妨废。俱照军职卖放正军,包纳月钱至二十名以上事例,罢职,发边卫充军守御。"③

若军官私役军人虽每次人数少,但多次役占,总数较多者要重罚,成化二十一年(1485)十一月二十三日,题准:"役占之例或有倚法为奸。今一次既不满五名之数,二次又不满五名数,则是终无该降之级,何以使人畏法。又当明白复言。役占一名、二名、三名、四名即为五名以下。役占六名,即为五名以上。依此论罪减降,若几次共有六名,通论从重并数减降。数十名以上,比其[甚者],或罢职,或充军。论罪之日取自上裁"④。

明代武官超额役占军伴现象严重,造成军伍空虚,明朝廷出台了很多应对措施,试图通过法律手段强行控制军伴的数量。然而,因武臣役占军伴有众多利益可图,屡禁不止,朝廷有时亦对此持默许态度,这无疑减弱了上述法律条例的约束力。

明代武官除了私役军人外,还卖放、勒索军人,若只按照其中某种罪行的惩罚条例来作为其最终处罚根据,未免不当。明律中对此采取数罪并罚的措施,对卖放并役占军人出台专门规定。在《问刑条例》与《明会典》中都收录了相关内容,见《明会典》中的规定:

> 军职卖放并役占,二罪俱发,其卖放已至十名以上,役占不及数者,依卖放甚者例,罢职充军;役占已至十名以上,卖放不及数者,依役占甚者例减等

---

① (明)戴金编:《皇明条法事类纂》卷26《军职多占余丁降级罢职充军例》,《中国珍稀法律典籍集成》乙编,第5册,第29页。

② (弘治)《问刑条例》,黄彰健编:《明代律例汇编》卷14,第657页。

③ 嘉靖三十四年续准《问刑条例》,黄彰健编:《明代律例汇编》卷14,第661页。

④ 戴金编:《皇明条法事类纂》卷26《军政官只拨典余丁使令,正军不许摘拨》,《中国珍稀法律典籍集成》乙编,第5册,第23页。

降三级。卖放、役占俱至十名以上者,从重发落。俱不及十名者,并数通论降级。役占军人五名,又占余丁十名及包纳月钱满贯者,从重降级,仍发立功。满日照所降品级于原卫所带俸差操。[①]

关于武官经济犯罪的法律规定还有很多,如针对强占屯田者,"凡用强占种屯田者,问罪。官调边卫,带俸差操。"[②]此外,还禁止官军将屯田私自更换,"各处管屯佥事,禁约各卫所旗军,务照原额屯种,不许擅自更换。敢有仍前贪图贿赂,隐占军田,私自更换屯军等项,事发,悉照军职役占余丁事例名数,分别等第,问罪降级,奏请发落"[③]。武官除了役占军人外还私占战马,法律禁止武官私用或转借战马,弘治三年(1490)三月初九日,敕谕:"坐营管操〔拣〕内外官并把总以下官,敢有不遵号令,马匹私占骑用及拨与人骑坐者,五匹以下降一级,五匹以上降二级,仍俱发边方立功。"[④]

第二节　对职务犯罪的司法规定

一、旷职、渎职罪

明代武官根据担任的职务履行相应的职责,明律对擅离职守,如守卫官上直不到,操备官不行操练,领班官上班迟误,掌印官不在衙门当值等行为进行处罚。此类罪行量刑较轻,多拟以杖刑,实际的处罚方式则以行政处分为主,如降调等。另外,履行职责时畏避困难,没有做到恪尽职守,属于渎职、失职罪。《大明律》规定:

(1)凡官吏无故擅离职役者,笞四十。若避难因而在逃者,杖一百,罢职役不叙。所避事重者,各从重论。其在官应直不直,应宿不宿,各笞二十。若主守仓库、务场、狱囚、杂物之类,应直不直,应宿不宿,各笞四十。[⑤]

(2)凡军官军人从军征讨,私逃还家,及逃往他所者,初犯,杖一百,仍

---

① (明)申时行等:(万历)《明会典》卷119《降调》,第618页。

② (弘治)《问刑条例》,黄彰健编:《明代律例汇编》卷5,第485页。

③ (明)胡琼:《集解附例》,黄彰健编:《明代律例汇编》卷5,第488页。

④ (明)戴金编:《皇明条法事类纂》卷31《禁革克落私(买)〔卖〕京营马料私自借拨官马》,《中国珍稀法律典籍集成》乙编,第5册,第227页。

⑤ 《大明律·擅离职役》,黄彰健编:《明代律例汇编》卷2,第422页。

发出征。再犯者,绞。①

对擅自离开职位而偷闲的情况根据事情轻重给予处罚。明代军职衙门实行签到制度,如掌印军政、管屯、管操、管局、巡捕等官无故缺勤,以及为事问革带俸差操官员,负责轮流把门、守城、巡边、管墩、押送人犯等项杂差时旷职,轻者扣除俸粮,重者调外卫,带俸差操。弘治六年(1493)五月规定:"通行各处都司、卫所,每(李)〔季〕置立印信、公座卯簿一扇,责令首领官收掌。其都司并各卫各守御千户所,自掌印(一)〔以〕下,除营伍操备及长差之外,其余军政、管屯等项,并空闲带俸官员,俱要赴本管衙门,金押公座文案,书画卯历……"②若有不到者,掌印官需明白书写,包括公差、患病等因,填写清楚,交由首领官处进行封收。季末之时上缴巡抚或巡按以备考选。若时常不到,根据缺勤次数多少予以不同程度的处罚,严重者调卫带俸差操。具体为:

> 若季内一个月之上不到者,验日扣除俸粮。三个月之上不到者,及未经巡抚、巡按官考选,或(以)〔已〕行考选投托上司官员下跟随等项,影射不赴卫所办事,俱照旷职事例参奏问罪,改调外卫所带俸差操,不许管军管事。三个月以下不到,累犯三次不悛者,一体问罪。若掌印首领官员,循情不举者,察从容添画公座印历,事发一体参奏问罪。③

京城守卫官员要按照排班秩序,按时上直守卫,并负责监管守卫军人的当值情况。若擅离职役,导致守卫队伍不全,轻者纳钞,重者负刑事责任。弘治三年(1490)五月,军人王斌等点闸不到,府库右卫指挥佥事王安未能管束各军,各官减等杖九十。王安等守卫官十四名,王斌等守卫军九十六名俱照例纳钞,完日还职着役。④ 此外,还查出千户刘真、曹通、蒋铠作为上直官员,却擅离职守,罪情颇重,照例送武选司改调边卫带俸差操。弘治三年七月十八日,兵部提出前项王安等人"不行钤束军人,以致离职数多",而刘真等人"该直不直,擅离信地,私自

---

① 《大明律·从征守御官军逃》,黄彰健编:《明代律例汇编》卷14,第666页。

② (明)戴金编:《皇明条法事类纂》附编《惩戒旷职以理军政》,《中国珍稀法律典籍集成》乙编,第6册,第36页。

③ (明)戴金编:《皇明条法事类纂》附编《惩戒旷职以理军政》,《中国珍稀法律典籍集成》乙编,第6册,第36页。

④ (明)戴金编:《皇明条法事类纂》卷23《守卫官军上直不到发落》,《中国珍稀法律典籍集成》乙编,第4册,第1014页。

回家",王安等人若按旧例发落,恐怕以后守卫官员不知警惧,上直军人更加毫无忌惮,建议将指挥佥事王安、李汉等量为降级、罚俸,以警将来。并提出新的处置办法:"今后守卫官员所管军人,每员名下除钤〔束〕不严以致离直,点视不到,五名以下者,俱照常例问罪发落。其有著实回家,以致队伍不全,点视名下军人,但有十名以上不到者,俱照例降调边卫。受财卖放该处重罪者,奏请发落。其留守五卫官,除(授)〔受〕财卖放一体降调,若止是巡点不严,亦照常例问罪还职。本部通行法司,各该点〔城〕官及各该卫所一体遵守。"次日,奉圣旨批准,并下令将王安、李汉等人各罚俸三个月。①

武官擅离职役,往往借助某些借口以躲避惩罚,其中假托患病者居多,遇到此种不法行为通常以调卫作为处置措施。成化五年(1469)三月二十五日奏准:"既不赴卫所佥书,又不赴管差操,虚旷一月二月者,参送法司问罪,只照常例发落;三月之上者问罪,仍照旧例改调。若三月以下累罪三次不宥者,亦照前例改调。"②该条例为防止武官诈病有一定作用,但过于一概而论,使确实有患病急难者蒙受冤屈,法律轻重失伦。因此,成化十二年三月二十六日,依大理寺左评事高铨所奏:"今后在京各卫所官员,在营见操不缺。有故不赴卫所佥书,及带俸官员常操歇班,不曾赴卫所听候者,俱不为旷职。若是专管军政又不差操官员,与前项兼管军政并带俸官无故假托患病,既不赴卫佥书,又不赴营差操,虚旷一月二月者,参送法司问罪,止照常例发落。三月之上者问罪,照旧例改调。"③

军官避难在逃,主要指武官以患病或其他事故为由逃避战事,潜回京城,或经营私产,或置买田地等。到战事平息,又称痊愈,赴营差操,因此武职患病不得不进行核查,"今后各处副、参、守备等项将官,如有奏称患病(驭)〔欲〕回调治者,本部行令该卫再行访看,如果已成痼疾是实,伊男未曾替职者,取具官吏保结明白,量给半俸养赡,以酬平昔之劳。若是先以托病乞归,不久又称痊可,与夫滥

---

① (明)戴金编:《皇明条法事类纂》卷23《守卫官军上直不到发落》,《中国珍稀法律典籍集成》乙编,第4册,第1016页。

② (明)戴金编:《皇明条法事类纂》卷6《军为事久逃降职调卫例》,《中国珍稀法律典籍集成》乙编,第4册,第246页。

③ (明)戴金编:《皇明条法事类纂》卷9《军职无(过)〔故〕假托患病(即)〔既〕不赴卫佥书又不赴营差操虚旷三月之上者问罪调卫例》,《中国珍稀法律典籍集成》乙编,第4册,第404页。

膺边间之寄累、尝误事替回者,即系贪庸之徒,一体照例闲住"①。若军官确实身患疾病,三个月之上俸粮住支。②

另有军官避难,直接脱逃者,依律问拟,罢职不叙。具体情况又有不同,先年拟定在逃操官不问次数,止拟杖罪纳钞还职补操。后根据在逃时间长短,规定军职在逃三个月调卫差操。天顺元年(1457)十月二十三日,"查得沈阳卫副千户张安等,不行赴所管事,在逃游荡,备行(在)〔该〕府转行本部。为照张安等不守法律,在逃游荡,若不改调,惩一戒百,诚恐奸顽之风无由而息。已于天顺元年十月二十三日奏准,将各官改调山西行都司威远卫带俸差操,以为惩戒"③。弘治年间,规定若武官在逃半年以上,俱调沿边卫分差操,"文武职官有犯避难,因而在逃者,依律问拟,罢职不叙。其武职或因贫难,及上下凌逼等项,旷职三个月者,问罪还职,仍带俸差操。半年以上者,调发边卫差操"④。

由弘治时期通行条例可见,军职在逃三个月,调边卫差操。为事脱逃者,不分罪之轻重,俱革职为民,且应袭子弟不能立即袭替,惩罚甚严。然而,有些军官脱逃缘于不得已的原因,如:"军职贫难、衣食不充者甚多,愚昧不(诣)〔谙〕法律者皆是,其无罪脱逃之人,多因拖欠债(负)〔务〕取给他处,或患病在床之人,皆官转(聘)〔盺〕三月,遂犯前例,寻欲自首,已该调遣。为事脱逃者,或畏惧刑责,暂时躲避,或吏典需索钱,苟避物(挛)〔变〕,不知奸吏因而索钱,随即申报,问作在逃,法司问拟,结系逃官,遂致革职,终身为民,子孙一时不能替职,或致父殁子亡,官职均丧,(晴)〔情〕实可矜。"⑤鉴于此,明朝廷对上述条例进行了调整:

> 今后军职在逃三月者,照例问罪,复职,不许管事。若益逃半年以上者,问罪。毕日,俱调沿边卫分差操。若被人告发,官司行提,惧罪逃脱者,徒罪以上,照例问革为民,仍待年六十,方许子孙袭替。若该笞杖以下暂时躲避,

① (明)戴金编:《皇明条法事类纂》附编《禁约患病闲住武职复要管事例》,《中国珍稀法律典籍集成》乙编,第6册,第132页。

② (明)戴金编:《皇明条法事类纂》卷16《官员患病三个月之上俸粮住支例》,《中国珍稀法律典籍集成》乙编,第4册,第702页。

③ (明)戴金编:《皇明条法事类纂》卷9《军职无(过)〔故〕假托患病(即)〔既〕不赴卫金书又不赴营差操虚旷三月之上者问罪调卫例》,《中国珍稀法律典籍集成》乙编,第4册,第403页。

④ 弘治《问刑条例》,黄彰健编:《明代律例汇编》卷2,第422页。

⑤ (明)戴金编:《皇明条法事类纂》附编《一、旷职在逃半年》,《中国珍稀法律典籍集成》乙编,第6册,第186页。

并已经问断送发运炭、运砖等项,贫难无力脱逃者,或拘获首告到官,止照原例发落,免其为民。①

除了以在逃时间为量刑标准外,明律还规定武官在逃的次数不能超过三次,三次以内准许纳赎,三次以上给予刑事处罚。成化九年(1473)七月初八日奏准:"合无行移该卫将本官作急挨挐解部,转送法司究问,发边远立功五年,满日照旧差操。今后该操备官员在逃三次以上者,俱照前例发落。"②立功五年,惩罚太严,第二年将立功年限改为一年,以京卫操官为例,若畏避艰苦,在逃一次二次者照常例纳钞等项复职;三次者发边方卫分立功,一年满日,回卫带俸差操。③

军职赴操应当身先士卒,或摘发做工亦应亲自带领,若军官恃顽玩法,管工在逃,不行赴操,则受到惩罚。如大宁中卫把牌总指挥佥事张琛现任管事却在逃半年以上,弘治五年(1492)九月二十日就此案拟定:"合无行移该府转行该卫,作急挨拿张琛,获押解赴部,转送法司,依律问拟,照例发落毕日,送回本部改调沿边卫分差操。以后但是京营把总官员在逃至半年之上,俱照此例施行。"④弘治《问刑条例》针对京操官旷操的不同情形,给予了相应的惩罚规定。"各卫所京操官员,故行构讼、不肯赴操者,除犯该死罪,并立功降调罪名,另行更替外,其余悉听掌印官,申呈巡抚巡按衙门,锁项差人解兵部发操。若有抗违不服,或挟私排陷者,参奏,问调边卫带俸差操。"⑤

外卫轮班军职在逃与京卫管操官不同,是以在逃月日为限,逃班时间短者补班,时间较长者罚班,捏故躲操私自找他人替补者,发送边卫。轮班官员与军人相比,对军职的要求更严格。成化十三年(1477)七月初八日兵部议奏:"军两

---

① (明)戴金编:《皇明条法事类纂》附编《一、旷职在逃半年》,《中国珍稀法律典籍集成》乙编,第6册,第187页。

② (明)戴金编:《皇明条法事类纂》卷27《操备官员在逃三次以上者发边远立功五年满日照旧差操例前件成化九年七月初八日旷职在逃操备官员事》,《中国珍稀法律典籍集成》乙编,第5册,第74页。

③ (明)戴金编:《皇明条法事类纂》卷9《军职无(过)〔故〕假托患病(即)〔既〕不赴卫金书又不赴营差操虚旷三月之上者问罪调卫例》,《中国珍稀法律典籍集成》乙编,第4册,第403页。

④ (明)戴金编:《皇明条法事类纂》附编《京操把总官员在逃半年之上者改调沿边卫分差操》,《中国珍稀法律典籍集成》乙编,第6册,第195页。

⑤ (弘治)《问刑条例》,黄彰健编:《明代律例汇编》卷14,第668页。

班,官一班不到者,发附近居庸、密云、山海等处罚班半年;官(西)〔两〕班,军三班不到者,俱发大同、宣府等边卫罚班一年。官三班不到者,近卫罚班年半,其补月日,各另扣算。"①由于明代的轮班非常艰苦,期限较长,官军多畏避上班,通常寻找各种托词逃避轮班,甚至通同本卫掌印官作弊,如山东、河南等都司,南北直隶等卫所原征管操指挥千百户胡宽等,下班为事在逃,又告养病,回卫后通过掌印官谋求轻差,容隐在卫。一经查实,掌印官与夺操官军皆要受到惩罚。成化元年,兵部题准:

> 今后遇有京操官军事故名缺,仍行清军监察御史,如无清军御史处,备行巡按监察御史,公同各该卫所掌印军政并管操官员,务选精壮,堪充头拨官军补操。如是各该卫所掌印等官,将巡按监察御史选过应该送营管操官员捏故容留在卫不行,随即差人起送赴操。及将精壮官军隐蔽,却将老病幼小等项不堪征操官军,朦胧送赴各该巡按并清军监察御史……并听各该巡按并清军监察御史,将各该应问人犯就彼拿问,官员指实参奏,拿问明白。将卫所掌印等官,革去现任管事,令其带俸差操。首领官依律治罪,捏故躲操官军俱调边卫,官带俸与军一体差操。②

除了以上旷职、渎职行为以外,承办任务违限等失职行为也要受到惩罚。如专管屯粮官员未能按时缴纳屯粮者,给予停俸处罚。有指挥董文、千户张辅、马英皆拖欠大量米麦,过期不纳,有侵欺官粮之嫌疑。按照此前惯例,"都司卫所屯粮子粒,年终不完者,都司官、各卫掌印、管屯并有屯种官员之家,俱各住俸。若一年之上不完者,将都司掌印官、卫所金书及首领并按察司管屯官,一体住俸。候完日,照旧开支"。最终令巡按直隶监察御史将拖欠屯粮指挥董文、千户张辅、马英提行到官,追究明白,依律照例发落。③

又如,明代漕运规定有一定期限,若违限将给予一定的行政处分。如成化八年出台一项规定,"运粮把总、都指挥及管运指挥、千户等官,明年仍前违限二十

① (明)戴金编:《皇明条法事类纂》附编《在逃官员罚班补操例》,《中国珍稀法律典籍集成》乙编,第6册,第19页。

② (明)戴金编:《皇明条法事类纂》卷28《躲操官军调边卫例》,《中国珍稀法律典籍集成》乙编,第5册,第101—102页。

③ (明)戴金编:《皇明条法事类纂》附编《拖欠屯粮官员住俸催征例》,《中国珍稀法律典籍集成》乙编,第6册,第339—340页。

日以上者,俱住俸戴罪攒运。待下年依期完纳,免其戴罪,照旧支俸。若运三年违限,递降级支俸攒运"①。嘉靖年间所颁条例对违限时间作了更为具体的规定,且委托都察院与巡按御史督查,其中漕运途中若无侵欺、盗卖、剥削等项,则以住俸、降级处分为主。嘉靖七年(1528)十月十五日,该户部等衙门会奏:"京通二仓坐粮员外并蓟州管粮郎中,将各总卫所完纳月日,违限久近,逐一查明,开单移咨都察院,转行各该巡按监察御史,待各官完粮回任时,官员把总以下通提到官,查照限外三个月之上者,问拟违限之罪,住俸半年;违五个月之上者,照前提问,住俸一年,俱令照旧领运。若延至次年二月终不完、又一年以上不行赴运者,俱问罪,降二级,发回原卫闲住。"②

漕运途中因办事不力,遭遇事故使运粮不足额也属于渎职行为,给予降级处分,倘若能够在三年内将缺额补足,允许其复职。具体规定为:"漕运把总、指挥、千百户等官,如有漂流数多,把总三千石,指挥及千户等官全帮领运者一千石,千户五百石,百户镇抚二百五十石,俱问罪,于见在职级上降一级。有能自备银两,不费别军羡余,当年处补完足者,免其问降。若随下年粮运补完,亦准复职。止完一半,准复一级。三年内,尽数补完,亦准复原职。"③

办事违限还表现在很多地方,如到任违限、清理文册违限等。以清理军职帖黄为例,按照制度规定,理应每三年清理一次,如"成化十五年(1479)例都指挥、指挥、千百户等官清理帖黄起,至十七年止,三年已满,续该清黄"。于是兵部咨送在京锦衣等卫所,在外万全等都司开平等卫所指挥、千百户等官脚色亲供,令其通通清理并写黄完后,奏送印绶监收贮,进行誊抄。此后,又过三年,需要重新清理帖黄。然而各都司卫所却做事拖延,迟迟未上缴文册,"但都司卫所官往往违慢。如成化十五年,例该(条)〔清〕理帖黄,预为成化十四年三月间,行取两京及天下都司卫所军职备细亲供脚色,中间率多延至一年之上,不行齐缴,以致监生人等无从查理"。为了惩戒武官的拖延弊病,经兵部提议,朝廷下令根据卫所距离京师远近,制定期限,违者惩罚,"敢有仍前违误,照依钦定官军马骡文册违

---

① (明)戴金编:《皇明条法事类纂》卷17《漕运迟误住俸依限旌奖价主擅拿官军绑打军发边远充军民发口外为民例》,《中国珍稀法律典籍集成》乙编,第4册,第765—766页。
② (万历)《问刑条例附览》崇祯刊本《刑书据会》,黄彰健编:《明代律例汇编》卷7,第520页。
③ (万历)《问刑条例》,黄彰健编:《明代律例汇编》卷7,第550页。

限事例,将官军人等罚运粮米,取招、住俸"①。

有些具体部门承委特殊任务者,对其职责有具体的规定。如负责成造军器者要保证军器的质量与数量,若不合要求,需追陪物料。成化三年(1467)十二月十九日例:"将官军成造军器,逐年查盘点检见官数(民间)〔明白〕,如有不堪披执戴用者,俱要拣选退出,明白作数。其经该管官员,除革前外,其余俱令住俸,照依时样通行改造,完日仍行巡按御史看验堪中,方许支俸。"②

负责操练军士、守御城池的守御官不守纪律,给予降级、调卫处分。见《大明律》中"不操练军士"规定:

> 凡各处守御官,不守纪律,不操练军士,及城池不完,衣甲器仗不整者,初犯杖八十,附过还职。再犯,杖一百,指挥使降充同知,同知降充佥事,佥事降充千户,千户降充百户,百户降充总旗,总旗降充小旗,小旗降充军役,并发边远守御。若提备不严,抚驭无方,致有所部军人反叛者,亲管指挥、千户、百户、镇抚,各杖一百,追夺,发边远充军。若弃城而逃者,斩。③

武官不仅负责守御城池,还要维护社会治安。如京师分管打卯总甲的官员有义务抓捕盗贼。明代法律条例规定:"分管都指挥、指挥,敢有故违,遇盗不行用心挨拿,一个月不获者,住俸。三个月不获者,问罪。中间不获之数,果有杀害人命,奸淫妇女三起以上,前项分管官员,临期奏请降职支俸。其余照常例发落还职,务在拿获,方许支俸。"④另外,专一的巡捕军官对弭盗责任更大,若捕盗不力,巡捕官、守备官、守御千户等与行政系统内的分巡、分守、巡检司等官共同承担责任,且守御千户等要受到分巡、分守等科道官节制。据成化二十一年(1485)闰四月,宪宗所颁敕书内事例记载:

> 贼盗事干城池衙门、杀官、劫库并积至百人以上一个月以里不获者,将

① (明)戴金编:《皇明条法事类纂》卷11《军职帖黄供报违限照官军马骡文册事例》,《中国珍稀法律典籍集成》乙编,第4册,第477—478页。

② (明)戴金编:《皇明条法事类纂》卷49《成造军器不堪挈问经该官旗追陪例》,《中国珍稀法律典籍集成》乙编,第5册,第962页。

③ 《大明律·不操练军士》,黄彰健:《明代律例汇编》卷14,第650页。

④ (明)戴金编:《皇明条法事类纂》附编《管达官屯堡都指挥等官不行用心,捕盗住俸,若不获数名内杀害人命、奸淫妇女三起(已)〔以〕上者,降职例》,《中国珍稀法律典籍集成》乙编,第6册,第287页。

分巡、分守、守备及府州县卫所巡司、掌印,巡捕官,住俸戴罪挨拿。半年不获,连三司掌印官,俱由巡按御史提问,三司掌印官照常例发落。其余计贼盗起数降级。①

此外,朝廷还根据盗情发生次数,给予守备官、巡捕官不同等级的惩罚:"每一起,将州县、守御千户所、巡司掌印、巡捕官并专一地方守备等项,及府卫巡捕官降一级;再二起,府卫掌印官降一级;每三起分巡分守官降一级,俱调边方去处。"②因捕盗不力而遭降职、调卫处分的案例很多,如弘治元年(1488)二月二十七日,右副都御史李昂奏报的一则案例:"内守御千户李端、韩玉俱广西边卫充军,知县丁诩降边远杂职,守备都指挥谢智降千户,兵备佥事李辄、府同知章廷圭降卫经历,领军提备,千户郑铎降总旗,百户马震杨恒降小旗,巡检张鉴降仓副使,俱调边方任职着役。"③

综上,武官旷职、渎职较为严重者需负刑事责任,以调卫立功差操的处罚方式为主,正统三年(1438)三月十四日颁布的条例中对改调的卫所也作了统一规定:"南京及江南直隶俱调北京附近卫所;北直隶并江北直隶、山东俱调山海、宣府等卫……"④其余违限等较轻罪行,只需住俸,甚者降级调卫。

二、钤束军人不严罪

武官负有管理军队的职责,若军人违法犯法,该管军官知情故纵,则以失职罪负连带责任,并给予一定的惩罚。洪武十五年,明太祖命颁行军法,规定地方武官到任后要对所在卫所军马有明确了解,"凡管军指挥、千户到任,务必先知卫所官旗、军马之数。每月初一、十一、二十一三次阅视,违一次者,指挥罚俸两月,千户一月,百户半月,违三次者俱停俸三月,违六次者俱停俸半年。及兵卫队伍老幼优给予宫禁守御之令,凡二十九条,皆参酌律意,颁行遵守。"⑤翰林院庶

① (明)戴金编:《皇明条法事类纂》附编《在外贼情事干城池衙门库藏及杀官半年不获参问三司官》,第6册,第294页。

② (明)戴金编:《皇明条法事类纂》附编《定拟巡捕官兵挐贼不获住俸等项则例》,《中国珍稀法律典籍集成》乙编,第6册,第297页。

③ (明)戴金编:《皇明条法事类纂》附编《定拟巡捕官兵挐贼不获住俸等项则例》,《中国珍稀法律典籍集成》乙编,第6册,第297页。

④ (明)戴金编:《皇明条法事类纂》卷6《军职为事久逃降职调卫例》,《中国珍稀法律典籍集成》乙编,第4册,第245页。

⑤ 《明太祖实录》卷143,洪武十五年闰二月乙丑,第2253页。

吉士沈升建议整饬军政,督促武官严格管理军队,其曰:"自古圣帝明王,治平之时未尝忘武,我太祖高皇帝创置军法定律,训习操练,皆有经制,盖克(诰)〔诘〕戎兵,有国法常政。今之军卫,未尽整饬,虽圣明在上,四海清宁,无事于武,然安不忘危,国家重务,宜敕五军各卫整饬部伍,精利器械,以时训练,毋致废弛。"①有关此类罪行的惩罚律例如下:

1. 纵容军人歇役罪:

> 皇城各门各铺上直守卫该管官旗,钤束不严,及容情故纵所管军人,离直、点视不到,十名以上者,各杖一百,指挥降千户,千户降百户,卫镇抚降所镇抚,百户及所镇抚各降总旗,总旗降小旗,小旗降军,俱调边卫带俸,食粮差操。②

2. 纵容军人逃逸罪:

> 凡军官军人从军征讨,私逃还家,及逃往他所者,初犯,杖一百,仍发出征。再犯者,绞……本管头目知情故纵者,各与同罪。罪止杖一百,罢职充军……其亲管头目,不行用心钤束,致有军人在逃,小旗名下,逃去五名者,降充军人。总旗名下,逃去二十五名者,降充小旗。百户名下,逃去一十名者,减俸一石;二十名者,减俸二石;三十名者,减俸三石;四十名者,减俸四石。逃至五十名者追夺,降充总旗。千户名下,逃去一百名者,减俸一石;二百名者,减俸二石;三百名者,减俸三石;四百名者,减俸四石;逃至五百名者,降充百户。其管军多者,验数折算减降。不及数者不坐。若有病亡、残疾、提拔等项事故者,不在此限。③

3. 纵容军人非法经商罪:武官纵容军人从事走私贸易、投机经营等,甚至从中通同作弊,获取分利,法律严厉禁止此类罪行。如针对漕运官军的律例:

> 若官军人等将原兑好米沿途粜卖,〔却粜〕陈湿碎及掺和沙土、糠枇、粗谷等项抵数者,收粮官员辨验得出,就呈管粮内外总督官,将原运军旗先送到部;指挥等官参奏送问。④

---

① 《明太宗实录》卷80,永乐六年六月丁亥,第1067页。

② (弘治)《问刑条例》,黄彰健编:《明代律例汇编》卷13,第616页。

③ 《大明律·从征守御官军逃》,黄彰健编:《明代律例汇编》卷14,第666页。

④ (明)戴金编:《皇明条法事类纂》卷16《禁约兑运官军将好米沿途粜卖买换湿碎并搀和沙土》,《中国珍稀法律典籍集成》乙编,第4册,第737页。

明代为控制盐业,纳入国家管制系统,禁止私人经营盐业。《大明律》中"盐法"条,明文禁止军人贩卖私盐:

> 凡军人有贩私盐,本管千、百户有失钤束者,百户初犯笞五十,再犯杖六十,三犯杖七十,减半给俸。千户初犯笞四十,再犯笞五十,三犯杖六十,减半给俸。并附过还职。若知情容纵,及通同贩卖者,与犯人同罪。①

明初律例规定若武官纵容或通同军人贩卖私盐,施以杖兼徒刑,到明中期则减轻处罚,只革去现任而已。见弘治元年(1488)十一月拟定新例:"今后舍余有贩兴私盐,该管指挥、千百户等同纵容者,问发充军;钤束不严者,问罪毕日,革去见任,不许管军〔管〕事。"②

4. 纵容军人、舍余生事害民罪:轮班军人上班、下班途中,有很多扰民的非法行为,如沿途劫夺人财,杀伤人命,占夺车船,作践田禾等项。遇到上述现象,允许被害之人赴所在官司具告,该军人除真犯死罪外,徒罪以上,俱调发边卫充军。管操官员要承担一定责任,"其管操指挥、千百户等官往回,不许与军相离。若不行钤束,并故纵劫夺杀人等项者,参问调卫"③。另外,卫所武官也不乏纵容军人、舍余生事害民者。成化五年(1469)十二月十二日,法司奏准:

> 合无通行在外镇守、巡抚等官并巡按监察御史、各处都司、按察司,严加禁约,今后差委巡盐捕盗官员,务要查委老成廉干官军。卫〔所〕有司各照该管地方巡视缉捕。各卫指挥等官,不许带领伴当人等及纵令弟男子侄下乡侵夺民利,〔拘〕提里甲,拷取过都(操)〔保〕结,需索分利,下程酒食,自带私盐,加诬平人,诈骗财物。沿海去处果有逃避〔备边〕囚徒劫掠为害,务要设法擒捕。不许妄将居民砍柴捕鱼小舡,按捉生事,诬骗害民。上司访察得出或(彼)〔被〕人告发,〔革〕除军职,奏(诸)〔请〕提问,伴当弟男子侄就便拿问,俱照见行事例发落。④

---

① 《大明律·盐法》,黄彰健编:《明代律例汇编》卷8,第556页。按,凡犯私盐者,杖一百,徒三年。

② (明)戴金编:《皇明条法事类纂》附编《禁革两淮军职通同纵容舍余兴贩私盐违者事发充军钤束不严革去见任例》,《中国珍稀法律典籍集成》乙编,第6册,第88页。

③ 弘治《问刑条例》,黄彰健编:《明代律例汇编》卷14,第648页。

④ (明)戴金编:《皇明条法事类纂》卷3《巡盐捕盗军职纵人生事害民事发其多余弟男子侄发原籍当差例》,《中国珍稀法律典籍集成》乙编,第4册,第114页。

除此之外,武官还令卫所官军舍余兜揽粮户,将原来粮价银两设计诓收入己者。针对此种恶行,成化年间有现行条例要对该武官提问。"如卫所指挥千百户,令弟侄儿男家人揽纳,不行完取通关者,一面指实参奏拿问,一面先将俸粮住支。"①但没有具体的惩罚措施,又如宣府等地因设有仓场,收受山西等处民运粮草、银两,当地官豪势要令其子弟伴当交结旗军,诱哄纳户,代为上纳,却将纳户所缴价银私自消费。弘治四年(1491)十月初十日,户部等拟定了具体的惩罚条例,给予主使武官降职处分,题为"禁揽纳粮草以革宿弊":

> 合无将今后揽粮草、诓骗纳〔户〕,一月之上不纳及滩在仓场上,纳粮草料粗陈,插和草束,乱垛短少者,事发问罪,追陪折罚。完日,仍照旧例,正犯旗军、舍余人等,杖罪以下,照常例发落。徒罪以上,发广西充军。武职杖罪以下,调广西充军。若是本处都〔指〕挥及守备以上官,主使家人伴当跟随交结人员,(揽)〔挟〕势揽纳(之)〔作〕弊,追究是实,亦就参奏提问如律,降职二级,听使之人照前例问发。②

5. 纵容军人妄报功次罪:军人贪功邀赏虚报军功,甚至妄杀平民以报功,该管武官若钤束不严要被问罪。

> 凡擅杀平人报功,其本管将官头目,失于钤束者,问罪。量其所杀多寡,轻则降级调卫,重则罢职充军,俱奏请定夺。③

综上,对武官钤束不严的惩罚比正犯军人要轻,以降职等行政处分为主,若武官指使或参与军人的违法行为,则处罚较重,甚至与军人同罪。

三、失误军机、妄报功次罪

武官失误军机,并造成军事损失的罪行是失职行为中最严重的罪行,明初律例多处以死刑,《大明律》"失误军事"条规定:"凡临军征讨,应合供给军器、行粮、草料违期不完者,当该官吏,各杖一百,罪坐所由。若临敌缺乏,及领兵官已承调遣,不依期进兵策应,若承差告报军期而违限,因而失误军机者,并斩。"④

---

① (明)戴金编:《皇明条法事类纂》卷15《河间等府坐派税粮不许兜揽诓骗并军职家人包揽参奏先住本官俸粮例》,《中国珍稀法律典籍集成》乙编,第4册,第673页。

② (明)戴金编:《皇明条法事类纂》卷15《(包)揽纳粮草充军若本处军职家人伴当揽纳者参提降级》,《中国珍稀法律典籍集成》乙编,第4册,第691页。

③ (弘治)《问刑条例》,黄彰健编:《明代律例汇编》卷14,第626页。

④ 怀效锋点校:《大明律》卷14《失误军机》,第108页。

失误军机罪又被分为多种类型,不同情况处罚措施不同。有泄露军机罪,守备不设罪,规避不战,临阵脱逃,坐视不救等一体治以失机重罪。① 如针对漏泄军情罪的法律规定较为严厉,见《大明律》内一款:

> 凡闻知朝廷,及总兵将军,调兵讨袭外番,及收捕反逆贼徒,机密大事,而辄漏泄于敌人者,斩。若边将报到军情重事而漏泄者,杖一百,徒二年。仍以先传说者为首。传至者为从,减一等。②

此外,若守御武官防御不力被贼侵入城池掳掠,按照明律处以斩刑,具体包括被贼攻围弃去城寨,守备不设失陷城池,失于飞报陷城损军,已承调遣不行策应,告报军期违限,被贼入境掳掠人民,私使军人出境被贼杀虏等项。但其中情形,有轻有重,并非一律处斩。例如确实寡不敌众,事出不测者,需奏请上裁,量情处置。具体有如下条例:

1. 成化九年(1473)奏准条例:

> 若有失利,果曾奋勇对敌,众寡不敌以致损伤官军者,巡抚官查勘明白,指实具奏,免其问罪。若有闭门不出、临阵先退,逗留观望并不行发兵救援者,一体治以失机重罪。③

2. 成化十年(1474)奏准条例:

> 通行内外问刑衙门,今后有犯失误军机……犯该斩绞充军,律有正条者,务要明白议拟,监候奏请定夺。其余设或贼拥大众入寇,官军卒遇交锋,损伤被掳数十人之上,不曾亏折大众官军,或被贼众入境掳杀军民数十人之上,不曾掳去大众人民……虽是律不该载,如使轻易发落,虑恐误事官员得以借此为名,不知警惧。必须原情定议,俱问守备不设、被贼侵入境内、掳掠人民本律,免杖发边远充军。若是交锋入境损军,伤虏杀四五人,抢去头畜衣粮不多者,亦问前罪。数内若有情轻律重,有碍发落者,仍备奏请处置。其有被贼入境,将爪探夜不收及飞报声息公差官军人等一时杀伤、捉去,事

---

① (明)戴金编:《皇明条法事类纂》卷24《沿边镇守总兵巡抚等官不许隐匿失机重情》,《中国珍稀法律典籍集成》乙编,第4册,第1051页。

② 《大明律·泄露军情大事》,黄彰健编:《明代律例汇编》卷3,第448页。

③ (明)戴金编:《皇明条法事类纂》卷24《边将遇贼不行出战治以失机重罪》,《中国珍稀法律典籍集成》乙编,第4册,第1055页。

出不测者,俱问不应杖罪,照例纳米等项还职。如是境外被贼杀虏爪探夜不收,非智力所能防范者,免其问罪。①

3. 成化十二年(1476)奏准条例:

今后官员人等,如(此)〔有〕前项失误军机情罪明白,应问斩、绞、充军者,监候奏请。若有被贼(又)〔人〕入境,(以)〔及〕在境外将爪探、夜不收及公差人役杀伤,事出不测及犯在革前,不系损(拆)〔折〕大(重)〔众〕人民、失陷城寨、律不该载者,俱要斟酌事情轻重,奏请,取自上裁。②

《问刑条例》所载"主将不固守"条收录了成化十年九月都察院所议对某些失机情形的惩罚措施,惩罚力度的轻重主要根据损伤与被掳人数而定,事出不测者相应减轻处罚:

失误军机,除律有正条者,议拟监候奏请外,若是贼拥大众入寇,官军卒遇交锋,损伤被掳数十人之上,不曾亏损大众;或被贼众入境,掳杀军民数十人之上,不曾掳去大众;或被贼白昼黄夜突入境内,抢掠头畜衣粮数多,不曾杀掳军民者,俱问守备不设被贼侵入境内掳掠人民本律,发边卫充军。若是交锋入境,损伤掳杀四五人,抢去头畜衣粮不多者,亦问前罪。数内情轻律重、有碍发落者,仍备由奏请处置。其有被贼入境,将爪探、夜不收及飞报声息等项公差、官军人等,一时杀伤捉去,事出不测者,俱问不应杖罪,还职。如或境外被贼杀掳爪探、夜不收,非智力所能防范者,免其问罪。

凡各边及腹里地方,遇贼入境,若是杀掳男妇十名口以上,牲畜三十头只以上,不行开报者,军民职官,问罪,降一级。加前数一倍者,降二级;

---

① (明)戴金编:《皇明条法事类纂》卷25《通行内外问刑衙门各边官员失机情轻律重者奏请处置若被贼入境杀伤捉去公差人等事出不测者俱问不应杖罪还职若境外被贼〔杀〕掳,夜不收免其问罪例》,《中国珍稀法律典籍集成》乙编,第4册,第1104页。

② (明)戴金编:《皇明条法事类纂》卷24《沿边镇守总兵巡抚等官不许隐匿失机重情》,《中国珍稀法律典籍集成》乙编,第4册,第1050—1051页。另见(弘治)《问刑条例》将其归结为:"失误军机,除律有正条者,议拟监候奏请外,若贼拥大众入寇,官军卒遇交锋,损伤被虏数十人之上,不曾折大众;或被贼众入境,掳杀军民数十人之上,不曾掳去大众;或被贼白昼黄夜突入境内,抢掠头畜衣量数多,不曾杀掳军民者,俱问守备不设,被贼侵入境内,掳掠人民本律,发边远充军。若是交锋入境,损伤掳杀四五人,抢去头畜衣量不多者,亦问前罪。数内情轻律重有碍发落者,仍备由奏请处置。其有被贼入境,将爪探夜不收及飞报声息等项公差官军人等,一时杀伤捉去,事出不测者,俱问不应,杖罪还职。如或境外被贼杀虏爪探夜不收,非智力所能防范者,免其问罪。"(弘治)《问刑条例》,黄彰健编:《明代律例汇编》卷14,第641页。

加二倍者,降三级;甚者,罢职。其上司及总兵等官知情扶同,事发,参究治罪。

　　凡沿边、沿海及腹里府、州、县,与卫所同住一城者,及卫所自住一城者,若遇大虏,及盗贼生发攻围,不能固守,或弃城逃走,或开门延贼,致贼进入,杀掳男妇三十人以上者,烧毁官民房屋,卫所掌印官与专一捕盗官,俱比照守边将帅失陷城寨者律,斩。其府、州、县掌印官及捕盗官,与卫所同住一城者,不能竭力协守,俱起送吏部降一级别用……其自来不曾建立城池,与虽设有城池,被贼潜踪隐迹,设计越城进入劫盗,事出不测,虽有前项失事,俱不得比用此律。守巡兵备,止于参究治罪,量事情轻重,临时奏请定夺。①

与失误军机同等性质的还有专擅之罪,若边将在未收到朝廷调兵之令的情况下,擅自发兵,将按照"擅调官军"之律进行惩罚。律曰:"凡将帅部领军马、守御城池及屯驻边镇,若所管地方遇有报到草贼生发,即时差人体探缓急声息,须先申报本管上司,转达朝廷奏闻,给降御宝圣旨,调遣官军征讨。若无警急,不先申上司,虽已申上司不待回报,辄于所属擅调军马,及所属擅发与者,各杖一百,罢职,发边卫充军。"②

此外,武官有无功而虚报者,有冒他人之功者,情节严重者将败绩妄作捷报,皆属于犯妄报功次罪。成化二年(1466)五月初八日,郎中杨琚奏:"合无今后但有此等妄报功次冒升职役者,事发问拟明白,照例革去冒升职役,仍降原职役一级,调卫差操等因,具题。"③胡琼《集解附例》中有同样规定,并指出:"系京卫者,调外卫;外卫者,调边卫;系边卫者,调极边卫分,俱带俸差操。"④有等更加凶顽官军,遇到"虏寇"犯边,明知被掳人口被遗弃在营,却"因而妄杀,冒作贼级";或者官军遇到虏寇近边,虽尚未入境,却"观知寡弱,乘机捣穴,斩获老弱妇女,妄作犯边,以图功次升赏"。此类罪行,"与杀平人者,一体论断"。⑤ 临阵失误

---

　　①　(明)雷梦麟撰,怀效锋、李俊点校:《读律琐言》卷14《主将不固守》,第252页。

　　②　(明)雷梦麟撰,怀效锋、李俊点校:《读律琐言》卷14《擅调官军》,第244页。

　　③　(明)戴金编:《皇明条法事类纂》卷25《边将失机依律治罪及禁纵容下人冒报功次例》,《中国珍稀法律典籍集成》乙编,第4册,第1091页。

　　④　(明)胡琼:《集解附例》,黄彰健编:《明代律例汇编》卷14,第627页。

　　⑤　(弘治)《问刑条例》,黄彰健编:《明代律例汇编》卷14,第626页。

军机的武官除本身受罚以外,还要被追出战前所请饷银,如明末一次讨伐海盗李芝奇战役中,因将领无谋且贪功轻进,导致官兵溃败、损失重大,事后法司拟定"共应追银二千七百五十三两一钱八分七厘……将应追银数批发盐课司,限十日内比完解司补库"①。

第三节　对刑事犯罪的司法规定

一、人命罪

武官伤人性命有很多情况,例如处罚军人过重致死,或侵欺、威逼军人致死,或挟私仇故意杀人,其中,蓄意谋杀罪处罚最重。

1. 因公致死人命罪。武官致死军人有公私之分,因公杖死军人处罚较轻,按律处以徒刑兼杖一百,按现行处罚条例可以纳赎还职。《大明律》中有正条:

> 若监临之官,因公事于人虚怯去处,非法殴打,及自以大杖,或金刃手足殴人,至折伤以上者,减凡斗伤罪二等。至死者,杖一百,徒三年,追埋葬银一十两。其听使下手之人,各减一等。并罪坐所由,谓情不挟私非拂己事者,如有司官催征钱粮,鞫问公事,提调造作,监督工程,打所属官吏夫匠之类。及管军官操练军马,演习武艺,督军征进,修理城池,打总小旗、军人之类。②

另外,武官擅自拘拿犯轻罪的军人,动用私刑,将其迫害致死,事发问革为民。明代存在大量矫轻从重的案例,擅用酷刑之文武官吏往往无视法律,任意审讯无辜之人,使用非法刑具等,将只犯笞杖轻罪者拷打致死,后补立卷案,旁引医证,捏作因公致死。事发之后,该官吏不过因公还职,惯用酷刑之官却被误认为好官。对此朝廷制定了以下惩罚条例:

> 若文武官因公问事,致用惨暴刑具,及于虚怯去处打人致死,仍照例为民。其有犯该笞杖轻罪,而原问官施其酷暴,辄便重加鞭挞,致〔使〕〔死〕人命数多,旁引医证捏作病死;旋补卷宗,诬以重罪;捏为因公、捏称依法等项,计图自解,欲脱除名。若致死三人以上,一时事发者,相检明白,究问是实,

---

① （明）颜俊彦:《盟水斋存牍·核追轻战原领饷银》,第114页。
② 《大明律·决罚不如法》,黄彰健编:《明代律例汇编》卷28,第1003页。

果无该载律例,务要斟酌比附,上请定夺。中间医证人等,有因势逼利诱,通同作弊者,一体究问,从重归结。①

弘治《问刑条例》中对此种酷刑官员的不法行为作出明确的惩罚规定:

> 若酷刑官员,不论情罪轻重,辄用挺棍、夹棍、脑箍、烙铁等项惨刻刑具……乱打覆打,或打脚踝,或鞭脊背,若但伤人,不曾致死者,不分军民职官,俱奏请降级调用。因而致死者,俱发原籍为民。②

后来针对武官因使用酷刑致死人命的处罚与文官有所不同,万历元年六月内,都察院题准新例:"酷刑官员,不论情罪轻重,辄用惨刻刑具,但伤人者俱奏请,文官降级调用,武官降级带俸。因而致死者,文官发原籍为民,武官革职差操。致死三命以上者,文官发附近,武官发边卫各充军。"③

2. 侵欺军人致死罪。武官利用职务之便,或诈取军人经济利益或私役军人出境,间接导致军人丧命者,将受到法律制裁,重者死罪,轻者降级。明律中规定:"若私使军人出境,因而致死者,杖一百,罢职,发边远充军。至三名者,绞。"④若"各边管队(官)员,将各军月粮布花扣除,因而致军人冻馁身死者,五名以下降一级,六名以下降二级,甚者罢职充军"⑤。

3. 威逼人致死罪。《大明律》规定:"凡因事威逼人致死者,杖一百。若官吏公使人等,非因公务,而威逼平民致死者,罪同。并追埋葬银一十两。若威逼期亲尊长致死者,绞;大功以下,递减一等。若因奸、盗而威逼人致死者,斩。"⑥

4. 故意杀人罪。武官蓄意杀人属于真犯死罪。《大明律》规定:"凡谋杀人,造意者,斩;从而加功者,绞;不加功者,杖一百,流三千里。杀讫乃坐。"⑦另外,若官吏怀挟私仇,"故禁平人者,杖八十。因而致死者,绞"⑧。武职有故杀舍

---

① (明)戴金编:《皇明条法事类纂》卷48《文武官将犯该笞杖罪囚酷刑致死数多捏作因公等项法司比附上请》,《中国珍稀法律典籍集成》乙编,第5册,第916—917页。

② (弘治)《问刑条例》,黄彰健编:《明代律例汇编》卷28,第1004页。

③ (明)潘季驯:《刑部奏疏》卷2,明万历间刊本,第7a页。

④ (明)申时行等:(万历)《明会典》卷166《纵放军人歇役》,第853页。

⑤ 《律解附例·守掌在官财物》(嘉靖池阳刊本《大明律例附解》),黄彰健编:《明代律例汇编》卷7,第552页。

⑥ 怀效锋点校:《大明律》卷19《威逼人致死》,第157页。

⑦ 《大明律·谋杀人》,黄彰健编:《明代律例汇编》卷19,第799页。

⑧ 《大明律·故禁故勘平人》,黄彰健编:《明代律例汇编》卷28,第976页。

余等按例奏请处置，"通行内外故杀弟侄并子孙之妇，图赖人者，问拟充军，职官奏请"①。

二、强盗罪

强盗罪与人命罪相当，烧杀抢掠，多伴随无辜人命的伤亡，与一般偷盗不同。例如，有哨官林威身为捕盗官，却行强盗之事。他明知许弼所驾驶的船只并非盗船，却见利而起贪婪之心，召集士兵用铳炮攻击，导致船上无辜之人死于铳、死于溺水者共九人。林威等人将船上价值数千金之财物尽数掠去，又绑缚王端龙等十二人，将其诬告为盗，朦胧成案。不久，其中五人死于冤狱。林威致使十四人身死，罪大恶极。推官颜俊彦认为："林威应请正辟"②。军门拟将林威监候以待详决，察院认为林威罪恶滔天，不可轻饶，批曰："林威一绞，岂足偿多命而肃三尺哉！姑依拟监候，会审详决。"③

明律规定强盗得财者，不分首从，犯真犯死罪，俱处以斩刑。具体为："凡强盗已行，而不得财者，皆杖一百，流三千里。但得财者，不分首从，皆斩。若以药迷人图财者，罪同。若窃盗临时有拒捕，及杀伤人者，皆斩。"④又有《大明律·白昼抢夺》以是否伤害人命作为处以死刑的依据。其规定："凡白昼抢夺人财物者，杖一百，徒三年。计赃重者，加窃盗罪二等。伤人者，斩。为从，各减一等。并于右小臂膊上，刺'抢夺'二字。"⑤宣德年间，会川卫千户丘能累为强盗劫财，行在都察院拟律应斩。宣宗命斩之，曰："五品官非一日之劳所致，而甘为盗以杀身，此其自取也。"⑥

强盗自首减等处罚，若事已露以及再犯者，依例拟罪。"军职强盗自首免罪，及犯该充军，遇蒙恩宥者，俱不得复还原职，发本卫所，随舍余食粮差操。仍候身故之日，保送应袭之人，赴部袭替。"⑦又有军职投充势要之家，吓诈、强夺他

---

①　(明)戴金编:《皇明条法事类纂》卷36《通行内外故杀弟侄并子孙之妇图赖人者问拟充军职官奏请》,《中国珍稀法律典籍集成》乙编,第5册,第433页。

②　(明)颜俊彦:《盟水斋存牍·贼哨林威等》,第46页。

③　(明)颜俊彦:《盟水斋存牍·贼哨林威等》,第47页。

④　怀效锋点校:《大明律》卷18《强盗》,第140页。

⑤　怀效锋点校:《大明律》卷18《白昼抢夺》,第141页。

⑥　《明宣宗实录》卷83,宣德六年九月乙酉,第1923页。

⑦　(万历)《问刑条例》,黄彰健编:《明代律例汇编》卷1,第282页。

人财物者,将其发遣充军。例如,犯人黄玺袭替祖职,成为金吾左卫右所带俸正千户,在三千营操备。弘治六年正月内,玺与旗手卫后所百户赵琏、金吾左卫右所总旗刘振、锦衣卫镇抚司军余花英等投跟定国公徐永宁男徐世茂,徐世茂违例容留他们在其名下跟用。玺与戴宣、韦能等倚靠徐世名目,常在街市聚众行凶,欺打良善、妄拿平人,强要财物使用。事发后,经司法机构审判,朝廷判决黄玺等军职发陕西固原卫,俱充军,家小随住。①

三、诬告罪

明代律例中对破坏诉讼程序的惩罚有明确规定,如"越诉""告状不受理""诬告"等条,其中犯诬告罪的处罚较为严重。《大明律·诬告》规定:"凡诬告人笞罪者,加所诬罪二等;流、徒、杖罪,加所诬罪三等;各罪止杖一百,流三千里。若所诬徒罪人已役,流罪人已配,虽经改正放回,验日于犯人名下追征,用过路费给还。若曾经典卖田宅者,着落犯人备价取赎。因而致死随行有服亲属一人者,绞。将犯人财产一半,断付被诬之人。"②

明代法律允许军人作为受害者自下而上控告武官,但被告武官中有些采取非法手段,破坏了正常的司法秩序,以规避法律的惩罚。他们中的一些人对原告的家属进行陷害或拷打,有的则隐藏或非法拘留关键证人和紧要人犯,以避免其被审讯。至官府找到证人并得到明确的供认,允许参奏军职,这一过程需半年之上才能获取明文许可。而提审之时,武官又捏称差占等项,拖延至一二年未住俸。以致原告干连之人或监禁或羁候,案件长久不得完结。而被告却遇革释免,为事官员仍然在任管事。成化八年(1472)三月十三日,就上述现象提出处理办法:

> 今后遇有军职奸贪等项被人(奏)告〔诉〕,行勘之时,本官依律回避。若有挟仇陷害原告,提打妻子,打搅〔勘〕结,许承行官吏〔及〕被害之人呈告原问衙门,通将本官参提。如已众证明白,照出参奏者,就行各该卫所令其暂住管事。或系掌印者,亦将印交与无碍军政官掌管。俱各支俸听提。若

---

① 参见(明)戴金编:《皇明条法事类纂》卷34《通行内外如遇军职有犯投充势要为家人伴当等项名色事干吓(诈)〔骗〕财物等项重情照充军事例奏例〔请〕》,《中国珍稀法律典籍集成》乙编,第5册,第376—381页。
② 怀效锋点校:《大明律》卷22《诬告》,第176页。

奏奉明文已到,被提官员不分在任、公差,俱要截日住俸,就(是)〔提〕。①

另外,有武官挟私仇诬告上司,导致廉洁自律官员被诬陷,对恶意捏词奏告本管官员者,给予调卫处罚:

> 其(官)〔管〕事官员中间稍有廉谨自持、刚介特立者,多被同僚佐贰该管官嫌其执治铨束,不得任情作弊,迺又谋夺印信,执复私仇,往往教唆主使奸顽之徒,朋合排陷,捏词奏告。(发)〔法〕司问辨之时,或因言辞钝(掘)〔拙〕,或畏刑法严峻,只得衔冤诬服,无由自白,以致军政废弛,善人往抑,诚指挥(下)〔丁〕固宗所奏,若不痛加禁约,则此风渐长,日甚一日。合无本部通行在京在外各卫所,今后但有此等奸顽之徒,听人主使,受人雇情,构结党类,架捏浮词,奏告本管官员,法司勘问明白,果无赃私罪名,奏告之人不分官吏旗军,俱调发极边卫分常川守(稍)〔哨〕。②

诬告之罪根据所告人数不同给予不同等级的处罚,若诬告十人之上者,属于重罪。成化十六年,在都御史王越的提议下,三法司会议对武官诬告十人之上的惩罚措施,王越反映河南道所呈奏议:"见行事例,各处军民人等,原籍词讼暮越赴京奏讼诬告十人以上者,军旗、舍余,问发边卫充军;吏民人等,连当房家小,发口外为民……但文武职官,有犯诬告十人以上于例不曾该载,往往难以发落。"因此,会同刑部、大理寺等议拟:"若文武职官有犯,俱照奏告无主人命等项不实事例,一体奏请发落。"③

第四节　对违背道德礼法的惩罚规定

一、不孝罪

《大明律》中所载亲属相犯之刑内容很多,而以殴骂长辈之罪为重,如子孙

---

① (明)戴金编:《皇明条法事类纂》卷3《在外各处军职被告不许仇害原告打搅勘结该(奉)〔参〕奏者俱暂住管事听提例》,《中国珍稀法律典籍集成》乙编,第4册,第117页。

② (明)戴金编:《皇明条法事类纂》卷40《在京在外各卫所但有听使受雇结党捏词奏告本管官员不实者不分官旗军俱调发极边卫分常川守哨例》,《中国珍稀法律典籍集成》乙编,第5册,第618页。

③ (明)戴金编:《皇明条法事类纂》附编《文武职官诬告十人以上照例奏请发落例》,《中国珍稀法律典籍集成》乙编,第6册,第312页。

于祖父母、父母,妻妾于夫之祖父母、父母,其骂者绞,殴者斩,杀者凌迟处死,即使殴骂远房尊长亦要受到惩罚。据《殴期亲尊长》规定:"凡弟妹殴兄姊者,杖九十,徒二年半;伤者,杖一百,徒三年;折伤者,杖一百,流一千里;刃伤及折肢,若辖其一目者,绞;死者,皆斩……"①《殴祖父母、父母》中规定:"凡子孙、殴祖父母、父母,及妻、妾殴夫之祖父母、父母者,皆斩;杀者,皆凌迟处死;过失杀者,杖一百,流三千里;伤者,杖一百,徒三年。"②《骂祖父母、父母》规定:"凡骂祖父、父母及妻、妾骂夫之祖父母、父母者,并绞。(须亲告乃坐)"③

武官若不奉养继祖母继母,及殴本宗大功以上尊长,小功尊属,并殴伤外祖父母及妻之父母者,俱要行勘明白,方许论罪。对军官不孝罪前后处罚略有区别,以革职为民为主,在是否允许子孙袭替以及是否回原籍等问题上有所变动。如宣德四年(1429)二月二十二日,宣宗敕谕兵部:"今后军官及其子弟有犯不孝及败伦伤化者律罪,不许复职承袭。"宣德十年(1435)三月初五日所颁条例规定:"只罪本身,允许子孙承袭"。成化年间,刑部问得犯人钟宣,身为直隶徐州人,袭任济州卫指挥使。犯殴打长辈罪,据调查所殴妻母,非本宗。对此,成化十年(1474)五月十三日,兵部尚书题准:"合无将钟宣照例革去管事,于本卫随住,另取应袭之人承袭。今后遇有此等干犯外姻亲属革职者,俱免发遣原籍。"④

二、败伦伤化罪

据《大明律·犯奸》规定:"凡和奸,杖八十;有夫,杖九十;刁奸,杖一百。强奸者,绞;未成者,杖一百,流三千里。"⑤而武官犯奸淫罪,行止有亏者,革职处分。弘治三年(1490年)四月初九日奏准:"军职奸同僚妻女革职"。万历《问刑条例》规定:"军职犯该窃盗掏摸,盗官畜产,白昼抢夺,并纵容抑勒女及妻妾,子孙之妇妾,与人通奸,或典与人,及奸内外有服亲属,同僚部军妻女,一应行止有亏,败伦伤化者,俱问革,随本卫所舍余食粮差操。"⑥在京五军都督府,选差官

---

① 怀效锋点校:《大明律》卷20《殴期亲尊长》,第166页。
② 怀效锋点校:《大明律》卷20《殴祖父母父母》,第167页。
③ 怀效锋点校:《大明律》卷21《骂祖父母父母》,第173页。
④ (明)戴金编:《皇明条法事类纂》卷3《军职有犯不孝并败伦伤化者发回原籍为民若干犯外姻者于本卫随住例》,《中国珍稀法律典籍集成》乙编,第四册,第125—127页。
⑤ 怀效锋点校:《大明律》卷25《犯奸》,第197页。
⑥ (万历)《问刑条例》,黄彰健编:《明代律例汇编》卷1,第310页。

舍,押解充军犯人,若"中间有犯奸淫囚犯妇女者,官发守哨,满日革职,随本卫所舍余,食粮差操"①。

　　武官娶乐人为妻妾在明代亦属于非法行为,《大明律》有正条禁止官吏娶乐人为妻妾,"凡官吏娶乐人为妻妾者,杖六十,并离异"②。另外,军职宿娼同样以败伦伤化、行止又亏罪论处,成化三年(1467)八月初六日有例规定:"军职宿娼改调别卫带俸差操,不许管军管事。"③法律上通常将该两种罪行视为一类,都以调卫差操为惩罚方式。查得成化十九年四月初一日,"南京刑部问得江淮卫指挥李勋、魏整,各奸宿乐妇李氏、四发,犯该不应杖罪,系行止有亏人数,备行兵部查例定夺。该本部奏准将李勋等改调别卫,带俸差操,不许管军管事,及今后遇有宿娼军职,一依此例发落等因……并奏准军职和娶乐妇调别卫带俸差操,不许管军管事"④。

　　按照明代条例规定,军职犯奸者革职,宿娼者调卫,若只是挟妓饮酒处罚相对较轻,只革去管事。例如,犯人姜晟系南京金吾左卫指挥处事,与本卫带俸指挥使李洪挟妓饮食。法司判决"与犯奸、宿娼者不同……原系管事者,革去管事,原系带俸者,常川带俸"⑤。公侯伯挟妓饮酒只给予罚俸处分,其他此类罪行的处罚亦较轻,万历《问刑条例》记载:"武职犯容止僧尼在家,与人奸宿者,公侯伯问拟住俸,戴平头巾闲住。都督、都指挥、指挥、千百户、镇抚,住俸闲住。若有犯挟妓饮酒者,公侯伯罚俸一年,不许侍卫管军管事。"都督以下,与前项旧例处罚相同,即"革去见任管事,带俸差操;原系带俸者,常川带俸"⑥。

　　若武官纵容妻妾与他人通奸则严重败坏风俗,将被革职为民。据《大明律·纵容妻妾犯奸》规定:"凡纵容妻、妾与人通奸,本夫、奸夫、奸妇各杖九十。

---

①　(万历)《问刑条例》,黄彰健编:《明代律例汇编》卷1,第311页。

②　《大明律·娶乐人为妻妾》,黄彰健编:《明代律例汇编》卷6,第509页。

③　(明)戴金编:《皇明条法事类纂》卷43《军职宿娼改调别卫带俸差操不许管军管事例》,《中国珍稀法律典籍集成》乙编,第5册,第745页。

④　(明)戴金编:《皇明条法事类纂》卷13《军职和娶乐妇照宿(倡)〔娼〕例调卫》,《中国珍稀法律典籍集成》乙编,第4册,第573页。另外,《嘉靖问刑条例》中记载:"军职宿娼,及和娶乐人为妻妾,与盗娶有夫之妻者,俱问调别卫,带俸差操。"(黄彰健编:《明代律例汇编》卷1,第308页)

⑤　(明)戴金编:《皇明条法事类纂》卷43《军职挟妓饮(食)〔酒〕原管事者革去管事原带俸者常川带俸》,《中国珍稀法律典籍集成》乙编,第5册,第746页。

⑥　(万历)《问刑条例》,黄彰健编:《明代律例汇编》卷1,第312页。

抑勒妻、妾及乞养女与人通奸者,本夫、养父、各杖一百,奸夫杖八十,妇女不坐,并离异归宗。"①景泰年间,山西按察司副使章绘奏:"军官多纵勒妻妾与人通奸,丧廉耻、坏风俗,宜例以败伦伤化削职为民。"从之。②

第五节　其他规定

有些武官犯罪之后涉及逃匿、遇赦、袭替等情形,明代施行的法律条例针对以上不同情况作出了相应的规定。另外,在武官群体中有一些特殊身份者,如军职通过纳粟而获得升授者,犯罪后的惩罚规定与一般军职不同。军职因获罪而贬为为事带俸官,为事官的升转要求与一般带俸官不同,需要改过自新,立功满日,方可获取管事机会。又如,锦衣卫官员属于武官中的特殊执法人员,明代律例对其执行公务时的行为进行了相应的约束。

一、对武官畏罪潜逃的处罚规定

犯罪武官若畏罪潜逃,通常要加重处罚,且遇赦不宥。成化元年(1465)八月初六日,敕谕"文武官为事脱逃的,好生奸诈,难再用他,都着罢职"③。不久又颁布了新的条例,专门针对武官,成化五年三月二十日例:"军职为事久逃,降职调卫。"成化十六年七月二十四日,右副都御史张瓒奏准:

> 通行在外巡抚、巡按等官,及两京五府、兵部,除见获外,各将此等未获官员,逐一查出,着落原任、原籍、亲邻人等(未)〔拘〕获,各兵马司挨拿得获,即系避罪避难,已经奏请〔视同〕囚犯,就送所在问刑衙门并巡按御史,照依律例,从重问结发落。在逃十年以上者,监候,比照前项降级事例,奏请发落。以后虽遇恩例,俱不在放免之限。④

犯罪武官在逃者,原所犯罪行有轻有重,若一概降职处分,未免失当,且其逃匿原因各有不同,其中包括因贫难无力,无法纳赎者。故此,弘治《问刑条例》对

---

① 怀效锋点校:《大明律》卷25《纵容妻妾犯奸》,第198页。

② 《明英宗实录》卷223,景泰三年十一月乙亥,第4832页。

③ (明)戴金编:《皇明条法事类纂》卷4《文武职官犯该革职为民遇革仍照例发落例》,《中国珍稀法律典籍集成》乙编第4册,第143页。

④ (明)戴金:《皇明条法事类纂》卷6《军职为事久逃降职调卫例》,《中国珍稀法律典籍集成》乙编,第4册,第247页。

犯罪武官脱逃者的惩罚与之前所犯罪行相联系,某些逃犯在其原判的基础上罪加一等,贫难无力者止问原罪。

> 若文武职官犯罪,事发脱逃者,除真犯死罪,并例该充军者,照本等律例问拟外,杂犯死罪并徒流罪俱问发为民。原该为民者,发口外为民。杖罪以下,例应还职,暂时躲避,并已经问断送发运炭等项,贫难无力,因而在逃者,止问本罪,照原拟发落。①

另外,为鼓励逃犯就审,允许其在一定期限内自首,免其问罪。"惧罪中途〔脱〕逃,(在)系是奸狡玩法之徒,合照逃囚事例,(查)其〔在〕三个月以里自首者,免罪。"②

二、某些罪行遇赦后的特殊规定

法司问拟罪行时,有遇赦减等处罚的情况,不同的罪行遇赦规定不同,如武官犯强盗、人命、失误军机等重情,遇赦不宥。明代有大量关于赦免的诏令,其中每位皇帝的即位诏书中多包括了宽恤的内容,原则上除"十恶"大罪不赦外,其余均赦免。③ 宽恤诏宽免的范围极大,如针对武官犯罪的规定,"有现提到官问招发去纳米等项及追赃未完者,该带俸差操者并免赎罪,仍依原拟带俸差操",如此使犯人免去追赃。但并非所有诏令都实际执行,诏令颁布后,司法机构根据新的需求,对宽恤诏书中不适合执行的内容通过奏请新的条例或申明旧例进行修订。如"诏书内事理悉宥其罪,各还职役。军职例应带俸差操者,照原拟发落……与军职若系行止有亏,并为事彼提在逃,文武职官皆照前项见行事例,该革职役为民者,须要取问明白,罪(须)〔虽〕宥免,仍照例革去职役为民"④。

针对犯赃军职遇赦后的处罚,所犯贪赃罪行在规定时间范围前的则免追。例如,"其该追赃物在成化二十五年正月以后事发,未曾监追年久者,亦止照旧例。若系官钱粮、拜给主赃物仍要追征,各还官给主,其余一应俱各免追。"另外,若犯

---

① （弘治）《问刑条例》,黄彰健编:《明代律例汇编》卷2,第422页。原文记作"若文武职官,犯罪事发脱逃者",今改。

② （明）戴金编:《皇明条法事类纂》卷5《官吏犯罪在逃照逃囚事例三个月〔以〕里自首免罪例》,《中国珍稀法律典籍集成》乙编,第4册,第225页。

③ 《明太宗实录》卷233,永乐十九年春正月戊寅,第2250页。

④ （明）戴金编:《皇明条法事类纂》卷4《文武职官犯该革职为民遇革仍照例发落》,《中国珍稀法律典籍集成》乙编,第4册,第144页。

轻罪遇赦可还职,行止有亏者依原判处置。"罪〔犯〕内有文武官吏、监生、生员人等被人评告(官)赃私等项,先(拟)〔提〕事内证佐人犯问招在官,照出参提未到者,有已提在官未曾问结者,有虽已问结,未曾解发立功,运灰等项者……各还职役。但中间文武官吏等有犯贪淫酷暴,行止有亏,及为事脱逃者,合无仍照旧例充军;为民者,悉发原籍为民;该带俸差操者,各发原卫所带俸差操。"①

有涉及边防安全的罪行,不分革前革后,一体处罚。明代中期以来,外患不断,然而各城堡守备尽职者少,偷安者多,时常有犯失误军机罪者。成化七年(1471年)十二月十六日,明宪宗颁布大赦诏书,其中,"王忠、黄诚等俱比依私使军人出境因而被贼拘执,拟罪罢职并发边卫充军。遇蒙赦宥,奉圣旨本降二级降一级,都着原卫差操。又马诚犯该守城将帅被贼攻围城寨,不行固守。遇赦宥,圣旨免降二级差操"。如此一来,在外问刑衙门,遇到失机误事者以为犯在革前置之不问,一概不奏请,私自放免。对此法司奏请:"及通行各处巡抚、巡按官员,并各按察司查照。失机误事官员不分革前革后,一体照例施行。"②

三、对犯罪武官子孙承袭的限制

世官承袭制度是明代军制中的一项重要制度,一方面保证军队来源,另一方面是对立功军官的一种优恤。武官子孙是否能够顺利承袭与武官本人是否遵纪守法有很大关系,子孙不得承袭或推迟承袭成为一种惩罚方式。武官所犯为重罪者,一般不允许其子孙承袭。如军职犯强盗、人命重情等事,如本身职获功所升,子孙不许承袭;若系祖父母遗,子孙袭职,调卫;若武职酷暴,有犯非法打死人者,革职为民,本人身死方许相应之人袭职。《大明律附例》中列举了数条关于武官犯罪后涉及子孙袭替的规定:

> (洪武)二十九年令,祖从军,父为事典刑,袭祖职;父从军,兄为事典刑,袭父职;父从军,就为事典刑者,发充军。

> 十二年令,武职犯罪充军者,子孙袭职俱调卫。

> 宣德五年令,武职守城失机,贻患边方者,不准袭。

① (明)戴金编:《皇明条法事类纂》卷5《赦后定夺囚(犯)〔人〕并赃物》,《中国珍稀法律典籍集成》乙编,第4册,第202—203页。

② (明)戴金编:《皇明条法事类纂》卷25《失机误事官员不分革前革后一体问罪奏请例》,《中国珍稀法律典籍集成》乙编,第4册,第1096页。

正统十四年令,武职临阵退怯,致所部失陷二十人者,不准袭。有犯不孝致典刑者,取祖父次子孙承继,本犯子孙不许。

……

成化八年令,武职原系带俸者,子孙袭替仍带俸,系管事者仍管事。

十四年令,武职降调充军,本身在,不准袭。

二十二年令,降级官见在,而子孙愿就见降职事者准令袭,逃官不知去向二年者,亦准袭,被告脱逃,该徒以上问革为民者,至六十仍许袭。

弘治元年奏准,武职袭替,有请托内外权要,乞升官职者,照奸诈犯法在逃例,革职为民,取应继子孙承袭。

五年令,武职为人命典刑者,子孙袭职调别卫,为事脱逃革职者,子孙仍照旧例袭职。

七年令,武职有犯劫盗问拟明白者,不分典刑监故,子孙永不许袭,其已前充军袭调事例,更不施行……①

另外,对行止有亏的武官,其子孙承袭也作了限制。明初军职犯败伦伤化罪发原籍为民,犯人发遣后即允许其子孙承袭,但如此一来,"富贵不离其门,豪纵得以自恣"。因败伦伤化事有轻重,一律承袭,轻重失伦。故法司于弘治五年(1492)十月初七日奏请新例:

合无今后武职有犯败伦伤化至死者,正犯如律。若系谋杀、故杀、殴死、奸淫并殴骂祖(父)〔母〕父母罪名者,子孙虽许承(聚)〔袭〕,仍照强盗事例调边卫差操,原系边卫(系)〔调〕极边卫分。若系本身获功不许承袭,虽其祖父母、父母自愿息词,幸蒙恩宥得全首级足矣,应袭之人亦宜一体调卫。若殴大功以下尊长、妻之父母笃疾,殴兄妹、伯叔、父母、姑、外祖父母,至刀伤、折指、瞎其一目者,仍于原籍袭职。其徒流以下及窃盗、奸宿军妻,行止有亏,为事在逃者仍发原籍为民,并本卫随住,应袭之人,亦照酷刑事例,务待正犯死,方终起送承袭。②

为事在逃的官员与立功等项武官,除了《大明律附例》中的规定外,还有更

_____

① (明)舒化辑:《大明律附例》卷2《官员袭荫》,明嘉靖范永銮刻本。

② (明)戴金编:《皇明条法事类纂》附编《军职犯败伦伤化等罪日后子孙袭替法司查议行》,《中国珍稀法律典籍集成》乙编,第6册,第158页。

详细的修订:"照为事在逃(军)官军例,候尹父、祖年六十以上,方许袭职。不及六十亡故者,以亡故之日为度,许袭。在外者,监候行移本部,照例详允待报,一体发落。已袭者,住支俸粮,候至尹父、祖六十以上及亡故,(之人)方许关支。其带俸等项不得管军管事官员,亦如前例,住支本身俸粮。其系立功逃回者,一体除去,历过月日不准作数,满日就住彼处,带俸差(抚)〔操〕。亦须年及六十之上〔或〕亡故,方许子孙袭回原卫。"①

四、纳粟军职犯罪的不同规定

明代军职来源于世袭者,称为"世官"②,除此之外,还有纳粟军职,相当于捐纳官,景泰四年(1453),刑科给事中曹凯言:"比者户部请听军民官吏输豆,如输豆四千石以上授指挥。"③此类武职地位较低,原则上只有官衔,不能管事。"舍余军民人等纳粟,授以都指挥等官,俱照今拟事例,止令原籍带衔闲住,以荣终身。不许到任,开支月粮,及营求管事,希免差徭。亦不许乘坐四轿,张打茶褐凉伞,聚众出入,擅作威福,生事害民。如有此等,被人告发,及访察得出,就行提问如律。果碍行止,革去冠带。"④

若与世袭武官犯同样罪行,处罚条例往往不同,不能完全享受武官的特殊待遇。天顺时有千户纳粟升指挥佥事犯赃罪,法司援旧例欲令还职,兵部言:"此等以赀补官,比之冲冒矢石万死一生以军功得官者不同,况已犯赃,又令复职,不惟所得赃物多于纳米之费,亦且无以激劝征战之士,宜令本犯削指挥佥事,复还原职正千户,著为令。"英宗从之。⑤

此外,普通军民、舍人买授军官与总小旗或低级军官纳粟升职者不同。成化

---

① (明)戴金编:《皇明条法事类纂》卷7《处置为民立功带俸军职并子孙袭替》,《中国珍稀法律典籍集成》乙编,第4册,第317页。

② "世官"分为九等,包括指挥使、指挥同知、指挥佥事、卫镇抚、正千户、副千户、所镇抚、百户、试百户,即卫所中的全部武职。"流官"分为八等,包括都督、都督同知、都督佥事、都指挥使、都指挥同知、都指挥佥事、正留守、副留守,即五军都督府和都司(行都司、留守司)中的高级武职。之所以称为"流官",是相对卫所"世官"而言,这些高级武职不能世袭。永乐以后的这种流官其实只不过是世官中不能世袭的某级"流职"而已。(梁志胜:《试析明代卫所武官的类型》,《西北师大学报(社会科学版)》2001年第5期)

③ (明)郑晓:《今言》第182条,第104页。

④ (明)胡琼:《集解附例》,黄彰健编:《明代律例汇编》卷1,第288页。

⑤ 《明英宗实录》卷299,天顺三年春正月乙巳,第6356页。

二十一年(1485)三月内,犯人刘刚与中义前卫纳粟指挥同知凌云汉等遇例纳米,任指挥佥事带俸,朦胧支全俸,盗支过折色银二十五两二分五厘,绢七匹零二丈二尺四寸。都察院问拟:"刘刚所犯合依常人盗仓库钱粮八十贯律绞,系纳粟官照例纳米完日还职,追出盗支银两绢布。"成化二十三年七月奏准:"纳粟军职犯该杂犯〔死〕罪,中间原系军职及总小旗者,俱照前项事例立功,其余舍人并军民人等纳粟补官者,止照常例纳米等项发落(欲)〔施〕行。"因此,刘刚照依原拟纳米。① 此案中,纳粟军职刘刚厚为太监刘政下舍人,属于由白身纳粟补官者而不属于论功定议的军官群体,因此其因违例支俸而被罚米。

纳粟军职的法律地位虽比正途武官低,但又不等同于一般常人。弘治元年(1488)九月,巡按山东监察御史问得犯人丁纯,以白身两次纳粟,初授散官,继补指挥。回还原籍放债,多收利钱,僭用违法服舍,欺打乡里平人,衰制之中公然冠带设筵,挟妓唱饮,教唆词讼。若常人犯捏词教唆奏告,及诬告十人以上罪,照例发口外为民。都察院总结纳粟军职的处置条例:"军功总小旗、千百户指挥等官,遇例纳粟补官,若有犯,俱照见任军职事理施行。若有白衣纳粟授军职者,犯奸盗诈伪、说事过钱、诓骗财物、行止又亏者,俱照此例问罪。毕日,革去职名并月支(实)〔食〕米,冠带闲住。"如按当时惯例,纳粟武官得以"冠带闲住",比常人"发口外为民"为轻,都察院奏请皇帝裁决,曰:"内丁纯教唆词讼,诬告侵欺系官钱粮不实,例该口外为民,但系纳粟军职,原拟奏请发落人犯,伏乞圣明裁处。"明孝宗仍然判其"发口外为民"。② 可见纳粟军职的处罚有很大变数,至《问刑条例》出台,根据上述事例对纳粟军官的处罚作了修订:

> 纳粟军职有犯,若原系总小旗、千百户指挥等官,遇例纳粟补官者,俱照现任军职立功等项事例施行。若由白衣纳粟受职者,止照常例运炭纳米等项发落。其犯奸盗诈伪、说事过钱、诓骗财物、行止有亏者,俱问罪革职。③

五、为事带俸官的相应规定

明代军事体制中,根据武官在卫所中是否拥有军政管理权而分为见任官与带

---

① (明)戴金编:《皇明条法事类纂》附编《纳粟军职杂犯死罪,原系官旗升授者照例立功系军民舍余人除授者纳米等项发落例》,《中国珍稀法律典籍集成》乙编,第6册,第146页。

② (明)戴金编:《皇明条法事类纂》附编《纳粟军职犯罪分别军功升授及白衣除授发落例》,《中国珍稀法律典籍集成》乙编,第6册,第148页。

③ (弘治)《问刑条例》,黄彰健编:《明代律例汇编》卷1,第277页。

俸官。凡在卫所中具有实际职务,分理屯田、营操等事务的武官,称作"见任管事";闲住不任事者,称作"带俸差操"。① 按照明代制度规定,"凡带俸官俱不许管军管事"②;"武职原系带俸者,子孙袭替仍带俸"③。带俸官来源多元,有白身纳粟买官者,有恩荫获得者,而将获罪武官革任,降为为事官,调卫或于原卫所带俸差操,与一般带俸闲住者不同,需要戴罪立功,成为针对武官的一种特殊惩罚方式。

洪武时期已出现将犯罪武官降级且以"不管军、不支俸"作为惩罚的先例,如泗州卫流官副千户范观,洪武六年充总旗,十月除沔阳卫百户,十二年授流官副千户,二十二年为操练打围事犯杖罪,降百户。具体惩罚措施为:"为事降五开卫百户,不管军,不支俸,自种自食"。洪武二十六年,其子范通陈告复职,钦依:"着他父复职做百户,就那里卫分管军、支俸",授平溪卫中所世袭百户。④ 此时"为事官"的惩罚办法尚未完善,明初以后,从武官犯罪的惩罚条例来看,除重罪如真犯死罪,及轻罪如纳赎还职或行政处分外,凡一般罪行如常人盗、监守盗罪,受财枉法罪,失误军机罪等,多以"戴罪立功"方式发落,满日后带俸差操。为事官根据所犯罪行之轻重亦有不同的惩罚等次,轻者只革去管事,于原卫所或调附近卫所差操;稍重者调边卫立功并带俸差操,满日回原卫或还职带俸,或降级带俸;重者则立功满日仍于边卫带俸,其中还有终身带俸者。如以下条例:

> 挟妓饮酒者与犯奸、宿娼者不同,原管事者,革去管事;原带俸者,常川带俸。⑤

> 军职有犯监守、常人盗,受财枉法满贯,律该斩绞者,俱发边方立功,五年满日还职,仍于原卫所带俸差操。⑥

① (明)郑晓:《吾学编·百官述》卷下,《北京图书馆古籍珍本丛刊》第12册,书目文献出版社1987年版,第675页。

② (明)申时行等:(万历)《明会典》卷119《铨选二》,第617页。

③ (明)申时行等:(万历)《明会典》卷120《铨选三》,第619页。

④ 《平溪卫卫选簿》,孟凡松编著:《明代卫所选簿校注·贵州卷》,广西师范大学出版社2020年版,第408页。

⑤ (明)戴金编:《皇明条法事类纂》卷43《军职挟妓饮食原管事者革去管事原带俸者常川带俸》,《中国珍稀法律典籍集成》乙编,第5册,第746页。

⑥ (弘治)《问刑条例》,黄彰健编:《明代律例汇编》卷1,第276页。

漕运把总、指挥、千百户等官，索要运军常例，及指以供办等费为由，科索并扣除行月粮与船料等项，值银三十两以上者，问罪，立功五年满日，降一级，带俸差操。如未及三十两者，止照常科断。①

禁约该管官、旗军、民人等，不许擅将应禁林木砍伐贩卖，违者问发南方烟瘴卫所充军。若前项官员有犯，军职俱降二级，发回原卫所、都司终身带俸差操。②

其中，为事官被发往立功的卫所，多位于距离原卫所较远的边境偏远地区。弘治五年（1492）十月，经大同巡抚奏请，户部等尚书题准："今后问发犯该杂犯死罪军职，系大同者送（者）〔去〕宣府极东卫所，系宣府者送去大同极西卫所，各从本镇总兵官定拨立功。务要严加约束，不许纵令脱逃。五年满日，送原卫带俸差操，不许管军管事。"③

为事官戴罪立功期限已满之后，是否能够官复原职并管军管事，需要根据所犯罪行轻重进行判决，而在不同时期相应规定有所调整。明英宗在位时期，允许犯徒、杖罪行者复职管事。"正统年间旧例，法司问拟军职，有犯监守自盗、受财枉法满贯斩、绞罪名，立功等项赎罪还职，带俸差操，不许管家管事。其不满贯与求索等赃犯该徒杖罪名，俱照例发落，复职管事。"④又如天顺八年八月，巡抚宣府右副都御史李秉奏准武官犯运纳粮料等纳赎罪行，可复职管事，曰："宣府等处为事军职罚米及赎罪草料，（则）〔例〕该复职管事者，要照正统年间杨洪奏准事例议拟罪名，暂令冠带管事管操，着令家人纳完赎罪粮草，方许历俸等因，合无准其所奏，（过）〔通〕行各边问刑衙门并巡按御史，今后提问军职依律议拟罪名，例该运纳粮料草束，复职管事，不许别项降调。"⑤

成化以来，出现犯赃等罪只许带俸，不许管事的处罚措施，"为事问发求索

---

① （万历）《问刑条例》，黄彰健编：《明代律例汇编》卷7，第552页。

② （明）申时行等：（万历）《明会典》卷132《镇戍七》，第677页。

③ （明）戴金编：《皇明条法事类纂》卷6《行移大同宣抚巡抚巡按并问刑衙门凡军职犯该杂犯死罪者大同发宣府极东宣府发大同极西卫所立功》，《中国珍稀法律典籍集成》乙编，第4册，第278—279页。

④ （明）戴金编：《皇明条法事类纂》卷3《辽东及甘延等处一带沿边卫所军职犯盗官枉法求索科敛诓骗赌博俱还职管军管事例》，《中国珍稀法律典籍集成》乙编，第4册，第104页。

⑤ （明）戴金编：《皇明条法事类纂》卷3《各边军职犯罪暂令管事令家人完纳赎罪粮料》，《中国珍稀法律典籍集成》乙编，第4册，第90页。

赃罪,照例带俸差操,不许管家管事"①。成化元年十一月二十七日,诏书规定:
"今后军职有犯枉法等项,例该降〔级〕者,免降。俱发边方立功。五年满日(役)
〔复〕职,仍回原卫带俸差操。"成化二年十一月,都察院左副都御史贾铨等总结
了当时奉行的条例:

> 即今内外法司问拟军职除真犯死罪外,有犯监守自盗、常人盗仓库钱
> 粮、卖放操军、侵欺月粮赏赐、受财枉法满贯、律该斩、绞者,俱发边方立功,
> 五年满日还职,仍回原卫带俸差操,不许管军管事。若系剥削害军,问发充
> 军立功。遇例还职,不改前非,累犯不悛者,问拟明白,监候具奏定夺……若
> 犯该监守自盗、常人盗仓库钱粮、守财枉法不满贯,与挟势求索、科敛财物入
> 己、私役(余)〔操〕军、认纳月粮,律该徒流罪名及赌博等项者,照例运砖、运
> 灰、纳米等项赎罪,完日还职,仍于原衙门卫所带俸差操,不许管军管事。杖
> 罪以下与别项罪犯俱照例(法)〔发〕落,(俊)〔复〕职管事。犯罪脱逃者,罢
> 职不叙。②

据以上条例规定,武官犯杖罪以下者方可还职管事,如此一来增加了大量带
俸人员,而鉴于边方缺乏管军武官,辽东总督李秉建议放宽管事限制。为此,都
察院特奏请适应于西北沿边地带的新条例,有关犯徒、流以下罪行者,可还职管
军管事,其余腹里地方仍旧按照现行条例处罚。新例规定:"辽东、大同、宣府、
宁夏、甘延等〔处〕但系西北一带沿(乐)〔边〕卫所,军职官员有犯监守自盗、常
人盗仓库钱粮、受财枉法不满贯、挟势求索、科敛入己,私(徒)〔役〕操军、认纳月
钱及诓骗、赌博律该徒、流以下者,俱照常例发落,还职管军管事。其犯监守自
盗、常人盗仓库钱粮、〔受财枉法满贯〕律该斩、绞……仍然见行事例发落,一
(切)〔体〕立功、为民、罢职,带俸差操,不许管军管事。"③

明代中期,随着军政考选制度的推进,带俸官被纳入考核行列,由此获得了

---

① (明)戴金编:《皇明条法事类纂》卷3《辽东及甘延等处一带沿边卫所军职犯盗官枉法求索
科敛诓骗赌博俱还职管军管事例》,《中国珍稀法律典籍集成》乙编,第4册,第104页。

② (明)戴金编:《皇明条法事类纂》卷3《辽东及甘延等处一带沿边卫所军职犯盗官枉法求索
科敛诓骗赌博俱还职管军管事例》,《中国珍稀法律典籍集成》乙编,第4册,第105页。

③ (明)戴金编:《皇明条法事类纂》卷3《辽东及甘延等处一带沿边卫所军职犯盗官枉法求索
科敛诓骗赌博俱还职管军管事例》,《中国珍稀法律典籍集成》乙编,第4册,第106页。

升转为现任官的机会,即"通以见任、掌印、带俸差操及新袭职官一体考选"①。虽然为事官与一般带俸官不同,带有惩罚的性质,但仍然有转为现任官的可能性,带俸官立功满日若能够改过自新,可等待五年一次考选,根据戴罪期间的良好表现,被录用为现任官后,获取管事的机会。为了防止带俸官通过贿赂该管官员,参与管事,法司申明条例:"合无通行各边镇守等官,今后军职有犯问革管事,照例五年之内,改过自新,方许差委。不许似前假名暂委管事,及将立功人犯占为头目,纵令害人。"②

另外因军情紧急,急需将才,有破格起用者,而在战事频繁的北方边疆,为事官机会尤多。大学士刘健曾经提出御虏安边的建议:"各处守边官员有因误事降级带俸差操及为事罢黜者,中间多系曾经战阵谙练边事之人,合无令兵部通查送赴军前立功,其有才堪领军者就领军杀贼。"③可见,才能出众的带俸官有临危受命、被差委任事的机会。

将现任官贬为带俸官,令其立功、差操,意在对其惩罚,令其有所反省。而事实上有些为事带俸官不思进取,在军队中有意偷闲、无所事事,失去了赎罪的性质,甚至钻营谋利。"军官犯罪令其带俸差操,不许管军管事。奈何现任官员与其情熟,以带俸为安闲,种田为当然,差操为虚文,所以轻法而玩之也。"④又如吏科给事中叶绅,刑部郎中顾源,自广西勘事回,言:"武职专为管军守城而设,虽为事问革亦令带俸随操,今两广武职多不习武艺,惟托权门以求安逸,各处发来调卫立功者,亦不着原发卫所营求差遣,生事扰人。"⑤

于是,有官员建议给为事带俸官安排一定的防御任务,如陕西巡抚阮某提出令腹里带俸官上班操备:

缘事等官员如在边方卫所,难免差操调用,若下腹里卫所,不过支俸安闲,难云守城,一冬操三、歇五次,岁计之,仅操月余,反为得计,徒有差操之名,而无差操之实。合无通行各处镇守、巡抚、巡按及按察司、分巡兵备官,

---

① (明)申时行等:(万历)《明会典》卷119《铨选二》,第616页。

② 《大明律直引所载问刑条例》,黄彰健编:《明代律例汇编》卷1,第278页。

③ 《明孝宗实录》卷213,弘治十七年六月癸未,第4009页。

④ (明)戴金编:《皇明条法事类纂》卷3《巡盐捕盗军职纵人生事害民,发其多余弟男子侄发原籍当差例》,《中国珍稀法律典籍集成》乙编,第4册,第112页。

⑤ 《明孝宗实录》卷66,弘治五年八月戊申,第1262页。

查照今后军职为事问罪还职,合该带俸差操者,俱给马匹、军器,分拨各边上班操备,再不许营求管队等项。遇警与边(为)〔有〕事,带俸差操官,俱随军杀贼,下班之日一体回卫休息。①

又如河南巡抚赵某建议令其自备武器装备,参与操练演习,不参与者给予停俸惩罚。其曰:

奈何河南都司卫所武职,有等奸顽之徒,不思(捕)〔补〕报,专一贪赃,往往事发,所司推问,止是照例革去见任管军、督事,仍发原卫所带俸差操。到彼因有官禄,稔恶不(俊)〔悛〕,妒忌管事同僚,挟讨军伴跟随,出入闲游,坐享富贵。等兵(下)〔不〕习,武备不修。今后合无将河南都司卫所带俸差操官员,不分都指挥、指挥、千户、镇抚,逐一查出,等年余冬春该操时月,俱令自备弓马,与本卫守城操练官军人等,一同赴操,演习武艺。如仍恃顽违例不操,听按察司分巡官体察,(违)〔报〕呈镇守、巡抚、巡按官定夺。先将带支俸粮住支,务令常川赴操,方许照旧带支。②

另外,对为事官戴罪期间夤缘管事者,严加惩处,数罪并罚。如巡按山东监察御史宋鉴提出:

军职缘事问拟革去见任,带俸差操者,因不久又得夤缘管事,遂不畏法。乞今后未及五年、不经抚按官奏保而上司辄委管事者,两罪之。若再犯赃罪当调卫者,俱调陕西大同等处同族随住,庶军职知警。③

可见,若为事官触犯法律则罪上加罪,朝廷将会加大惩罚力度。由于大量的获罪武官被处以带俸差操的处罚,带俸官渐成为"为事官"之代名词,被人所不齿,沈德符在论述锦衣卫堂上官职衔时,间接展示了"带俸"意义的演变。在京亲卫带俸者,因"带俸"多指代因犯罪被革任者,故去掉"带俸"字样,以免与为事官相混淆。

今锦衣卫堂上官……加都指挥者亦书本卫,意每疑之,外省有都使司方

---

① (明)戴金编:《皇明条法事类纂》附编《为事革任军职俱拨马匹军器拨操例》,《中国珍稀法律典籍集成》乙编,第 6 册,第 133 页。

② (明)戴金编:《皇明条法事类纂》卷 24《带俸军官自备弓兵操练私买功次充军官军妄杀被掳人口与杀平人一体论断例》,《中国珍稀法律典籍集成》乙编,第 4 册,第 1038—1039 页。按,"河南都司卫所武职,有等奸顽之徒",原作"河南都司卫所职,武有等奸顽之徒",今改。

③ 《明孝宗实录》卷 64,弘治五年六月丙午,第 1232 页。

有此官,今京师安所得都司称之？盖外卫官历任升至都司,必云某卫带俸,然军职犯罪,有革任带俸差操之文。其后官金吾者,以"带俸"二字为不祥而去之,遂使在京三品衙门,忽有外任二品之官。于典制则乖,于官守则舛！①

六、对锦衣卫官员的司法约束

锦衣卫拥有缉查、审讯等多项司法职能,是一个特殊的军事机构,②尤其北镇抚司官员借助皇帝的信任,专理重案,甚至一度权势滔天。崔铣曰:"凡卫必有镇抚司,理其卫之刑而已。锦衣镇抚司为上所亲信,故凡廷臣将有重遣者,民之妖言者,盗者皆命治之。狱具虽法司大臣无敢出入,故朝之大狱,镇抚治之;朝之斋狱,法司治之。"③

然而,锦衣卫官员理刑并非可以为所欲为,而是受到法律的约束,那些恃宠而骄、滥用权力者大多难逃法律惩处。掌锦衣卫事都指挥佥事纪纲先是跟随朱棣起兵,逐渐备受重用,初被授予锦衣卫千户,"累官锦衣指挥使,升都指挥佥事。日见信任,而时思骄横,朋比罔上,与指挥佥事庄敬等,兴贩私盐,居处、服食、器皿僭拟上用。畜歌童、舞女于家,出入迎导,诈传诏旨,役临邑之民营创私(第),擅作威福,以危法中人,受四方赂遗及侵盗官物不可胜"。最终纪纲因罪伏诛,并籍其家,无少长咸谪戍边。④明宣宗以纪纲作为处罚先例警戒锦衣卫指挥、镇抚、千百户官员,不得泄露机密和狱情,敕谕曰:

> 朝廷委尔等以心腹,凡机密事务、狱情轻重必须谨慎严密,纤毫毋泄,乃尔等职分所当为。若泄漏机务、走透狱情,而与外人交接,是不知有朝廷矣。近者纪纲等不遵国法,往往诈传敕旨,擅作威福、颠倒是非、泄漏机密重事,暗结人心,一旦发露,杀身亡家,皆尔等所亲见。今复效其所为,独不念祸及身家邪！已往之愆,姑置不问,自今常加警省,无负朝廷,以保禄位,如或不悛,国有常宪,朕不尔贷。⑤

---

① (明)沈德符:《万历野获编》卷21《禁卫·锦衣卫》,中华书局1997年版,第532页。

② 参见张金奎:《锦衣卫司法职能略论》,《明清论丛》第19辑;《锦衣卫维护京城治安职能初探》,《社会科学辑刊》2019年第5期。

③ (明)崔铣:《洹词》卷2《喻刑》,《景印文渊阁四库全书》第1267册,第405—406页。

④ 《明太宗实录》卷178,永乐十四年秋七月乙巳,第1940页。

⑤ 《明宣宗实录》卷57,宣德四年八月丁亥,第1360页。

明英宗在位时期重用锦衣卫,天顺时,掌锦衣卫事门达与锦衣卫指挥同知逯杲势力最大。"逯杲缚锦衣百户杨瑛,谓为张永亲属无亡,以私怨执千户刘勤于朝班,奏其讪上。两人并坐诛",足见其凶暴。《明史》称其"阴鸷残忍能通案牍"①,门达倚重之。逯杲每遣校尉廉得事情送门达锻炼成狱,校尉所至,"总兵、镇守、巡抚、巡按、三司有司官,无不畏恐,多具酒肴、选声伎以乐之,且馈金祈免。虽亲藩亦然,久则以无所馈者塞责。达、杲又立限督,并必欲其多获罪人。是年,天下官员朝觐陷罪者甚众"②。曹钦反,逯杲被杀。门达升锦衣卫佥事,依旧掌卫理刑,"自是势愈张"③。惟都指挥佥事袁彬恃恩不为之下,门达借彬妾父千户王钦诓人财物、锦衣卫力士赵安犯事请托等案,执彬考讯之,并"讦彬尝受石亨、曹钦及诸干谒者馈遗,多用官木造私居,索内官督工者砖瓦,夺人子女为妾诸不法事"。狱成,牵连大学士李贤,最终"命彬赎毕,调南京锦衣卫带俸闲住"④。宪宗即位,门达被言官弹劾论罪,"群臣廷鞫论斩。系狱,没其赀巨万。指挥张山同谋杀人罪如之。子序班升、从子千户清、壻指挥扬观及其党都指挥牛循等九人谪戍降调有差。后当审录,命贷达死,发广西南丹卫充军,卒"⑤。另外,还有锦衣卫都指挥佥事刘敬,敬在景泰时为指挥同知,专诇权要,及英宗复位又以妄报迎驾功历升都指挥佥事,最终降为山东东昌卫指挥使。⑥

锦衣卫官员除了奉旨审理谋逆大案,以及京城案件外,还有侦缉之责,通过察访官员、巡视民情、巡逻街道等及时发现各类违法行为。为了防止锦衣卫官员趁此挟制、诬陷他人,皇帝特予以警示。例如景泰时,命锦衣卫指挥同知毕旺采访事情,特敕谕曰:"今后但系谋逆、反叛、妖言惑众、窥伺朝廷事情,交通王府、外夷,窝藏奸盗,及各仓场库务虚买实收关单,官吏受财卖法有显迹重情,方许指实奏闻,点差御史覆体实,方许执讯。其余事情,止许受害之人告发,不许挟雠受嘱,诬害良善,及将实事受财卖放,法司亦不许听从胁制嘱托,致有冤枉。违法重

---

① (清)万斯同:《明史》卷403《佞幸传》,《续修四库全书》第331册,第351页。
② 《明英宗实录》卷318,天顺四年八月己未,第6631页。
③ (清)万斯同:《明史》卷403《佞幸传》,《续修四库全书》第331册,第349页。
④ 《明英宗实录》卷359,天顺七年十一月丁卯,第7143页。
⑤ (清)万斯同:《明史》卷403《佞幸传》,《续修四库全书》第331册,第350页。
⑥ 《明英宗实录》卷277,天顺元年夏四月丁巳,第5925页。

情,罪不宥。"①在京口外官员军民与瓦剌使臣私相交易军器等物,令锦衣卫严加巡视,敕锦衣卫指挥同知王山、千户邓宣曰:"今使臣将回,特命尔等领旗校自居庸关至宣府大同,凡使臣经过去处巡缉,敢有似前潜将军器与之交易者,即擒解京,有干应奏官员具实奏闻逮问。如尔巡捕不密,事发皆重罪不宥,仍须严禁带去旗校人等,不许依势作威,诓索官民财物,但有犯者,即尔之罪。"②

锦衣卫官员还承担外出缉拿嫌犯、押送犯人的职责,若收受犯官贿赂或虐待犯人则要受到惩罚。英宗时,有户部郎中蔡穄以粮储事差往广东,却索求财物、人口,枉道回家,为巡按御史金敬所发。因而命锦衣卫百户王兴往执之,"兴受其赂,在途迁延,差人逮捕至京",英宗以穄等情罪深重,法司所拟太轻,曰:"蔡穄、王兴受赇玩法,蔑视朝廷,其可容乎? 命斩之于市以警其余。"于是二人伏诛。③ 锦衣卫千户黄麟奉命往执犯官广西巡按御史吴祯,麟至则欲得各官重赂,"诈云奉敕旨闭城门,索狱具二百余副,由是众情疑惧,遂得白金二千余两",事觉后,命镇抚司鞫问,具伏。征其贿,谪之口外。④ 若锦衣卫校尉缉捕盗贼违限,其上属官员亦承担责任。五城兵马及锦衣卫官校缉盗,久之未获。监察御史姜永等劾奏其罪,命锦衣卫锁其项限缉获以赎,不获且连坐锦衣卫指挥同知刘源、佥事刘勉等。⑤

嘉靖皇帝亦信任锦衣卫,然锦衣卫官员若枉法害人性命,亦不饶恕。时锦衣卫带俸署百户王邦奇以传升千户,遇诏削级,因该诏令由大学士杨廷和所拟,深怨之。借上疏哈密事,构陷杨廷和及其子兵部主事杨惇、义男侍读叶桂章等人。礼科给事中杨言、镇远侯顾仕隆皆言王邦奇所奏皆虚妄。最终"仕隆等徇情回护切责之,以杨惇隐匿卷宗褫职为民,杨言轻率妄言调外任,邦奇陈言希用降总旗"⑥。不久,锦衣卫百户张春,校尉何显、翟宇奉诏逮侍读叶桂章,"行至柏乡传舍,桂章夜如厕,袖小刀自刺死"。于是春等以防范不谨下狱,科道官交章劾之:"桂章故近侍臣,坐王邦奇疏词连及耳,非有殊死罪也,不便窘辱,何遽至此?"已

---

① 《明英宗实录》卷214,景泰三年三月甲辰,第4608页。
② 《明英宗实录》卷137,正统十一年春正月戊子,第2726页。
③ 《明英宗实录》卷14,正统元年二月癸丑,第260页。
④ 《明英宗实录》卷302,天顺三年夏四月丁卯,第6401页。
⑤ 《明英宗实录》卷71,正统五年九月丁未,第1377页。
⑥ 《明世宗实录》卷73,嘉靖六年二月己未,第1646页。

而考讯春等索贿有状狱词，且得旨"春调发海州卫差操，显宇充海州卫军"①。

锦衣卫官员中有一部分为外戚、勋贵子弟充任的挂职散官，该群体享受较高的经济待遇。漳州卫千户甘斌祈求复锦衣卫旧职，"永乐中以外戚推恩，擢任锦衣卫指挥，坐事降千户，已经赦，乞复指挥之职"。宣宗曰："贵戚豪横鲜不致败，如薄昭亦所不免。甘斌豪横多矣，强夺民田，诈传诏旨，无所不至。为御史劾奏，皇考天地之量，不寘于法，但降黜之，以全其生。今尚敢希恩求进邪，法不可以私纵，恩不可以幸得，即押赴漳州。"②

由上述可见，锦衣卫官员行使职权时受到了国家法律的制约，皇帝亦屡屡禁止其滥用职权，迫害官民。但因其凭借皇帝授予的广泛权力，具有与法司同等地位，甚至某些方面超出法司管辖范围的司法职能，其在明朝统治机构中占有特殊地位。据统计，锦衣卫官数量"洪武初年旧官二百一十一员，永乐初年新官二百五十四员，自永乐以后迄嘉靖六年新增一千二百六十三员，夫锦衣一卫，由永乐视洪武增官一倍矣，迄今（嘉靖）增六七倍矣"③。锦衣卫官员成为武官群体中的特殊部分，有时还通过太监之权，扩大自己的势力。嘉靖时，据给事中郑自璧反映，司礼监太监黄英病故后，御用监太监黄锦乞将英弟侄黄富授军职，批曰："黄英历事年久，老成勤慎，他弟侄黄富与做锦衣卫指挥佥事，着在南镇抚司见任管事，黄喜正千户，黄铉副千户，黄锐、黄镜、黄绥百户，陈昊所镇抚，俱见任管事。钦此。"按照明初制度设计，对于军职"非有突锋排难之功，虽寸级不得轻授"④，而司礼监太监之亲属竟有数人实授锦衣卫官职，且可以在太监的包庇下逃避罪责。弘治十二年，太监黄顺的侄子黄英，时任锦衣卫掌镇抚司事都指挥佥事，因私役军校，"下都察院鞫之，拟罪降一级，带俸差操"，最终却只是罚俸五月，赎杖毕复职管事。⑤ 至于皇权旁落时，权监利用锦衣卫，为打击政敌制造冤假错案，破坏朝纲，造成严重的不良后果。

综上，明代的刑罚制度根据社会发展趋势、法律效力进行了不断调整。以

---

① 《明世宗实录》卷74，嘉靖六年三月丙午，第1674页。

② 《明宣宗实录》卷10，洪熙元年冬十月戊子，第286页。

③ （明）霍韬：《再辞礼部尚书陈言疏》，陈子龙等：《明经世文编》卷188，第1939页。

④ （明）郑自璧：《靳滥予以重武阶疏》，（明）贾三近辑：《皇明两朝疏抄》卷11，《续修四库全书》第465册，第390页。

⑤ 《明孝宗实录》卷157，弘治十二年十二月戊子，第2816页。

《大明律》作为基本法律,通过官员上疏、法司会议、皇帝批准等程序颁行大量的例,又编纂《问刑条例》将例进行汇编与修订。为了区别前后条例的不同,冠以"新例"或"旧例"之称,或加以年号以坐标识。例如,正统十四年五月,法司梳理了武官克扣军粮的不同情况,分别按新例与旧例作出不同惩罚:"初贵州有百户,坐以军粮卖银因而侵易,当赎斩。是时适有新例克减军粮,俱边卫充军。其人以废疾及亲老诉愿,如旧例输赎。"巡按御史陈鉴奏请:"乞今后克减军粮数逾五十石者,如新例充军,以军粮卖银因而侵易者如旧例输赎。"于是皇帝下令:"今后以军粮卖银因而侵易者,赎罪还职,于本卫带操听调,当先杀贼,毋得仍前管军,果有情重及奸诈不服者,具闻处之。"①

嘉靖三十四年,刑部尚书何鳌等奏上律例九事,经会议皆批准。其中有关武官的规定有:

> 军职犯该人命、失机、强盗真犯死罪,及减死充军者,不论典刑、监故,子孙俱不许袭。沿边地方总兵、副参、游击、守备、都司卫所官员,但有科敛入己赃私至二百两以上,永戍边卫,四百两以上枭示。

> 凡沿边、沿海及内府、州、县,与卫所同住一城者,及卫所自住一城者,若遇寇至不能固守,致贼陷入杀掳三十人以上,烧毁官民房屋,卫所掌印官与捕盗官俱比照守边将帅失陷城塞者律,斩……

> 凡军职有犯倚势役占,并受财卖放余丁至三十名以上,致废防守,俱比军职卖放正军、包纳月钱至二十名以上事例,罢职戍边。②

此类经皇帝批准的条例在一定时期范围内皆有法律效力,直到被新例取代。有时新条例实施后产生新的弊端,而已经被取代的旧例亦有被恢复执行的情况,反映了明代律例的时效性,与明代政治、经济、社会的实际发展情形紧密结合。

---

① 《明英宗实录》卷178,正统十四年五月辛巳,第3430页。
② 《明世宗实录》卷419,嘉靖三十四年二月辛巳,第7274页。

第五章 明代武官违法犯罪的司法实践

明代致力于法制建设,立法活动频繁,多次修订《大明律》,虽然因明太祖下令:"凡我子孙,钦承朕命,无作聪明,乱我已成之法,一字不可改易。"①明初以后未再重新修订《大明律》,但通过编行《问刑条例》等,为司法审判增加了新的有力依据。由此,例的推行成为明代中后期重要的立法形式,其功能更加适应了社会的发展状况。除了刑事方面外,广泛涉及行政、军政、经济、民事、学校管理诸方面。② 然而,法律的表达和实际运作之间存在一定差距。虽然司法机构根据律例对犯罪行为进行审判,但最终判决时,时有出入,即"法定刑""宣告刑""执行刑"三者之间不尽相同。③

明代律法遵循"重其重罪、轻其轻罪"的原则,尤其前期对政治犯罪、杀人罪、强盗等严重威胁王朝统治以及公共安全罪的审判较为严格。然而,明代又奉行恤刑理念,制定赎罪条例,尤其明代中期以来对于杂犯死罪和徒流及以下罪行,往往根据不同的犯罪行为施以不同的纳赎规定。对武官而言,根据量刑轻重给予罚俸、纳粮、降级、罢职、戴罪立功等方式赎罪,由此给了司法实践一定的发

---

① 《皇明祖训序》,杨一凡主编:《中国珍稀法律典籍续编》,第 3 册,第 483 页。

② 杨一凡分析:"中国古代法律体系以元代为分界线,经历了由以律令为基本法律形式的法律体系向以律例为基本法律形式的法律体系的演变。明代统治者经过长期的立法实践,到明代中叶时,建立起以《会典》为'大经大法',以律和重要的单行行政、问刑条例为'常法',以则例、事例、榜例为补充法的完整的法律体系。在这一法律体系中,典、律、令、例等法律形式并存,'例'是功能最为广泛的法律形式……明代建立的以例为主要立法形式的法律体系,与前代各朝比较,具有法律形式简约、包容量大、功能分明的优点,因而为清代所沿袭。"(杨一凡:《明代立法研究·序言》,中国社会科学出版社 2013 年版,第 1 页)

③ 黄宗智通过对清代法律制度的研究,将这种现象如下概括:"一方面具有高度道德化的理想和话语,另一方面它在操作之中比较实际,能够适应社会实际和民间习俗。我们既不能只凭它自己的表达和意识形态来理解它,也不难只凭它的实际行为来理解它,而是要看到它表达和实践双方面的互相依赖和互相矛盾。"(黄宗智:《清代的法律、社会与文化:民法的表达与实践》,上海书店出版社 2007 年版,第 9 页)

挥空间。

武官犯罪后,按照规定司法官员需要论功定议,即可以通过追溯战功,减免罪行。同时还可以借助皇帝颁布的赦免诏令,得到宽宥。除了在大赦中,赦免一些刑犯外,还有专门性的赦免。如天顺元年下诏赦免:

> 自正统元年以后至天顺元年正月二十一日以前,军官并旗军、将军、力士、校尉、舍余人等为事犯罪调卫,并发遣各处立功及哨守等项者,尽行宥免,复还职役,仍回原卫。原管事者照旧管事,原带俸差操者照旧带俸差操,有为事发充军役者,不分己未到配所,俱复还职役,就注充军卫所差操。①

宣德二年九月,宣宗览阅法司所上武职旗军的罪状,就不同罪行进行了判处,一次判决 400 余人。其中人命重情之罪依律处置,而监守自盗、常人盗、窃盗、因公擅科敛等罪行允许赴西边戴罪立功,返回之日即可恢复原职。笞罪官员罚赎还职。命之曰:

> 凡谋叛、强盗、谋杀人得财、谋杀人造意反加功、支解人为从、怀挟私雠故勘平人致死、临阵在逃、伪造印信、斗殴杀人、威力制缚人致死、夫殴妻致死、强夺良家妻女、诬告人致死、白昼抢夺伤人者,皆依律。监守自盗、常人盗仓库钱粮等物,邀截实封,受财枉法榜例重罪,放火故烧仓库及官物,窃盗拒捕,谋杀人伤而不死,造意科敛军粮,因公擅科敛,及凡流徒杖罪,官戴罪,旗军俱宥罪,发随内官迤西公干,还日,官复原职,旗军复原伍。笞罪官、旗军俱罚输作,复职役。②

明中后期以来,武官地位逐渐下降,形成重文轻武的局面,但战事紧急时,急需将才,也不得不对某些犯罪武官从轻发落。当然并非所有武官犯罪都能被减免,相反也有按律甚至从重处置的情况。

第一节 情重罚轻

明代武官犯罪不论军职高低、情犯轻重,原则上都由皇帝判决,因此进一步

---

① 《明英宗实录》卷274,天顺元年正月丙戌,第5800页。
② 《明宣宗实录》卷31,宣德二年九月壬辰,第796页。

增加了其司法实践的不确定性。皇帝对勋臣及其世袭子孙往往法外开恩,以保其富贵和名誉不受损害,论罪需要陈其祖父功绩。

洪武十五年(1382),"靖州卫指挥佥事庞虎等潜通贿赂,卖弃其地入于蛮夷,且饰词设谩"。庞虎所犯深重,然而,以善用严刑峻法著称的明太祖朱元璋在处理此案时法外开恩,"宥之,降临安、沾益守御",并遣使赍敕谕之,曰:

> 人臣之怀忠义者,刚果正直,未有欺蔽其君者也。曩靖州经界不明,朕谓尔等忠良之臣必能明之,遣镇抚毕安谕意再三,岂谓尔等潜通贿赂,卖弃其地入于蛮夷,乃饰词设谩,非欺君而何?致法司问拟如律,宥死贬隶编伍。朕思尔等前劳,既多心所不忍,今姑释尔罪,调云南沾益、临安二卫守御,尚改过自新,毋蹈前非,符至即行。①

可见,明太祖念其在战场上的辛劳,不忍处以死刑而从轻发落,令其改过自新。都督张文杰,纵其子铭犯法,下狱。给事中劾奏文杰恃恩骄恣,又有告其他事者。成祖以勋臣不欲加罪,但免归田里,其长子镇任肃州卫指挥佥事亦罢之。② 成祖还因为惜才宽宥犯官,如都督程远有罪,特宥之,命随西平侯沐晟立功自赎。并对侍臣曰:"君人之道,犯极恶则不宥,有小善亦不弃,人孰无过,论小过而废大善,则为善者怠,亦孰无才。若录小才而免大恶,则为恶者肆,故恶之难容者,乃不论其才,才有可用者,乃可略其过。"③

宣宗即位后,亦在司法实践方面优待武官,除了真犯死罪外,其他罪行予以减刑,以充军、立功代之。谕行在三法司曰:"卿等所奏刑名,多有军职杂犯死罪及应徒流者,朕念其祖父立功,或本身效劳,艰难得官,一因愚戆,遂致罪戾,情有可悯,但令于边境充军立功,其真犯罪死者不赦。"④如山西镇武卫指挥同知冯镇宫其义子为火者,于律当徒,今患病在狱,请医治疗。宣宗允之,对右都御史顾佐等曰:"武人之愚,其积功甚难,而犯刑甚易,此人所为本不足恤,但祖宗仁厚之典,不可以违。"⑤如果法司在给犯官论罪时,未开具其祖辈军功,则属于过失之

---

① 《明太祖实录》卷147,洪武十五年八月乙巳,第2325页。
② 《明太宗实录》卷25,永乐元年十一月癸酉,第473页。
③ 《明太宗实录》卷54,永乐四年五月丁酉,第803页。
④ 《明宣宗实录》卷10,洪熙元年冬十月壬午,第277页。
⑤ 《明宣宗实录》卷51,宣德四年二月甲午,第1223页。

罪,正统十三年九月,陕西按察司佥事张春论军官罪,不开陈其祖父军功,都察院奏其违法,被逮问。①

明代注重礼法之治,除了谋逆、杀人等列为重罪外,在法律实施上,若军官犯不孝或败伦伤化等罪行,亦需严惩。除了《大明律》中对殴骂长辈有明确惩罚外,在宣德年间出现违反家庭伦理之罪的处罚,如收继婚一类。宣德四年(1429)二月二十二日,宣宗敕谕兵部:"今后军官及其子弟有犯不〔孝并承〕父〔妾〕、接收兄弟(要为)〔之〕妻及败伦伤化者,〔依〕律〔治〕罪,不许复职、承袭,永为定例。"②此后,兵部会议认为军官及其子孙弟侄犯不孝及败伦伤化之罪者,若皆不准袭职,发回原籍为民,似有不妥,如此便辜负了其祖辈所创军功。经奏请,英宗批准:"军官有犯前罪者,本身如律罪之,不许复职。许令子孙承袭。如嫡长子、孙有犯,许令嫡次子孙承袭。〔正〕犯人口发遣原籍为民,不许与见任同处"③。两条律令已明确规定,军官若犯该罪不许复职,只是在是否允许子孙承袭问题上有所变动,但案例中却仍然有所例外。

天顺元年(1457)八月,兵部奏:"金吾左卫指挥同知杨琳等毁骂亲长,法司问罪已毕,欲照赦例还职。"英宗命兵部臣曰:"军职败伦伤化不许复职,系宣德年间定制。今琳等虽法司问拟明白,既遇大赦亦令复职,后不为例。"④明英宗本人对此定制非常清楚,因遇大赦而破例,该案是处理此类问题的一个特例。到成化时期重申宣德十年之例,成化五年(1491年)九月二十六日,问审犯人刘全,系直隶保定府定兴县人,袭任府军前卫中所百户,犯不孝之罪。"缘有前项事例,正系败伦伤化人数,虽(以)〔已〕准令复职,却将本官照例革去职事。(登)〔发〕回原籍为民,另取应袭之人承袭。缘刘全系军职,具题。"奉圣旨:"是"。即再次明确了"军职犯不孝并败伦伤化者发回原籍为民,子孙承袭"的律例。⑤

① 《明英宗实录》卷170,正统十三年九月辛丑,第3284页。
② (明)戴金编:《皇明条法事类纂》卷3《军职有犯不孝并败伦伤化者发回原籍为民若干犯外姻者〔于〕本卫随住例》,《中国珍稀法律典籍集成》乙编,第4册,第126页。
③ (明)戴金编:《皇明条法事类纂》卷3《军职有犯不孝并败伦伤化者发回原籍为民若干犯外姻者〔于〕本卫随住例》,《中国珍稀法律典籍集成》乙编,第4册,第126页。
④ 《明英宗实录》卷281,天顺元年八月癸巳,第6028页。
⑤ (明)戴金编:《皇明条法事类纂》卷3《军职犯不孝并败伦伤化者发回原籍为民子孙承袭例》,《中国珍稀法律典籍集成》乙编,第4册,第112页。

以上案例有因犯罪主体的特殊身份而得到宽免的,也有遇大赦而从轻发落的。下面一则案例则是与犯人的犯罪性质与动机有关。明代官吏犯罪有公私罪之分,对公罪的处罚往往要比犯私罪轻。《大明律》内一款"文武官犯公罪"规定:"凡内外大小军民衙门官吏,犯公罪该笞者,官,收赎……杖罪以上,明立文案,每年一考,记录罪名;九年一次统考所犯次数、重轻,以凭黜陟。"可见比较轻的公罪只需记过而已。因公致死人命的处罚同样比因私愤蓄意谋杀人轻,规定:"至死者杖一百,徒三年,追埋葬银一十两。"①虽然处罚较轻,但仍然规定此类犯人需承担一定的法律责任。此外,管军官因公威逼人致死,虽受害者自尽仍与因私殴打致重伤同等处罚:"因私事用强殴打,或因公务威逼人致死者,相有重伤,及成残废笃疾者,虽有自尽实迹,俱照凶器伤人事例,问发边卫充军,仍追埋葬银十两。"②

上述律例对武官犯罪已经酌情减轻,但在司法实践中,已经减等处罚的措施亦未被彻底施行。最终皇帝以"因公有过"为由对犯罪武官再度从轻发落,甚至未经过审理,直接宥免。如"贵州都指挥同知焦得奏,尝领军征剿广西叛蛮,有军人临阵而逃,既获,杖之四十,付断事司鞫之,后死于狱"。如按以公事杖杀人罪律当徒,而明宣宗认为:"军律不严,何以一众心,军逃而杖之虽死不为过。"遂得宥。③ 皇帝从严明军纪,整肃军心角度出发,认为若按军令规定军官杖死逃军不为过。类似的案例还有很多,如"四川都指挥佥事李斌往重庆查官木,因公杖百户数十,十余日死"。杖死千户论法当罪之,但宣宗认为"李斌因公施行之过,非有赃罪,姑宥之。"④

明代中后期,武官因公致死人命按例可纳赎还职,处罚进一步减轻,但也不乏加重处治的个案,例如:"广东清吏司发审犯人王忠,犯该监临之官因公事于人虚怯去处非法殴打至死,减等杖九十,徒二年半,照例运灰完日还职,仍追银十两给予尸亲。"明宪宗对该案件的处理却一反常例,令王忠纳赎完毕后,降本卫充军。⑤

---

① 《大明律·决罚不如法》,黄彰健编:《明代律例汇编》卷28,第1003页。
② 《续例附考·威逼人致死》,黄彰健编:《明代律例汇编》卷19,第817页。
③ 《明宣宗实录》卷42,宣德三年闰四月壬辰,第1030页。
④ 《明宣宗实录》卷88,宣德七年三月乙酉,第2036页。
⑤ (明)戴金编:《皇明条法事类纂》卷6《(总)军职(同)〔因〕公殴杀军人充军例》,《中国珍稀法律典籍集成》乙编,第4册,第250页。

　　总体上,武官因公犯罪的处罚具有较大可变性,如果没有其他重大过失,司法官员与统治者在拟罪和执法时往往以事出有因、情有可原为其减免惩罚。事实上,官吏无论是犯公罪和私罪,与庶民都有着很大的区别。这种区别在于:官吏犯罪,首先可以用处分当之,其次可以用官职抵之,再次可以用金钱赎之。官吏有此特权,在惩处问题上也必然会存在很大的伸缩性与可变性。① 明成祖朱棣曾下诏颁行了功臣、武官的赎罪条例,其中死罪也可获得减免。例如,定功臣死罪减禄例:“免三死者,初犯减其禄二十之七,再犯减其十之七,三犯尽夺;免二死者,初犯减禄十之五,再犯尽夺;免一死者,一犯尽夺。”定武官军士赎罪例:“凡武官犯死罪,情轻者,夺俸三年;流罪二年,徒罪一年,杖罪当罢职者夺俸六月,当降等者三月。军士及其户丁杂犯死罪发北平卫所屯田。”②

　　明代对武官的惩处,因犯罪类型的不同,宽免程度也不同,经济犯罪中除巨大的偷盗、抢劫案件不赦外,一般的侵欺军人月粮、受财枉法、常人盗、监守自盗数额较小等案件大多都可从轻发落;职务犯罪中,失误军机罪在律文中被定为死罪,至明中后期多免死,情轻者可戴罪立功,免处罚,重者亦可免死,或戍边立功,或降级罚俸;刑事犯罪中,人命重罪必当斩、绞,但若因公致死军人,则可减免刑罚。表5-1是按照犯罪内容的不同,将明代武官犯罪获得从轻处治的部分案例列出,可供参考。

表 5-1　经济犯罪类从轻处罚案例

武官犯罪情由	法司原拟	司法实践	宽免缘由	资料出处
定辽卫指挥李哲私市官马。	当杖,谪戍边。	令以马还官,免其罪,领职如故。	兵部尚书沈溍以闻,上曰:“哲本不才,但念其父累岁守边,多着劳绩,免其罪。”	《明太祖实录》卷200,洪武二十三年二月丙午
辽东义州千户邓铭征敛部卒财物。	应杖为军。	令其子代役免杖。	其子赴诉请代父罪,上许之。	《明太祖实录》卷238,洪武二十八年夏四月戊辰

---

① 柏桦:《明代州县政治体制研究》,中国社会科学出版社2003年版,第278页。
② 《明太宗实录》卷12,洪武三十五年九月甲午,第215页。

武官犯罪情由	法司原拟	司法实践	宽免缘由	资料出处
通州卫千户赵琏侵用军粮二十石。	行在大理寺卿虞谦奏应斩。	免死,发边卫充军立功,无功仍坐原罪。	上曰:"五品军官子孙世袭,而以二十石米丧身,何异部腹而藏珠者,免死。"	《明宣宗实录》卷9,洪熙元年九月己未
随驾御马监领勇士都指挥佥事薛兴,坐受赇举罪人之子充勇士,得授副千户。	行在刑部奏兴受财枉法,应绞。	罚役以赎。	上曰:"愚人,姑宥死。"	《明宣宗实录》卷17,宣德元年五月己酉
苏州卫指挥使何济以市薪不如价坐罪。	输作毕,当调卫。	复原卫。	自陈有母年八十余,无他兄弟,乞复原卫便养母。上曰:"市薪小过,养母至情,姑从之。"	《明宣宗实录》卷18,宣德元年六月壬申
保定伯梁铭充参将镇守宁夏,御史劾奏铭纵军受财等事。	御史论铭应罚役降爵。	复其爵而罢其参将之任。	上念铭旧勋,宥之。	《明宣宗实录》卷20,宣德元年八月甲子
江西都指挥同知王钦坐索属官财物。	应徒。	俾赎罪,罢职闲居。	上悯其老。	《明宣宗实录》卷27,宣德二年夏四月戊寅
镇守龙州都指挥佥事张贵以贪刻害民被逮。	论法当死。	诏免死杖一百,谪戍开平。		《明宣宗实录》卷59,宣德四年十月己丑
监察御史沈敬等劾奏行在后军都督佥事张廉盗官木,及砖瓦,役军匠创造私居。	请真于法。	宥之。	上曰:武夫无识,辜宥之。	《明宣宗实录》卷72,宣德五年十一月庚子
广东都指挥使花英受宁川千户馈遗白金百三十两。	法当罪之。	宥之。	闻其祖父有功,姑宥之。	《明宣宗实录》卷88,宣德七年三月庚午条。
镇守延安都指挥佥事刘俨擅改造铳甲及科敛等事。	法司论死罪。	罚役复职。	例应罚役复职,从之。	《明宣宗实录》卷109,宣德九年三月丙戌
镇守居庸关都指挥佥事高迪坐监守自盗罪。	当斩。	命赎罪毕,调卫。		《明英宗实录》卷34,正统二年九月壬辰
陕西都指挥佥事王信守备延安、绥德,数受军士赂,纵之窜伍。	巡按监察御史章聪论其当斩。	谪为为事官。	上命谪之,立功以赎。	《明英宗实录》卷37,正统二年十二月癸未

续表

武官犯罪情由	法司原拟	司法实践	宽免缘由	资料出处
陕西都指挥同知戴旺私役军余，占种田土，饮酒宿娼。		都察院仍录状示之，如再犯必罪不宥。	旺输情服罪，姑贷其罪。	《明英宗实录》卷68，正统五年七月丙戌
陕西行都司都指挥彭铉、马（粦）〔麟〕等侵欺官物，出脱人罪。	罪之。	宥之。	上以事在赦前，命贷之，戒毋再犯。	《明英宗实录》卷105，正统八年六月乙酉
守备镇番卫指挥使马麟，剥削军粮，侵盗官物诸不法事，以赦前除其罪，第坐奏事不实。	赎徒还职。	不许守备，令听总兵镇守官调用。	上曰："麟不才……再蹈前非不贷。"	《明英宗实录》卷115，正统九年四月己酉
右军都督佥事陈友奉命提督牧马官军，官军致马瘦弱者，友纳其贿，不以闻。	刑部狱坐以受财枉法赎绞。	降为都指挥使。		《明英宗实录》卷198，景泰元年十一月戊辰
镇守古北口都指挥佥事陈亮赂兵部尚书陈汝言，求镇守。	下巡按御史鞫，当徒。	宥之。	都察院以其事在赦前，奏请勿罪，从之。	《明英宗实录》卷290，天顺二年四月己未
犯人罗壋招系湖广溪卫中所百户，检验已故犯人李俊等尸身，接受凶犯谢礼财物，逼令尸亲李暹将李俊身尸烧化。	问拟受财枉法满贯绞罪，系废疾人，不该收赎，将本犯照例发边远立功五年，满日还职。	将罗壋改拟纳米，完日致仕，保送应袭儿男替职。	军职若年七十以上十五以下及废疾者一概发遣，不仅不能立功，抑且置之死地。	《皇明条法事类纂》卷4《军职七十以上十五以下及废疾，犯该杂职死罪者纳米赎罪兑其立功例》成化十四年五月初七日
锦衣卫掌镇抚司事都指挥佥事黄英私役军校。	都察院拟罪降一级，带俸差操。	命赎杖毕，复职管事，仍罚俸五月。	英，太监顺之侄也。	《明孝宗实录》卷157，弘治十二年十二月壬子
济州卫右所副千户高鉴受贿纵守卫军。	降百户调山西平虏卫。	上悯其情，特免鉴调卫。	其母贾氏奏年老不能随行，乞留妇李氏侍养。	《明武宗实录》卷39，正德三年六月丙戌

表5-2 职务犯罪类从轻处罚案例

武官犯罪情由	法司原拟	司法实践	宽免缘由	资料出处
辽东都指挥佥事吴立逗挠军机。	论法当斩。	降辽东都指挥佥事为百户。	特免死降职，往宁夏立功。	《明太宗实录》卷30，永乐二年四月乙亥

续表

武官犯罪情由	法司原拟	司法实践	宽免缘由	资料出处
广东都指挥花英等从征交趾,畏避不进,贿清远伯王友迁道由钦州径还。	罪当诛。	发交趾立功赎罪。	上念其旧劳,特宥死。	《明太宗实录》卷89,永乐七年三月丙午
中军都督刘江镇守辽东不谨斥堠,致贼入寨杀官军。	当斩	宥之。	上怒遣人斩江首,既而宥之,使勉图后效。	《明太宗实录》卷114,永乐九年三月丁丑
三山门都指挥佥事孙胜怠于防守,至夜不锁水闸。事觉,皇太子问不以实对。	法司论当斩。	免死,谪从贵州总兵官都督梁福,立功赎罪。		《明太宗实录》卷174,永乐十四年三月庚子
陕西都指挥使司刘清掌宁夏卫事,私通外境,激变番夷,僭用服饰等。	斩罪。	特命宥死,谪戍辽东。		《明太宗实录》卷177,永乐十四年秋六月乙丑
掌中都留守司都指挥佥事牛谅,上命谅从武安侯郑亨镇守大同,谅惮行,且不乐属人,并诡奏。	公侯大臣推问之,遂奏谅怀诈不忠,无人臣礼,法当诛。	戍交趾。	上曰:"不必诛,亦不可用。"	《明仁宗实录》卷1下,永乐二十二年八月辛酉
山东都指挥佥事掌青州左卫事王铭坐受贿及私役军。	法司奏于律应绞。	罚役以赎	上曰:"武人知利而不知法,姑宥其死。"	《明宣宗实录》卷17,宣德元年五月己酉
都指挥佥事李敏备御义州,不设守备,致虏入境,杀掠人畜。	行在都察院论杖一百,发戍边。	姑宥之,令戴罪复职,造船、运粮赴海西。		《明宣宗实录》卷58,宣德四年九月辛亥
陕西都司都指挥同知王祯,私役军伴,占种官田。	陕西按察使王文等请罪之。	令改过自新。	上曰:"祯武人,知利而不知法,姑记其罪,俾图自新。如其不改,必罪不宥。"	《明英宗实录》卷14,正统元年二月己未
镇守密云都指挥佥事陈亨纵所部出境射猎,致达贼杀三十余人,攻劫头崖寨,掳掠孳畜。	亨下狱罪当斩。	命宥死,戍威远卫。		《明英宗实录》卷88,正统七年春正月戊寅
松潘卫指挥千百户安昶等失机误事,致贼杀虏官军。镇守都指挥佥事王杲不严提督。	昶应斩,杲亦当究问。	上宥昶等死,发紧要关堡充军立功;杲姑不问。	杲以守边事重,姑不问,再犯不宥。	《明英宗实录》卷166,正统十三年五月癸丑

168

续表

武官犯罪情由	法司原拟	司法实践	宽免缘由	资料出处
陕西凉州副总兵萧敬遇鞑贼入庄浪境内,不行策应,及临阵退缩,致贼劫掠而去。	罪应斩。	降为事官,于总兵官处听调杀贼,立功赎罪。	上曰:"第念其守边年久,降为事官。"	《明英宗实录》卷287,天顺二年二月辛丑
广东守备高州都指挥佥事林清尝失机罪,已而有功。	失机当斩。	宥之。	上曰:"功可赎罪。"	《明英宗实录》卷300,天顺三年二月丁卯
山东都指挥佥事钱能守备偏头关,虏入黄甫川,杀死官十三员,军一百三十四人,掠去马五百三十七匹。	下法司拟罪,临阵先退者律斩。	宥之,谪戍边。		《明宪宗实录》卷32,成化二年七月庚寅
陕西都指挥佥事夏鼎守备延绥,会达贼入河套,鼎与指挥佥事郑泰不能防,又纵军余千人出城采草为所杀。	都察院拟坐斩。	降鼎为指挥佥事;泰为副千户,俱边卫守哨。	特命降鼎三级,泰二级,俱发边卫守哨。	《明宪宗实录》卷44,成化三年二月壬午
辽东署都指挥佥事刘璇备御失机。	当斩。	降为义州卫指挥同知,带俸差操		《明宪宗实录》卷76,成化六年二月甲戌
辽东都指挥佥事高俊等坐贼入懿路掠人畜,隐而不言。	巡按御史问拟免杖充军。	皆宥之,令输米赎罪。	法司以情轻律重,具狱以请。	《明孝宗实录》卷13,弘治元年四月壬寅
辽东都指挥佥事王远、三万卫指挥佥事李荣,守备开原,虏入寇,失亡人畜数多。	罪当充军。	免充军各降一级,巡守都指挥等官高启等逮问如律。	上以情轻律重,免充军。	《明孝宗实录》卷16,弘治元年七月甲申
虏入密云境,杀掠军民,男妇死伤者十有四人,焚毁庐舍,下巡按御史问拟指挥孙永、王寿,分守署都指挥王志及把总管操指挥刘宽、高寿等八人罪。	孙永、王寿二人充军,王志等八人俱赎杖还职。	命永、寿免充军,各降二级,带俸差操,志革去署职带俸闲住,余如所拟。	都察院覆奏永等俱情轻律重。	《明孝宗实录》卷101,弘治八年六月己巳
万全卫纳粟都指挥佥事倪镇坐守备不设。	巡按御史逮问拟谪戍。	令赎杖还职。	都察院覆奏:镇部下有斩获功且失事不多。	《明武宗实录》卷23,正德二年二月壬午
守备阳和城都指挥佥事林丛坐虏寇黄土坡墩。	应谪戍。	宥之,降四级,带俸差操。	以情轻宥之。	《明武宗实录》卷116,正德九年九月戊寅

续表

武官犯罪情由	法司原拟	司法实践	宽免缘由	资料出处
大同总兵官署都督佥事叶椿，在大同五年，各营堡损折官军几千人。而其失事于应州也，军民被杀虏者五千有奇，牛马诸畜不可胜计。	请付法司治如律。	降为大同前卫指挥使。	得旨：椿论法当重治，但病未痊，姑从轻，降四级，闲住。	《明武宗实录》卷124，正德十年闰四月癸亥

表 5-3　刑事犯罪类等其他从轻处罚案例

武官犯罪情由	法司原拟	司法实践	宽免缘由	资料出处
浙江都指挥同知李信威迫管军官致死。	法司论其罪落职。	宥之，降为指挥使。	上念信旧勋，特宥之。	《明太宗实录》卷21，永乐元年秋七月乙酉
都指挥佥事王庸从征，掠民丁为僮奴，复以私愤杖杀之。	当死。	宥死，俾戍边自效。	上念其功宥死。	《明太宗实录》卷23，永乐元年九月庚寅
辽东都指挥佥事徐忠以私忿杖杀军士。		宥死，谪戍开平立功自效。		《明太宗实录》卷191，永乐十五年秋七月癸亥
山西都指挥佥事穆肃交结纪纲。	法司论当弃市，妻子流二千里。	谪戍交阯。	特命宥死。	《明太宗实录》卷212，永乐十七年五月丁未
都督佥事沈清初守居庸关，隆庆三卫指挥李景等奏清不法十八事。清亦奏景等违法。		宥之。	至是有旨：武臣犯罪非大故者，俱释之。遂宥清。	《明宣宗实录》卷20，宣德元年八月丁卯
镇远侯顾兴祖，初镇广西，监察御史劾奏其贪财好色，失地丧师。		宥之。	上念其功臣子孙，特优容之。	《明宣宗实录》卷58，宣德四年九月癸亥
掌中都留守司都督陈恭在中都盗移圜丘、方丘、皇陵墙外树植于私家……又擅役军士，又盗用官木及强取所部女子为姜婢，克减军士口粮二千余石，强占军士田地十余顷，……总旗杨荣尝欲告恭不法，恭捕荣，欧杀之。	死罪。	姑宥死，杖一百戍辽东边卫，仍籍其家。	上曰："恭罪至重，法不可宥，但念其父在皇祖靖难时多效忠力，恭亦从征有劳，姑宥死。"	《明宣宗实录》卷85，宣德六年十二月己酉

续表

武官犯罪情由	法司原拟	司法实践	宽免缘由	资料出处
右军都督佥事致仕郭志筑室以居娼妓，又令家人事之，失大臣体。		宥之。	上曰："武人不谙礼法，且老矣，其宥之"。	《明宣宗实录》卷90，宣德七年五月辛巳
行在右军都督府左都督陈怀故杀平人，失陷城寨。	律当斩。	令罢职闲居。	系行在都察院狱。至是，诉其冤，上念其先朝旧臣，姑屈法宥之。	《明宣宗实录》卷108，宣德九年二月辛未
都指挥佥事李端坐强奸事。	法司以绞罪论。	命械戍极边。	帝特宥之。	《明英宗实录》卷208，景泰二年九月辛亥
陕西都指挥佥事周全坐挟仇杖死千户罪。	当斩。	令杖一百，赦其死，谪之戍边。	巡按御史李匡辨其无挟仇情，但酷暴，难居方面。	《明英宗实录》卷81，正统六年七月甲子
宣府右卫指挥佥事于海道遇孕妇不下轿，殴之致死。	论斩。	宥死发充军。		《明英宗实录》卷271，景泰七年十月丁巳
直隶沂州卫指挥佥事王忠因人有发其所部为盗者，遂嗾所部杀之，事觉所部七人皆庚死。	忠坐谋杀人造意斩。	上命宥忠，发充甘肃边卫军。	巡按山东监察御史郝渊之谓："杀一人而死者七人，况忠非亲杀者，情可悯。"	《明英宗实录》卷300，天顺三年二月壬戌
镇守通州都督同知陈逵以私忿杖杀人，逵遂诬奏其人以罪受杖后病死。		诏逵免问，但追银十两，畀死者家为棺葬费。	巡按御史王亿劾逵以公事杀人。	《明宪宗实录》卷135，成化十年十一月甲子

综观以上案例不难发现，明代统治者对某些武官犯罪的惩处有所宽免，其原因很多，有因犯人的特殊身份而享受法律特权者，例如开国元勋及其后代，有因自身或祖辈、父辈曾立有战功，或有旧劳，从而受到统治者的厚待而被免罪；有因情理可衿而受到法外开恩的，如父母年老，需其终养，或自身年迈体弱，或患有疾病，或有子孙代为受罚等；有因特殊环境或特殊需要暂免其罪的，给予立功赎罪的机会，如战事紧急之时，或其职位紧要暂不宜离职等；有因遇到大赦而从轻发落的；有因在特殊政治事件中有功而得到法律特权的，如靖难之役、夺门之变中的"功臣"；甚至有因皇帝一时仁慈而侥幸获宥的。

除此之外，还有以非法途径逃避法律惩处的武官，例如通过贿赂司法官员或当朝权奸为其开脱，从而逃避法律的制裁。四川都指挥使郭瓒在任不守律令，成祖遣监察御史罗通按之，"瓒以皮裘、象笏赂通，并以闻，遂命罚役"①。辽东都指挥使夏霖贪淫，"受部属馈遗无算，至与建州卫及海西野人交通贿赂，且盗官木以建私居"。山东佥事胡鼎奏其不法事，英宗命内官张骥、锦衣卫指挥佥事郭瑛往核之。瑛等受霖赂，报鼎所疏事有诬，且言"鼎尝索部属绢，绘己像"，于是执霖、鼎俱下锦衣卫狱，鞫送都察院，结果"左都御史寇深庇霖恶鼎，论霖赎徒还职，鼎不能振扬风纪，索所部绢，而又增饰人过失，不可以常律处"，故调辽东都指挥使夏霖广西都司带俸差操，谪山东佥事胡鼎隆庆州为民。② 此案审理中武官夏霖得到了锦衣卫、内官、都察院的有意庇护，而揭发其罪行的按察司佥事却受到惩罚。

又如太监钱能收钱宁为家人，云南卫指挥卢和为钱能门下头目，钱宁与卢和私交甚密，诸服用俱出于和，宁拜和为义父。后卢和挟仇故勘平人，致四人死，以火毁其尸，又强夺生员妻，事发问斩罪。既而钱宁窃柄，倚权势为和奏辨，下镇巡会勘，和得脱。直到巡按御史唐龙审录案件，反对执法官员徇钱宁之意，纵卢和之狱，遂将和送按察司狱。③

犯罪者因买通司法官员有减刑的可能，有人便以帮助打通关节为幌子骗取钱财。永乐时期，天城卫千户，犯罪系刑部狱，"千户之母寓其邻家，朝夕馈子食，指挥察其有赍裹，给言己与部官厚，可以赂免，母遂致货。旁有欲发其奸者，指挥惧，遂自首，而隐其实情"。经法司审讯得实，论法，千户之母当准与赃律，指挥当罢职谪屯种。成祖批复曰："爱其子以赂求免，人之常情，且妇人乌知法律，其宥之。指挥始则欺人取货，终则隐情罔上，又污蔑朝臣，此不可恕，但罢职屯田，何以示惩，即械送交阯充军。"④

另有某些官员为拉拢武官，不惜为其开脱罪行，或直接起用戴罪官员，对司

---

① 《明太宗实录》卷185，永乐十五年二月癸未，第1986页。
② 《明英宗实录》卷310，天顺三年十二月己未，第6510页。
③ (明)张萱：《西园闻见录》卷84《刑部一·执法·往行》，《续修四库全书》第1170册，第41页。
④ 《明太宗实录》卷114，永乐九年三月癸酉，第1453页。

法实践的公正性造成了不良影响。明代派遣镇守内官监督所在军镇事务,授予其荐举、弹劾官员之权。有的镇守内官趁机干预词讼,包庇、荐举犯罪武官,一定程度上破坏了边防重地的司法系统。如"镇守辽东太监王彦奏都司缺官调用,其都指挥使刘清,定辽前卫指挥同知何海等俱坐罪戍甘肃,乞宥之俾自效。上从之,召还各降原职一级,备御辽东"①。此类现象在明代中后期尤为明显,在被保举的戴罪武官群体中,确有一时疏忽而获罪的将才,但更多的却是通过贿赂权贵而脱罪的不法之徒,这成为明代军事法制败坏的原因之一。

明中后期,大臣纷纷上疏痛陈军法之大坏,赏罚不明之弊端。以"妄报军功"为例,成化二年五月,兵部奏准:"今后但有此等妄报功次冒升职役者,事发问拟明白,照例革去冒升职役,仍降原职役一级,调卫差操。"②然而,有等奸诈武官或遇赦或贿赂高官而避免惩罚。阁臣刘健认为武官犯罪后不能按律处罚,将何以治理天下? 其曰:

> 军法之坏极矣,大同随征,所开冲锋破敌三次,当先二项,旧制俱不该升。况经侍郎等官核实,京军战居阵后,无显功,无明证,姓名差讹,多寡不一。依拟给赏,已为从厚,乃欲踵近弊,升冗员至于数百。其买功、卖功,事觉置对者,皆小官贱人,又以特恩宥免,使奸人得计,法令不行,坏名器,糜廪禄,皆不之恤。

此外,他还指出刑罚的败坏:

> 刑罚之坏极矣,神英侵卖官马赃余千两,为监督等官所劾,下巡按御史勘实。而乃占吝其子,不甘就鞫,欲并释其家人,自来武臣无敢玩法抗上如英比者。英纵有微功,亦当别为议处,若通免究问,止令罚俸,堂堂朝廷,不能制一武夫,何以控御天下,威服夷狄?③

第二节　从重处罚

明初刑罚较为严厉,虽然武官的法律地位在明初相对较高,享有一定特权,

---

① 《明英宗实录》卷41,正统三年夏四月戊午,第792页。
② (明)戴金编:《皇明条法事类纂》卷25《边将失机依律治罪及禁纵容下人冒报功次例》,《中国珍稀法律典籍集成》乙编,第4册,第1091页。
③ (明)刘健:《刘文靖公奏疏二·论军功疏》,陈子龙等:《明经世文编》卷52,第401页。

但在司法实践中亦不乏严苛之例。如《洪武永乐榜文》中有例:"洪武二十七年十月二十六日,为科敛屯军事,奉圣旨:自古朝廷设置军卫,沿边屯守,只是御侮防奸,保安良善,所以近年于便民中抽下,使其自备牛只、农器种子,往边上屯种……今阳和卫百户王麟全不寻思朝廷设置屯兵保安良民的意思,只是贪图厚利,害军肥己,斩首,前去本卫枭令。今后但有似这科敛害军的,与百户王麟一体治罪。"①另外一起军官科敛害军的案例,犯官被凌迟处死。"洪武二十六年三月初一日,为山西都指挥何诚等对拨俸粮害民事,奉圣旨:山西都指挥何诚,职居方面,全无仁心,不思抚恤军民,故将朝廷立的好法度坏了,主使属卫提调对粮指挥千百户,务要每石加四加五,又巧立朱钞钱、扇车钱、芦席钱、偏手钱这等名色,揞要民财。享这等大俸禄,如此害民,鬼神鉴察,岂能长远。凭都察院将他所犯凌迟情罪,图形榜示,教天下知道。"②枭首示众与凌迟处死都属于法外用刑,两则案例中都未确切地将犯人科敛军人的情况量化,只是斥责他们如此害民必要严惩,明显其处治方案重于律文的规定。

此外,《大诰·武臣》中的案例,大多都比律令苛刻,如"梅义交结安置人"例:辽东都指挥梅义,其父亲有结交胡惟庸的嫌疑,明太祖并不曾将他治以重罪,只发辽东立功。而梅义到任后"却纵容为事发充军的人在家,并各官家教学下棋、打双陆、行医、卖卦及令管军揭贴各城门钥匙",最终将其"全家发去边远住坐"。再犯不饶。③ 此案从所犯情形来看属于渎职行为,但因为其父被归为胡党,故对其交结他人尤为谨慎,要求格外苛刻,体现了法律为政治服务的实质。

明中后期以来的刑罚相比明初大为宽松,但对于某些罪行的处置仍然较为严厉。除"十恶"之外,统治者对贪暴、贪酷、奸顽等恶行往往会从重处置。以"因公威逼人致死"罪为例,《大明律》规定犯该罪者,发边卫充军。明中期有一案例,其司法实践不仅远远重于当时的惯例,亦超出了明初律法的规定。英宗时,"神机营把总指挥佥事庞得纵卒纳赂,怒其总旗不附己,辄假以伐薪公用困辱之,总旗不得已鬻月粮军装买薪代输,无所继自经死。事觉,有司论赎罪还职调卫",最后的判决为:将庞得于教场枷号一月,发遣戍边,原因是皇帝认为:"得

---

① 《洪武永乐榜文》,杨一凡主编:《中国珍稀法律典籍续编》,第3册,第514页。
② 《洪武永乐榜文》,杨一凡主编:《中国珍稀法律典籍续编》,第3册,第517页。
③ 《大诰·武臣·梅义交结安置人》第四,杨一凡:《明大诰研究》附录,第432—433页。

贪酷害人至死,不可以常律断。"①按照当时条例应当准其赎罪还职,明英宗却下令将其发遣戍边。即使与明初律文的规定相比,最终判决中的枷号一月亦较律文为重。

有些罪情深重者遇赦不宥。正统八年,兵部奏:"浙江海宁等卫所千百户旗军姚端等犯绞、斩、徒、杖等罪,已先敕户部右侍郎焦宏提问解京发落,今蒙赦宥,应否免罪?"批曰:"此俱是积年贪暴、刁泼害人者,难照常例宥免,仍令连妻子解京,官去边卫听调杀贼,军旗守墩瞭望,亲丁、余丁发口外卫分充军,但逃处死不宥。"②又如巡按陕西监察御史刘文奏:"充军左参将都督佥事王喜,今遇恩例乞注调陕西行都司事。"下兵部议,少保兼兵部尚书于谦言:"喜退缩失机、陷没官军,情犯深重,难比常例,宜降所镇抚注镇夷守御千户所差操。"英宗从之。③

除了严惩贪酷之行外,对于军官行止有亏的行为,处罚也较为严厉。《大明律》中规定:"凡官吏娶乐人为妻妾者,杖六十,并离异。"④而成化十五年有一例,庆阳卫前副千户毕通科敛军余贾鉴等银五十两入己,和娶乐人张信之妾徐善端为妻。事发,问拟,毕通除娶乐人为妻轻罪外,"依非因公务科敛人财物入己者计赃,以不枉法论满贯,罪止律减等杖一百、徒三年,照例纳米,完日还职。缘系军职,和娶乐人为妻,干碍行止,查无发落事例,监候备呈定夺等因"。最后奏准:"将毕通照依宿娼事例拟调别卫,带俸差操,不许管军管事,转行陕西按察司将毕通纳米,完日依拟发落"。⑤ 此后,军职和娶乐妇调卫差操成为定制。又如彭城伯张瑾初收其妻朱氏从嫁婢为妾,婢死自称次妻,上章乞祭祀,礼部以无例格之。后来被言官劾奏,下都察院,狱具当徒。都御史寇深按瑾下乱家法,上欺朝廷,难处以常律,于是命锦衣卫固禁之。⑥

此外,明代刑罚中较律例加重处罚的案例多是人命、强盗重案,或在谪戍的同时枷号一月,以一警百;或在斩首之后枭首示众。另外,有的武官被卷入政治

---

① 《明英宗实录》卷38,正统三年正月甲午,第734页。

② 《明英宗实录》卷105,正统八年六月己酉,第2144页。

③ 《明英宗实录》卷187,景泰元年正月己卯,第3771页。

④ 《大明律·娶乐人为妻妾》,黄彰健编:《明代律例汇编》卷6,第509页。

⑤ (明)戴金编:《皇明条法事类纂》卷13《军职和娶乐妇照宿(倡)〔娼〕例调卫》,《中国珍稀法律典籍集成》乙编,第4册,第573页。

⑥ 《明英宗实录》卷316,天顺四年六月庚戌,第6597页。

风波中,身不由己,任凭皇帝处治,往往造成冤案。

由于加重处罚的案例较为复杂,武官所犯不止一事,故表5-4所列案例只按时间排序,内容上不作具体分类。

表5-4 从重处罚案例

武官犯罪情由	法司拟定	司法实践	从重处治缘由	资料出处
金吾右卫指挥李严逐母不养,变更旧制,盗官库物,奸污妇女等罪。		磔于市。	上曰:"不须论他罪,只逐母不养,岂可复容。"	《明太宗实录》卷128,永乐十年五月乙酉
松潘卫指挥吴玮守松潘,大肆贪虐,激变番人,致掠官军四十余人。又索总旗豹皮,不得,杖杀之。	当斩。	得斩,并籍其家。	上曰:"死有余责矣,命斩于市,籍其家。"	《明宣宗实录》卷68,宣德五年七月辛酉
长陵卫指挥佥事秦英与百户李忠守天寿山,每月召近山军民五十余家,令各纳布一疋,听入山伐树鬻卖,累受布至三百疋。	当死。	枭首示众。	上曰:"图小利而纵伐山陵树,岂比常犯,其斩之,枭首以徇。"	《明宣宗实录》卷95,宣德七年九月辛巳。
广东都司都指挥同知李端,初以操军造舟,受广海卫指挥汪源等金银及马,又杖杀本卫总旗,蒙宥,追赃罚俸。端不悛,又杖杀德庆守御千户娄俊。	行在都察院奏因公殴人至死,拟罚役复职。	命罚役后降其职。	上曰:"犯赃尚可恕,杖杀两人,虽因公亦是狠戾不恤……"	《明宣宗实录》卷102,宣德八年五月癸酉
监察御史阅福建行都司都指挥佥事彭浩所署公牍有迟错事。	律应罚俸。	降为指挥佥事。	浩怙终不服,御史劾奏之,遂命降职,隶成安侯郭亮立功。	《明太宗实录》卷35,永乐二年冬十月戊寅
千户姜敏诬奏宿卫都指挥林丛过失,诖误者数十人。		杖,遣边郡立功。	刑部尚书魏源论敏奸险,当法外处之。	《明英宗实录》卷27,正统二年二月壬戌
燕山左卫指挥使马诚侵欸士卒折粮银。		命兵部前枷号三月,谪戍威远。	刑部以诚贪黩不宜论以常律。	《明英宗实录》卷42,正统三年五月丙午
山西都指挥佥事黄顺往平定州公干,勒取部下财物。	巡按御史拟赎徒还职。	降一级发辽东边卫哨守,如误事,必处以死。	上以都指挥所行如此,而不惩之,何以警众。	《明英宗实录》卷46,正统三年九月丙午

武官犯罪情由	法司拟定	司法实践	从重处治缘由	资料出处
广西平乐守御千户所百户陈林袭父官,诣京比试。毕,兵部以林过期,当罪引,奏林令叔父安代引。	刑部论林当杖还职,安当徒。	其与安俱发充威远卫军。	上以林奸诈〔意其比试〕亦必情人情,不可恕。	《明英宗实录》卷48,正统三年十一月乙未
陕西署都指挥吕昇,初昇掌肃州卫事,杖死士卒三人,又与赤斤鞑官交通,受其驼马,且数侵盗所部及受争讼者赂。	下法司鞫问,坐赎斩罪还职。	罢职,令于大同立功。	上以昇贪暴如此,岂可复职。	《明英宗实录》卷57,正统四年秋七月癸亥
署都指挥佥事许瑛,把总管队,歇军役,取月钱且冒支军粮。	下狱,法司论赎绞还职。	上特命枷以徇。		《明英宗实录》卷57,正统四年秋七月庚午。
陕西署都指挥佥事李谅坐赃罪,发甘肃听总兵官调遣。	兵部奏,今遇赦,例注行都司掌事。	其革署职,仍为指挥同知。	上曰:"谅既贪墨,难任方面。"	《明英宗实录》卷90,正统七年三月戊辰
广东海南卫指挥使石聚以进表至京,宿娼。	例赎杖还职。	上命谪戍威远卫。		《明英宗实录》卷110,正统八年十一月癸丑
湖广五开卫指挥使王通有衔于贵州黎平府知府吴瑶,因纵所部入府署辱之。法司下狱,事觉复诘出其枉法受赂。	论赎绞还职。	命为为事官,发广西杀贼立功,满三年复之。	上曰:"通情重,难以例论……"	《明英宗实录》卷135,正统十年十一月辛未
京营把总操练指挥使顾缘、阴杰索取所都白金二百余两。	法司论赎杖还职。	上命谪戍边卫。		《明英宗实录》卷144,正统十一年八月庚申
府军前卫指挥佥事鹿麟,受枉法赃卖放操军三十九名。		上命以百斤枷枷于教场号令,仍发辽东铁岭卫充军。		《明英宗实录》卷114,正统九年三月己未
四川都指挥佥事赵雄坐掊克军士,绞罪。	当赎还职。	为为事官,往甘肃听调。	上特命黜之。	《明英宗实录》卷158,正统十二年九月庚寅朔
都指挥佥事刘源督运口外粮储,索所部货物,闻巡按御史劾之,辄弃营堡越关回京。	法司论赎徒还职。	诏降一级用之。		《明英宗实录》卷202,景泰二年三月己酉

续表

武官犯罪情由	法司拟定	司法实践	从重处治缘由	资料出处
河南卫都指挥佥事陈昇，先用白金百两赂兵部尚书陈汝言，得掌都司事……比汝言下狱，事连昇。	论罪当赎徒还职。	调威远卫带俸差操。	上曰："昇奸诈若此，不可以常律处。"	《明英宗实录》卷303，天顺三年五月辛丑
都督佥事姚贵与石亨有连，其守备永宁怀来之时，亨占耕官民田，贵发士卒为之耕。	下刑部狱，论当赎徒还职。	降为都指挥佥事，调贵州都司带俸。	上特命。	《明英宗实录》卷313，天顺四年三月己丑
广东都指挥佥事张浩，守廉州府，流贼夜入城杀掠。	下御史鞫实定罪。至是遇赦，都察院援例奏请区处。	谪戍贵州边卫。	上以浩情犯深重，不宜轻宥，故谪之，家属随住。	《明宪宗实录》卷30，成化二年五月丙申
成化五年九月二十六日，武选司案呈，犯人刘全袭任府军前卫中所百户恶骂族叔刘能，所犯除越关等轻罪外，合依卑幼殴本宗缌麻尊长加殴本宗兄娣一等。	律减等杖一百，照例运木和炭完日还职。	革职为民，子孙承袭，圣旨：是。		《皇明条法事类纂》卷3《军职犯不孝并败伦伤化者发回原籍为民，子孙承袭例》
成化十年五月十三案呈，犯人钟宣袭任济州卫指挥使，除殴妻母轻罪外，今以虚依诬告缌麻尊长加诬罪三等。	律减等杖一百，系操官，照例纳银完日还职。	革去管事，于本卫随住，另取应袭之人承袭。	查例子弟不孝及败伦伤化者不许复职承袭。今宣所殴妻母，非本宗。	《皇明条法事类纂》卷3《军职有犯不孝并败伦伤化者发回原籍为民，若干犯外姻者于本卫随住例》
锦衣卫千户潘旺，以勘瑞民毛凤事被逮。东厂官校因绯其受司府赂遗，又为人请托，赃至银千五百两。	坐受财枉法论死，例当立功五年。	发充广东边卫军。	有旨：旺情犯深重，难循常例。	《明宪宗实录》卷236，成化十九年正月丁巳。
都指挥使刘福，指挥使尚铺、张傅，千户尚璘、孙仁、王宪、李季，百户汪宪，镇抚李凤……皆附（尚）铭为奸利。		福、宪、仁、宪、铺等押发广西俱编成边卫，家属随住；璘革职；妇女十六人递发。季降百户带俸；傅赎罪还卫。	上以此辈倚恃铭势侵盗官物，揽纳钱粮，害人肥己，情犯深重，难依常例处治。	《明宪宗实录》卷249，成化二十年二月癸未。

续表

武官犯罪情由	法司拟定	司法实践	从重处治缘由	资料出处
犯人丁信,招系襄阳卫副千户,管运粮储不合,枉法受赃,吓诈钱财;和娶乐妇为妾。九月被告发,不合差人赴京诬告。	拟信犯该受财枉法,有禄人八十贯,律绞,照例发边方立功五年,满日调卫差操,不许管军管事。	发边方立功五年,满日于本卫带俸差操。	如照原拟发落还职,则职官诬告事例以为虚设,不无太轻。	《皇明条法事类纂》附编《文武职官偷职诬告十人发落例》
浙江杭州前卫指挥佥事王楷督捕盗贼,收有罪者数人为爪牙,道遇三人同舟贩薪诬以为盗,搒掠几死,遂执往他民家诈取银数十两……未几贩薪者死。	巡按御史吴瀚讯验,狱上,坐楷监守自盗例口外为民,并劾指挥使成杰知情不举。	命追葬埋银给死者之家,并妻子发边卫永远充军……杰逮问如律。	上以楷贪酷害民,逼死无辜,情犯深重。	《明孝宗实录》卷111,弘治九年闰三月乙丑
督臣疏参新平参将王士弘贪婪开衅,临警规避。		革新平参将王士弘职,锢其终身。	上因谕边臣:"凡将领不拘本隔地镇,但在百里内者,遇警即并力策应,功罪一体,其以士弘为戒。"	《明神宗实录》卷422 万历三十四年六月甲寅

从以上案例可知,皇帝从重处罚的武官多是作恶多端之辈,或品行不良、贪酷横行,按现行条例进行处罚不能惩其罪行,故而有所加重。此外,有些武官平时表现恶劣,一向渎职,难以宽宥,加重处罚以示惩戒。明代对武官从重处罚的方式包括在原来刑罚基础上加重等级,或额外枷号一个月、免赎罪而充军、遇赦不宥等,最重者处以死刑以及枭首示众。明初以后,法外用酷刑的案例并不多见,明太祖朱元璋在位时期使用重典以惩奸顽,晚年下敕禁令其子孙后代使用酷刑,曰:"朕自起兵至今四十余年,亲理天下庶务,人情善恶真伪无不涉历。其中奸顽刁诈之徒,情犯深重、灼然无疑者,特令法外加刑,意在使人知所警惧,不敢轻易犯法。然此特权……非守成之君所用常法,以后嗣君统理天下,止守律与《大诰》,并不许用黥、刺、剕、劓、阉割之刑。"[1]随着明代恤刑思想的发展,明代

---

① 《明太祖实录》卷239,洪武二十八年六月己丑,第3477页。

统治者对重罪的处置愈加谨慎。

第三节　处治如律

明代法制健全,司法系统完整而严密,虽然行政机构与军事机构在武官司法审判方面存在某些矛盾,常有干涉法司行使法律权力的现象,但因有武官犯罪特有的审判程序,辅以监察制度的实行,大多武官犯罪的案件能够做到按律例处治。另外,统治者为维护正常的法律秩序,做到公正严明,也需要按律例裁断。如宣德年间,有神武前卫卫镇抚夏尚忠盗仓粮,上谕:"罪既不冤,岂可苟免,此辈肆无忌惮,不斩之则犯者愈众。"处决如律。① 万历时指挥毛承恩侵费官银,刑部拟永戍,追其赃,(诏)从之。② 总体而言,社会稳定、法律严明时期处治如律的情况更为普遍。表5-5按犯罪内容的不同,呈现部分按律处治的案例。

表5-5　经济犯罪类如律处罚案例

武官犯罪情由	法司按律所拟	司法实践	资料出处
兴化卫指挥佥事李春发宋时人冢,盗黄金等物。		有司以闻,上命罪之如律,仍追所盗物,敛瘗其骸,立木刻其事于墓左,以为民戒。	《明太祖实录》卷69,洪武四年十一月癸亥
西安前卫指挥使王纲从征云南,辄棰死军士,又哀敛金帛诸物。		上谕之曰:"……朕念尔父勿雷王之功,欲贷尔死,然法者天下之公,此而可宥,何以示天下。"纲无以对,遂斩之。	《明太祖实录》卷197,洪武二十二年九月丁卯
古北口千户擅役军士八人出境伐木,为贼所杀。	(刑部)论当死,卫指挥以下凡七人俱当连坐。	上曰:"千户违法擅役军致死,可论如律,余人并宥之。"	《明太祖实录》卷124,洪武十二年夏四月壬寅
山西天城卫镇守都指挥佥事魏清私占官军屯田二顷及役军士五十余人于家。	罪应杖当罚役。	从之。	《明宣宗实录》卷10,洪熙元年冬十月戊子

---

① 《明宣宗实录》卷40,宣德三年三月癸卯,第987页。
② 《明神宗实录》卷385,万历三十一年六月甲午,第7237页。

武官犯罪情由	法司按律所拟	司法实践	资料出处
神武前卫卫镇抚夏尚忠盗仓粮。	当斩。	上谕："罪既不冤,岂可苟免,此辈肆无忌惮,不斩之则犯者愈众。其处决如律。"	《明宣宗实录》卷40,宣德三年三月癸卯
大宁中卫百户刘勉管军操练,受军士赂,纵遣还家,又冒支其马料,又殴病军求财不得,而诬奏其避操。	于律当斩。	令械置教场榜以示众,然后处决如律。都察院仍榜示中外管军官员,俾皆知警。	《明宣宗实录》卷41,宣德三年夏四月癸亥
万全都司都指挥佥事卞福、大宁都司都指挥佥事石得犯受财枉法绞罪。	罚工完日还职。	兵部请如例调用,故调往广西备御。	《明英宗实录》卷15,正统元年三月己巳
陕西都指挥佥事施政、王信妄言所守地无草可刈,且私敛所部以资入奏者。	当赎杖还官。	从之。	《明英宗实录》卷74,正统五年十二月己丑
辽东都指挥佥事李弼先坐失机谪为为事官,立功以赎,未几复有发其受赃及杖死军职状者。	会赦赎徒。	都察院请发辽东总兵官都督曹义处听调,立功。从之。	《明英宗实录》卷107,正统八年八月丁未
山西都指挥佥事苗贵索取操军财物。	法司论赎徒还职。	从之。	《明英宗实录》卷155,正统十二年六月甲子
三千营把总操备都指挥使锁住侵克所部官军赏银。	当赎斩还职。	从之。	《明英宗实录》卷194,景泰元年秋七月甲辰
神机营把总署都指挥佥事傅俑同指挥陈谦掌管各门城楼,收贮帐房。既领出,不照数交纳,通同侵欺盗用。	法司拟主守自盗者律,谪令边方立功五年。	合依法司拟。	《明英宗实录》卷206,成化十六年八月癸亥
辽东都指挥使孙璟索所部军士银布谷粟,又受窃盗窝主赂。	当赎绞立功,五年还职。	从之。	《明英宗实录》卷234,景泰四年冬十月壬子
辽东都指挥使江福用官木构私居,并受所部贿赂。	巡按御史按其罪当死,例立功五年。	诏从所拟,发遣之。	《明宪宗实录》卷37,成化二年十二月丁未

表 5-6 职务犯罪类如律处罚案例

武官犯罪情由	法司原拟	司法实践	资料出处
福建镇海卫千户黎旻帅舟师四百巡海至潮州南澳,猝与贼遇,未及战。旻与百户毛荣引众遁,百户韩观帅部下四十余人力战皆死。		旻等以军法伏诛。	《明太祖实录》卷227,洪武二十六年夏四月己卯
广西都指挥同知陈全于浔州防守蛮寇,受所部财物不知为备,大藤山瑶贼掠去军士二人,不督兵追捕,而私以盐赎归。	法司论全所犯杖一百戍边。	上曰:"受所部财物尚可恕,岂有率兵守边而为寇贼所掠者乎,命罢职充军,随参将陈浚立功。"	《明宣宗实录》卷105,宣德闰八年八月壬子
陕西副总兵都督刘广因失机下狱,乞转奏宥免。		上以广怀挟奸诈怠惰边务,去冬遇贼不杀乃迂路追逐,却又妄报功次,若不惩治,何以示戒,不允。	《明英宗实录》卷16,正统元年夏四月庚戌
广东都指挥佥事朱瑛贪赃恣肆,挟私杖杀百户人等,又失机致贼杀死官军数多。		法司以闻,上命鞫实斩之。	《明英宗实录》卷21,正统元年八月辛未
中军都督佥事马翔充左参将,同征麓川,失机。	行在都察院论以斩罪。	从之。	《明英宗实录》卷70,正统五年八月壬午
倭贼入浙江大嵩千户所城。总督备倭署都指挥佥事陈暹,委官都指挥佥事李贵,及守备指挥千百户俱下巡海御史高峻鞫问……贵先知有贼,不急报各处为备,指挥沈容因娶妾潜回原卫,千户刘济私采木植,擅离地方。	论以失陷城池,各斩。	上命斩贵、容、济三人以徇,暹等俱杖一百,发边卫充军。	《明英宗实录》卷96,正统七年九月丙寅
辽东副总兵署都督佥事施英,被主将命会兵剿房,逗留不进,致房杀掠官军人畜甚众。	都察院拟以失误军机者律,斩。	从之。	《明宪宗实录》卷42,成化三年五月癸酉
陕西都指挥佥事袁祥私役兵三人出境,为房所杀,并揽纳粮刍得银数千两。	例当戍边。	命发戍肃州卫,家属随住。	《明宪宗实录》卷146,成化十一年十月

续表

武官犯罪情由	法司原拟	司法实践	资料出处
大宁都司都指挥佥事庞通、中都留守司都指挥佥事董昂、山东都司都指挥佥事杨胜、河南都司都指挥佥事刘轼俱领班军赴京操备,通所部未到者四千余人,昂二千余人,胜、轼皆八百人。	刑部鞠之,拟赎杖还职,通、昂仍罚俸三月。	从之。	《明孝宗实录》卷104,弘治八年九月壬午
四川松潘副总兵韩雄克减赏番布帛,致番夷截路杀伤守备官军,令千户马昂督敌,而昂临阵先退。	镇巡官逮问,昂坐斩,雄当充边军。	都察院覆奏,得旨:昂如拟,雄并妻子谪陕西固原卫。	《明武宗实录》卷14,正德元年六月己巳
巡抚屠大山、参将许国、李逢时,副总兵解明道……失事罪(采淘港之役失败。明道督水兵泊海口,坐视不救)。	御史张师价以败书闻,请治大山、逢时、国、明道各失事罪。	大山逮至黜为民,明道等论斩。	《明世宗实录》卷415,嘉靖三十三年十月壬申
原任参将杨缙先犯失机,罪应斩,叙功准赎,乃赎管城工侵盗。	永戍边卫。	从之。	《明神宗实录》卷247,万历二十年四月壬子
吴希汉原署辽阳协守事参将也,万历二十五年十一月内虏犯辽沈深入内地……希汉蓄缩观望,遂致虏骑纵横杀戮,烧毁村落成墟。	兵部题覆,拟将吴希汉监候处决,与陈志子孙各不许承袭。	上恶其玩寇殃民,从之。	《明神宗实录》卷530,万历四十三年三月壬戌

表5-7 刑事犯罪类等其他如律处罚案例

武官犯罪情由	法司原拟	司法实践	资料出处
广西都指挥使耿良在任多不法,军士薛原桂诉之,既而镇抚张原复言其不法二十余事。		降为驯象卫指挥佥事。	《明太祖实录》卷182,洪武二十六年甲申
羽林前卫指挥使陈广贪酒暴横,结亡赖为盗,杀人被获。	当以斩罪。	上谕法司曰:"三品正官受禄不薄,犹为盗杀人,此其人可知。"命斩之如律。	《明宣宗实录》卷15,宣德元年三月戊戌
浙江署都指挥佥事张勇、王越坐捕贼武义等县,擅令军人掳掠平民子女。	法司俱论罪罢职充军。	从之。	《明英宗实录》卷208,景泰二年九月戊午

武官犯罪情由	法司原拟	司法实践	资料出处
锦衣卫副千户张玘，彭城伯昶之孙也，饮于千户吕宏家，恳宏留歌妓与宿，宏不从，遂抽佩刀刺宏，宏竟以创甚死	法司论玘当斩，玘数陈冤，乃言玘为应议皇亲，且宏死在刺后垂一月，情有可悯。	上曰："法司官当执法论罪，岂可顾忌回避，玘所犯既实，其必罪如律。"	《明英宗实录》卷295，天顺二年九月甲午
都指挥佥事韦俊不理军务，每日淫酗为乐，闻知流贼将至，辄先弃堡入城，及贼临城，又携妾媵弃城先遁，遂致城陷。	乞行监察御史等官执俊，明正其罪，具奏待报，就彼斩首示众，以为主将弃守者之戒。	从之。	《明英宗实录》卷308，天顺三年冬十月壬戌
指挥佥事徐盛逼人致死，畏罪脱逃。	大理寺卿王概言："……盛所犯其情颇轻，当还职。"	上曰："致人于死地而又亡命以希免罪，此正奸人也，岂得为滥，仍如前例行之。"	《明宪宗实录》卷31，成化二年六月丁未
高邮卫指挥毕英手刃伤其父，因焚毁居室，被甲执刃，驰突出城多斫伤人。	巡抚都御史林聪奏英恶逆。	械赴高邮，依律处决示众。	《明宪宗实录》卷33，成化二年七月丁巳
先是，宁夏右屯卫指挥佥事钟亮挟仇妄打罚守军人邓连，沿身虚怯，共处七百有余，即时身死。	陕西按察司佥事李端澄拟赎杖还职。	都察院奏："据亮招词，自有官怀挟私雠故勘平人致死斩罪，正律。宜仍行巡抚巡按等官从公鞫问，改拟如律……"命巡按御史逮治之。	《明孝宗实录》卷139，弘治十一年七月壬子
分守金腾参将卢和，性贪暴，挟索夷人金宝以万计，纳孟养思陆赂，以孟木等村夷寨界之；民女有已聘为人妻者，百计夺为妾；吏民小忤辄至死，殴而死者二人，毒而死者一人，畏威而缢死者五人。	巡按御史验问……拟斩；和所用千户李纶坐与夷通市，拟永远充军。	诏是之。	《明武宗实录》卷10，宣德元年二月壬戌
辽东三卫达子为恍惚达子所逐驱，其牲畜入境以避难。守备宁远都指挥佥事马骠与百户钱成邀杀之而分取其所有，诡称犯边以希升赏。	都察院议："……骠等贪利妄杀，开惹衅端，法不可贷，当斩。"	狱上，得旨：骠、成依律处决。	《明武宗实录》卷95，正德七年十二月壬戌

续表

武官犯罪情由	法司原拟	司法实践	资料出处
先是,羽林卫指挥应袭柴镇同千户徐太纠合凶徒赵科、金解、解铅、刘英、邦大川等因图财谋杀五龙屯寄寓人杨自东等七命,寻毁其尸。	坐镇首谋凌迟仍流其妻子;太等为从各斩。	上曰:"兹重大惨恶狱情……令三法司尽心推鞫,务得真情,早正国法。"……三法司会讯,仍拟前罪,诏从其拟。	《明世宗实录》卷328,嘉靖二十六年闰九月丁亥

明代刑罚制度有很大的适应性,随着社会的发展而不断进行调整,体现了立法因时制宜的思想。明初以后,历代皇帝一方面以《大明律》为本,始终遵守祖宗成法,保持立法的稳定性;另一方面又制定条例,促进立法的与时俱进。弘治三年,三法司提出条例更新的必要性以及具体办法,得到了孝宗的批允,其曰:"律者百世之定法,例者一时之权宜,例所以辅律也。人情变态不常,事例轻重不一,有情重律轻者,虽徒流而发遣充军;有情轻律重者,虽绞斩而准其收赎。或初议从重,后因民俗稍变而复议从轻;或初议从轻,后因人不知惧而复议从重。沿革损益,因时制宜,难以尽革,亦难删定继。今凡有奏议刑狱条例者,但令法司会议斟酌,务上合律意,下通民情,然后条陈奏请上裁,著为事例。"①

可见,例的内容会根据社会实际情况的变化作出修订。而实际的司法运行更具有灵活性,同一类案件,因情节有轻重而处置不同。同时又由于律例繁密,不同的司法官员对律例解读不同,造成同类案件处罚意见不一。例如,广州府审理一起强盗案件,该犯黎亚潮先后强劫六次,杀死皂隶三名,而负责捕盗的千户徐权却玩忽职守,"塔涌营原设有兵船哨官巡缉,该管千户徐权为之督理,平日未闻备御,临贼不见擒拿"。千户徐权已犯失机罪,但推官照陈言边务事例,②处置甚轻,"千户徐权,姑照陈言边务事例,量行罚米"。后经总督、察院批驳施以

---

① 《明孝宗实录》卷46,弘治三年十二月甲戌,第939页。

② 《陈言边务事例》记曰:"武职有犯,酌量情罪轻重,罚谷备赈,免参。"(《大明律例附解》,黄彰健编:《明代律例汇编》卷1,第272页)另外,嘉靖元年兵部据都御史姚镆题:"今后武职有犯,照依云贵武职土官事例,笞杖罪各径自提问,仍年终类奏。其罪犯,除失机、人命、奸盗、不孝、败俗、伤化、侵盗官钱、枉法、诓骗等项重情,公罪至徒者,亦听巡府衙门从宜量加惩治,或罚俸、罚粮、罚马,以助军需。其余情犯深重,应合参提奏请发落者,仍照律例施行。"(《嘉靖新例》,黄彰健编:《明代律例汇编》卷1,第279页)

杖刑,但仍轻于失机罪的律法规定,军门王批:"徐权姑责三十大板,罚米还职。"察院吴批:"失事徐权等,薄言杖罚,何以示惩。应各加责三十板,以励其后。"①

同一案件的审理也时常反复,得出不同结论,这与案情的复杂,审判官员对该案件的裁断及对律例的理解不同有关。有些死罪军犯被淹禁十几年尚未发落,有些案件十几年甚至几十年后又有翻案。例如,犯人王绳武擅用令箭役兵,私载稻谷回家,并纵盗匿贼,此案历经多次审理,首先巡海道祝通判拟断:"褫革拟徒。"察院批:"捕厅与县审各异,而里排廷讯有口……则王绳武纵盗匿赃之罪难道。"推官颜俊彦复审认为:

> 王绳武擅用令箭,役兵运谷,查律,纵放军人私种田土或隐占在己使唤空歇军役之律,每三名加一等,杖一百,罢职充军。绳武役兵以运盗赃,不止于隐占使唤,而所役之兵,亦不止于三名,其有何说之辞?念从征海上,曾有微劳,应从减等。案查王绳武,原经捕盗厅审拟,王绳武依受财枉法、有禄人八十贯律绞,系杂犯,准徒五年,情律未合,不若坐以克留盗赃正律,允为确当。

察院批复曰:"王绳武以枭棍冒称守备……事多不法,即其以接济诬执良民也。厅道审断既明,犹敢诖耸该县,混拟六军,奸恶穷奇,一徒岂尽其辜。姑依拟加责三十板,肘解出境,不许仍借听用,生事地方。"②

诸如此类,若案件长年得不到完结,有些犯官不能及时给予裁决和惩罚,削弱了司法的有效性,可谓:"赏不逾时,罚不后事。罚在于当时,(例)人心易为振起,过时而赏与无赏同,后事而罚与不罚同,况过时而不赏,后事而不罚,其亦何以齐一人心,而作兴士气?"③而从另一角度看又体现了慎刑思想,明代制定了严密的复审制度,疑难复杂案件的审理通过会审确立比较合理的处治方案。如上述案例对王绳武的一再审判,终于查明实情,并给予得当的处罚。

总之,明代刑罚处于不断变化调整之中,从立法角度看,律、令、例并行,明代中后期以例作为司法实践的主要依据。十恶和真犯死罪条款因为关系到王朝统治的根基,故在审判时极为谨慎,尤其在法律较为严明的明初贯彻较彻底。

---

① (明)颜俊彦:《盟水斋存牍·强盗黎亚潮等》,第30页。
② (明)颜俊彦:《盟水斋存牍·诬陷良民哨官王绳武等》,第117—119页。
③ (明)王守仁:《申明赏罚以厉人心疏》,陈子龙等:《明经世文编》卷130,第1248页。

除十恶和真犯死罪外,作为"常经"的有关律法往往难以完全被执行,常常被例所代替,而例作为当时的"权宜"之法,随案例而生,发展到一定程度往往越发繁杂,关于经济和军事方面的法规表现得最为明显,使得司法实践更加无章可循。清人黄培芳曰:"古来政之弊也,不徒弊于疏略,抑且弊于繁密。处分重则人思规避,而巧宦生矣。条例多则法可游移,而舞文作矣……法密文繁,条例日增,于是专事比照,徒工组织。有一例以入之,即有一例以出之;有一例以生之,即有一例以死之。"①作者反对立法繁密,认为条例越多,弊端越多,使得仕宦之精明廉干者往往不免罗于法,而诈伪平庸者可以侥幸而得福。明代司法亦存在此弊端。另外,明代律法有赎刑与输作之规定,即以劳力或金钱财物代替刑罚,以体现"恤刑"之立法精神。"内外官吏犯笞杖者,记过;徒流迁徙者,以俸赎之,三犯罪之如律。"②但如此一来,容易造成律法与司法实践的不统一。明代奖惩制度实施过程中存在这样的情况:"时而许人自新,时而不容悔恨。是赏、是罚、是奖、是惩,本身就在自我矛盾中,更不能期望能拿出什么有效措置。"③同样,明代对武官犯罪的司法实践亦是充满矛盾,同类型的罪行,时而宥之,时而严惩,时而引律处治。

究其原因,传统社会中,法治受到皇权、纲常伦理、礼制、社会舆论等干预,无法独立有效地施行。皇帝具有最高审判权,法司依律所拟的处罚措施仍需要得到其认可方可执行。然而皇帝改拟的现象非常普遍,必然使司法实践出现很大的随意性。同时,司法实践的结果与官吏自身也有很大关系,那些善于交结权贵,穿梭于文武两集团当中的上层军官,上可获得皇帝的庇佑,下可获得同僚的保结,如未犯谋逆等"十恶"大罪,大多可以逃避法律的严厉制裁。相反那些既无倚靠又生活贫困的低级武官,便有可能受到情轻罚重的不公平待遇,"上行下效,三军之中,数万之众,权要亲昵者,功未成而先赏,罪虽重而不罚;孤寒寡援者,功高而后录,罪薄而先诛"④。如此造成法网虽密,仅能捕食泥之虾,却能漏

①　(清)梁章钜编,栾保群点校:《退庵随笔》卷6《政事》,《笔记小说大观》第19册,广陵古籍刻印社1983年版,第129页。

②　《明太祖实录》卷253,洪武三十年五月甲寅,第3647页。

③　柏桦:《中国古代刑罚政治观》,人民出版社2008年版,第270页。

④　(明)倪岳:《论西北备边事宜疏》,陈子龙等:《明经世文编》卷77,第668页。

吞舟之鱼的事实,使刑罚制度难以发挥应有的作用。① 此外,司法实践中贯彻了以情、理、法相结合的执法理念。朱元璋就确立了"明礼以导民,定律以绳顽"的指导思想,这里强调的即是礼法的结合。同时,司法官员的审判要做到公正合理,获得舆论的支持,需要顾虑人情风俗的影响,有时难免与律例的规定有所出入。

从总体发展趋势来看,明代对武官犯罪的司法实践逐渐松弛,致使武官目中无法,奸顽难治,军士受其侵害,军事实力大大下降。以军官失职为例,纵容军士逃亡之罪,按照所逃之数当受降级罚俸处分,而每每逃亡之数超出规定甚多,亦不受惩罚。"各营军每多私役,官拨营作,负累尤甚。且律例逃军十名以上,该管官递减俸级。而今逃亡之军,何止于十名。私役五名以上,该管官递减降一级,而今降级之例,惟行于属职。辇毂之下且如此,况四方乎。"② 又如,按照《大明律》规定:"亲官头目不行用心钤束致有军人在逃,千百户、总小旗俱有降减之条。"而"今递年各卫所,发册清勾逃军,不计其数,而亲官头目,恬不介意,降级〔减〕俸未闻也"。③ 可见,明代中后期,虽然大臣多次申明司法严明的重要性,但武官有过而未加惩罚的现象屡见不鲜,法度废弛的趋势亦未能逆转。

---

① 柏桦:《明代州县政治体制研究》,第 278 页。
② (明)刘大夏:《处置军伍疏》,陈子龙等:《明经世文编》卷 79,第 704 页。
③ (明)戴金编:《皇明条法事类纂》附编《作养举用将材》,《中国珍稀法律典籍集成》乙编,第 6 册,第 233 页。

第六章　明代九边武官的罪与罚

　　明代北部边疆地区是明王朝重要的军事防御地带,该地区卫所设置较早,朱元璋利用卫所守土实边,管理军民事务,形成了初步的军事防区,"仰惟我太祖高皇帝,平一四海之后,以西北边境与胡虏密迩、虑为边患,故于甘州设立陕西行都司,宁夏设立五卫所,大同设立山西行都司,宣府设立万全都司,古营州设立大宁都司,于辽东古襄平设立辽东都司。各统属卫,如臂指之相使,气脉之相属,以捍御夷虏"①。从洪武年间开始,通过将都卫改都司或者增设都司等途径,北边设有八处都司,分别是辽东都司、北平都司(永乐元年废除)、北平行都司(后改为大宁都司)、万全都司(宣德五年添设)、山西行都司、山西都司、陕西都司、陕西行都司等。② 同时朱元璋"又分封肃、庆、代、谷、宁、辽六王于甘州、宁夏、大同、宣府、大宁、辽东,凡百军马,俱听节制,以藩屏王室。遇有寇贼侵犯,就命各王挂印充总兵官,征剿各边"③。永乐以后,中央派遣总兵官镇守北边,如"命江阴侯吴高镇守山西大同,防御胡寇,节制山西行都司诸卫"④。"该制度运行的结果,是客观上形成了中央与地方共防。"⑤卫所官军需要接受总兵节制,听从调度,军镇逐渐兴起。

　　明代的九边包括辽东、蓟州、宣府、大同、山西(三关)、延绥、宁夏、固原和甘肃九个军镇,"元人北归,屡谋兴复,永乐迁都北平,三面近塞。正统以后,敌患日多,故终明之世,边防甚重。东起鸭绿,西抵嘉峪,绵亘万里,分地守御。初设

---

　　① (明)马文升:《为经略近京边备以豫防虏患事疏》,陈子龙等:《明经世文编》卷64,第545页。

　　② 《明史》卷90《兵志二》,第2206、2208、2209、2219、2220页。

　　③ (明)马文升:《为经略近京边备以豫防虏患事疏》,陈子龙等:《明经世文编》卷64,第545页。

　　④ 《明太宗实录》卷18,永乐元年三月庚辰,第319页。

　　⑤ 刘景纯:《明代九边史地研究》,中华书局2014年版,第17页。

辽东、宣府、大同、延绥四镇,继设宁夏、甘肃、蓟州三镇,而太原总兵治偏头,三边制府驻固原,亦称二镇,是为九边"①。在九边防御体系中还包含边关的营建与防守,"今之极边地方,其险要所在,莫若宣大,其切近边关,莫要于居庸,其次紫荆,又其次倒马,又其次白羊。宣大不备,则虏贼经行,略无疑碍,而直抵边关矣。边关失严,则长驱直捣……即此而观,边关不固,则京师虽固,不过仅保九门无事而已"②。除此之外,还有以堡寨为依托的军事聚落所构成的基层军事防御区域。③ 随着明王朝北边防御体系的建设和完善,在长城沿线的广袤地域形成了军镇、卫所、关隘、堡寨多层次相结合的战略布局,④布防严密,"其边陲要地……皆分统卫所关堡,环列兵戎。纲维布置,可谓深且固矣"⑤。该区域军籍人员分布密集,军兵数量巨大,隆庆六年八月朝廷派遣给事中慰劳九边军士,共"六十六万四千三百十有九人"⑥。在九边防御体系中,武官需要承担各类军政职责与守备和防御任务。无论是在军事形势、生活环境方面,还是在边防体制下的管理模式方面,边疆镇守武官形成了与内地武官迥然有别的职业状态。

第一节 明代边将面临的行政、司法约束与舆论监督

明朝疆域广阔,沿边地带由于军事形势紧张,与"腹里"地区的社会治理存在较大差异,为了更有效地管理该区域的社会秩序、增强防御力量、节制众多武官和军队,朝廷派设巡视官、总督、巡抚、巡按、镇守内官等官员加强行政管辖与

① 《明史》卷91《兵志三》,第2235页。

② (明)叶盛:《边关紧要疏》,陈子龙等:《明经世文编》卷59,第460页。

③ 参见刘建军:《明长城甘肃镇防御体系及其空间分析研究》表2—2中论述:"根据艾冲1990年出版的《明代陕西四镇长城》一书中各镇长城沿线军堡资料统计得知,沿绥镇有军堡39座,宁夏镇有军堡30座,固原镇有军堡45座,甘肃镇有军堡72座。"(天津大学2013年博士学位论文,第43页)

④ 刘建军提出:"明长城作为珍贵的世界文化遗产,是军事管理层面的九边重镇与层级组织结构和物质实体层面的各级防御聚落与工程设施,是具有严密的层次性、整体性、系统性的军事防御体系。"李严、张玉坤、李哲:《长城并非线性——卫所制度下明长城军事聚落的层次体系研究》(《明长城甘肃镇防御体系及其空间分析研究》,《新建筑》2011年第3期)提出:"卫所制度下军事聚落分为镇城、路城、卫城、所城和堡城五个层次。"

⑤ 《明史》卷40《地理志一》,第882页。

⑥ (清)谈迁:《国榷》卷68,第4199页。

监督。在司法领域，除了奉行《大明律》外，还颁布了一些专门的法律条例，如"辽东及甘延等处一带沿边卫所军职犯盗官、枉法、求索、科敛、诓骗、赌博，俱还职管军管事例""沿边镇守总兵、巡抚等官不许隐匿失机重情""边将遇贼不行出敌，治以失机重罪"①等。在某些方面甚至加重了对沿边武官处罚的规定，②由于明代罚赎现象愈加普遍，对边镇武官缺乏约束力，正统元年宁夏总兵官史昭奏请重新拟定边卫武官犯罪赎刑条例："边卫武职犯罪纳米赎还职，军人不调卫，用是奸顽之徒，故犯纳米，延缓岁月以避操遣。乞自今官定年限，守瞭边关俟满复职，军调边卫，庶有所警。"于是定例："官犯罪纳米者，死罪限一月，流徒二十日，杖笞十日，不能完，发边卫守瞭。死罪五年，流四年，徒五等杖一年，笞半年，有功者就令还职，无功者限满还职。军人倚法为奸怙终故犯者，徒、流、迁徙俱杖一百，调极边守瞭。"③另外，将士行军作战时还需遵守军令与军纪，若有违背，情节严重者将有可能被军前处置。可见明代边镇武将面临的行政与司法约束以适应军事防御需要而形成了独具特色的模式。

一、军政管理与监督中的行政约束

明代军政范围涉及较广，除《大明律·兵律》中所载《军政》条目下的"失误军事"，即武官承担的防御之责外，军政官所负责的卫所管理事务亦属于军政范畴。据《明史·职官五》记载卫指挥使司："凡管理卫事，惟属掌印、金书。不论指挥使、同知、佥事，考选其才者充之，分理屯田、验军、营操、巡捕、漕运、备御、出哨、入卫、戍守、军器诸杂务。"④从军政官所管辖的事务可见军政涵盖了武官职责的各个方面，永乐三年，明成祖谕天下武臣曰：

> 尔等或镇藩方，或御边徼，当竭忠效力，守法奉公，用修厥职。士卒者，捍御攻战所资也，必得其死力乃可成功，其用心抚绥。屯田者，储蓄之本也，必耕种以时而后公私充足，其加意督劝。若完城堡、修器械、勤训练、谨斥

---

① （明）戴金编：《皇明条法事类纂》卷3，《中国珍稀法律典籍集成》乙编，第4册，第86—88页。

② 刘少华在《明代军人司法制度研究》中言："明政府对沿边、沿海的军人管理也逐渐严厉起来，不断制定各种条例来严惩沿边、沿海的犯罪军人。"（刘少华：《明代军人司法制度研究》，第78页）

③ 《明英宗实录》卷19，正统元年闰六月己丑，第382页。

④ 《明史》卷76《职官志五》，第1873页。

堠、慎哨备,皆军政所急,不可废弛。①

从中可以发现卫所武官要各司其职,负责完成备御、抚谕士卒、修建堡垒、严格训练、谨慎哨瞭等军务。朝廷任命镇守武官时,会通过颁行敕书规定其职责。宣德元年八月,命指挥芮勋守居庸关,其敕曰:"今命尔守关,军士必勤训练,关隘屯堡必严守备,讥察奸伪不可懈怠,或有警急即遣人驰奏,一切边务必与附近总兵官协谋审处,毋慢毋忽。"②该敕书规定了指挥芮勋镇守居庸关时,一方面需要勤于日常军政,包括训练军士、加强守备等,另一方面还要积极应对可能存在的敌情,做好战时防御工作,切忌怠忽职守。宣德十年,英宗敕谕宣府等处总兵官谭广等人,曰:"卿等宜体朕此意,殚乃心力,抚练士卒,遇有寇窃即与剿除,以安边境,如缺战马,具数请给。"③

当遇到需要紧急处理的边务或针对某一项防务时,皇帝会通过专门的敕令下达指令。宣德元年,针对边地有人擅自出境,明宣宗敕令诸将严加防备,曰:"国家置关隘,非独以御外侮,亦虑境内亡赖或有私逸扰外夷者,盖统御之道在彼此无扰。卿等宜体朕此心,朝夕防闲,毋纵下人私自出入,违者械送京师。若失觉察,则守关将士,皆论重罪。"④正统三年,朝廷收到预警,令西北缘边总兵等官都督谭广等紧急戒严,敕曰:"卿等宜昼夜戒严,贼虽未至,恒若临敌,庶几有备无患。"⑤

(一)大臣巡视与阅视边镇

边镇武官是否认真履行以上军政职责,一方面通过军政考选进行考核,另一方面还从中央派遣大臣巡视,进行监督。明初已有巡视之例,明成祖给成山侯王通的敕书中梳理了巡视军政的重要性,特别强调西北地区的军事防御:"修边,国之重务,其军政不可不肃。昔太祖高皇帝,数命公侯重臣清理,所以当时军政修举。今西北边备尤为急务,而各卫所比年军政弛慢,官多具员,卒多缺伍,缓急何以制之? 今命尔往陕西及潼关等处阅视军实,务俾队伍整齐,甲兵坚利,备御

---

① 《明太宗实录》卷38,永乐三年春正月壬子,第642页。
② 《明宣宗实录》卷20,宣德元年八月丁卯,第528页。
③ 《明英宗实录》卷1,宣德十年正月庚子,第32页。
④ 《明宣宗实录》卷19,宣德元年秋七月甲寅,第510页。
⑤ 《明英宗实录》卷48,正统三年十一月壬辰,第929页。

严固,庶几国家足兵之美,尔其勉尽厥心,用副委任。"①明英宗亦认为西北边务紧要,因武将不称职导致兵备废弛,需要大臣前往整肃,于是敕兵部尚书王骥曰:"边务,国家大事,而甘肃尤为要冲。比者将非其人,兵备废弛,今特命卿往同总兵镇守官会议战守方略,务一一区画允当,听卿便宜施行,仍具奏闻。"②

明前期,中央经常派遣大臣巡视边关,明宣宗曾命都督山云、都御史王彰自山海、永平、蓟州抵居庸关,专门监督关隘的修筑,"凡诸关隘有未完固者,督总兵官遂安伯陈英、都督陈景先及诸镇守官并在近军卫、有司修理,务悉坚完,遇有军民利病亦具实以闻"。这些由中央派出的巡视官,代表国家监督地方,宣宗强调此次前去,"大臣与国同体,凡出外有可以安国家、利社稷者,即为之而后奏闻,勿有疑畏"③。这一时期,中央曾"每季遣官巡视居庸、山海等处关隘,有设置未备、器械未精、军士未足、守卒年久未更者,逐一理之"。后来此事被停罢,宣德十年在兵部尚书王骥的奏请下,再次命监察御史、给事中巡视边关。④ 除了巡视边关外,屯田是军政事务中的重要内容,洪武时期,陕西、山西、辽东都发展了屯种。明太祖曾下旨北边卫所"都一般叫他屯种",目的在使北边军士完全用屯田自给,不再劳民输纳。⑤ 永乐十三年,明成祖以山西、山东、大同、陕西、甘肃、辽东军士操练屯种者,率怠惰不力,分遣指挥刘斌、给事中张磐等十二人督视。⑥

嘉隆时期进一步细化了巡视的内容以及对边臣衡量的标准。隆庆五年(1571),高拱奏准赐敕一道戒谕边臣,责其成效。此后再乞每年特差才望大臣或风力科道官二三员分投阅视,检阅的内容包括:"要见钱粮比上年积下若干,险隘比上年增修若干,兵马比上年添补若干,器械比上年整造若干,其他屯田、盐法以及诸事俱比上年拓广若干,明白开报。若果著有成绩,当与擒斩同功;若果仍袭故常,当与失机同罪,而必不可赦。"⑦从高拱所述内容看,涉及军饷供应类

---

① 《明太宗实录》卷200,永乐十六年五月丙辰,第2083页。

② 《明英宗实录》卷30,正统二年五月庚寅朔,第591页.

③ 《明宣宗实录》卷19,宣德元年秋七月癸丑,第510页。

④ 《明英宗实录》卷2,宣德十年二月乙巳,第40页。

⑤ 王毓铨:《明代的军屯》,第22页。

⑥ 《明太宗实录》卷161,永乐十三年春二月癸酉,第1823页。

⑦ (明)高拱:《高拱全集·纶扉稿》卷1《虏众内附边患稍宁乞及时大修边政以永图治安疏》,中州古籍出版社2006年版,第167页。

包括钱粮、屯田、盐法,防御工事类如关隘、城堡等,以及军队人数和装备等,皆为日常军政中的重要内容。为了提高武臣修举军政的积极性,高拱建议将其提高到与作战指挥同等重要的层次,懒于整理军政者,与失误军机同等处罚。

此外,张居正还建议利用大臣巡视制度加大对边臣的奖惩力度,其以边地种树之事为例,若没有得力大臣督促,空有指令,"初时人建此议,仆即与同事者曰:'种树设险,亦守边要务也,但只如议者之言,决无成效。'同事者颇不以为然。今已数年,迄未见有一株成者"。张居正分析个中缘由,认为:"天下事岂有不从实干,而能有济者哉!"因此,他主张"国家欲兴起事功,非有重赏必罚,终不可振。来岁拟遣大臣阅视,大行赏罚。如犹玩愒难振,则仆自请如先朝故事杖钺巡边"①。

明末,中央派遣大臣巡视九边的制度又有所变化和调整,主要围绕在时间和人员安排上,比如选择三年一次派遣大臣的方式还是令巡按御史每年一次阅视边关。杨嗣昌认为巡按御史阅视边关与其职责并行不悖,一举两得,"该臣等看得御史有巡按之责,而阅边终其兼摄也。所以阅边之举,必奉另敕行事,又以三年为率,明乎阅之异于巡也"。针对有些人对巡阅频繁产生的顾虑,他提出年年阅视的必要性:"今即以巡为阅事,最直捷简便,或谓年年巡,年年阅,恐其繁苦边陲。夫关院之设,非年年巡边之人乎? ……且兵马钱粮,年年有销耗,季季有开除。战守机宜,时时有变更,事事有因革。将领贤否,应处罚者,尚不待于时刻,岂可淹于三年,人情积玩,边事积坏。巡边御史果能务行实事,不徒虚文,则一年一阅,其关于整饬,鼓励不小。"最终在崇祯十年九月十九日,皇帝批准其建议,"边政积弛,随巡核勘实行,饬励阅务,乃可兼举。不得以虚文塞责,量与展限,依议行"②。

(二)总督、巡抚统辖边镇军务

除了大臣巡视与监督之外,明代建立的巡抚、总督制度对九边武官形成了更为全面和稳定的行政约束。《明史·职官志二》载:"巡抚之名,起于懿文太子巡

---

① (明)张居正:《张太岳先生文集》卷23《答总宪凌洋山言边地种树设险》,《续修四库全书》第1346册,第125—126页。
② (明)杨嗣昌:《杨文弱先生集》卷19《覆晋按阅视册造未竣疏》,《续修四库全书》第1372册,第257页。

抚陕西。永乐十九年（1421），遣尚书赛义等二十六人巡行天下，安抚军民，以后不拘尚书、侍郎、都御史、少卿等官，事毕复命，即或停遣，初名巡抚，或名镇守。"①明太祖命皇太子巡抚陕西时，谕曰："天下山川，惟秦中号为险固，向命汝弟分封其地，已十数年，汝可一游以省观风俗，慰劳秦民。"②此时巡抚的派遣并未固定，其职责亦未有明确规定，从中还难以看出巡抚对武官的节制。至明英宗时期，巡抚制度逐渐成熟和固定，从巡抚苏松江浙一带扩展到北边。正统八年（1443）九月，命监察御史李纯巡抚辽东，令其专门整理屯田之事。因辽东位于边远地带，地方广阔，军马众多，粮草俱凭屯种供给。而彼时都司卫所官往往占种膏腴，私役军士，虚报子粒，军士饥寒，因而逃避。故特遣巡抚以革除弊病。敕中写道：

> 常命副都御史李浚往彼巡抚整理，其弊渐革。今特命尔代浚总督屯粮，比较子粒，提调仓场，收支粮草，务在区画得宜，尤在敷宣德意，扶植良善。遇有官吏酷害、私役占种等事，除军职具奏，其余就行挚问。若内外势要侵欺盗卖沮挠者，审实奏闻。尔为风宪官，尚以廉洁自持，公正率下，毋阿附权势，毋党比奸顽，毋同流合污，诡随自便，或纤毫不谨，罚及尔身，悔将无及。③

于武臣而言，李纯此次巡抚主要纠举贪酷、私役、占种等阻碍屯田事务者，如有发现即便奏闻。除了巡抚之名外，此时还有文臣镇守等，如景泰元年（1450），升陕西右布政使刘广衡为都察院左副都御史，镇守陕西，与总兵共同处理镇守事宜，敕曰："朕以陕西重地，况虏寇猖獗，边务尤为至重，今都御史王文患病，特升尔职，同兴安侯徐亨镇守，条治城池、操练兵马，抚军民整理边务……官员人等果有不遵法度、擅事科敛及酷害军民者，武职及文职五品以上具奏处治，文职六品以下就行拿问，务使官得其人，奸顽屏息。"④

随着巡抚职权的不断扩大，逐渐具备"从宜处置""便宜处置"的权力，涉及提督军务、节制兵马等。天顺二年（1458），升陕西布政司左布政使芮钊、山西布

① 《明史》卷73《职官志二》，第1767页。
② 《明太祖实录》卷211，洪武二十四年八月乙丑，第3134页。
③ 《明英宗实录》卷108，正统八年九月戊寅，第2195页。
④ 《明英宗实录》卷188，景泰元年闰正月癸亥，第3842页。

政司右布政使陈翌、山东布政司右布政使王宇俱为都察院右副都御史,分别巡抚甘肃、宁夏、宣府。赐之敕曰:

> 今特命尔等巡抚各边地方,训练军马,整饬边务,抚恤士卒,防御贼寇。务令衣甲齐备,器械锋利,城堡、墩台修治坚完,屯田、粮草督理充足。禁约管军头目,不许贪图财物、科克下人及役军余、私营家产,违者轻则量情发落,重则奏闻区处。凡一应边务事情、军马词讼及利有当兴、弊有当革者,悉听从宜处置。该与镇守总兵等官会同者,须从长计议而行。朝廷以尔等才堪委托,兹特简用,尔等宜劳心殚虑,输诚效忠,严明赏罚,振举兵威。遇有警急,尔与各官同心协力,相机行事。①

巡抚芮钊等人需要严明赏罚,禁约管军头目科敛、私役军人,轻罪可以直接发落。此时遇到紧要之事,仍然要与镇守总兵等官会同处理。成化九年(1473)在颁给巡抚辽东、大同等处都御史彭谊、郑宁的敕书中,管军头目明确到都指挥以下,且可以罢黜不职者,其曰:"中间若役占军士、委用非人,以致军旅不精,守御无备者,指实具奏。管军头目自都指挥而下有贪懦无为者,从公罢黜,别选材武智能者代之。应逮问者,就尔逮问区处,以示警戒。凡毙可革,利可兴,有益于边者,听尔便宜施行。"②

综观嘉靖至万历时期的巡抚敕书,与上述成化间敕书内容基本一致。嘉靖十五年(1536),御史张景总结各边巡抚敕书中涉及的职权"敕内有防御虏寇、修理城池、整饬军马、区画粮饷、谨关隘、明赏罚诸事"③。嘉靖十六年五月二十七日,山西巡抚韩邦奇接到敕谕,亲历各处进行点视,其阅视所及与敕书中给予的权限相一致,包括:"何处军马缺乏,所当选补;何处兵甲损坏,所当修葺;墙垣壕堑,有无高深;墩台城堡,有无完固;器械有无齐备,粮草有无充足,或修或补,督令有司着实用工;或增或益,不许虚应故事。其军职官员如有贪懦无为,役占军士,以致操守不严,备御无法者,参奏拏问。"④隆庆五年(1571),在给辽东巡抚张学颜的敕书中写道:

---

① 《明英宗实录》卷291,天顺二年五月壬寅,第6219页。
② 《明宪宗实录》卷120,成化九年九月壬子,第2321页。
③ 《明世宗实录》卷184,嘉靖十五年二月乙巳,第3907页。
④ (明)韩邦奇:《钦遵敕谕疏》,陈子龙等:《明经世文编》卷160,第1615页。

今特命尔巡抚辽东地方,赞理军务,训练军马,整饬边防,提督粮储,禁革一切奸弊。务使军威振举,粮饷充足,衣甲鲜明,器械锋利,城堡、墩台、边墙无不完固,以防御寇贼,抚安兵民。有警则公同镇守总兵等官,调度官军,相机杀贼。禁约管军头目不许科扰、克害及隐占、私役,有误战守。违者,轻则量情惩治,重则毋畏势豪,径自参奏挐问。其余一应边务听尔便宜从事,与镇守等官从长计议而行。①

安抚军民,监督武臣、爱护军士是巡抚的一项重要职权,尤其辽东地方,"守边官员行事乖方,以致地方不靖",需要巡抚进行审处。万历时期,巡抚保定兼提督紫荆等关孙丕扬的敕书中亦提到:"禁约管军官,不许私役军士及砍伐山木,达官舍余尤宜责令本管官员安辑抚谕,毋容纠合为非。所属官员廉能干济者量加旌奖,贪酷不才者从公黜罚。军民人等词讼即与受理,军职及文职五品以上有犯,奏闻区处,其余就便拿问,或发巡按御史究治。"②可见,巡抚掌握着赏罚大权,虽不能直接处置武臣,但具有行政约束、监督、举劾武臣的权力,对有过失的武官奏请处治。在实践中,出现了很多在任巡抚弹劾不称职武官的事例,如辽东巡抚胡本惠弹劾铁岭等处守备都指挥佥事皇甫英不严设备,"以致虏寇入境杀掠人畜",发遣到巡按御史朱暄处审理,论罪当斩,最终给予降三级,于当地立功的处分。③ 鲁能奉敕巡抚甘肃时,"严明号令,简阅部伍,振张领目,补剔利弊,兵备咸饬"④。韩雍奉敕巡抚宣大,"至则恤军士、缮城堡、纠治贪奸,震慑虏志"⑤。

成化年间,毛里孩、孛罗忽、满都鲁、癿加思兰屡次犯边,导致西北战事紧张,而边将却"拥兵坐视,或视其出而尾之,偶获所遗老弱,辄虚张以为斩获之数,甚者杀吾民为虏级,皆冒为功"⑥。为此,朝廷决定派遣总督以节制总兵、总制军务,成化九年(1473)十二月,刑部主事张鼎提出请设总制府于固原,且只推文武

<hr />

① (明)刘效祖著,彭勇等校:《四镇三关志校注》卷7《敕巡抚辽东都察院右佥都御史张学颜》,第286页。

② (明)刘效祖著,彭勇等校:《四镇三关志校注》卷7《敕巡抚都察院右佥都御史孙丕扬》,第278页。

③ 《明英宗实录》卷354,天顺七年秋七月丙申,第7079页。

④ (明)尹直:《都察院右副都御史鲁公能墓志铭》,焦竑:《国朝献征录》卷60,《四库全书存目丛书》史部第103册,第297页。

⑤ (明)过庭训:《本朝分省人物考》卷19《韩雍》,《续修四库全书》第533册,第393页。

⑥ 《明宪宗实录》卷121,成化九年十月壬申,第2338页。

兼济者一人总制三边。虽然兵部仍循前例,请命蒋琬任总兵官总制军马,王越提督军务兼理钱粮。但最终明宪宗决定只用王越一人前往:"总兵官且不用,只令王越驻扎固原总督诸路军马。"①成化十年正月,王越加以总制之名,成为陕西延绥、甘肃、宁夏三边总制设置的开端,只是此时的总制为临时指派,战事稍息,即将总制召回。

由上可见,陕西三边总制的诞生遵循了明代先由武臣统军、后添设文臣参赞军务,文武制衡,最终实现以文驭武的发展趋势。三边总制兼顾了文臣提督军务,武臣节制军马的双重权力,将两者事权集于一身,成为文臣总督军务的重要尝试。据《明会典》记载:"总督陕西三边军务一员。弘治十年(1497)议遣重臣,总制陕西、甘肃、延绥、宁夏军务。十五年以后,或设或革。至嘉靖四年始定设。四镇兵马钱粮一应军务从宜处置。镇巡以下悉听节制,军前不用命者,都指挥以下听以军法从事。"②嘉靖十五年,时宣大延宁皆有虏警,复设宣大总制官,更名为总督,陕西三边总制亦更名总督。③ 自此,一直沿用总督之称。

出任总制或总督的官员大多是位高权重的尚书或都御史,如挂兵部尚书之衔的王越、王琼,挂户部尚书之衔的秦纮、挂工部尚书之衔的才宽等,以上官员中不乏多年经营西北军务,钻研西北军情者,如马文升、秦纮、杨一清等,其中秦纮"尝督修诸边城堡一万四千余处,边堑六千四百余里"④。

总督较巡抚而言,具备直接节制总兵官等武臣的权力。弘治十四年,命秦纮总制陕西固原等处军务,其敕曰:"命尔总制,凡军马钱粮等项,宜逐一从新整理,俱许便宜处置。遇有虏寇侵犯,即便随宜调遣各路军马相机剿杀,各该镇巡等官悉听节制。"⑤隆庆二年(1568),谭纶升兵部左侍郎出任蓟辽总督,其敕书中明确授予其节制蓟辽、保定镇巡并各镇参游等项官员,并针对都指挥以下军职许以军法从事的权力,敕曰:

> 特命尔总督蓟、辽、保定军务,兼理本处主客军饷。尔宜查照该部节题

① 《明宪宗实录》卷124,成化十年正月癸卯,第2375页。
② (明)申时行等:(万历)《明会典》卷209,第1040页。
③ 《明世宗实录》卷193,嘉靖十五年十一月甲寅,第4069页。
④ 《明孝宗实录》卷211,弘治十七年闰四月乙亥,第3942页。
⑤ 《明孝宗实录》卷179,弘治十四年九月甲辰,第3311页。

事理严督所属,整搠军马,锋利器械,谨烽堠,以备不虞。如各处兵数不足,设法召募,务使充实。关隘墙堡应该修筑增补者,即便相度具奏兴工。其蓟、辽、保定镇巡并各镇参游所属地方,各道兵备添设修筑墩堡等项官员,俱听尔节制。各领兵等官敢有临阵不用命者,自都指挥以下许以军法从事……其余军卫有司官员有犯,轻则径自提问,重则参奏究治,庸懦不职者一体纠劾。凡军中一应事宜,并敕内该载未尽者,悉听尔便宜区处。①

万历二年(1574),升杨兆为兵部右侍郎兼金都御史总督蓟辽,其职权中对武官的节制具体到"蓟辽、昌平、保定镇巡、协守、分守、副参、兵备及统领入卫领班等项官员",军法从事的范围扩大到参将以下,"各领兵将官有临阵退缩、承遣逗留、抗违军令,及沿习旧套割取死首冒功脱罪者,参将以下许以军法从事,副总兵以上先取死罪招由,奏闻处治"②。显然总督被授予辖区内最大军权,不仅督察日常军政,而且临阵调度军队,节制武臣。

晚明九边总督制度进一步发展,节制区域进一步扩大,万历十八年(1590),命兵部尚书郑雒经略陕西、延绥、宁夏、甘肃、宣府、大同、山西七镇军务,兼理总督。经略郑雒因管辖范围太广,欲辞去其任,"臣欲往甘肃,则洮河难顾,欲驱流寇,则套虏难防,恐四夷闻之,谓臣一人之身,忽然而经略,又忽然而总督,边事日去,国体益轻",神宗不允所辞。③ 兵科给事中薛三才亦力荐郑雒兼管总督事务,谓:"经略之于总督事权并重,万一意见互异,往返关白,彼此顾望,终成趑趄,于封疆岂有赖焉? 且论事权,经略之权重于总督,论责任,总督之责专于经略,一人操其重权,又一人分其专责,事体未便。乞敕该部酌议,仍敕郑雒兼理总督,庶事权不分,而雒亦得以安心,殚力于西陲矣。"④可见经略之事权更为扩大,明末辽东战事兴起,熊廷弼、王在晋皆曾担任过辽东经略。

明朝廷除了派设文官赴边地整理边务、节制官军外,还派遣镇守内官与总兵协同镇守。御马监太监王清前往宁夏镇守,其敕书曰:

① (明)刘效祖著,彭勇等校:《四镇三关志》卷7《敕总督蓟辽保定等处军务兼理粮饷兵部左侍郎兼都察院右金都御史谭纶》,第245页。
② (明)刘效祖著,彭勇等校:《四镇三关志》卷7《敕总督兵部右侍郎兼都察院右金都御史杨兆》,第247页。
③ 《明神宗实录》卷230,万历十八年十二月己巳朔,第4259页。
④ 《明神宗实录》卷230,万历十八年十二月己巳朔,第4259页。

今特命尔与总兵官都督同知张泰镇守宁夏地方,修理边墙、城池,操练军马。遇有贼寇,相机战守。凡事须与总兵、巡抚等官公同计议停当而行,不许偏私执拗己见,有误事机。尔为朝廷内臣,受兹委托,尤宜奉公守法、表率将士,早夜用心修饬军政,俾士卒和辑,军威振举,居民安妥,外夷畏服,边境无虞,庶副委任,不许纵容下人科扰克害,及役占军士,有妨操守。如违,罪有所归,尔其勉之慎之。①

从敕书规定的镇守内官职权来看,其可参与边镇军政,管理军务,但并无节制总兵的权力,内官作为皇帝的心腹,更多的是监督边将,遇事共同商讨。② 如此将边镇武官置于文官节制、内官防备的制度约束之中,"自设立武卫之后,次第添置,抚之以台臣,驭之以将领,佐之以神监,赞之以督理,尤虑安攘之术未尽。首命中臣寅同镇守,盖欲参知戎务、心腹朝廷、防闲内外之深意也"③。

二、战时"军法从事"之权对武官的威慑

面对紧急战事,有些总督、经略被授予尚方宝剑,遇到临阵退缩的武臣,总督可凭此先斩后奏。万历二十年(1592),宁夏哮拜发动叛乱,命三边总督魏学曾统率大军进行镇压,然因赏格未明,军威不振,致数月间尚未平叛,神宗下旨切责"威令不肃,诸将生玩其间,复有希功忌能、观望之念",因此"赐学曾剑一口,将帅不用命者,军前斩首以殉"④。而后,总督魏学曾仍然师久无功,遂"以(叶)梦熊代,赐剑专征,用蜡书约城中内应,遂擒哮拜、哮承恩以献"⑤。万历四十六年(1618),女真南侵,攻克清河,而总兵杜松等尚未出关,其他各镇总兵官除了宣大、山西起程外,大多按兵不动。兵部奏称形势紧急,一旦清河失守则危及全辽,延及畿辅,因此必须利用尚方剑严督各总兵出关前往。其奏曰:

我皇上起用经略,虽责以征剿之重任,而未尝畀以生杀之大权,是以臣前具末议,首请赐上方剑,正为阃外之制。权不重则令不遵,非是无以震慑人心,而使之争先效命耳。查万历二十年(1592)五月内,征刘东阳,赐三边

---

① (嘉靖)《宁夏新志》卷1《藩镇太监》,第32页。

② 关于九边镇守内官的具体职权,可参考李建武:《明代镇守内官研究》,天津古籍出版社2016年版,第204—218页。

③ (嘉靖)《宁夏新志》卷1《公署》,第40页。

④ 《明神宗实录》卷249,万历二十年六月己丑朔,第4630页。

⑤ 《明神宗实录》卷323,万历二十六年六月庚午,第6006页。

总督魏学曾剑一口。又二十七年七月内,征杨应龙,赐川贵总督李化龙剑一口。且钦奉圣旨云:"申明军令,将帅有不用命的,先斩后奏。"则专征赐剑,固我皇上之往事可按,非臣今日之臆说也。伏乞皇上查照往例,赐剑尚方,凡将帅有不用命者,自总兵以下经略俱得以军法从事,严敕各总兵兼程出关,赴经略军门,听其调度防剿。①

神宗予以批准,曰:"尔部便遵屡旨,并各镇兵马都催他星驰出关,以听调度。着赐剑一口,将帅以下有不用命者,先斩后奏,务期剿灭狂虏,以奠危疆。"②熊廷弼经略辽东时亦赐尚方剑,"将士不用命者,副总兵而下先斩后奏,兵饷额解外特发帑金,以佐军需"③。此类奉命专征,皇帝通过赐尚方剑以重事权,兼隆礼数。

上述总督、经略大臣被授予"军法从事"与"便宜行事"之权,尤其可以"先斩后奏"者获得了军前处置武臣的大权,即无须经过奏闻、审理等司法程序,依照军法即可施以相应的惩罚措施。该项权力在敕书中明确标明者,是以授权。早在正统九年(1444)时,命左副都御史王翱提督辽东军务,其敕中便提到"军法从事",曰:"尔等整搠见操官军,务要人马精健、器械锋利、修理沿边城堡墩台,严督官军,勤谨哨探,遇贼近边即相机剿杀,飞报附近边军互相策应,敢有怠慢误事者,悉以军法从事。朝廷以尔廉公有为,谙练兵务,特简拔委任,一应军务,悉听尔便宜处置。"④王翱此次受命,施行"军法"的权力范围主要是官军。弘治十四年(1501),西北有警,孝宗命提督军务都御史史琳、总兵官朱晖等率京军前往,继而朱晖奏乞假以便宜之权,敕书中写道:"参将而下及所在各该镇巡等官悉听节制,官军头目人等敢有违反号令者,重以军法处置。其有临阵退缩、不用命者,指挥以下就便斩首示众,然后奏闻。其斩获首级,俱送纪功官处审验明白,从实开报,以凭升赏,不许冒滥。"⑤据此,史琳等可对指挥以下武官施行军法。

明代的军法除了《大明令·兵令》《大明律·兵律》《大诰武臣》《问刑条例》

---

① (明)程开祜辑:《筹辽硕画》卷10,《丛书集成续编》,新文丰出版社1989年版,第242册,第358页。

② 《明神宗实录》卷573,万历四十六年八月庚申,第10820页。

③ 《明熹宗实录》卷12,天启元年七月甲辰,第588页。

④ 《明英宗实录》卷118,正统九年秋七月丁卯,第2386页。

⑤ 《明孝宗实录》卷173,弘治十四年四月戊子,第3154页。

中的相关律例外，还有《军法定律》《行军号令》等单独颁行的军法，这些属于专门性的军事法律。如永乐十二年颁行军中赏罚号令，针对临阵对敌作了严厉规定，若不能尽力杀敌，则被处斩："临阵与虏贼对敌，务须齐刃杀贼，不许聚为一处，掣拽空缺。如遇贼相抗，力不能支，不即决胜。此必平日不能抚恤军士，不能精选操练，不能整刷队伍，此等无勇无谋，全伍皆斩。临阵交锋，务要一时向前杀败虏贼，如不尽力杀败虏贼者，全伍皆斩。"①此号令由坐营总兵官层层下达，传至指挥、千百户等，需要全军遵守。内容除了对阵时将士要团结一致尽力拼杀外，还涉及队伍是否整齐，是否爱惜军器物资，是否遵守军纪不掳掠无辜，是否泄露军机等多个方面，重在激劝、警示将士，从而保证军容整齐、士气高昂，有利于赢得胜利。

明太祖非常重视军法的执行，浙江左丞胡德济在大将军徐达军中，因退缩被械送至京，明太祖念其旧劳特命宥之，同时遣使敕谕徐达以后要在军中执行军法，曰："朕起布衣，克成大业，命将出师，悉由节制，将军备尝知之。迩者，浙江左丞胡德济临事畏缩，将军不以军法从事，乃械送京师，必欲朝廷治之。将军欲效卫青不斩苏建，独不见穰苴之待庄贾乎？且慢军功者，悉归之朝廷，则将军之威玩而号令不行矣。胡左丞之失律，正当就军中戮之，足以警众，所谓阃外之事，将军制之。若送至朝廷，朝廷必议其功过，又非阃外之比矣。彼尝有救信州之功，守诸暨之劳，故不忍加诛。惧将军缘此缓其军法，是用遣使即军中谕意，自今务威克厥爱，毋事姑息。"②根据明太祖的分析，若将临阵退缩的官员送到京师接受法司审理，与阵前将军实施军法效果不同，导致军中号令不严。

军法的实施与否关系到全军的纪律，朱鉴主张给予总兵一定的生杀大权，申明军令，其称："况总兵既无擅杀之权，军壮又无畏法之心，以致调往避难者相继而逃，临阵畏死者成队而退，习为常事，全无纪律。再不假以威权、申以军令，诚恐因循月久，姑息日深。草场不敢放收，粮道不得速通，马必瘦死，人不聊生，必堕贼计，致误事机。"③夏良胜亦主张授予主帅对所领军队的按法处置之权，提出："军威以杀为主，故曰军旅之后，必有凶年，全胜之功，古今几见……我屡败

---

① 《明太宗实录》卷150，永乐十二年四月己酉，第1747—1751页。
② 《明太祖实录》卷51，洪武三年夏四月乙酉，第1008页。
③ （明）朱鉴：《陈言边务疏略》，陈子龙等：《明经世文编》卷35，第269页。

而未戮一将与卒,故进则死,而退则可生,胜败之异,职此之由。伏望陛下申令主帅,使副属而下,俱得按法行诛,如戮庄贾为狗,人虽至愚,敢不用命胜敌为幸生之计哉?"①成化元年(1465)九月,陕西巡抚项忠上疏请求提高总兵之军权,曰:

> 今陕西三边挂印总兵,遇敌逗留,无一人肯当前者,虽云智勇未能如古名将,盖亦委任有未专焉。况锋镝交于原野,机会变于斯须,呼吸之间有生有死,若不委以军法从事之柄,孰肯轻生以御敌哉!今军士但闻敌之可畏,而不畏总兵之号令,以总兵之权轻也。使畏总兵甚于畏敌,进有可生,退有必死,则人心岂有不奋而敌,岂有不克者,是知威福之柄,臣下不敢擅专,直行师大事安危所系,不得不暂假之也。宜敕各边总兵官,今后闻有大敌在前,军中有违主将号令者,悉以军法从事,庶几成功。②

辽东巡抚毕自肃因辽事不靖已有十年,导致中央与地方苦于筹备军饷,将士苦于艰险,士卒苦于锋镝,如何解决战事,其提出若干建议,其中一条为"严赏罚之令",建议兵部刊行专门的军法,以备赏罚,曰:"闻之有功不赏,有罪不罚,圣王无以治天下,况兵凶战危……今当敕兵部考定军法,刊之为令,何者宜赏,何者宜罚,彼(使)众耳(众自)晓然无疑。一遇赏罚求之于令足矣,而又矢公虚断以信,必贿赂、情面举无所施,然后人知法在必行。"③行军时,将领严格军法有利于整肃军纪,督促官军勇无直前,以此取胜。此外,军法的实施还有利于防御力量的加强,如贾俊巡抚宁夏,持宪度、严军法,数年虏不敢犯。④

然而,因军法处置之权关乎官军生死,皇帝对此极为谨慎,并不轻易授予。授予时一方面需要在敕书内写明,另一方面强调执行军法并不等同于专杀,亦需要依据律法、按照轻重论处。这从孝宗与内阁大学士的对话中可知,弘治十年九月,孝宗召见刘健、谢迁、李东阳等人,讨论大同总兵官吴江奏请"临阵以军法从事"之事。孝宗认为如其所奏,"恐边将轻易启妄杀之渐",刘健对曰:"临阵用军法,自古如此。两军相持,退者不斩,则人不效死,何以取胜?"孝宗曰:"虽然,亦

---

① (明)夏良胜:《论用兵十二便宜状》,陈子龙等:《明经世文编》卷154,第1542页。

② 《明宪宗实录》卷21,成化元年九月壬戌,第417页。

③ (明)毕自肃:《辽东疏稿》卷1《危边责任匪轻疏》,《四库未收书辑刊》第1辑,第22册,第12页。

④ (明)过庭训:《本朝分省人物考》卷4《贾俊》,《续修四库全书》第533册,第104页。

不可径许。若命大将出师,敕书内方有军法从事之语。各边总兵官亲御大敌,官军有临阵退缩者,止许以军法严令从重处治,如此方可"。而李东阳坚持曰:"今既奏请,若明言不许,却恐号令从此不行。"孝宗最终采纳了谢迁的提议,迁曰:"今遵圣谕批答,仍用一'是'字为宜,且军法亦不专为杀,轻重各有法,决打亦军法也。"上曰:"然。"①

可见总督、巡抚、总兵等官实际发挥"军法从事"之权的空间是有限的。对总督、巡抚而言,一般情况下武官有罪仍然需要奏请处置,尤其中上级武官一旦自行斩杀,则触犯了擅杀之罪。甚至不允许擅自惩罚武官,否则将有被处以"凌虐将官""非法用刑"等罪的可能。

弘治时期,宣府巡抚雍泰即因责罚参将,而被罢官。时参将李稽不法,部下上告其恶,雍泰"具草将闻于上",结果"稽跪堂下,乞受责,图自新。〔泰〕曰:'此亦军法也',缚下杖之"。由于雍泰当庭杖打参将,"言官遂劾〔泰〕以擅辱命官罢"②。李稽奏泰"凌虐将官,贻患边徼",此前雍泰还劾奏"分守顺圣川右参将王杰侵用官钱、科害军吏",又复请逮治千户恩良等八人。雍泰牵涉军职越来越多,孝宗命巡按御史勘察,又命给事中徐仁、锦衣卫千户李瓒往讯以闻。"杰闻之,复奏泰枉逮参将、守备以下官八十六人,击死无辜十三人。部下军吏多畏威亡去,又纵婿田聪纳赂作威。"通过各方探查,得知"稽未升参将时,尝以承勘不公,受泰责,杰本受贿抵罪,妄奏求免,其谓泰枉逮将官致有拷死者,亦多失实。而泰在宣府时,尝令舍人董永偕婿聪迎家之任,受蔚州指挥何英金,又过保安、怀来城,指挥王忠、吴钺鼓吹送迎"。法司议奏谓:"王杰赃罪已明,辄妄奏原问官罪,当徒,准立功五年。董永给取民财赂玷宪臣,当充军。雍泰凌虐李稽,虽云过当,而稽实以罪系狱,其致死人命虽不以私,而用刑非制。稽有罪妄奏田聪,假妇翁纳赂,及何英、王忠等当下巡按御史逮问。"孝宗批准。最终雍泰被革职为民,先前致仕期间,自陈"公罪律应免问",希望得到矜宥,未允。③ 南京给事中牧相及监察御史王倬等各上疏为其求情,"雍泰为边人所持赖,不宜因边将李稽私忿

① (明)李东阳:《燕对录》不分卷,周寅宾、钱振民校点:《李东阳集·续集》,岳麓书社 2008年版,第 397 页。按,原文为:"轻重各有法决,打亦军法也。"

② (明)陈建:《皇明通纪法传全录》卷 26,《续修四库全书》第 357 册,第 438 页。

③ 《明孝宗实录》卷 177,弘治十四年闰七月辛卯,第 3253 页。

之恩,遽令致仕而去……请皆及时起用以慰人望"。亦不允。① 在《明武宗实录》所记载的雍泰传记中,其人被总结为"粗暴任情,殊无大臣器度"②,可见,虽身为上级官员,具有"军法从事"之权,亦不能直接处置高级军官。

总之,拥有"军法从事"之权的经略、总督、巡抚等官,其实施对象的范围需要根据敕书而定,有的只能处置旗军,而权力最大者可处置总兵以下所有武官与军士,理论上突破了军职有犯需奏请处置的司法程序。然而"军法从事"并不等同于完全掌握了斩杀大权,总督、巡抚不经皇帝批准,未经法司勘问,直接按军法处置武官时,稍有差池容易引来非议,甚至被处罚。可见授予总督、巡抚等"军法从事"之权,更多的是一种威慑力量,有利于立军威、行军纪,宣示将兵之权。

三、朝野舆论对边将功罪判定的影响

边将的功过评定关系到军中赏罚是否严明,进而影响将才选用与防御力量,因而备受朝野关注,往往超出了司法审判的范畴,受到朝廷政治的影响。武官一旦有重大过失发生,言官对涉事官员通过劾奏,防止其逃脱罪责,朝廷言官群体对九边武官的牵制由此亦显现出来。

隆庆初年大同失事一案的审判体现了群臣的政治舆论作用。事情起因为蒙古入犯大同,连续七日方撤离,实际造成的损失极大,而总督陈其学、巡抚李秋虚报军情,言:"本镇探得虏情,预为之备,以故虏无所利,总兵赵岢等先有邀击,皆有俘斩功,宜加赏录。"而此时巡按御史燕儒宦所言却与其相悖,曰:"虏自入境来,我兵无敢发一矢与之敌者,攻陷堡塞,杀掳人畜甚多,宜正诸臣玩愒之罪。"迅速引起朝廷文官的注意,首先都给事中张卤等劾奏:"边臣欺罔,请严究如法。"双方各执一词,于是兵部奏请下御史勘实以闻。而穆宗却令总兵官赵岢等戴罪防秋,参将袁世械等交由御史提问。言官没有就此中止弹劾,给事中查铎、御史王圻等再次提议将其治罪。随之巡按御史燕儒宦更加详细地叙述事发经过,总之损失远远大于斩获,其言:"岢(赵岢)遂提兵远屯,参将方琦等皆不设备,游击施汝清等又畏缩不前,遂令怀应山阴之间任其蹂躏,陷堡塞大者二所、小者九十一所,杀掠男女及创残者数千人,掠马畜粮刍以万计。我军虽尝出边,稍

---

① 《明孝宗实录》卷175,弘治十四年六月庚辰,第3190页。

② 《明武宗实录》卷119,正德九年十二月乙卯,第2409页。

有擒斩，然竟未接一战。"①

针对此事，穆宗令内阁发表看法，大学士赵贞吉提及"刑科给事中查铎、云南道监察御史王圻劾奏掩败为功、扶同欺罔之罪。一时朝廷之上，公论赖之稍明。蒙皇上发下内阁，令臣等看详拟票"。赵贞吉主张顺应君臣公论，依照律法严惩失机将官，强调："边事为平章第一要务，于今反漫然视之，国家之事最重者在边防，欲整理边防，在正朝廷纪纲耳，赏罚乃纪纲之大者。若大同一镇功罪不明、赏罚不当，则诸边视效因循息玩，皆不可复整理矣。此乃社稷之计也。我辈则社稷之隶，又安可不勉乎？今正大同之罪，只以'祖法''国是''公论''清议'八个字断之足矣。八字理明词严，'主将不固'"祖法也；隆庆元年（1567）皇上处治蓟州、山西失事之律，国是也；大同巡按所奏，科道所劾，公论也；当事之臣，请赂不行，持法不废，清议也。守祖法、定国是、张公论、畏清议，非我辈其谁哉！"面对"今兵部题覆，仍循回护之方；阁臣拟票，尚存姑息之意"的情形，赵贞吉以隐退表明自己的立场，据理力争。② 最终得旨："赵苛避事殃民，本有常刑，姑降实级三级，陈其学降俸二级，李秋夺俸半年，胡镇、文良臣各降一级。麻贵赏银二十两，麻锦、葛奈各十两，方琦等六人皆谪戍，施汝清等九人下御史问，又以镇巡官或不宜于本镇，命兵部同吏部议更置之。"③

隆庆三年（1569）大同失事一案的处置引起较大反响，除却兵部与问刑衙门之外，言官、内阁皆纷纷发表意见，最终皇帝面对舆论的压力，选择给予失机边将一定的惩罚。可见，九边武官的罪罚还牵扯明代的言论等多个体系。然而，明代言论的导向并非皆客观公正，明朝末年，言官各立门户以相争，除了把持朝局、排斥异己之外，封疆问题成为言官斗争的焦点，孟森总结道："各立门户之言官，以封疆为逞志之具，将帅之功罪贤不肖悉混淆于党论，而任事者无所措手足矣。"④明朝的各种权力主体纷繁复杂，或促进或阻碍，从不同方面影响着法律力量的发挥。

此外，文武大臣就边疆防御战略各抒己见，逐渐形成了"谈兵"之风气。"一

---

① 《明穆宗实录》卷38，隆庆三年十月甲辰第955页。

② （明）赵贞吉：《议边事疏》，陈子龙等：《明经世文编》卷255，第2691页。

③ 《明穆宗实录》卷38，隆庆三年十月甲辰，第956页。

④ 孟森：《明史讲义》，上海古籍出版社2002年版，第292页。

部分文人士大夫对兵学的热情甚至超越了对诗文的热情,其中还夹带有彰显风雅的色彩。"①他们针对九边用人、武将优劣等各个方面进行评论,如围绕边镇武官的司法惩戒,形成了不同看法。

部分大臣认为"使功不如使过"。如分守辽阳副总兵都指挥使孙文毅坐守备不设当死,而巡抚都御史张鼐引用宗泽成就岳飞之事,认为当给予立功赎罪的机会,奏曰:

> 文毅雄健骁勇,武艺精绝,实为一时将材,初亦极思报效,不意误中贼计,使得掩袭,然比之拥兵自卫,见贼先逃者不同,辄致弃市,积实可矜。臣闻……宋岳飞犯法将刑,宗泽奇之,使立功赎罪。今辽阳贼巢遍野,声息不绝,杀此壮士,诚为可惜,且使功不如使过,文毅系于囹圄已三年,若获再用,必有后效。乞不为常例,释送总兵处听调领军,如遇贼能斩获首级五颗者,宥其死,或立奇功破贼全胜,则仍复其原袭祖职。②

在张鼐的推荐下,孙文毅免发遣,以平虏卫军身份存留本处听用,候有功如例升赏。刘健上疏陈奏安边之策,其中亦提道:"各处守边官员,有因误事降级带俸差操,及为事罢黜者,中间多系曾经战阵,谙练边事之人。合无令兵部通查,送赴军前立功,其有才堪领军者,就领军杀贼。"③有些文官因以守边为重,宽容对待武官,而被人称赞。如左佥都御史邢宥巡辽东沈阳时,发现军官盗官储者三十余人,"以沈阳三面拒敌,奏止黜为首者二人,余皆罚赎守城。未几贼至,赖以无虞"④。此事被记入邢宥墓志中,成为其平生经历中的一大佳绩。

可见,为了保障明朝的武备力量、储备将才,在司法实践方面根据边将的特点酌情处理。皇帝考虑到边将群体的自身特点,在礼仪等方面亦不予深究。宣德二年,行在户部郎中王良奉命于宣府诸卫理粮刍,劾奏总兵官都督谭广:"拜进表笺,不于公廨,而就私家陈设龙亭仪仗,于礼有违,当逮问。"宣宗就此特谕

① 秦博:《论明代文武臣僚间的权力庇佑——以俞大猷"谈兵"为中心》,《社会科学辑刊》2017年第4期。

② 《明孝宗实录》卷200,弘治十六年六月辛亥,第3716页。

③ (明)刘健:《御房安边事宜疏》,陈子龙等:《明经世文编》卷52,第407页。

④ (明)彭华:《都察院左佥都御史邢公宥墓碑铭》,焦竑:《国朝献征录》卷59,《四库全书存目丛书》史部第103册,第253页。

行在礼部臣曰:"边将但能严饬守备,以副任使可矣,不必一一绳以礼法。"①宣德五年,万全都指挥使马昇奏:"开平卫进皇太子千秋笺,及冬至表笺,当各专遣官,不当共遣一人赍进,请治守御指挥之罪。"宣宗又谕行在礼部臣曰:"边卫武臣守御为重,此不足治。"②

另外一些大臣则认为"功不能掩过",需按律处置。如胡世宁引用《大明律》中对军官犯私罪的惩罚规定:"若军官有犯私罪,该笞者,附过收赎;杖罪,解见任,降等叙用。该罢职不除者,降充总旗。该徒流者,照依地理远近,发各卫充军。若建立事功,不次擢用"。提出不应以朝廷爵禄,赏有罪之人。针对法司所奏征讨官当论功定议之论,胡世宁反对曰:

> 我太宗文皇帝圣谕有曰:"朝廷大公至正之道,有功则赏,有过则刑。刑赏者,治天下之大法,不以功掩过,不以私废公。此辈征讨之功,既酬以爵赏矣,今有犯而不罪,是纵恶也。纵恶何以治天下,其论如律。"此我祖宗报功之厚,立法之严。是即天地春生秋杀,并行而不悖耳。今论官私罪,徒流以下径拟还职,虽杂犯斩绞,亦止发立(功),且又立功定以年限,无功亦得还职,全非太祖定律之意。③

守边、征战的武官是否可以凭借军功论赏罚,而忽略其他罪行,明代文臣士大夫并未达成一致。有的守边武官在文官的帮助下获得了重新立功升迁的机会,但亦有武官在文官的非议中被罢官。如陕西庄浪卫土官指挥鲁氏家族的命运,据徐阶所述,可知其家族由盛转衰的原因与文官诽谤有关,"臣闻鲁姓系陕西庄浪卫指挥。其家旧有名于西边,号曰鲁家人马,后因人疑之谤之,不敢收养家丁,渐亦衰弱。近年有鲁聪者,任古北口参将,颇骁勇,被劾革任。凡武官之善战者多粗率,而抚按、兵备等专要责其奉承,一不如意,便寻事论劾,轻者罢官,重者问军问死。曩杨照存日,人皆欲杀之。今却谓既失杨照,辽东难守,如此类者,甚可恨也"④。

针对有罪革任的守边将官是否可以重用,文官之间亦有不同看法。嘉靖二

---

① 《明宣宗实录》卷34,宣德二年十二月癸亥,第863页。
② 《明宣宗实录》卷72,宣德五年十一月庚戌,第1682页。
③ (明)胡世宁:《备边千策疏》,陈子龙等:《明经世文编》卷136,第1354页。
④ (明)徐阶:《答重城谕二》,陈子龙等:《明经世文编》卷244,第2548页。

十三年(1544),巡抚宣府都御史王仪建议在宣府"选民兵趫健敢死者,必以三千聚居镇城……而起原任参将李彬、游击董旸、守备江瀚、张忠复其原秩,令部署之,以时训练,专听杀虏"①。兵部覆议,皇帝批准允行。即选部分精锐士兵,委以"废弃"之将官,成立所谓"战锋"等五营,遇警当先杀敌。而其立法本意,"似为添设锐兵,破格作养,冀立奇功"。此事后来遭到宣大总督翁万达极力反对,认为废弃将官无能力统领一支军队,且戴罪之人未立功而复失事,应正其罪,其言:

> 乃废弃将官,第当令带家丁,或量其才能,暂行拨与军兵,随营杀贼,不宜专主一营事务,使得与参游诸将并列……分其权于废弃之人,即其人果才,犹且非法,况贪滥、庸劣如见管营都指挥董旸、李瑭等,何可使也。查得董旸、李瑭及已阵亡官李彬,已升守备官张忠,见革回卫官江瀚五员,俱前抚镇所荐用者。彼时除李瑭原系把总升为坐营外,李彬系闲住,董旸系缘事,张忠、江瀚系充军,因添战锋为请免罪,各复原职。盖破格用人,宁失不经之意也。各官复职领兵之后,使知奋励,树有奇勋,尚可言也。而往者虏犯广昌,困我军于土黄沟,李彬死焉,董旸等俱坐视不救,仍许戴罪管营立功,旋又再复原职。是前罪未赎而先官之,后罪愈重而并释之,乃竟未闻有感恩而思报者,谓之何哉?②

因此,翁万达建议解除"战锋"五营,而董旸等人根据其表现进行处置,"咨都察院转行巡按御史,查勘董旸、李瑭与革回江瀚及升任张忠,节年以来曾在某处与贼对敌、立有何项功绩,有无剥削军士、靡费钱粮、倒死马匹等项情弊。如可自赎者,准赎;如不可赎,原犯充军者照旧充军发遣,缘事者查照原案参提,所犯事情,比前若又加重者,从重归结"。世宗赞同其建议,革罢新立五营,"原五坐营官李镗、董旸等俱如拟"。③ 嘉靖二十八年(1549),江瀚、董旸以把总指挥之职在宣府滴水崖抵御入犯的蒙古军队而战亡。④ 董旸原职为管营都指挥,此前应

---

① 《明世宗实录》卷283,嘉靖二十三年二月戊子,第5497页。
② (明)翁万达:《军务疏》,陈子龙等:《明经世文编》卷223,第2339页。
③ 《明世宗实录》卷320,嘉靖二十六年二月丁酉,第5944页。
④ 《明世宗实录》卷345,嘉靖二十八年二月壬子,第6244页。

是受到了惩处,后来朝廷奖励此次战功,赠江瀚、董旸皆为都指挥同知。①

总体而言,明代九边武官不论日常军政中受到的行政约束,还是面临军法的威慑以及来自朝野舆论的评议,皆体现了以文制武的发展趋势。

第二节　边镇武官"失误军机"与"守备不设"罪的司法实践

九边地带是明代军事防守的重点区域,自洪武时期,此处便是重兵把守之地,明太祖曾言"今重兵之镇,惟在北边"②。俺答封贡之前,这里常年受到蒙古势力的威胁,如弘治十四年(1501)七月统计;"自弘治十一年七月以来,虏入甘肃境者十八次,先后杀虏官军人口凡三百四十二,被掠马畜凡六千三百有奇"③。据统计,嘉靖二十一年(1542)至隆庆四年(1570),28 年间,俺答及其儿子辛爱、黄台吉等侵犯约有 80 次。④ 如此频繁的大小之战中,武官所犯"失误军机"与"守备不设"罪行的几率大大多于关内,而实际的处罚措施又因现实形势、论功定议等因素出现不确定性,反映了明代九边防御地区此类罪责的司法实践。

一、边镇武官"失误军机"罪的司法实践

明代边镇武官"失误军机"罪主要表现在"失于瞭望""失于防御""折损官军"等情形。弘治《问刑条例》针对失机的不同情形分列了不同的惩罚措施,此前已有所论述。而导致贻误军机的原因有很多,如有因领兵官不依期进兵策应而失误军机者当斩,⑤《大明律》规定:"事有警急及路程遥远者,并听从便,火速调拨军马,乘机剿捕。若寇贼滋蔓,应合会捕者,邻近卫所,虽非所属,亦得调发策应,并即申报本营上司,转达朝廷知会。若不即调遣会合,或不即申报上司,及邻近卫所,不即发兵策应者,并与擅调发罪同。"⑥正德十二年六月,兵部尚书王琼奏准:"通行宣大镇巡、副参、游击、分守、守备等官……如或自分彼此,迟误调

---

① 《明世宗实录》卷 363,嘉靖二十九年七月丙午,第 6468 页。
② (明)余继登:《典故纪闻》卷 3,第 50 页。
③ 《明孝宗实录》卷 176,弘治十四年七月己未,第 3220 页。
④ 刘景纯:《明代九边史地研究》,第 41 页。
⑤ (明)雷梦麟撰,怀效锋、李俊点校:《读律琐言》卷 14《失误军事》,第 249 页。
⑥ (明)雷梦麟撰,怀效锋、李俊点校:《读律琐言》卷 14《擅调官军》,第 245 页。

发,及已承调遣,违期不至,以致失误军机,听巡按御史查勘的实参奏,依律治以重罪。"①此外,还有各衙门官吏因隐匿(军情)不奏而致失误军机者,当斩。②

　　明初发生过将失误军机的武官论斩的案例,并在军中行刑,以儆效尤。洪武三十五年(1402),"虏寇"犯开原,指挥庄济率军拒敌,击退之后又追袭,结果指挥张恂、李冕弃军而走,贼乘势直前,济督军与战,杀伤相等。明太祖敕镇守辽东左都督刘贞:"今既不能严备,使遂至城下,驱而去之足矣,何必追袭? 既以兵袭之,则当力战,而张恂、李冕乃弃军先走,致伤吾将士,其张恂、李冕即斩以徇。"永乐初年,"虏寇"侵辽东三万卫,辽东都指挥同知沈永未能追袭,又匿不以闻,及回朝复命又隐匿不报,明成祖因其欺蔽诛之,并令兵部榜谕天下都司军卫并缘边卫所,"凡有草贼及虏寇声息,不即以闻者,镇守官以下职无大小,罪与永同"③。甘肃总兵官左都督宋晟奏"甘州中卫指挥佥事王良失误军机,律应死",命斩之军中以徇。④

　　此后根据武官所犯失事情形,罪责重者仍有被处斩者。宣宗时试图严厉对待失机将官,宣德四年,赤城被掠,西冲山官军失于瞭望,宣宗谕行在兵部臣曰:"西冲山守烽堠官军失于警备,致虏劫掠,其悉处军法,仍以此戒饬大同、宣府等处守边将士。"⑤宣德五年,辽东有被杀伤十三人,被掠男妇十有五人者,其曰:"备御失机罪皆当死,前宽宥止罚俸,今遂玩弛。敕恺(辽东总兵官巫恺)等,凡失机官旗,皆杖之,降充军,令常瞭备,再犯必斩。"⑥世宗时亦对待边将较为严厉,嘉靖二十九年,御史胡宗宪疏陈边防事宜时提到:"臣观迩年失事将官,节奉钦依,拏解来京,处以重典,诚得御将之权矣。"⑦然而虽有处斩的案例,据申时行所言皆为无功之人:"昔世宗朝,边臣亦有被逮处斩者,然皆临阵失机,无功有罪之人。"⑧

①　(明)王琼:《为声息事》,陈子龙等:《明经世文编》卷109,第996页。
②　(明)雷梦麟撰,怀效锋、李俊点校:《读律琐言》卷14《飞报军情》,第247页。
③　《明太宗实录》卷18,永乐元年三月庚辰,第320页。
④　《明太宗实录》卷35,永乐二年冬十月癸酉,第611页。
⑤　《明宣宗实录》卷55,宣德四年六月丁酉,第1319页。
⑥　《明宣宗实录》卷68,宣德五年秋七月乙巳,第1594页。
⑦　(明)胡宗宪:《题为陈愚见以裨边务事疏》,陈子龙等:《明经世文编》卷265,第2797页。
⑧　《明神宗实录》卷202,万历十六年八月戊申,第3790页。

因失机罪重,虽然败军失事在九边武官群体中是常见之罪责,但按照"失误军机"罪正律处罚的却占少数,大多酌情减为边远充军、降级、革任、罚俸、戴罪立功等不同方式。宣德年间,辽东有一众戴罪官军,"初官军以失机当死者,宥其死,降充军于极边戍守",后来宣宗将其赦免,敕曰:"自宣德四年以后犯者皆宥之,复原职役,仍令专哨备,再犯处死。"①正统二年(1437),据巡边都御史王文查勘,发现此前一年延绥一带众边将失机情形:

> 奉敕巡边,体得去岁达贼千余人,从延安卫定边营入境杀掳人畜,其提调墩台百户张琏,本营把总指挥使王翚,指挥佥事刘端、周安、赞辅,把总正千户尹祯,守备本营指挥佥事姜元,畏缩不前,却妄报功希赏。宁寨营把总指挥王勇差千户杜璟追至境外,被贼杀死官军四十余人,把总守备龙州寨门等寨署都督佥事陶敏,指挥使陈海,指挥佥事孙敬、夏勇共领兵六百骑,不于贼人出没地方截杀,却乃迂路潜回。镇守延绥都督佥事王祯私占官军三百五十余人,不分拨二营守备,又不往来提督;协同镇守署都督佥事王斌亦不由捷径追贼,故意逗留纵放;宁夏左参将都督佥事丁信、指挥佥事刘源,遇贼对敌,俱不奋勇向前,被贼射伤旗军八人;右参将都指挥佥事王荣临阵先退……总兵官都督同知黄真不率师督战,俱宜治以重罪。②

虽然以上各罪按律皆当处以重罚,但因其中情有不同,英宗命"姑记之",于是采取了不同的处罚措施,具体为:"王斌、黄真到任未久,不问;王祯降都指挥佥事,陈斌降按察司佥事,丁信降都指挥使,王荣降指挥使,俱仍旧管事。刘源降指挥使,陶敏降正千户,陈海降指挥佥事,孙敬、夏勇降副千户,照旧领军备边,仍取祯等死罪招状以闻。刘端、张琏等俱杖一百,连妻子发甘肃边卫充军。王翚、周安、姜元、尹祯俱杖一百,发附近卫所充军。王勇既患病,取其子发附近卫充军,着勇随住,但逃必杀不宥。"③

正德八年(1513),大同遭遇侵袭,损失较大,"数百里烟火荡然,盖数十年来未有受祸于此之惨者"。巡边都御史丛兰就大同边将失机罪进行了一一汇报:"八年三月十七日,虏大举入寇,由灭胡等墩日渐南掠,遂攻朔州,围马邑,掠东

---

① 《明宣宗实录》卷81,宣德六年秋七月丁亥,第1887页。
② 《明英宗实录》卷113,正统九年二月壬辰,第2272—2273页。
③ 《明英宗实录》卷113,正统九年二月壬辰,第2273页。

君等村,杀虏居民孳畜甚众,总兵官潘浩,守备刘暾,指挥徐缙、郑良、盛杰等与战不利,百户姚钺、李宁等死马,大同总兵官叶椿遣都指挥郑恭迎战于马石沟,参将谷琛、指挥任玺、王祥等战虎兒山,暾及游击将军白春以众二千余人败贼于天城卫,春复战于鲍家屯,守备陈恭战新城堡,琛及游击将军朱振复连与战,贼乃退。五月四日复以五千骑从八股泉入,三千骑从靖虏墩入,六千骑从镇虏墩入……盖杀虏居民三千余人,以掠孳畜以数万计。"经巡按御史进行查勘,兵部议覆,都察院复请并会议,最终决定如下处理:"诏以大同地方失事情重,浩、彬(太监宋彬)、友玑(巡抚高友玑)姑免逮,椿、钺令巡按御史遣人械系来京,送都察院审实。周镇(都指挥)令戴罪杀贼,事完之日与隆(监丞满隆)、宽(参将林宽)、哲(奉御王哲)及去任者具奏处之,琛、暾降二级,恭一级,郝镇俸半年,纲(都指挥夏纲)及玺等俱夺俸三月,失事稍轻者免究。"①

由上可见,因为边将失机事体不一,如与敌交锋有官军损失较大的,有较轻的;又有因失于防御导致损军的,也有因敌我力量悬殊导致的。故而出现了等级不同的处罚措施。而在事体类似的案件中,具体处分的等级也有轻重不一的现象,降级中有降一级、降二级之分,关于此种情况,都察院、兵部、大理寺会议之后总结道:

> 有误(失)〔军〕机。今照前项已问奏请降出、住俸等项,都督、指挥、千百户等官林盛等,所犯事情多有相同,法司与兵部具奏,发落不一。盖因各衙门彼此不相同知,无从查照,及情犯多端,律载不尽,所以矛盾。

为使事体归一,法司列举了律法中失误军机的多种情况,遇到以下情形需要清楚明晰地议拟,具体包括:

> 合无通行内外问刑衙门,今后有犯失误军机,如被贼攻围、弃去城寨,守备不设、失陷城池,失于听报、陷城损军,已承调遣、不行策应,告报军期、违限不应,被贼入境掳掠人民,私使军人出境被贼杀掳等项,犯该斩绞充军,律有正条者,务要明白议拟,监侯奏请定夺。②

---

① 《明武宗实录》卷117,正德九年冬十月辛亥,第2370—2372页。

② (明)戴金编:《皇明条法事类纂》卷25《通行(在)〔内〕外问刑衙门各边官员失机情轻律重者奏请处置若被贼入境杀伤捉去公差人等事出不测者俱问不应杖罪还职若境外被贼〔杀〕掳夜不收免其问罪例》,《中国珍稀法律典籍集成》乙编,第4册,第1103—1104页。

法司与兵部拟罪不同,导致出现同类失机案件处置不同的现象出现。除此之外,因部门之间沟通失误,还导致同一犯官的审判前后出现差别。弘治二年(1489),辽东都司都指挥使胡忠等以守备不设致"虏"众入境杀掠,有关其审判,先后得到两道旨意,一则为宥免其罪,一则为降一级处分。事情的发生经过为:皇帝下旨令巡按御史逮问胡忠等人,而镇巡等官联名上言忠有追袭夺回功,足以掩过。兵部议奏,得旨"宥忠等罪"。不久,都察院呈上巡按所列忠等罪状,孝宗令"免充军,各降一级"。于是兵部复奏谓"前后旨不合,未知何据",于是孝宗命"忠等如前旨宥之,并责兵部既得旨,不即移报都察院,以致处置不一,令首实以闻"。兵部诿罪于递送文书官,最终"上宥部院官罪,而杖递文者二十"。①

此外,还因个人情感因素的干预,导致对武官是否失机看法不同。都御史刘焘曾指出:"且如临阵退缩者,与相机行兵者同。爱之者不曰'退缩',而曰'相机';忠勇者与轻率寡谋者同,爱之者曰'忠勇',憎之者则曰'轻率'。爱憎之口,易罔其是非之实,虽至明者莫能辩也。"针对此类现象,因"借口于相机者多,而轻率以直前者少",刘焘提倡:"与其进,不与其退。不然使诸将彼此相机,则先登陷阵者属之谁乎。其推诿败事,莫甚于此。"②

九边武官守御之责重大,又因各自官职不同,分为守备城堡、往来防御、哨探消息、传递信息、奉命应援等各种不同任务,稍有不慎即有可能被问罪,所受到的惩罚亦因事端的复杂性、形势的变化、个人际遇等出现不同情况。明代九边武官"失误军机"罪审判案例,可参见于附表1。

二、边镇武官"守备不设"罪的司法实践

明代对"守备不设"罪制定了专门的法律条例,"守备不设"罪主要表现在守备官遇敌防御不力,导致敌人入境掳掠人口,或者对敌期间官军损伤、被掳数十人以上,属于罪责严重的一类。倘若九边武官被拟为"守备不设"罪,轻则戍边,重则处斩。《大明律》中"主将不固守"条规定:"凡守边将帅,被贼攻围城寨,不行固守而辄弃去,及守备不设,为贼所掩袭,因而失陷城寨者,斩。若遇贼临境,其望高巡哨之人,失于飞报,以致陷城损军者,亦斩。若被贼侵入境内掳掠人民

---

① 《明孝宗实录》卷28,弘治二年七月壬戌,第609页。
② (明)刘焘:《答熊镜湖自悔误用王诏书》,陈子龙等:《明经世文编》卷308,第3251页。

者,杖一百,发边远充军。其官军临阵先退,及围困敌城而逃者,斩。"①

有关"守备不设"罪的问断,明代中后期不断制定有关措施以保证其合理施行。正德十四年,礼科给事中傅钥提出现行条例中因边将与敌交锋,损伤数十人,即被拟断"守备不设之罪",这对那些敢于迎战的官员实为不公,导致将官顾忌畏怯、不肯拼杀。而从律意出发,亦属于例不合律。因此请求谨慎查勘,重新拟定。其疏曰:

> 比来各边将帅,皆以近例与贼交锋,损伤数十人,即拟守备不设之罪,故遇贼不肯交战,因为之辞。窃睹《大明律》"主将不固守"条下,法意极为严明,至于交锋损伤多寡,俱不载者。盖将帅失机固有一定之法,若其奋勇杀贼,损伤多寡,则当临时裁断而不可拘,此圣祖之意也。夫虏入境,将领严兵迎敌,不可谓之守备不设,今力战者,或以无功抵罪,而闭营不出者乃得免,令老将遂其奸欺,勇士变为畏怯,边弊未有甚于此者也。乞敕兵部会法司重为议拟。②

王琼时任兵部尚书,针对傅钥的提议,开始查阅此前有关奏疏,发现都御史胡瓒等奏疏可作一定参考,其主要观点在于要区分将官与守备官职责不同,将官之职责在于征战,而守备官之职责在于防守。守备官所掌管的兵力仅为老弱之士,城中守军数量仅七八十人,可见其兵力之薄弱。遇到敌情,各将领纷纷调动各城兵力,进行御敌,守备官需听从将领调配。然而,一旦发生失守事件,将领所受责罚反而相对较轻,而守备官却承担较重的罪责,这导致人心不公,将领得以推诿责任,逃避事务。因此,胡瓒建议若某城有将领驻扎,出现敌情却畏缩不前者,将领当问"守备不设"罪,而本城守备官从轻处罚。其曰:

> 合无着该部查拟,除临阵与贼交锋对敌失机,照依该部奏行事例问拟外,其被贼入境抢虏人畜,行勘是实,若系本城住有将领,畏缩不行截杀,问拟守备不设,充军罪名,取自上裁。本城守备官,止拟不应,从重照常发落。如是贼势不重,守备官不能严谨烽堠,及将领于别城住扎,一时赴援不及,守备官失于飞报,以致深入抢虏人畜者,照旧问拟守备不设,将领则从轻参究

---

① 怀效锋点校:《大明律》卷14,第109页。
② 《明武宗实录》卷173,正德十四年夏四月壬申,第3351页。

发落。庶情法允当而责任专一矣。

当时,兵部针对城堡原设军马数少的情形进行讨论,认为律例惩罚皆偏重,议得"止可固守城堡,不可轻出御敌,以致地方被抢,其情与守备该设计而故不设计者,委有不同。问刑衙门不论有无计策可设,一向俱引前律,问拟充军。又因事出不测,或所抢人畜数少,参称律重情轻,奏请俱免充军,降级发落,依律言之,虽似减轻,以情原之,犹似过重"。结合都御史胡瓒等奏,进行修改后,兵部奏称:

> 合无通行各边巡抚、巡按、问刑衙门,今后各城堡守备等官,可以设计而故不设计,致有失事,俱依律问断,不许宽纵。内有事出不测,及失事数少,情轻律重者,仍照例奏请定夺。若本城堡原有人马数少,贼势重大,力不能支,止可固守,及瞭高守哨并征调邻境兵马等项俱无失误,别无计策可设,地方虽被抢掠,力量不能支持,系于律内该载不尽事理,参详明白,引律比附具奏,从法司再行议拟,奏请定夺。其调来各城堡按伏住札将领,往来不常,违期畏缩,失误军机,自有本律,难问守备不设充军罪名,等因。①

该提议于正德十二年(1517)五月二十四日批准施行,主要针对城堡内兵力较少、无计可施的情况下,城池被抢掠,如何定罪需要法司议拟。王琼又结合《大明律》的相关规定,认为按照《问刑条例》的规定,将临阵对敌损伤官军者,俱问充军、降级罪名,有违律意。于是发布会议结果,肯定了傅钥的提议,并被武宗批准,各问刑衙门遵行。具体为:

> 通行内外问刑衙门,今后守边将帅失误军机,除律有正条外,若贼寇入境,彼此众寡相当,堪以出战,将官故不设备、闭门不出、被虏人民者,依律问发边远充军。若虏众兵寡,势难抵敌,止可固守,不可轻出,致(彼)〔被〕抢掠人民者,查勘是实,奏请定夺。若止是抢掠牲畜,不曾虏掠人民,或杀虏沿边哨探军人及沿边采打柴草军民,不系境内人民者,俱坐以应得罪名,不许引用被贼入境虏掠人民律条,致失轻重。及瞭高守哨之人失于飞报,以致不备,损折官军,依律坐罪外,其轻率寡谋,军无纪律,以致损折官军者,律无正

---

① (明)王琼撰,张志江点校:《晋溪本兵敷奏》卷14《为发明律例以便征战事》,上海古籍出版社2018年版,第541页。

条,引律比附,奏请定夺。若奋勇迎敌,杀败虏贼,虽是斩获贼级数少,官军阵亡数多,仍须论功升赏,不许择引律内"损军"字样,妄拟治罪。前项《问刑条例》,与律意不合者,革去不用。①

然而,关于过度使用"守备不设律"的做法,到嘉靖初年又被提出抗议,嘉靖五年二月,简霄上疏反映:"《问刑条例》有官军对敌损伤、被掳数十人以上者,比以守备不设律边远充军,盖以补律之未备。而执法者不分战守,凡有杀虏,即绳以是法,故将官不务防捕,抚按官惟务姑息,苟避文法,上下因循,坐误军士。宜申明律例,除守备不设正律外,其能身先士卒、杀敌致胜者,即有伤虏,皆全录其功;胜负相半者,赏其功略;其罪畏懦不前、驱平民以塞责者,乃重罪之,则法令严明,人乐战斗。"可见,简霄所言与上述傅钥的提议有相通之处,皆认为一概按照《问刑条例》中所规定的"损伤、被掳数十人以上者,比以守备不设律边远充军",则会造成将官畏避文法,不敢战斗。经过兵部覆议,重申正德时期的做法,提出:"守备杀虏律例,正德中已经分别其议,今宜申明遵守。"②世宗予以批准。

除了虽有损伤,但能杀敌致胜者不宜拟断"守备不设"之罪外,还有一些身份、职责与"主将"不同的边镇武官亦不能拟以此罪。嘉靖十六年,宁夏试百户蔺进守御张政堡,"以虏道遮庆府取粮牛车,杀掠人畜,论如守备不设律"。世宗批曰:"守备不设律条原为守边将帅言,今乃一概引用,多致亏枉,其会法司详定以闻。"③又如宁夏副总兵陶希皋坐守备不设当戍边远,巡按御史卞伟勘议"希皋承委统兵往镇城,适中虏,防御与专守地方者不同,宜从末减",世宗下诏"降二级用"。④隆庆六年(1572),兵部重申将领防御之责,强非守备官者,若有失,应按例受罚,"守备不设原专为堡官言。以后地方有警,大小将领但有不肯用命防剿,致失事者,量情轻重比例参论。游击虽无分守信地,但系调遣防御去处,致有疏失,亦照例参究"⑤。

张居正亦建议放宽"损军之法",针对万历三年辽东一次大破敌军同时亦大

①　(明)王琼撰,张志江点校:《晋溪本兵敷奏》卷14《为发明律例以便征战事》,第542页。
②　《明世宗实录》卷61,嘉靖五年二月壬戌,第1432页。
③　《明世宗实录》卷196,嘉靖十六年正月甲辰,第4149页。
④　《明世宗实录》卷292,嘉靖二十三年十一月丙午,第5603页。
⑤　《明神宗实录》卷5,隆庆六年九月丙戌,第189页。

有损伤的事例,其分析道:"往时损军之法太严,故将领观望不敢当虏,苟幸军完无损而已。今辽东军杀伤至四五百人,斯乃血战,臣以为宜宽论损折,以作战败之心。"①在万历时期,失事武官的罪责进一步被细化。万历元年,"著令坐堡官除失陷城池,不得概拟守备不设律"②。万历四年(1576),定辽后卫指挥同知王延祚等守备不设,被蒙古大掠,"法应议戍,第贼众我寡,情可矜原"。经过部议,区分将领与参将、游击的职责大小。"欲审入(人)犯大小以别,将领罪犯小责守堡稍大责,参游备御最钜,总镇任之。"遂著为例。③ 关于明代九边武官"守备不设"罪审判案例,可参见附表2。

三、边镇武官犯"失误军机"与"守备不设"酌情减罪条件

由附表1、2可知,虽然法司根据律例拟定边镇武官"失误军机"或"守备不设"之罪,但最终被免死或免戍边者占多数,主要表现在以下情形。

第一,失机将官老疾去任、到任未久、身为勋贵之后等情形。如附表1中总兵官叶椿镇守大同五年,致官军损失数多,武宗念其病未痊愈,虽论法当重治,但姑从轻,降四级闲住。此类情况根据武官个人的特殊原因酌情减罪。

第二,失机损失较小或寡不敌众、仓促应敌等,情轻律重、情有可原者。如附表1中,宣德四年,开平卫指挥方敏、王俊附近有警,未出兵策应,宣宗因其暮夜仓猝,或有不及,姑宥之。成化九年,河州卫指挥使徐昇、临洮卫指挥使宴彬、泯州卫指挥同知洪寿等皆畏惧敌众,不敢迎敌。兵部认为的确各官所领兵少寡,似难御敌,情亦可恕。宪宗下旨将各官住俸一年作为惩罚。卢钦以都督同知守大同东路,因"畏缩"之罪降都指挥使。后来自辩为镇守等官所诬,兵部谓其情轻律重,诏曰:"钦既情轻,可进都督佥事。"于是,成化十九年命金吾右卫带俸都指挥使卢钦为都督佥事。④ 弘治十年,分守密云都指挥佥事吴钊先以失误军机论斩,具疏辩理,经巡抚、巡按官覆勘,最终"以钊情轻律重,特贷死,降正千户,原卫带俸差操"⑤。

---

① 《明神宗实录》卷45,万历三年十二月辛未,第1008页。
② 《明神宗实录》卷11,万历元年三月甲午,第372页。
③ 《明神宗实录》卷46,万历四年正月丁巳,第1047页。
④ 《明宪宗实录》卷245,成化十九年冬十月丁卯,第4153页。
⑤ 《明孝宗实录》卷132,弘治十年十二月壬辰,第2339页。

第三,战事正酣,急需用人之际,命令失职官员立功以赎前愆,以图后效。此类情况多发生在战时阶段,针对失机边将,往往暂时不治其罪,待战事结束再论功过。如附表 2 中,宁夏镇巡官坐守备不设为巡按御史所劾,世宗以正当用人之际,姑令戴罪立功。宣德四年,巡按监察御史劾奏开平卫指挥方敏"备御赤城,恇怯畏懦,不能练兵御寇,乃豫徙妻子于雕鹗以避之。比寇至赤城,杀掠人畜以去,士卒莫有斗志,请诛敏以励其余"。宣宗并未将其治罪,而是降敕于方敏,令其自省后效,责之曰:"朝廷命尔领军屯守,正宜昼夜用心,谨饬兵备,使贼至无所得,贼退则据险伏兵截杀之,庶称尔职。尔乃怠弃边务,但知全躯保妻子,使虏寇肆毒于边,如蹈无人之境。论尔之罪,万死莫赎,今姑宽宥,仍封御史奏章示尔,宜省咎勉图后效,如再失机,必杀不赦。"①

又如嘉靖元年,"套房"入犯邠州等处,杀掠官军甚众,边将因此遭到科道官弹劾,世宗认为他们俱当逮治,但念有事之际,巡抚、镇守官姑令自陈,总兵刘淮夺职,副总兵朱銮等令戴罪杀贼,候勘报处置。② 万历四十五年(1617),延绥巡抚金忠士提议在边官所犯非重大罪行的前提下,允许其戴罪立功,所谓"宽文法以责报效",其言:"果守备不设,烽堠不明,临阵怯敌,莫效捍围,自当如律究处。脱事非重大情有可原,仍令戴罪杀贼,以图后效。部议酌功罪之后,先权赏罚之轻重,在督抚之提衡而已。"神宗批准:"依拟,着实举行。"③

第四,损军同时有斩获之功或所辖部下有功,或事后立功可将功补过者。如守备山丹署都指挥佥事汪淮及百户范荣等坐"虏贼入境抢掠",法应谪戍,但淮有斩获功,诏"荣等各降一级带俸差操,淮罪准以功赎"④。又如甘肃游击将军都指挥同知鲁麟因事降为都指挥佥事,分守都指挥佥事左参将颜玉降为指挥使,兵部奏:"二人亦尝有军功,未拟升赏,请并前日同事降级者七十一人,俱令仍旧管事领军,庶得立功图报。"孝宗允之。⑤ 万历四年(1576),巡按陕西御史刘光国议边将李希靖之罪,其言:"失机当斩,然其初颇有斩获功,尚堪使过,乞照守备不

---

① 《明宣宗实录》卷 56,宣德四年秋七月癸丑,第 1333 页。
② 《明世宗实录》卷 17,嘉靖元年八月己丑,第 525 页。
③ 《明神宗实录》卷 559,万历四十五年七月丁丑,第 10550 页。
④ 《明武宗实录》卷 40,正德三年秋七月庚子,第 938 页。
⑤ 《明孝宗实录》卷 124,弘治十年四月丙子,第 2212 页。

设律戍边",都察院亦言:"希靖失事时,众寡不敌,情可矜宥,即事后其部下犹时时上首功,宜末减。"最终免死,永戍之。①

事后立功者亦可赎此前失机之罪,这与上述戴罪立功之法相辅相成。如指挥同知仇理与指挥佥事杨铨,于成化二年(1466)秋随从都指挥焦政御敌,政死兵败,不能救援,二人被兵部弹劾。而因"前后守臣累言边警方殷,未宜逮问",至成化十年"始结其罪",经过查勘发现,仇理尝于小盐池获功,升指挥使,又用荐升署都指挥佥事协守宁夏;杨铨亦于山口铺获功升指挥同知。兵部奏宜以功赎罪。宪宗命"削其功升之秩,使仍旧职管事差操"②。于是降协守宁夏东路署都指挥佥事仇理为指挥同知,宁夏左屯卫指挥同知杨铨为指挥佥事。成化时期,延绥总兵官署都督佥事岳嵩,巡抚都御史吕雯,镇守内官韦敬,左参将署都指挥佥事陈云,把总都指挥郭鏻、杨泰、王纲及领军指挥十一人,以年例率兵出境烧荒,而人马多被杀掠。嵩等以失误军机之罪被劾奏,兵部请下巡按御史问状,得旨:"俱不问,待边事稍宁以闻。"至次年,嵩等会游击将军董昇御敌,战于单塔儿地,败之,"斩首三十四级,获虏马兵器以闻",朝廷下敕奖励。于是兵部以边事既宁,请治嵩等前罪。经过巡按问罪,都察院覆奏,认为"嵩等三人及郭鏻俱有后功,然亦不足以赎前罪",而最终处罚较轻:"若等既有功,韦敬免之,岳嵩停俸三月,吕雯一月,陈云、王纲及指挥二人损军数少,并郭鏻亦有后功,俱赎米复职,杨泰等六人损军多者各降官一级,指挥二人损军尤多降二级,余如御史所拟。"③

因存在后功可赎前罪的事例,很多边官上疏诉辩,请求减免处罚。如上述阁纲因守御不力,令其戴罪立功,而此后又"以领兵后期,巡按复劾之,下狱坐失误军机当斩。纲亦以所获功诉辩,令法司会兵部议,谓其功过相半,乃特宥其死,降五级,带俸差操"④。山西都指挥佥事袁昊先充参将分守代州,失事,谪戍边卫,于是"奏辩尝于奶河堡有功,乞以赎罪,乃宥之"⑤。

诉辩过程中,除了陈述自身有功可赎罪之外,有的还控诉处置不公,得以降

---

① 《明神宗实录》卷50,万历四年五月丙申,第1147页。
② 《明宪宗实录》卷133,成化十年九月戊辰,第2508页。
③ 《明宪宗实录》卷270,成化二十一年九月辛酉,第4560—4562页。
④ 《明武宗实录》卷105,正德八年冬十月庚申,第2161页。
⑤ 《明武宗实录》卷32,正德二年十一月癸丑,第792页。

低自己的处罚等级。如辽东分守参将高钦以创忽儿河失事,与太监王秩等各夺俸一年,而把总指挥马俊、佟宣、刘钦、林丛等俱谪戍边卫。后来俊等奏诉,谓:"职在听调,且有殿后之功,俱坐重罪,而钦为主将,偾军败事,顾止夺俸。"兵部覆议以为:"诚如俊等所言,宜逮钦究治。"于是,"俊者改戍近卫,钦姑从轻,降级带俸差操"。① 还有一种情况,武官上级官员为其辩护,如西安左卫指挥使杨宏最初"以失机问拟充军",总制尚书秦纮为之论辩,后又荐其知兵练事、才任统驭,于是特宥之,降二级为指挥佥事。②

由上可知,边镇武官犯有失机罪,因情形不同,需经过巡按御史查勘,都察院等拟罪,最终结合是否可以减刑形成审判结果。有的审判因战时状态,不能轻易换将,需要暂时搁置,待日后勘问再进行问结。此类追罪的处理方式在明代较为常见,然而有些边将反而因连续失机,罪责叠加而被处以重刑者,因此结案之时论刑之轻重还要根据其实际功过而定。如嘉靖十八年(1539),宣府被侵,兵部请逮治总兵江桓、参将贾英失事罪。上曰:"临敌易将,兵家所忌,姑令戴罪剿贼,俟事宁并闻。"待蒙古退兵,给事中冯亮劾桓等"累次失事,不胜重任"。于是得旨:"俱革任听勘。"③又如正德四年时,追论分守宁夏东路右参将霍忠之罪,即因数次损军,虽有一些战功,但不足以赎罪,仍被判以守备不设,按律被斩。在弘治十七年(1504)十二月时,宁夏镇被犯,庆阳卫千户袁鉴及其所部伤者三十四人,霍忠观望不救。十八年十月,霍忠率兵对敌,官军折损过多,指挥唐彪、旗军李彪等百六十人战死,明武宗下旨:"忠等守备不设,为贼掩袭,死伤过多,虽有微功,不足赎罪。"④

此类案件中,所追失机罪责发生的时间在一年至十数年不等,有的属于追加罪责,虽已问罪,时隔多年后重新判罪。如对宣府镇守副总兵刘江等人的惩罚。嘉靖十七年六月内,蒙古数千骑突入宣府张家口,总兵官郝镗"仓皇出师,反堕贼计,中先锋都指挥周冕、把总韩锦等死之,所亡失无算"。镗以主将不能救,反诈以功上,被巡按御史弹劾,兵部参奏,世宗"恶其欺罔,命锦衣卫捕镗诏狱,副

① 《明武宗实录》卷117,正德九年冬十月丁未,第2368页。
② 《明武宗实录》卷4,弘治十八年八月壬申,第139页。
③ (明)徐学聚:《国朝典汇》卷147《边臣功罪》,第1803页。
④ 《明武宗实录》卷51,正德四年六月壬申,第1168页。

总兵等官刘江等住俸,戴罪杀贼,少监杨成、总督郭登庸奏报不以实,亦令戴罪防御,俱俟勘明论治"。至十八年七月,法司探查出实情,于是论镗戍边,而令巡按御史捕治刘江等。① 此次审判主要针对总兵官署都督佥事郝镗的罪责,刘江被捕,未交代如何处置。嘉靖二十一年开始追论嘉靖十七年宣府失事罪,夺副总兵刘江、万全都指挥佥事张嵩俸各半年,大同右卫指挥同知马涌、守备万全左卫城指挥白瑾、游击张翱俱谪戍边卫。② 时隔十五年之后,再次追论嘉靖十七年宣府失事罪,加重了对刘江的处罚,"原任副总兵刘江、指挥同知邵邦以守备不设律处斩,指挥佥事等官刘环、孙昂、侯朋戍边"③。然而邵邦早已于嘉靖十九年充任右参将分守大同西路④,副总兵刘江于嘉靖二十五年论死,"治宣府柳沟梁失事罪,副总兵刘江、万全卫指挥使齐鲁俱论死"⑤。此次追罪与事发时相隔甚久。而有些则属于勘问后即拟罪者,多在相隔一年左右给予审判,具体参见附表3。

九边武官倘若犯有失事之罪责,不论当即审问并拟罪,还是事后追论,其问拟过程较为审慎。总体而言,关于九边武官失误军机方面的问断更倾向于戴罪立功、罚俸降黜等方式。有边官通过连续自辩而免死者,弘治十六年,"分守辽阳副总兵都指挥使孙文毅坐守备不设罪当斩,累上诉自辩,兵部覆奏,谓'法不可原',上特宥死,并家属发边卫充军。⑥"其免死的原因并未详细说明,只言皇帝予以宽宥。有些则在处罚之后不久复职,守备阳和城都指挥佥事刘英以失机罪当充军,降指挥同知。刘英上疏自陈,虽然兵部覆奏"以英罪不当末减",最终"内批特许复指挥使",带俸差操。⑦ 正德年间,神周以都督同知充山西副总兵时,以失律降级为指挥佥事,后不仅起用,还通过自陈有功升为都指挥同知。科道官纷纷弹劾神周,称:"周才非御侮,尝失误军机,不加黜罚,复骤升用。窃恐奸佞之徒,妄求非分,复援此例,蹑踵而至,请亟罢黜以塞小人奔竞之路。"⑧此疏

---

① 《明世宗实录》卷226,嘉靖十八年七月癸未,第4700页。
② 《明世宗实录》卷258,嘉靖二十一年二月丙辰,第5164页。
③ 《明世宗实录》卷404,嘉靖三十二年十一月甲子,第7073页。
④ 《明世宗实录》卷234,嘉靖十九年二月戊子,第4798页。
⑤ 《明世宗实录》卷308,嘉靖二十五年二月戊子朔,第5799页。
⑥ 《明孝宗实录》卷198,弘治十六年四月甲子,第3673页。
⑦ 《明孝宗实录》卷158,弘治十三年正月己未,第2838页。
⑧ 《明武宗实录》卷144,正德十一年十二月戊辰,第2825页。

未奏效,神周不久升任右都督,佥书管事。《明武宗实录》评价曰:"周起自罪谪,日以巧媚取恩遇。"①

四、边将失机从轻处罚的弊端及其改革措施

若对失误军机的边将一律从轻发落,将致使赏罚失序,军法不行。"近年以来,无功者滥赏,有罪者不诛。且如边将失机,律有定刑,今乃一切因循,或戴示贬降,或戴罪立功。进战则有死无生,退走则有生无死。边方失利,职此之由,赏罚不明,实违天意。"②面对太过宽松的处置,马文升主张针对临阵退宿者,增加总兵处置事权:

> 军令贵严,严则官军知畏,而易以成功,否则官军怠玩,而多致败绩……故古之人君命将,必曰阃以内寡人制之,阃以外将军制之,盖许其官军临阵有不用命而退缩者,径自诛之,以肃人心。且万人之命系于一将,若非重以此权,谁肯舍死赴敌。近年以来,朝廷命将制敕所开,止曰"以军法从事",所以为将者,多避嫌疑,军士虽有退缩,未敢轻诛一人,以致军令不严,往往失机。虽罪坐主将,无益于事。伏乞圣明于听征总兵官朱晖等,并凡钦命总制、总兵官制敕内,明开若官军临阵有不用命退缩者,就阵斩之以徇,妄生讹言鼓惑人心、情罪至重者,会同审实,亦就斩之。其总兵官受命之后,将合行军令各开条款,三令五申,使官军晓然知军法之严,各思奋勇杀贼,不敢畏缩先退。③

弘治十三年(1500),镇守甘肃总兵官彭清亦奏请增加其处置"失误瞭望"的事权,提出:"今日久法玩,人无警惧。请敕兵部禁约,如有仍前不报声息者,都指挥以下俱先听臣量情依军法惩治,然后会议参奏,庶责任专一,边备不废。"兵部认为不可全由总兵官处治,"但失误事机依军法惩治,恐启奸弊,情罪不重者请如清言,其各该官员应参奏究问者,仍如旧例"④。

边将失机依旧需要参奏方可问理。正德十年(1515),给事中任忠奏请将失事罪重者处斩:"近年各镇以贪懦之将官御疲敝之兵马,加以军饷不给,饥寒切

---

① 《明武宗实录》卷152,正德十二年八月戊午,第2945页。
② (明)戴金编:《皇明条法事类纂》卷25《边将失机依律治罪及禁〔约〕纵容下人冒报功次例》,《中国珍稀法律典籍集成》乙编,第4册,第1091页。
③ (明)马文升:《为会集廷臣计议御房方略以绝大患事疏》,陈子龙等:《明经世文编》卷64,第537页。
④ 《明孝宗实录》卷169,弘治十三年十二月癸巳,第3061页。

身,故每遇虏,辄避不前,及至失机偾事,朝廷悉从宽贷,军士有出死力杀贼者未必获赏……何怪乎将士之不振也。今陕西总制、镇巡、将佐等官,累经劾奏,乞取其任重失事、科害军士太甚者一二人诛之。"兵部以边务久废,卒难整饬为由,奏准"各边守御事宜,其循旧规"①。

嘉靖以后,朝廷试图加大对失机边将的惩罚力度,很多严明赏罚的建议被批准。嘉靖二十七年(1548),针对边地要害之处的守御,总督宣大都御史翁万达提议应加强边将的职责,否则边墙虽然巩固,亦难以保障不会被"溃墙突入",因此需要按律治罪:"各照信地一应领兵大小官员,俱坐以失陷城寨律,其余遇贼观望失误军机者,不分主客,各坐以临阵退缩,及已承调遣不依期策应律。"②经过兵部覆奏,得旨允行。万历二十年(1592),针对失机武官复职的现象,兵部建议充军者不得轻易恢复原职,其言:"国家驭武臣,严失机以惩偾事,开赎罪以责效死,然许赎复者,惟终身军,非概容幸免也。杨时、魏宗瀚失误军机免死遣戍,乃冒微功奏荐复职,而世及如故,何以示惩。杨时犯在例前,孙世隆降袭千户,宗瀚犯在例后,子桂芳姑袭小旗。总督抚按官以后务遵明例,各弁犯永戍者,有功止照军卫拟升,庶幸门塞而世官重矣。"神宗予以批准。③ 天启六年(1626),少詹事王应熊认为应当严法令,失误军机者当即立斩,曰:"赏罚不后以作其气,兵之百战百胜者,气为之也,法不严则其气必无。精明之理,请先罚而后赏。治军有军中之律,如临阵退缩、守备不设之类,犯者立诛无赦。"④

蓟镇总兵官戚继光曾反映蓟镇军令不严的情形,出现失事者不仅不会加罪,甚至还施之以恩的现象。其曰:

> 失事者以斧钺在前,不暇督人之过,即鸣之缧绁之中,谁复为地方之计?而继厥任者,始固昧于不知其详,中则诿为不切于已,终则责以报效于后。不惟不加之罪,而且复施之恩。至有偾事于此,而允其报效于彼。朝以失陷主将,而暮由保荐拜官。甚至一阵之间,有目击主将之丧亡而不救,身犹冒功以升擢者……或议数万之众,难以加罪,殊不知所罪者,乃首先奔北失陷

① 《明武宗实录》卷130,正德十年冬十月壬申,第2592页。
② 《明世宗实录》卷334,嘉靖二十七年三月乙酉,第6120页。
③ 《明神宗实录》卷244,万历二十年正月壬午,第4553页。
④ 《明熹宗实录》卷67,天启六年正月辛未,第3193页。

头目。本部曲凡下一等之人,譬如失一参游,所诛不过中军千总三四人耳,以下则勿问矣。失一千总,所诛不过把总二人,以下则勿问矣。①

针对上述情形,戚继光提议严于惩罚:"令于决战之时,敢有偷生之徒,违臣号令者,除头目以下,钦遵近例,都许军法行事。其参游而上,恐临时无暇行法,容臣实时绑送军门,照武官都指挥例,当阵以军法示众。至若众将弃臣奔北,臣果力战殒身,均乞皇上涣颁明旨,必实之法典。既不使巧词漏网,亦不使幸计觊求。若诸将争先,奋杀不退,臣有死伤,亦不相累。"②戚继光作为主将,身先士卒,强调其有死伤时,倘若众将逃去则处以重罚,若奋勇杀敌则不必怪罪。

此外,戚继光还调查出蓟镇众将临阵退缩、逃脱失机罪责的原因在于"扰乱视听",其曰:"蓟镇耳目不明、奸猾得计,此不用命之要领也。往日各该大小将领,但遇虏势临边,先行分布心腹人役入京,临时乱行差人径报阁部,甚至布满密要,虚传功伐,忌害阻陷驾罪攘劳,无所不至。夫其人专一用心于此,又肯临时用命哉!"针对边镇武官连通京官作弊之事,戚继光建议:"但有参游以下,布设腹心于京都内外者,出示地方,报官拏问。"③

面对众边将遇敌退缩的现象,除了上述建议严惩失机将官外,有的提议增加监察力度及时发现各种弊病。兵科给事中郭镗自陕西军中还,其认为改变边将御敌不力的办法在于派御史于军中加强监督,其奏曰:"今边将遇警,不分众寡,惟事闭门,俟其大掠而回,徐图追蹑,或收拾弃余为夺获之数,或乞买首级为擒斩之功,传报寇警以少作多,畏避贼锋,彼前我却,奸谋罔上,积弊已深。是以黠虏轻视我军,肆行无忌,虽参赞、巡按等官得相纠举,然责任不专,玩愒如故。乞如旧制,仍命方正御史二员特居军前督军杀贼,纠察奸弊"。经兵部覆奏,进一步明确失机惩罚的程序:"败军之罚,如把总等官以下退缩无勇者,听总兵、参赞以军法从事,而总兵等官听巡按御史纠闻究治。"御史仍旧不遣。④ 若武官已犯失误军机罪,不行上报,隐匿军情,听巡按御史指实纠治。"今后如遇贼寇侵犯边境,务要同心协谋,出奇制胜。共同保障之功,无为自全之计。倘若逡巡畏缩,失

---

① (明)戚继光:《请申军令以壹士心疏》,陈子龙等:《明经世文编》卷348,第3750页。
② (明)戚继光:《请申军令以壹士心疏》,陈子龙等:《明经世文编》卷348,第3751页。
③ (明)戚继光:《请申军令以壹士心疏》,陈子龙等:《明经世文编》卷348,第3752页。
④ 《明宪宗实录》卷110,成化八年十一月己酉,第2146页。

误军机,备由奏请定夺。敢有朋奸欺罔,隐匿失机重情,因而妄奏捷音、遮掩己罪,听巡按御史指实究治。若平居无事之时,固(特)〔持〕禄位,地方有警,畏避艰难,辄便推病,及自陈致仕者,亦听巡按御史指陈实迹纠劾。"①

此外,还需要提高定罪量刑的精准性。明代九边的官员配置十分密集,为了达到分权制衡的目的,机构之间关系错综复杂,彼此既互为监督,又互相牵制。一旦战事不力,损失重大之时,文武大臣皆被牵动,其处罚范围牵涉甚广,往往从总督到巡抚,从总兵到参将、游击,其他还包括镇守内官、兵备道等官皆有可能承担一定罪责。然而如此一来,导致边镇官员之间互相包庇。弘治时期,巡按直隶监察御史周琰指出各官为避免受到惩罚,互相遮掩,形成攻守同盟之势。其曰:"太监、监军、都御史本因抚军而设,今遇失机,一概坐罪,是以互相党比,不肯实闻。乞敕兵部行令各边镇巡等官,今后军旅之事,责在总兵,万一失机,太监、都御史稍轻其罚,则边情不敢隐匿。"②

在定罪量刑时,还存在总督、巡抚、总兵等承担主要责任,而部将反而无事的现象。据汪道昆总结关于失机的惩罚:"督责虽严,奸利滋起,法仅行于总督、抚镇,罚不及于分部偏裨",具体表现在:"夷考往事,督臣弃市者二人,抚臣论死者一人,谪戍者一人,镇臣死战者一人,弃市者一人,其它以罪去官,什居七八。而监司部将,意气自如,虽或以罪行,旋即向用。监司部将,既非文网所该,繇是而玩愒陵夷,尾大不掉。"据其分析,巡按利用职务之便可以为其下属等官开脱罪名:"监司自挟刀笔,关白所部,足以持境内短长,明明然芥视诸将,而蔑视督抚。部将往往附声势,于督抚主将之权,其或不从……比失事,当事者业已抵罪,此辈犹复在军……此罪罚不平之说也。"为了法律的公平公正,汪道昆建议以所守信地划分责任,"各分信地,在兵备,居常则职整饬,遇警则职监督;在副总兵、参将、游击,分区则职防御,遇调则职应援,有成命矣。夫守备不设,策应失机,其罪无赦"。遇到失事时,根据是否属于信地判断罪责轻重,"臣请遵照律例,申饬总督、抚镇、兵备及各领兵官,功所繇,各坐信地。乃若总督抚镇诸臣,莫非信地,虏既入境,罪已无辞。姑容其相机出奇,亲帅将士决一死战"③。

---

① (明)戴金编:《皇明条法事类纂》卷25《失机在逃官员充军》,《中国珍稀法律典籍集成》乙编,第4册,第1086页。

② 《明孝宗实录》卷76,弘治六年闰五月丙午,第1468页。

③ (明)汪道昆:《蓟镇善后事宜疏》,陈子龙等:《明经世文编》卷337,第3609页。

总之,明朝廷对边镇武官"失误军机"与"守备不设"之罪的惩罚秉持了宽严相济的惩戒厚则,既对因客观不可抗因素导致的军事失误酌情从宽,给予戴罪立功的机会;又对玩忽职守、损失惨重的严重渎职行为施以重处。通常情况下,司法官员进行审判时,首先需要明确当事人的职责,区别主要责任与次要责任。其次查明战事发生的详细过程,统计伤亡、被掳人数,了解敌我双方力量对比以及各级将领的实际表现,包括是否积极应战、退宿不前、策应失机、不设守备等,作为是否定罪以及判断罪情轻重的依据。

第三节　九边武官群体其他的罪与罚

明代九边防御地带地处明代北方边疆,包括蒙古、"西番"、女真各部在内的众多少数民族聚落与明朝往来密切,武官在双方交往过程中充当了重要角色。然而,有些边镇武官却趁机私相交易,破坏边境贸易秩序。此外,还有非法通番、泄漏军情、指使军人出境贸易、侵占屯田等多种犯罪行为频繁发生。

一、走私贸易等边境非法活动

明朝与"西番"的茶马贸易以及辽东、宣府、大同所设马市历来成为北方边疆权贵、富豪以及将官争利之地,不惜用非法途径获取。永乐三年(1405),明成祖得知茶马贸易中,有守边之人用劣等茶叶欺瞒对方者,令兵部出榜戒谕,其曰:"河州、洮州、西宁诸处与西番易马,朝廷本推诚抚纳远人,皆与好茶。闻近时守边头目人等多用恶谬茶欺之,甚者侵损其财物,彼虽淳厚不肯陈告,然心未必能平。来年其遣金牌、信符给西番为验使,比对相同即纳马,如洪武中例,不可后期。仍榜谕边地官民,以朝廷怀远之意,今后马至,必与好茶,若复欺之,令巡按监察御史采察以闻。"①《问刑条例》对军官自身以及纵容家人进行私茶贸易的行为作了处罚规定:"军官、将官纵容弟男子侄兴贩,及守备、把关、巡捕等官知情故纵者,各降一级,原卫所带俸差操。失觉察者,照常发落。若守备、把关、巡捕等官,自行兴贩私茶通番者,发边卫;在西宁、甘肃、洮河贩卖至三百斤以上者,发附近,各充军。"②

---

① 《明太宗实录》卷49,永乐三年十二月乙酉,第742页。
② (明)雷梦麟撰,怀效锋、李俊点校:《读律琐言》卷8《私茶》,第191页。

此外,走私马匹亦要受到惩罚,如陕西都指挥佥事刘旺非法抵换駃騠贡马,被谪甘肃立功,后因旺在途迁延不行,为法司所劾,遂改谪开平,从成安侯郭亮立功。① 宣德八年(1433),陕西巩昌府通判翟霖反映巩昌卫都指挥佥事汪寿贩卖私茶,并有人走私马匹,其言:"私造店舍五百余间,停塌私茶潼关等处,纵军民客商贩带青红布帛段疋入关,又赍金牌买马。内官人等亦带私货入番,又减番人马直以易私马,又索番人赀见马匹诸物,比及出番,官马数少,私马数多,混同支给刍料,欺弊百端,请悉禁止。"明宣宗命姑记寿罪,其违法之事悉令改之,余事令都察院揭榜禁止。②

宣德九年,镇守肃州都督佥事王贵因擅自放关外人入内市易被弹劾。"先是赤斤蒙古卫部属屡有来归者,贵私有其驼马、人口,悉不以闻。事觉,始以半首官。又擅纵沙州卫人入关市易,有发其事者。"宣宗命总兵官都督佥事刘广执贵,经过审问,得知刘广所奏事皆属实,最终并未将其治罪,而是下令"姑宥之"③。

弘治十二年(1499),巡按辽东监察御史罗贤反映广宁、开原、抚顺三马市被将官以及权要欺行霸市的行为,损害了前来贸易的少数民族利益。"每遇夷人持马貂诸物来市,被镇守等官及势家纵令头目、仆从,减价贱市,十偿三四。夷人受其挫勒折阅,积久怀怨殊深,往往犯边,多坐此故"。对此,朝廷下令:"申明旧例禁约,敢袭前弊者,捕送巡抚、巡按等官究治,计赃至二百贯以上者,头目、仆从人等发极边卫分充军,职官调别边各卫带俸,遇赦不宥。若因而激变夷人,致引边衅,从重论。干碍镇守等官奏劾按问。"④

明朝为了管理边境贸易,在长城沿线先后设置了为数众多的市口,大多位于卫、堡、营内。开市时,武官负责督查与警戒等任务,肩负缉拿奸细、防止军情泄漏等责任,但却有将官利用职务之便贪图私利。万历十九年(1591),都给事中侯先春阅视辽东,发现了其中马市的诸多弊端,如开市之前,守备官事先在境外选买好马,开市后,权贵先派人遴选好马,导致用来备御的军马多羸弱不堪,"虏方传箭,将入市也,正安堡游击、镇静堡守备,利其好马,要于境外选买之。此其

---

① 《明太宗实录》卷160,永乐十三年春正月丁卯,第1822页。
② 《明宣宗实录》卷98,宣德八年春正月庚午,第2207页。
③ 《明宣宗实录》卷109,宣德九年三月丁酉,第2451页。
④ 《明孝宗实录》卷154,弘治十二年九月丁丑,第2745页。

弊在本管官。虏既报箭,已入市也,则尊官贵戚家人门胥,遴其好马,搜于市场先买之。此其弊在权贵"。侯先春分析将官无视法律,敢于"贩易夷马"的原因在于一则辽东地处偏远,法令不行,"武弁则如猬如蚁,文官则如参如辰",二则官买之马数量太少。因此,他建议严禁将官与富商私买私卖马匹。①

另外,明朝奉行"臣子无外交",私自与外界交往或纵放家人、伴当出境走私者亦属违法。《大明律》所载"私出外境及违禁下海"条规定:"若将人口、军器出境及下海者,绞。因而走泄事情者,斩。"《问刑条例》特别指出了边将使人出境营利将调卫惩罚:"各边将官并管军头目私役,及军民人等,私出境外,钓豹捕鹿,砍木掘鼠等项,并把守之人知情故纵……官旗、军吏扶同隐蔽者,除真犯死罪外,其余均调发烟瘴地面……军丁充军,官旗、军吏带俸食粮差操。"②甚至越界耕种田地者亦要受到惩罚,毁边墙而出者加重处罚,成化十年(1474),宪宗下旨:"陕西榆林等处近边地土,各营堡草场,界限明白……越出边墙界石种田者,依律问拟,追征花利,完日,军职降调甘肃卫分差操……有毁坏边墙私出境外者,枷号三个月发落"。③

除了明律中规定武官及其子弟不得擅自出境外,朝廷还陆续颁布敕令加以禁约。永乐五年(1407),禁约边将部下出境居住,特敕甘肃总兵官西宁侯宋晟,曰:"朝廷禁约下人私通外夷,不为不严。比年回回来经商者,凉州诸处军士多潜送出境,又有留居别失八里、哈剌火州等处,泄漏边务者,此边将之不严也。已别遣监察御史核治,自今宜严禁约。"④永乐八年,甘肃总兵官西宁侯宋琥收留曲先卫头目,未及时遣送至朝廷,被明成祖斥责:"尔前奏曲先卫头目,有久居沙州,今至甘肃者,既至则当即送朝廷,乃留之不遣,何也?《礼》,臣子无外交,虽为边将,非有警急及受命权宜行事,宜谨守常法,不宜轻易遣人出境。"⑤

宣德三年(1428),宣府总兵官都督谭广劾奏都指挥黄真招引蒙古使节于家饮酒,曰:"万全右卫,临边重地,往往声息不绝,其镇守都指挥黄真不务严谨。

---

① 《明神宗实录》卷238,万历十九年七月丙子,第4414页。
② (明)雷梦麟撰,怀效锋、李俊点校:《读律琐言》卷15《私出外境及违禁下海》,第274页。
③ (明)雷梦麟撰,怀效锋、李俊点校:《读律琐言》卷5《盗耕种官民田》,第142页。
④ 《明太宗实录》卷66,永乐五年夏四月戊戌,第929页。
⑤ 《明太宗实录》卷111,永乐八年十二月甲寅,第1422页。

近有边卒言,真数擅出军围猎,招致虏使饮于私家,请逮鞫之。"宣宗判断"招致虏使"未必属实,但身为边将当时刻严于守备,不可"须臾怠忽",暂且纪其过,移文予以告戒。①

武官还指使家人子弟出境谋取私利,犯"通番"之罪,"沿边墩堡,名为哨守,其实纳税外夷,暗通关节"②。据杨一清反映:"不特军民而已,军职自将官以下,少有不令家人伴当通番。番人受其恐吓,马牛任其计取,变诈渐萌,含愤未发。"鉴于"近年各边贩茶通番,多系将官军官子弟",而守备把关人员无法禁治,杨一清奏请:"合无今后军官、将官,知情纵容弟男子侄、伴当兴贩,及守备、把关、巡捕官知而故纵,事发参问,降一级,原卫带俸差操;有赃者,从重论;失于不知者,照常发落。若守备、把关、巡捕官,自出资本兴贩私茶,但通番者,问发边卫充军。在西宁、洮河、甘肃地方发卖者,三百斤以上,发附近卫分充军;不及数及在腹里发卖者,降一级,调边卫带俸差操。"③

嘉靖三十年(1551),朝廷再次禁约"私通外夷",规定"非奉旨开市,敢有私自出边,与虏交通者,巡按御史指实参奏"④。同时明朝廷还禁止武官无故侵犯、欺凌周边民族,以免启衅,引起战事。永乐元年(1403),镇守辽东保定侯孟善因遣百户出关窃马而被斥责,敕曰:"朕命尔往镇东鄙,所宜招怀远人,靖安边境,以称付托之重。尔遣百户传三汉出塞窃马,以致丧没,内失可用之人,外失信于夷狄……顾念旧勋,姑贷尔罪,自今亦深思改过,爱惜将士,抚绥外夷,每事尽心悉虑,毋怠毋忽。"⑤

有的武官杀害番民人命,罪责较重,处以斩刑。宣德二年,陕西岷州卫百户陈瑛,"初劫夺番民马,闻番民欲告,执而杀之。法司逮问具实,论斩罪"。宣宗认为:"边将能抚安边民,已亦得安。岂得夺其利而又杀之,是自求祸。如律斩之。"⑥宣德三年,隆平侯张信等上疏,奏告文县守御千户杨瑛勒索番人,致其生

---

① 《明宣宗实录》卷36,宣德三年二月乙丑,第901页。
② (明)吴时来:《应诏陈言边务疏》,陈子龙等:《明经世文编》卷385,第4174页。
③ (明)杨一清:《关中奏议》卷3《为修复茶马旧制以抚驭番夷安靖地方事》,《杨一清集》,第80—82页。
④ (明)申时行等:(万历)《明会典》卷130,第668页。
⑤ 《明太宗实录》卷26,永乐元年十二月甲申,第480页。
⑥ 《明宣宗实录》卷26,宣德二年三月甲寅,第696页。

变:"诸簇生番本皆安业,未尝为非。近杨瑛领兵至境,逼令纳粮充军,需索非一,以此拒命。今道路梗塞,不能前进,杨瑛生事激变番民,宜正典刑。"宣宗命行在都察院逮瑛治其罪。① 若武官因贪渎枉法引起边境骚动,甚至损失人马,则受到重罚。万历三十八年(1610),协守东路参将曹文焕"使家丁抢夺夷货",致使"夷人哄动,商货被掠一空"。抚按劾以"挟私激变,阻坏边市",最终被革任回卫。② 明代,清河与女真毗邻,以金石台为界。游击冯有功以修葺军丁房屋,"遂私纵军民出金石台采运木〔植〕,奴酋瞰知邀杀四十余人",最后,虽然对方悔罪认罚,但冯有功启衅在先,神宗令巡按御史提问冯有功以正其罪。③

二、侵夺边军、边民利益及贪污受贿、侵占公物等非法行为

武官敛军人、侵占公物是明朝普遍存在的现象,九边武官在此方面亦存在严重问题,导致原本生活环境艰苦的军人、土民更加困苦不堪。据马文升反映明代九边的武官之所以缺乏谋略,是因为贪图享乐,耗费精力钻营谋私,"谋略兼全之将,近来委的少见,然谋略可学而能,骁勇可勉而进。但将官自受命之后,就以主将自尊,边方稍宁,惟知谋营己私,贪图货利,或耽晏乐,或恣邪欲,所以谋略不进,而骁勇日耗矣"④。

洪熙元年,宣宗针对岷州卫地区科害土民的现象,谕行在户部尚书夏原吉曰:"岷州地临边疆,其土民旧令卫所带管者,盖欲使得安业。近闻卫所官扰害非一,致其逃窜者多。今虽赦宥复业,其居宅田土已为豪猾占据。宜行岷州,凡土民,惟令本卫经历司带管,经历文官,必能抚恤。凡产业为人占据者,皆令追还,庶几不致失所。"⑤武官侵盗官粮损失边储,数额较大者处以重罚。正德十年,总督御史彭泽奏:"河西甘肃等处素称雄镇,顷缘将领贪婪,坐困军士,以致弛备丧师。请凡侵克粮四百石、草八千束、银二百两,及诸物直二百两以上者,处斩以徇。不及数者,谪永远戍边。有干方镇重臣者,劾治。"经兵部议覆,下诏:

---

① 《明宣宗实录》卷36,宣德三年二月乙丑,第902页。

② 《明神宗实录》卷473,万历三十八年七月庚午,第8945页。

③ 《明神宗实录》卷552,万历四十四年十二月辛亥,第10429页。

④ (明)马文升:《为会集廷臣计议御虏方略以绝大患事疏》,陈子龙等:《明经世文编》卷64,第535页。

⑤ 《明宣宗实录》卷5,洪熙元年闰七月戊戌,第125页。

"边储重事,此后有侵克者,俱如例行,勿得姑息。"①

有的边镇武官贪图小利,差遣军士离开驻地,前往各处营干私事,"在边总兵镇守等项内外官员,中间有将所管官军,或贪图小利,私自放假,或营干私事,私自役使,令其过关,并赴各处者"。这些军士得以过关,大多依靠武官等给予的批帖,"假以收买军装,取讨盘缠等项为名,自出批帖,任情差遣。一月之内,每一官员甚至有批差七八起,每起数十人者"。如此数量众多的官军离开边城驻守之地,严重妨误操守。叶盛提议:"今后除各卫所文引照例出给,奏事人有关文照验外,其余内外官员,一应所管官军公干事件,并不许自出批帖,俱行所在提督协赞官处斟酌审看。"②

边镇武官还挪用军饷,侵占官军月粮,影响军人基本的生活来源。镇守宣府总兵官署都督同知朱振因挪移借支、浪费军饷,被御史吕秉彝劾奏,罢职回卫闲住。③ 有些边镇武官在征收钱粮、支取银两、管理仓库过程中通过"虚出"的手段来贪污钱粮,称为"虚出通关"。而"通关"指"钱粮通完,出给印信长单者"④。《大明律》中有"虚出通关、咒钞"一条,规定:"凡仓库收受一应系官钱粮等物不足,而监临主守,通同有司提调官吏虚出通关者,计所虚出之数,并赃,皆以监守自盗论。"⑤宣德六年(1431),行在工部侍郎罗汝敬奏:"宁夏卫指挥王真、镇抚韩成、千户杨杰等受财物,虚出通关,仓粮折耗浥烂者,动以千万计。"宣宗命行在都察院遣御史一员,同户部官追理仓粮。⑥ 宣德八年,陕西都指挥同知阎俊掌宁夏卫事,受运粮民白金等物,虚出通关。御史论罪当斩。宣宗曰:"边卫粮为此辈所侵,致军士乏食,论法岂可宥。但念其旧劳可追粮及赃,宥其死,杖一百,发辽东边卫充军。"⑦

边镇武官通过多种方式贪污军饷,在报纳粮草、招商中盐等过程中产生各种弊端。因各类军事物资事关重大,对边卫具有特殊的战略意义,故相较其他地

---

① 《明武宗实录》卷120,正德十年春正月丁亥,第2426页。
② (明)叶盛:《军务疏》,陈子龙等:《明经世文编》卷59,第468页。
③ 《明世宗实录》卷4,正德十六年七月甲子,第183页。
④ (明)雷梦麟撰,怀效锋、李俊点校:《读律琐言》卷7《虚出通关朱砂》,第168页。
⑤ (明)雷梦麟撰,怀效锋、李俊点校:《读律琐言》卷7《虚出通关朱砂》,第168页。
⑥ 《明宣宗实录》卷83,宣德六年九月庚午,第1915页。
⑦ 《明宣宗实录》卷107,宣德八年十一月癸酉,第2403页。

方,侵盗边境粮草的处罚更为严苛。如成化二十年(1484)十一月十一日,刑部尚书赞同户部建议:"保安卫指挥蒋铭、千户刘刚并以后有犯此等侵欺、抵换临敌粮草官价等罪,照依先年旧例减降二级,俱调广西极边卫分立功。满日,就彼带俸差操,不许管军管事。缘所领临敌粮草送馈送价银,非比平时供输之物,肆行侵欺抵换,法当缘严以示惩。"刑部奏请在西北一带实施此例:"仍行都察院转行各该巡抚、巡按等官知会,今后辽东、大同、宣府、宁夏、甘延等处,但系西北一带沿边卫所军职官员,有犯此等侵欺临敌粮草官价,犯该斩绞罪名,俱照此例降级调卫发落。若平昔有犯不系临敌粮草官价及徒流罪名,止照常例发落。如此,庶几法令适宜,奸贪(如)〔知〕警。"①

嘉靖元年(1522),西北多事,御史张鹏翰陈奏:"坐不材将官罔利营私,军储半入其家。如报纳粮草,则占窝转卖,而令贫卒包赔;开支帑藏,则任意侵渔,而以空文出纳。召商中盐,则通同克扣,而斗库官攒得以上下其手。甚而逃卒之口粮、死马之草料,皆寄名见在之籍,而干没入己,边政大坏。"户部奏准:"令各该抚按守巡严禁诸弊将官,有犯追赃,揭黄停袭,文官容纵者一体治罪。"②

此外,各边营堡占用官马、克减草料的现象亦比较普遍。据杨一清奏疏中所述,涉及镇守到把总各级武官,利用官马运送私人财物,进行买卖,导致马匹损伤众多。其曰:

> 又有一等无知官员,将各军应给草料克减,或扣除在官,而应答上司,或指称公用,而私卖觅利。访得各边营堡,其弊尤甚。其镇守、分守、副参、游击、把总等官,奉公守法者固有,假公营私者实多。非因公务,辄差旗牌官舍人等,及容令弟侄子男买卖营运,滥给官马应付,多者二三十匹,少者五七匹,驮载私物,重至百十余斤,程送前途,远至七八十里,往来相继,驰骤无休。马匹因而损伤,军士莫敢声说。及至追补之际,又被官豪势要之人,将矮小瘦损不堪马匹威压势逼,高价领买,有交手未几,而旋即倒死者。③

《大明律》规定因公出差时,乘坐官马运载私人物品超过十斤即要受到惩

---

① (明)戴金编:《皇明条法事类纂》附编《边卫军职侵欺临敌粮草犯该斩绞罪者降级调卫例》,《中国珍稀法律典籍集成》乙编,第6册,第139—140页。

② 《明世宗实录》卷21,嘉靖元年十二月庚子,第623页。

③ (明)杨一清:《关中奏议》卷1《为稽考官军骑操马匹事》,《杨一清集》上册,第28页。

罚，"凡因公差，应乘官马、牛、驼、骡、驴者，除随身衣仗外，私驮物不得过十斤，违者五斤笞一十，每十斤加一等罪，止杖六十，不在乘驿马之条"。《读律琐言》解释，"此公差，盖各衙差遣之人不得驰驿而行者"①，乘坐此类官马与驿马有所区别，故而惩罚亦有差异。《大明律》所载"乘驿马赍私物"条规定："凡出使人员应乘驿马，除随身衣仗外，赍带私物者，十斤杖六十，每十斤加一等，罪止杖一百。"②上述武官假借公差之名为私人买卖，理应受到重罚。时任兵部侍郎的胡世宁指出军政莫急于马，亦反映边镇人员利用官马驮载重物造成的严重损伤，"切见辽东官军，全不惜马所关料豆，私卖食费，不以喂马，致马瘦损。该管头目略不点视，而又不分男妇，出门半里，即便乘马。或将驮载薪粮行李远行重压，而又骑一人在上，以致马易倒死，亏损公私"。因此他奏请将官禁止官军乘用官马出行："今宜行彼将官严加禁约，如有坐视不禁，或指此为名，因而科害军士者，许抚按、守巡官参问究治。"③

明代九边武官以公谋私、贪污受贿等行为，手段多样，按律当予以处罚。如针对军镇武官"克减、冒支粮料，占役、办纳月钱，科敛害军"等损坏边事之罪，叶盛上疏陈言以上按律该降调者，当调边卫处治："但宣府口外系是极边卫分，管军头目，有犯前罪，例该降调充军守墩哨瞭者，或仍于本卫所，或止是的决着役，以此小人更无迁徙之苦，无所忌惮。合无今后除军人外，管军头目有犯前罪，如宣府口外者，发辽东、甘肃、大同左右等卫所，其辽东等处有犯者，悉发开平卫。庶使小人知畏法，而重犯法，奸弊可以销除。"④

然而，因边将以守御边关为重任，虽有贪污受贿之过，却得以幸免于处罚。如镇守山海等处总兵官都指挥佥事马荣，受所部指挥贿赂，及用赍物贸易"夷人"马匹，英宗却以荣守边方，姑宥之。⑤ 宣德三年，总兵官都督谭广奏："边卫将士多坐小罪，久系法司，缺官守备"。于是自杂犯死罪以下，指挥千百户杨兴等百余人，悉命"从轻罚赎，俾还职役"⑥。宣德六年（1431），巡按山东监察御史张

① （明）雷梦麟撰，怀效锋、李俊点校：《读律琐言》卷17《乘官畜产车船附私物》，第295页。
② （明）雷梦麟撰，怀效锋、李俊点校：《读律琐言》卷17《乘驿马赍私物》，第293页。
③ （明）胡世宁：《为陈言边务情弊疏》，陈子龙等：《明经世文编》卷134，第1331页。
④ （明）叶盛：《军务疏》，陈子龙等：《明经世文编》卷59，第467页。
⑤ 《明英宗实录》卷341，天顺六年六月戊辰，第6918页。
⑥ 《明宣宗实录》卷46，宣德三年八月丙午，第1136页。

政奏："开原备御都指挥邹溶,私役军士及听纳粟买闲约及百人,请治其罪。"宣宗只令其改过,并未加罪,认为邹溶"善处多,今边将艰难,其宥之"①。

于统治者而言,武官之责在于守御边方,其大多不通文墨,不谙法律,贪污受贿非大过,不必深究。宣德元年(1426)五月,隆庆三卫指挥李景等劾奏都督沈清所犯十八事,包括:"镇守居庸关,不能约己恤人,奉公守法。惟务贪虐,百计诛求,剥削月粮,侵盗官物,私役军余,不分屯守计名科需,或邀阻关口商人,取其物货,或以死畜分给队伍,令纳价钱,擅开已塞山口,役军伐木私用。"而宣宗认为,"都府大臣非有重过,宜存恩意。可先鞫所使之人,事果有实,别奏处置"②。后来,沈清又奏李景私役军士及卖放军伍等事,③宣宗下旨皆宥之,曰:"武臣犯罪非大故者,俱释之。"④

有些武官利用旧勋或旧劳得以减轻惩罚,如宁夏参将保定伯梁铭利用职权谋取私利,"放守边军士还乡买卖,及出境捕野马,又屡遣掾史敛士卒金帛入已",先后被都督陈怀、监察御史石璞等弹劾,宣宗皆宽容之,他却屡犯不改。⑤梁铭下狱后,御史论铭应"罚役降爵",最终因宣宗念及梁铭旧勋而宥之,只罢其参将之任。⑥另外,皇帝往往给予勋臣自陈申辩的机会,最终宽免之。宁夏左屯卫指挥使张泰奏宁阳侯陈懋诸多罪行。

> 私遣军士二百余人,操舟三十余艘出境,捕鱼采木,为虏所执者十余人。又遣军士二十人,人给二马,赍银往杭州市货物,又宁夏各卫仓递年收粮,懋令治文书者,不作实数,侵盗入己。有军士告懋自宣德二年至五年与都指挥阎俊等盗卖仓粮一万九千余石,又虚卖延庆等府通关计粮二十四万余石入己,又私役军种田三千余顷,夺民水利岁收之粟,召商收籴中盐,又与阎俊等遣军挽车九百余辆,载大盐池盐,往卖于西安、平凉等府。⑦

---

① 《明宣宗实录》卷81,宣德六年七月丁丑,第1879页。
② 《明宣宗实录》卷17,宣德元年五月丙申,第450页。
③ 《明宣宗实录》卷17,宣德元年五月丁酉,第453页。
④ 《明宣宗实录》卷20,宣德元年八月丁卯,第528页。
⑤ 《明宣宗实录》卷19,宣德元年秋七月癸巳,第494页。
⑥ 《明宣宗实录》卷20,宣德元年八月甲子,第525页。
⑦ 《明宣宗实录》卷76,宣德六年二月壬子,第1768页。

宣宗只将此奏疏转于陈懋,令其自陈。① 不久,罗汝敬亦劾奏陈懋镇守宁夏时令家奴鬻私盐等事,以及主使宁夏仓收粮官吏虚出通关。监察御史凌辉等前往核实,贪墨数额巨大,盗卖粮食七千余石,盗官米中盐六千七百余引。宣宗召陈懋还京,却仍未加罪,曰:"懋罪固重,特念其勋戚大臣,姑曲宥之,其子昭亦释不问,所盗钱粮赃物,命行在都察院悉追之。"②

明代针对上述犯罪行处罚太轻造成人不畏法,骄悍成习,尤其贿赂之风盛行,影响到军事防御。为此,御史胡宗宪建议严厉惩罚"债帅":

> 今之边将,半是债帅,克军以自肥。欲武弁之不贪,又必先清督抚、本兵而后可。有贿者升赏,无贿者谪罚,虽严刑以禁其贪,不可得也。剥下以奉上,既有豺狼无厌之心,必成猫鼠同眠之势。猾军悍卒,动辄挟制,平时法令既不能行,临敌指挥,焉得如意?

关于惩罚措施,胡宗宪认为必须申明禁令,加重处罚。通过阅读《问刑条例》,其发现"惟监守盗沿边钱粮,及运官索要运军财物二款,最为严重",因此,"欲自今沿边将领等官,但有扣减军士衣粮、马价入己者,俱照监守自盗沿边钱粮事例行。科敛军士财物入己者,俱照科索运军事例行。则将官皆知畏法,而贪黩之风自息"③。有关"监守盗沿边钱粮"的惩罚的确较一般盗粮之罪严重,规定曰:

> 凡仓库钱粮,若宣府、大同、甘肃、宁夏、榆林、辽东,四川建昌、松潘,广西、贵州并各沿边沿海去处,有监守盗粮四十石、草八百束、银二十两,钱帛等物值银二十两以上,常人盗粮八十石、草一千六百束、银四十两,钱帛等物值银四十两以上,俱问发边卫永远充军……凡沿边、沿海钱粮,有侵盗银二百两、粮四百石、草八千束,钱帛等物值银二百两以上,漕运钱粮有侵盗银三百两、粮六百石以上,俱照本律仍作真犯死罪,系监守盗者,斩;系常人盗者,绞。奏请定夺。④

而"运官索要运军财物"一款的惩罚亦较为严厉:

---

① 《明宣宗实录》卷76,宣德六年二月壬子,第1769页。
② 《明宣宗实录》卷96,宣德七年冬十月癸丑,第2171页。
③ (明)胡宗宪:《题为陈愚见以裨边务事疏》,陈子龙等:《明经世文编》卷265,第2796页。
④ (明)申时行等编:(万历)《明会典》卷168《贼盗》,第860页。

漕运把总、指挥、千百户等官,索要运军常例,及指以供办等费为由,科索并扣除行月粮与船料等项,值银三十两以上者,问罪立功,五年满日,降一级,带俸差操;如未及三十两者,止照常科断。其跟官书算人等,指称使用,科索军人财物入己,赃至二十两以上,发边卫充军。①

然而,上述胡宗宪提议虽然经过世宗同意,后世却未能认真遵守,将官科敛军士的情形未能得以纠正。徐日久曾任兵部职方司主事,极为关注九边防务,尤其对辽东战事较为了解。其言:"各边债帅朘削士卒,往往激而为乱。即不然,亦依阿苟且,士气坐销,宜严为之法。自后有扣减军粮、马价者,如盗沿边钱粮例;科敛财物者,如科索运军例,各计赃论罪,不得宽恕。此经胡宗宪具题,奉世宗皇帝圣旨允行。奈何不务遵守,至以吾侪甘为侵没,而当事者卒依违莫肯穷竟,则又何以责诸弁哉?"②

明代辽阳之战败绩之后,徐日久从一名自辽东战场返回的"残兵"那里了解了很多辽东战备的状况,其中涉及将士月粮被克扣的事实。徐日久问曰:"奴酋人马果真不可当乎?"曰:"奴亦人也,南兵士亦有健斗者。但将官不好,兵士也不大管他,呼唤使令虽若如常,实是离心离德,以此到临阵,不甚照顾。"徐日久又问曰:"将官严耶?"曰:"非也。比如月粮一两八钱,扣下四钱,与米一斛,此米在百里之外,往返搬费可百余钱。健者背负,稍弱及骄逸者觅驴驮载,又费百钱,而米实浥烂不堪食用,卖之正与所费相等耳,是月粮之数已苦,官少给四钱矣。及至散银,则名色杂出,每军须扣二钱,计军士所实得者,每日四分耳,谨实节省,仅能度日。"马军亦如此,粮料被官员扣减,马儿瘦弱不堪,"日报倒死,官亦更不诘问,大家都将就支持"。徐日久感叹道,将官科害军士而不察,导致兵将不亲,"若言此有征,则武弁不足责矣。谁秉军国之成,略不省察,使夫将官吸军士之髓,军士分马驴之食,驰驱靡效,兵将不亲,致败致逃,莫思其故"③。

综上所述,明九边武官贪墨之罪屡被揭发,边将不专于攻守,而致力于营私,甚至导致边务废弛。然而,上述不法行为往往被皇帝视为"小过"而网开一面。

---

① (明)申时行等编:(万历)《明会典》卷164《仓库》,第843页。
② (明)徐日久:《嘒言》卷17《禁科敛》,《四库禁毁书丛刊》史部第23册,第193页。
③ (明)徐日久:《嘒言》卷11《存窃议》,第148页。

宣宗时即强调："凡有一材可取者,未尝以小过轻弃之。"①景泰皇帝亦认为不必搜罗边将小过,避免妨碍边务:"今边境正当用人,如搜其细故,一一治之,有警谁当调用者?"②

三、挟私殴打军士等罪行

在九边军营内,有上级因私殴打下属,将官殴打甚至杖杀军士者。如宣德元年,辽东都司义州备御都指挥同知李信,挟私杖杀义州卫指挥马迅一案,李信被处斩,宣宗感叹曰:"草木虽微,尚当爱惜,人命至重,岂可枉害。况指挥朝廷命官,都指挥而以私忿杀之,则虐士卒可知,命斩之。"③宣德二年夏,陕西庄浪卫百户张春无故殴军人致死,事闻。上谕都督府臣曰:"为将必善抚士卒,古名将为士卒吮痈,故能得其死力,身享富贵。今凶暴如此,军士何辜?"令都司执而罪之。④ 宣德九年三月,掌肃州卫署都指挥佥事吕昇挟私(枎)〔杖〕杀千户,及侵盗官粮。经监察御史罗闰前往核实,法司论"昇罪应斩","命监候如律",⑤遂将吕昇下狱。

以上致死军士的边官皆受到了法律惩罚,重者论斩,然而亦有逃脱罪罚者。景泰元年,守备万全参将右都督杨俊先是挟私杖死都指挥佥事陶忠,事觉,命巡抚等官覆之。俊父昌平侯洪奏:"臣男俊,少失义方之训,长无学问之功,粗率轻躁,必误边事。乞罢俊参将,令其来京随营操练,遇警杀贼。臣日加训诲,冀其改过。"杨俊奉诏回京,六科十三道交章劾之,下狱论斩。诏:"宥之,令随洪立功。"⑥镇守太监郭敬奏大同左参将都督佥事石亨挟私杖指挥周忠致死,及交通王府、驭卒无纪诸不法状。经巡抚右副都御史罗亨信核实,"上以亨颇能效力于边,宥之"⑦。正统十年,甘肃总兵官宁远伯任礼奏:"掌庄浪卫事都指挥佥事蒋祯,擅殴守备都指挥佥事李贵,屡索军余豆麦,有被逼抑而死者。"上命巡按御史

① 《明宣宗实录》卷18,宣德元年六月壬申,第479页。
② 《明英宗实录》卷224,景泰三年十二月己丑朔,第4852页。
③ 《明宣宗实录》卷14,宣德元年二月己丑,第388页。
④ 《明宣宗实录》卷27,宣德二年夏四月壬午,第720页。
⑤ 《明宣宗实录》卷109,宣德九年三月乙酉,第2445页。
⑥ 《明英宗实录》卷192,景泰元年五月乙巳,第3983页。
⑦ 《明英宗实录》卷164,正统十三年三月乙未,第3177页。

审问,不久赎杖还职。① 又有参将都督同知陈怀私遣骑士二十余人出境,为守备指挥张善所止,陈怀由此杖之。左都御史刘观请治陈怀罪,上曰:"怀大臣,姑令自陈其实。"②

有些殴死人命的边官因作战骁勇,被镇守官保奏,得以脱免死罪。正统十二年(1447),镇守大同太监郭敬、总兵官武进伯朱冕奏:"百户张政有勇略,尝出境遇寇,寇不敢近。今以殴死军人论斩,乞宥死,使立边功。"同时,又有镇守辽东太监亦失哈、总兵官右都督曹义奏:"把总指挥佥事镯住马备边年久,熟知边务,今以殴死指挥温谅论绞,乞宥死,使立边功。"结果,"上皆许之,令充军立功赎罪"③。

综上所述,明代为了制衡边镇武官,施行以文制武的策略,并派遣镇守内官前去监督,形成内外相维之势。从此边将无调兵、统兵之权,在中央听从兵部部署,在地方服从总督、巡抚调配,事权被一再分割。武官在朝堂之上渐失影响力,在边方处处受到制约。从九边官员的陆续增设可以看出,边将逐渐受制于文官的发展趋势。

> 凡天下要害去处,专设官统兵戍守,俱于公、侯、伯、都指挥等官内推举充任,是镇守事权专在总兵官矣。以后因各边设置未备,器械未精,军伍不足,乃兵部三年一次具题,差文武大臣一员阅实,又差御史二员分行巡视,是都御史添设之由也。当其时,阅实而已,此后未知何因起巡抚地方之文,又不知何因起赞理军务之文,于是巡抚得以制总兵,而事权在巡抚矣。又因巡抚事权轻,而各镇军马难于调遣,又设总督都御史,如蓟辽总督,则嘉靖二十九年添设也。此皆一时权宜之计,因事而起,然自是总督得以制巡抚,而事权在总督矣。至于失事之后,查勘功罪,必行巡按,乃巡按不行自勘,必委兵备道,该道委府县官。又巡按有随营纪功、监军之文,乃不自行随营,必委该道,该道转委府县官,是事权又在巡按矣……至于总兵,则上自总督,下至通判、知县,无不制之。④

---

① 《明英宗实录》卷128,正统十年夏四月癸亥,第2559页。
② 《明宣宗实录》卷16,宣德元年夏四月壬午,第439页。
③ 《明英宗实录》卷158,正统十二年九月丙午,第3080页。
④ (明)吴时来:《目击时艰乞破常格责实效以安边御房保大业疏》,陈子龙等:《明经世文编》卷384,第4165页。

冯琦给吕坤的书信中亦提到边方互相牵制之势："且如陕西一省两司之上,有巡抚,有总督,又有经略大臣。不知古人行省,原不灭中丞,昔之总督,即今之经略。今以地方官不足信,而假中朝之衔以为重,久之亦为地方官矣。则又出中朝之尊贵者,以临之。礼节滋烦,文移滋费。而彼此牵制,不得行其意,功成则众任之,事败而罪亦不独加也,彼此相仗相委,视荫玩日,其原皆出于此。"①

事实上,守边将官不仅受到镇守内官与督抚官员的监督与节制,还要受到来自言官的舆论压力。总兵事权被一再分割之后,使文武大臣产生嫌隙,反而不利于九边防御。兵部尚书毛伯温从文武大臣相处、言官舆论等四个方面总结边镇任用文武大臣产生的问题,曰:

> 属者,陛下轸强圉之急,总督大臣并置,文武谋勇相资,事宜允济矣。然臣犹有过虑者四,自古阃外之臣彼此调和,则士豫附,但事权相埒,则嫌隙易生,可虑者一。自古命将出师,最忌中制,若往复奏请,必致坐失机宜,可虑者二。近年边务废弛已极,非旦夕可以责成,恐言者随议其后,可虑者三。总督大臣得专生杀,诸将往往不遵约束,遂求故引去,即加以罪,亦所甘心,可虑者四。②

边将事权被削弱,责任却未减轻,一旦失事,首当其冲,需要承担失误军机之责,随之而来的是各种弹劾。吴时来分析将官受制于人的处境:"总兵官兵力既薄,事权又轻,又有中制之患。至于失事,罪独归之将官,所由解体也。"③倘若此将官平素表现良好,得到文官认可,或与文臣大员私下交好,犯有过失时能够受到总督、巡抚的保奏,便有可能减轻甚至避免处罚。故而对边将个人境遇而言,与文臣的关系影响到其仕途是否顺利,"武职多要仰仗文臣的垂青与庇佑方能在军中立足"④。明代的政治格局对九边武官群体的司法实践产生了重大影响,边将功过的评定、罪罚的确立以及是否能够以功抵过,一定程度上掌握在皇权与文官手中。

---

① (明)冯琦:《答吕新吾方伯》,陈子龙等:《明经世文编》卷440,第4827页。
② 《明世宗实录》卷273,嘉靖二十二年四月丁酉,5366页
③ (明)吴时来:《目击时艰乞破常格责实效以安边御虏保大业疏》,陈子龙等:《明经世文编》卷384,第4165页。
④ 秦博:《论明代文武臣僚间的权力庇佑——以俞大猷"谈兵"为中心》,《社会科学辑刊》2017年第4期。

第七章　明代西南土司地区法律的
推行与武官的司法约束

明朝完成并巩固了对云南、贵州、广西、四川等地的统一,但因该地区复杂的地理与民族特征,仍兼用"以夷制夷"之术,除了设立布政司、都司卫所以外,还沿袭了元代以来设置的宣慰司、宣抚司等,设立土官,建立了系统的土司体系。明代不仅通过土司制度在政治上加强了与西南诸省的联系,使其与全国融为一体,经济、社会、文化上的交往也更加深入。在解决地方动乱与社会矛盾等问题方面,明朝廷除了加强行政管理、武力镇压外,还通过推行国家法律参与社会治理。明代西南地区卫所分布密集,由于其特殊的地理位置,更加深入少数民族聚居地,军事司法的推行对平衡武官与土官的权力,维护西南社会的稳定具有重要意义。

第一节　明代西南土司、土官的设置与卫所的关系

明代西南地区的行政区划错综复杂,各省囊括了布政司、都司卫所以及土司机构,形成三种不同的治理体系,且这些体系随着时间的推移不断发生演变。其中卫所与土司之间关系密切,不仅有部分土司受到卫所管辖,有些土官还受到武官的节制,带领土司兵力参与朝廷的军事活动,听从武官的调遣。

布政司为正式的行政区,如贵州布政司,永乐十一年(1413)二月开始筹设,至十二年三月,"布政司下共设黎平、新化、石阡、铜仁、乌罗、镇远、思州、思南8府"①,以及贵州宣慰使司。成化十二年(1476)以后,"贵州新增了程番府、都匀

---

① 郭红、靳润成:《中国行政区划通史(明代卷)》(第二版),复旦大学出版社 2017 年版,第215页。

府、平越军民府、安顺军民府。程番府后改为贵阳府,万历二十九年又改为贵阳军民府"①。崇祯四年(1631)之后,"贵州布政司共有 7 府、3 军民府、1 宣慰使司、9 属州、14 县、76 长官司"②。又如广西布政司,"洪武二年底,广西行省有静江、平乐、浔州、梧州、南宁、庆远、田州、来安、镇安、思明、太平、柳州 12 府,奉议州 1 直隶州"③。后来,洪武五年改静江府为桂林府,七年废来安府。正统四年(1439)增设思恩府。嘉靖七年(1528)改田州府为田宁府,八年又改田宁府为田州直隶州。嘉靖八年之后,广西布政司下有 11 府,至明末未再发生变化。④

另一类为都司卫所的建置,属于"军管型"政区。⑤ 据《明会典》统计,贵州都司下辖"贵州卫、永宁卫、普定卫、平越卫、乌撒卫、普安卫、赤水卫、威清卫、兴隆卫、新添卫、清平卫、平坝卫、安庄卫、龙里卫、安南卫、都匀卫、毕节卫、贵州前卫(旧无,后设)、黄平千户所、安龙千户所、普市千户所……"⑥广西都司下辖"桂林中卫、桂林右卫、南宁卫、柳州卫、驯象卫、广西护卫(旧桂林左卫,后改)、南丹卫。此下四卫旧无,后设。庆远卫、浔州卫、奉议卫、梧州千户所,旧有全州千户所……"⑦云南、湖广的建置亦如之,兹不赘述。

此外,西南地区还设有大量宣慰司、招讨司、宣抚司、安抚司、长官司等土司机构。据《明史》记载:"洪武七年,西南诸蛮夷朝贡,多因元官授之,稍与约束,定征徭差发之法。渐为宣慰司者十一,为招讨司者一,为宣抚司者十,为安抚司者十九,为长官司者百七十有三。其府州县正贰属官,或土或流(大率宣慰等司经历皆流官,府州县佐贰多土官),皆因其俗,使之附辑诸蛮,谨守疆土,修职贡,供征调,无相携贰。"⑧湖广、四川、云南、贵州、广西等地广设土司,"蜀之南鄙皆蛮夷也,越巂即邛都,黎州即筰都,播州即夜郎,酉阳即牂柯。汉唐以来皆置郡

① 郭红、靳润成:《中国行政区划通史(明代卷)》(第二版),第 215 页。
② 郭红、靳润成:《中国行政区划通史(明代卷)》(第二版),第 215 页。
③ 郭红、靳润成:《中国行政区划通史(明代卷)》(第二版),第 179 页。
④ 郭红、靳润成:《中国行政区划通史(明代卷)》(第二版),第 179 页。
⑤ 都司卫所除"总方面之兵"外,也兼有行政区划意义,可称之为"军管型政区",尤其在实土、准实土的都司、行都司、卫、所方面表现更为突出,是极具特色的非正式政区。(郭红、靳润成:《中国行政区划通史(明代卷)》(第二版),第 1 页)
⑥ (明)申时行等:(万历)《明会典》卷 124《兵部七》,第 640 页。
⑦ (明)申时行等:(万历)《明会典》卷 124《兵部七》,第 639 页。
⑧ 《明史》卷 76《职官五》,第 1876 页。

县,我朝以夷治夷,皆设土官,兼以军卫,实华民之藩干也"①。又如云南土司分布很广,杨一清言:"窃以云南荒服,前代不入版籍,太祖高皇帝始命西平侯沐英克服之,又以诸夷杂处,易动难驯,故因其酋长有功者,设立为土官,各令统其所部夷人,子孙世袭。而命西平侯子孙,今袭黔国公者,世镇其地,以控制之。如身之使臂,臂之使指,凡所调遣莫敢不服。"②明代在云南地区所设流官主要分布于云南、大理、曲靖、临安、楚雄、澄江等府,而土官势力雄厚,有的叛服无常,如"元江、永宁、镇沅、孟良、景东最强犷,镇南、蒙化、顺宁、沾益差小,然皆向背靡常,调济为难"③。

明代西南地区还设有军民府与军民指挥使司,其作为行政与军事合一的机构,兼管少数民族,"此所谓军民府及军民指挥使司者。又兼设土官以辖其夷人,随其地而设其官,因其俗而为之治,善者授以职,恶者分其势"④。

土司机构中有一部分隶属于都司卫所,尤其明前期数量居多。据郭红研究显示,"明代四川都司及卫所之下曾拥有大量的土官,这些土官有的直隶于都司,有的隶于卫,情况较为复杂"⑤。如酉阳宣慰司,洪武八年,改宣慰司为宣抚司,属成都都卫,即后来的四川都司。石砫宣慰司,洪武八年,改为宣抚司,属重庆卫。嘉靖四十二年改属夔州卫。天启元年升为宣慰司。⑥ 贵州土官机构"新添长官司、小平伐长官司、把平寨长官司、丹平长官司、丹行长官司,以上属新添卫。杨义长官属中越卫,大平伐长官司属龙里卫"⑦。此地实土与准实土性质的卫所管辖着大量人口,如贵州"其开设初只有卫所,后虽渐渐改流,置立郡邑,皆建于卫所之中。卫所为主,郡邑为客,缙绅拜表祝圣皆在卫所。卫所治军,郡邑治民,军即尺籍来役戍者也。故卫所所治皆中国人,民皆苗也,土无他民,止苗夷,然非一种……所治之民即此而已矣"⑧。

---

① (明)王廷相:《呈盛都宪公抚蜀七事·制夷》,陈子龙等:《明经世文编》卷149,第1488页。
② (明)杨一清:《条处云南土夷疏》,陈子龙等:《明经世文编》卷119,第1139页。
③ (明)郑晓:《土官志》,陈子龙等:《明经世文编》卷218,第2280页。
④ (明)丘濬:《大学衍义补》卷153,《景印文渊阁四库全书》第713册,第754页上。
⑤ 郭红、靳润成:《中国行政区划通史(明代卷)》(第二版),第435页。
⑥ 参见郭红、靳润成:《中国行政区划通史(明代卷)》(第二版),第435—436页。
⑦ (明)申时行等:(万历)《明会典》卷124《兵部七》,第640页。
⑧ (明)王士性:《广志绎》卷5,《四库全书存目丛书》史部第251册,第790页下。

虽然明朝廷在西南设置都司卫所的目的主要在于防范当地部族叛乱,保障社会安定,而其实际职能的发挥却超出了军事范围,频繁参与到社会治理中来。如广西诸卫所对辖地内的土司都有一定的管理权①,宣德六年,总兵官山云上疏反映广西土司分布密集,纠纷、诉讼不断,朝廷所遣司法官员前去问理,往往因水土不服,染病而亡。故而奏请如有争论词讼可于就近卫所理之。其曰:

> 广西左、右两江,旧设土官衙门大小四十九处,蛮性无常,雠杀争夺,往往不绝。朝廷每命臣同巡按御史、三司官理断,缘诸处皆是瘴乡,兼有蛊毒,三年之间遣官往彼死者,凡十七人,事竟未完。今同众议,凡土官衙门除军务重事径诣其处,其余争论词讼,宜就所近卫所理之。左江:太平、思明、龙州、崇善等处于太平千户所;右江:田州、镇安、泗城、上林等处于奉议卫。思恩州于南宁卫,南丹、东兰、那地三州于庆远卫。各令土官及应问之人克期来集,以俟理断。庶免瘴患,事亦易完。

明宣宗赞成其建议,并提出:"抚驭蛮夷当从简略,若事有艰难,亦当择便。"②

土司各机构中设有土官管理本族事务,长官中宣慰使品级最高,宣抚使次之,长官司长官品级最低。具体为:"宣慰使司宣慰使一人,从三品;同知一人,正四品;副使一人,从四品;佥事一人,正五品……宣抚司宣抚使一人,从四品;同知一人,正五品;副使一人,从五品;佥事一人,正六品……安抚司安抚使一人,从五品;同知一人,正六品;副使一人,从六品;佥事一人,正七品……招讨司招讨使一人,从五品;副招讨一人,正六品……长官司长官一人,正六品;副长官一人,从七品。"③从土官的设置情况观之,其性质呈现复杂多元化。因土司是军政合一的机构,管理境内行政与军事事务,并约束土民遵纪守法,防止作乱,土官兼备文武之责。嘉靖二十七年(1548),巡按湖广御史贾大亨建议将各寨苗人分属给土官进行约束,奏曰:"臣谨与各该守臣计议,拟以筸子坪各寨苗夷分属保靖宣慰彭荩臣约束,镇溪各寨苗夷分属永顺宣慰彭明辅,督同土指挥田应朝约束。以后各苗或有不靖,即勘系何寨分将该管土官,坐以故纵之罪,而易置黜削之,则苗患

---

① 郭红、靳润成:《中国行政区划通史(明代卷)》(第二版),第464页。
② 《明宣宗实录》卷84,宣德六年冬十月癸丑,第1937页。
③ 《明史》卷76《职官五》,第1875页。

当自此鲜矣。"世宗诏曰："荩臣等悉遵所分苗寨,用心管摄"①。

就隶属关系而言,有部分土官隶属都司卫所,接受武官管辖。同时统率土兵,受当地军卫节制,与汉军共同负责镇压地方骚乱,一旦遇战,听从总兵、参将调遣或卫所武官监督。嘉靖二十五年(1546),四川出现骚乱,由建昌兵备道分巡副使朱簠督征"马骡番贼",其中委派"建昌卫千户李华监督土官指挥安忠、盐井卫千户方鉴监督土官千户剌尚仁,千户王喆监督土舍剌马恩"等,并"委宁越守备指挥萧恩分镇盐井,建昌卫革任指挥革音分镇迷易,于户所各往来提督,土官千户贤宗仁等统领土舍目把土兵共五千余员刻期进剿"。各路军马先后汇报战况,"指挥俞夔呈称,本月二十八日被番贼攻劫军营,本职督率土官贤宗仁部下土兵,追敌至地名金花塘,斩获撒大铁首级一颗"。"嘉靖二十六年正月初三等日,又据土官贤麒等各报称,番贼出没劫抢财物,各官合兵督杀,斩获首级六颗,捉获番妇二口,指挥孙文惠斩首一颗"。②

万历二十九年(1601),"镇守湖广总兵陈璘督诸将进兵讨叛苗,命副总兵李遇文、宣慰彭养正自罗寨进征赖洞、岑朝等处"③。嘉靖三十四年,参将卢铠督百户上江等兵,及宣慰彭荩臣土兵,四川指挥陈元正蜀兵,攻倭于张庄。④ 甚至需要跟随参将、总兵外出作战,万历四十七年(1619),辽东经略熊廷弼题为"酌调土兵以资征战",兵部奏准:"各该抚按调湖广永顺宣慰司兵八千,都指挥使彭元锦亲统;调保靖宣慰司兵五千,宣慰彭象乾亲统;调酉阳宣抚司兵四千,宣慰冉跃龙亲领;石柱宣抚司兵四千,应袭马祥麟同秦邦屏亲领。以遵义参将童仲统之,仍将四川副总兵陈策升援辽总兵官,责成统领。"⑤

有的土官被授予土官指挥、土官千百户等职,具有明显的武官性质,宣德二年,升广西丘温卫土官指挥佥事黄竑为广西都指挥佥事。⑥ 大藤峡爆发瑶民之乱时,"量拨田州等府族目土兵,分界耕守,即委土官都指挥黄竑领之,遇贼出

① 《明世宗实录》卷341,嘉靖二十七年十月癸卯,第6203—6204页。
② (明)张时彻:《芝园集·别集》卷3《克平马骡番贼疏》,《四库全书存目丛书》集部第82册,第421页。
③ 《明神宗实录》卷356,万历二十九年二月甲午,第6661页。
④ 《明世宗实录》卷422,嘉靖三十四年五月庚戌,第7323页。
⑤ 《明神宗实录》卷588,万历四十七年十一月戊子,第11256页。
⑥ 《明宣宗实录》卷34,宣德二年十二月壬午,第871页。

没,协同剿杀"①。四川行都司建昌卫军民指挥使司亦设有土官指挥使,正统元年,土官指挥使安均奏准本卫所属土官驿丞"三年、六年赴布政司考复任"②,避免了长途跋涉赴中央考核。另外,广西丘温卫、四川越嶲卫皆设有土官指挥。土官千百户的设置更为广泛,如安福千户所设掌印土官千户一人,巡捕汉官千户一人。又如添平守御千户所,其地以百户分成,与土官参用之。麻寮守御千户所,洪武二年,以千百户官其寨酋。以上千户所设官皆土汉杂用。③ 广西迁江县屯田千户所土官百户吴胜曾上疏反映当地动乱,"杀掳土官及军民家口",④思州、思南土军最初"皆本处夷人,聚则为兵,散则为民。前宣慰田琛、田宗鼎各奏设千户所,朝廷惟除千户,其百户、镇抚皆用本土头目"。后二宣慰司革罢,千户令归旧卫所,其本土头目仍属各长官司或后用土兵令其率领。⑤ 此外,四川盐井卫、贵州龙里等卫亦设有土官千户。土官武职亦能够世袭,并因功加升。正德九年(1514),命施州卫大田军民千户所土官正千户冉霩子舜卿为土官指挥佥事,仍不支俸。此因"舜卿应代父职,自陈其父四川讨贼有功,乞加升"⑥。明代《卫选簿》中记录了大量不支俸世袭土官武职的升迁情况,如:

> 李世荣,年四十四岁,系云南左卫中左所不支俸土官试百户,原籍云南府晋宁州呈贡县人。始祖月鲁,洪武十六年收集充本卫所小旗,疾。高祖矣非代役,疾。曾祖矣仲代役,正统六年征进麓川有功升总旗,景泰三年贵州香炉山等处擒斩获功升试百户……世荣系庶长男,嘉靖十二年(1533)查曾祖矣仲原系功升试百户,天顺元年遇例实授,祖、父沿袭。所据遇例实授,例应减革,本人与袭祖职试百户,仍不支俸。⑦

李世荣世代为云南土著人,其始祖名为"月鲁",自洪武年间即已从军,曾祖时因两次立功升为试百户,李世荣承袭祖职,仍不支俸。又如,云南左卫中左所

---

① 《明史》卷317《广西土司》,第8218页。
② 《明英宗实录》卷22,正统元年九月癸卯,第434页。
③ (明)顾炎武:《肇域志·湖广二》,《续修四库全书》第592册,第241页。
④ 《明太宗实录》卷41,永乐三年夏四月己丑,第672页。
⑤ 《明宣宗实录》卷8,洪熙元年八月甲申,209—210页。
⑥ 《明武宗实录》卷111,正德九年夏四月己酉,第2278页。
⑦ 《云南左卫卫选簿》,孟凡松编著:《明代卫所选簿校注·云南卷》,广西师范大学出版社2020年版,第163页。

不支俸土官试百户李应时,始祖名曰"弄尼",第二辈名曰"者纳",第三辈为"李安",后代皆袭姓氏为"李":

> 七辈李应时,旧选簿查有:嘉靖十一年(1532)八月,李应时,年二十五岁,晋宁州人,系云南左卫中左所故试百户李鏵嫡长男。伊祖端原系试百户,遇例实授,伊父于弘治十五年减替前职,今冒作实授百户,本舍仍袭祖职试百户。

> 八辈李承勋,隆庆五年(1571)十二月分,李承勋,年二十六岁,晋宁州人,系云南左卫中左所老疾不支俸土官试百户李应时嫡长男。伊父原袭祖职不支俸土官试百户,今老,本舍照旧准替祖职不支俸土官试百户。①

土官武官承袭时可以免去武艺的比试环节,"赵天麒,年三十七岁,河阳县人,系云南左卫中左所不支俸土官实授百户赵承恩嫡长男。伊父原革袭不支俸土官实授百户,万历七年(1579)故。本舍照旧袭不支俸土官实授百户,土官不比"②。

土官还可因功授予武职散官,"镇溪本流官,属辰州卫,有千百户五员,所印例委卫指挥掌之,别有土官指挥二员,千百户十员,乃土目以功授者,不列衔、不食俸,莅事见流官指挥掌印者,礼如属官"③。亦有实授者,如正德二年,"贵州土官宣慰使安贵荣,以普安功进昭勇将军,复乞改授职衔,以便公会行礼。兵部拟授都指挥金事散官,有旨特命为右参将"④。明末女将秦良玉出身于土司,丈夫马千乘为石柱宣抚使,马千乘死后秦良玉代领夫职,并率领兄弟秦明屏等先后参加抗击清军、奢崇明之乱等战役。天启元年(1621),秦良玉主动率兵讨伐奢崇明,奏曰:"永宁奢酋戕杀各官,雄据渝城,大逆不轨。臣闻,怒发上指,誓不与贼俱生,随即首倡大义,部精兵万余,自里行粮,同弟明屏及兄邦屏子翼明、拱明先发兵四千,卷甲疾趋,倍道兼行,潜渡渝城……乞加明屏、翼明一衔,以便军前效用。"此役朝廷特加明屏参将,翼明、拱明等各守备职衔。⑤ 事后论功,兵部奏准:

---

① 《云南左卫卫选簿》,孟凡松编著:《明代卫所选簿校注·云南卷》,第163页。
② 《云南左卫选簿》,孟凡松编著:《明代卫所选簿校注·云南卷》,第160页。
③ (明)范景文:《昭代武功编》卷7,《续修四库全书》第389册,第596页下。
④ 《明武宗实录》卷24,正德二年三月癸丑,第654页。
⑤ 《明熹宗实录》卷16,天启元年十一月甲子,第822—823页。

"当此多事之日,欲以鼓舞豪杰,不可尽持汉法。秦良玉准加署都督佥事,其父若母当从良玉官爵,伊子马祥麟准授宣慰职衔,秦明屏等功次行彼中查明回奏之日,应加衔者加衔,应实授者实授。"①秦良玉被命为署都督佥事充总兵官一职。明末加授土官武职之衔的远不止此,万历四十八年加升湖广永顺土司都指挥使彭元锦为都督佥事,保靖土司宣慰彭象乾为指挥使,各统兵援辽。② 同时,土官立军功可以获得奖赏,如量赏类,"知府及土官知府、宣慰、宣抚照指挥例;同知、通判、知州、推官、知县及土官千户、安抚长官照千户例"③。

可见,西南土司与卫所之间、土官与武官之间具有较为密切的关系,土官除了听从朝廷调遣、跟随武将参战外,部分土官在日常行使职权时需要接受兵部与都司的管辖。甚至有的土官被授予武职,担任指挥使、千户、百户等,管理土军。因此,鉴于部分土官兼具武职的身份,分析军事司法在西南的推行情况,除了研究卫所武官之外,亦需要了解土官面临的法律约束。

第二节　明代国家法律在西南土司地区的推行

明朝律法在西南土司地区的推行代表了国家力量参与社会治理。一方面,在土官朝贡、承袭、诉讼等方面制定了相应的法律制度,并派设总督、巡抚、巡按御史等官加强了中央对土司体系的管辖。另一方面,在输入汉法,施以教化的同时,又不断作出了适应该地的制度调整,在司法审判程序、刑罚制度方面兼顾了土官的身份特征与风俗习惯等,促进了西南地区社会的稳定与发展。④

有关西南土官的司法约束在两方面较为突出,一则针对土官争袭问题的制度规定;二则土司之间产生地域冲突甚至引起社会动乱的处理。以上是危害西南地方社会安定的主要因素,另外,针对土民聚众为盗、边境通"夷"等社会问题,明代法律亦出台了相应的惩罚规定,标志着国家通过法律制度对西南土司地

---

① 《明熹宗实录》卷22,天启二年五月庚戌,第1105—1106页。
② 《明神宗实录》卷590,万历四十八年正月甲辰,第11321页。
③ (明)申时行等:(万历)《明会典》卷123《兵部六》,第636页。
④ 相关研究有方慧:《明代云南刑法原则和刑罚手段的变化》(《云南民族大学学报(哲学社会科学版)》2005年第3期),文中指出明代随着中央政权在云南统治的深入,在云南的刑法原则和刑罚手段发生了重大变化,强调了明代与元代的区别。

区的治理更加深入。

一、明代西南土官的审判程序

在审判程序方面,土官不同于内地文官。土官虽然接受了明王朝的统治,但并非中央派遣或直接任命,向来跋扈,难以约束,鉴于世袭土官身份的特殊性,地方司法机构不得擅自审理。明初,云南布政使司因土官犯罪律条无所依据,乞加定议。朱元璋命六部官会议:"凡土官选用者,有犯,依流官律定罪。世袭者,所司不许擅问,先以干证之人推得其实,定议奏闻。杖以下则纪录在职,徒流则徙之北平。著为令。"①由此可知,明初为了安抚有功或归附的世袭土官,规定他们若有犯法,必须具奏,方许拿问。该规定成为明代西南地区审理犯罪土官必须遵循的程序,直至宣德年间,此程序依旧未发生改变。当时云南监察御史杜琼已经认识到土官有犯应奏请提问,本是以宽待之。但是他们却恃恩愈益纵肆,每每犯罪即以进贡为名迁延避匿,或巡历乡村横敛无厌,导致人多受害。因此杜琼奏请:"如流官例五品以上奏请,六品以下听巡按御史、按察司提问,庶革奸欺。"然而宣宗皇帝却固守祖宗成法,认为土官不可尽用汉法,谕之曰:"蛮夷不可以中国之治治之,琼所言过矣,其循祖宗成宪,毋改。"②

土官有犯应奏请提问的规定,到成化年间出现略微变通。除了归顺或有功的世袭土官外,明代还有大量纳粟授职的土官,他们大多是殷实的旗军、土人。根据上纳谷物的多少授予一定的官职,令其在当地管事。这些土官之中有恃其富豪,恣意妄为、横行乡里者,若被人告发到官,遵照旧例,不分官品高低,具本参奏。往往因为参奏时间太久,多被幸免,以致土官愈加凶暴。很多云南司法官员意识到其弊端,成化二年(1466)闰三月,巡按云南监察御史王祥奏准将以上"不拘职分大小,具参奏提问"的旧例予以调整。他认为投降归附并随军征进得授土官者,固当念其勋劳,亦如有功军职,不许擅便勾问。其纳粟等项得授官职,已受朝廷大恩,若不严加禁治,恐暴横日甚。因此在他的提议下,拟定新的提审条例,并通行所有设土官之地:"合行云南、贵州、湖广、四川、两广有土官去处,巡抚都御史、巡按都御史、按察司官,今后有犯,除投降归附、随军征进得授土官及

---

① 《明太祖实录》卷167,洪武十七年闰十月癸丑,第2560页。
② 《明宣宗实录》卷71,宣德五年冬十月己巳,第1657页。

纳米等项武职并文职五品以上者,仍照旧例奏请提问。其纳米等项除授文职六品以下官员有犯,照依提问六品以下文职律例,就便提问发落。"①成化八年四月,该条例又得到重申,内容与上述基本一致。②

另外,根据土官所犯罪情的轻重也作出了相应调整,与以往不同之处主要体现在笞杖轻罪与真犯死罪的区别对待上。弘治《问刑条例》规定:"云贵军职及文职五品以上官,并各处大小土官,犯该笞杖罪名,不必奏提。有俸者照罪罚俸,无俸者罚米。其徒流以上情重者,仍旧奏提。"③《问刑条例》中还规定:"凡军职并土官,有犯强盗、人命等项真犯死罪者,先行该管衙门拘系,备由奏提。"④可见,不同的审判程序适了不同程度的罪行,轻者删繁就简随即发落,极重者防止罪犯逃匿先行拘留,由此提高了对云南土官犯罪的审判效率。

然而,土官犯轻罪不必提审、径自罚米或罚俸的处置办法也产生了新的弊端。嘉靖十四年(1535),田汝成任贵州按察司佥事,向巡抚陈克宅反映治理土司的系列问题,其中针对土官的审判,田汝成认为过于宽松,尤其轻罪不必提审的规定导致贪赃枉法者亦以轻罪处之,土官因此逃脱罪责,"今法令曰'土官非徒以上,不得参提'。长吏奉行,惮于条奏,虽受赇枉法者,亦以笞杖出之,益以骄玩。今纵不能褫爵削地,与流官比,独不能假律令以屈辱,当且薄责,消其桀骜之心乎?释此不行,而姑息因仍,是隳法而惠恶也"⑤。

二、土官袭替的制度变迁与法律规定

有明一代,土官袭替与任命制度不断变化,"洪武中,土官无子弟,其婿与妻皆袭。永乐中袭替人文出十年者亦听。然皆万里赴阙,或献马方物,请命最谨。天顺八年(1464)三月,上西宫徽号,始许土官缴呈勘,奏与冠裳,于是介使未将,威福自恣,虽托羁縻之名,竟开骄悍之渐。成化十五年(1479),又有纳谷备赈之

---

① (明)戴金编:《皇明条法事类纂》卷9《纳粟除授土官六品以下官犯罪就便提问例》,杨一凡等编:《中国珍稀法律典籍集成》乙编,第4册,第417页。

② (明)戴金编:《皇明条法事类纂》卷6《土官六品以下径自提问例》,杨一凡等编:《中国珍稀法律典籍集成》乙编,第4册,第255页。具体为:"今后土官有犯,系归附从军,径进得授土官,及纳米等项文职并武职五品以上,仍奏请提问。其纳米等项除授文职六品以下官员有犯,照例提问发落。"

③ (弘治)《问刑条例》,黄彰健编:《明代律例汇编》卷1《文武官犯私罪》,第286页。

④ (弘治)《问刑条例》,黄彰健编:《明代律例汇编》卷1《军官有犯》,第276页。

⑤ (明)田汝成:《上巡抚陈公书》,陈子龙等:《明经世文编》卷257,第2717页。

令,则经制日卑,规取愈陋。孝宗末年,发愤厘革。至正德旋复隳废。嘉靖九年,今皇帝斟酌情理,曲为条约,稍复祖宗之旧"①。当袭替程序有所放松时,土官愈发跋扈,且掌管土官袭职之事的地方三司官员往往牵涉其中,或从中谋利,或逃避责任,可见如何有效管理土官袭替,关系到中央对土司的掌控,以及部族内部的权力分配。

土官袭职的基本程序为应袭土官提出申请,头目保举,官员勘合。② 若违律袭替则被施以处罚,如:"应袭舍人,若父见在,诈称死亡,冒袭官职者,事发问罪,调边卫充军。候父故之日,令以次儿男承袭。"③虽然土官袭替有明确的制度规定,但因具有袭职资格的范围太过广泛,缺乏明确的继承顺序,导致不断发生争袭事件。云南曲靖军民府知府晏毅言:"土官承袭,或以子孙,或以兄弟,或以妻继夫,或以妾绍嫡,皆无预定序次,多致临袭争夺,以故雠杀,连年边方弗宁。乞敕该部移文所司预为定序造册,土官有故,如序袭职。"④又有人从中挑拨,加剧了土官家族内部的矛盾,如总兵官黔国公沐琮所奏:"(土官)被无籍通事人等家奴专一取材害民,百计拨置,将大作小,以庶为嫡。及至土官亡故,下人得遂奸计,任其勾引刁顽之徒,巧捏虚词,妄行告保外族别枝。上司因无的确宗图查考,所以夷民不服,连年仇杀,地方不宁。"⑤

地方官体勘过程中,由于徇私舞弊,收受贿赂,亦导致土官子弟互相争袭。明宪宗颁布诏令规定三司会奏,定名之后,土官可在当地完成相应程序:"云南、贵州、广西、湖广、四川土官袭职者,该部行委三司体勘,其委官多有徇私图利,取勘不公,以致互相争袭,累年纷扰。今后有告袭者,委官务要从公体勘,定名会奏,该部行令,就彼冠带袭职,不必参驳,中间如有徇私不公,许巡按御史纠举,罪坐原勘官员。"⑥此诏令免去了土官赴部承袭的程序,然而不久三司官会奏流于形式,往往转委下属,"旧例各处土官袭替,该都布按三司堂上官体勘会奏。近

① (明)郑晓:《土官志》,陈子龙等:《明经世文编》卷218,第2279—2280页。
② 罗勇:《明代云南土官袭职制度研究》,《学术探索》2013年第3期。
③ (明)申时行等:万历《明会典》卷162《官员袭荫》,第833页下。
④ 《明英宗实录》卷27,正统二年二月丙戌,第548页。
⑤ (明)戴金编:《皇明条法事类纂》卷7《荫袭土官例》,杨一凡等编:《中国珍稀法律典籍集成》乙编,第4册,第299页。
⑥ 《明宪宗实录》卷3,天顺八年三月乙卯,第69—70页。

年各委官不行亲诣,转委属官取勘,迁延扰害非便,自今各司原委堂上官,务照例亲诣所在,勘实具结,本司缴奏,不许转委属司,本司亦不得朦胧具奏,违者治罪"①。

为了给地方官员提供保勘的有力凭据,避免土官争袭的现象,黔国公沐琮提出利用造册以辨别待袭土舍嫡庶身份的建议,其曰:"所属土官不能分别嫡庶,以致身死之后,或同族异姓与其应袭之子互相争立。"因此,奏请地方官核查"在职土官宗派嫡庶始末,详具谱图,岁造册籍,遇有土官事故,藉此定之"。兵部由此拟定:"凡土官争袭未定者,亟从公剖决,毋得仍前避事……凡贵州、广西、湖广、四川皆遵行之。其册籍旧有者准造,否即减省为便。"②此时造册之举并未普及,成化二十一年(1485),沐琮再次上疏言明:"今土官以嫡庶不明,累年争袭,及所司核实,往往以得财为嫌,展转参驳,久不得代。"兵部方将造册定为制度,"凡土官嫡庶,每三年一上其籍,承袭之际,三司官会勘,不得过三月"③。沐琮依据军职袭替的办法提出造册记录土官子女情况,为土官袭替提供了凭据。据《皇明条法事类纂》记载,三司官查勘的宗枝内容包括:"见任土官历任根由,及流派到于某枝某人承袭。所娶妾某人,有无嫡庶男女,某人本宗,不该承袭亲族某人。"④勘合后的宗枝图本,造册缴报。

除了徇私舞弊外,又有些官员为避免嫌疑,选择推脱责任,广西按察司佥事黄肃奏:"广西土官袭职时,虽经巡守等官保勘明白,而布政司避嫌犹豫不与奏袭,以致旁枝异姓竞起争端,互相杀掠,乞赐裁处。"兵部覆奏,谓:"肃所奏,不独广西为然,云贵、四川、湖广亦有此弊,请通行各三司官毋蹈前失。违者,巡按监察御史察举其罪。"于是孝宗下令:"今后遇有土官袭替即与保勘,明白具奏,不许似前迟误。"⑤在执行袭替制度时,对土官应当以诚信相待。杨一清建议:"宜待贼平之时,差去大臣,仍留一员,与镇巡三司等官,将该袭土官土舍,催勘应袭,

---

① 《明宪宗实录》卷77,成化六年三月己亥,第1498页。
② 《明宪宗实录》卷180,成化十四年秋七月戊寅,第3240页。
③ 《明宪宗实录》卷273,成化二十一年十二月甲申,第4599页。
④ (明)戴金编:《皇明条法事类纂》卷7《荫袭土官例》,杨一凡等编:《中国珍稀法律典籍集成》乙编,第4册,第300页。
⑤ 《明孝宗实录》卷152,弘治十二年七月甲申,第2697—2698页。

具结呈缴。吏部照例袭职任事,不必展转驳勘。"①

嘉靖二年(1523)下令:"若应袭土舍有罪未结或争袭未明者,各官速为勘处。若延至一年之上不为勘结,或本部转行覆勘一年之上不行回报者,听抚按及本部查参治罪。"②然而仍有土官有十余年不得袭者,皆相率赴北京奏乞,并声言这是因为抚按官避嫌远怨,不与给勘所致。③ 嘉靖九年(1530),经过兵部与吏部会议,恢复了土官袭职需赴京的做法。该土官袭职条例拟定:

> 请通行各镇巡官,转行土官衙门,将见在子孙尽数开报。务见某人年若干岁,系某氏所生,应该承袭;某人年若干岁,系某氏所生,系以次土舍。未生子者,候有子造报,愿报弟侄若女者,听。以后应袭之人告袭,再行司府覆勘无碍,方与奏请。除杂职妇女照旧就彼袭替外,其余连人保送赴部袭替,若有违碍,即与辩明。④

至万历、天启时期,制度又有所变通,遇到特殊情况可以免去赴京,规定曰:"以后土官袭替,俱令照旧赴京。或地方有事及贫寒,不能赴京者,具告该管抚按衙门查明代奏,就彼袭替。"⑤

综上,土官袭替制度的演变基本符合郑晓所归纳的线索,其中地方官员是否能够公平保勘成为影响土官袭职的重要因素。遇到土官告袭,法律上禁止地方官索取或接受土官贿赂。⑥ 嘉靖十年(1531)议准:"各边军职及勘事人员,索取土夷财物,致生他变者,依激变良民律例。"⑦这在一定程度上遏制了土官争袭导致的社会动乱。嘉靖《问刑条例》也明确规定:"云南、两广、四川、湖广等处流官,擅自科敛土官财物,金取兵夫,征价入己,强将货物发卖,多取价利,各赃至满贯,犯该徒三年以上者,问发附近卫所充军。"⑧该条例更有利于约束地方三司官员利用土官袭职进行勒索,对保障地方安定起到了一定作用。

---

① (明)杨一清:《条处云南土夷疏》,陈子龙等:《明经世文编》卷119,第1141页。
② 《明世宗实录》卷31,嘉靖二年九月辛巳,第821页。
③ 《明世宗实录》卷315,嘉靖二十五年九月戊寅,第5899页。
④ 《明世宗实录》卷112,嘉靖九年四月甲申,第2674页。
⑤ 《明神宗实录》卷128,万历十年九月辛酉,第2380页。
⑥ 《明武宗实录》卷178,正德十四年九月甲寅,第3478页。
⑦ (明)申时行等:万历《明会典》卷121《土夷袭替》,第626页下。
⑧ (嘉靖)《问刑条例》,黄彰健编:《明代律例汇编》卷23,第902页。

若土官通过非法手段袭职，其保勘官包括巡按御史及三司官皆要受到惩罚。有广西府土官知府昂贵袭职，后为家人告发其毒杀伯母。经都察院调查，原勘官中，都指挥陈俊、方明，布政使吕困，参政俞铎，佥事敖和、张凯，御史董韬，俱已致仕，按察使钱琏升福建右布政使，御史胡泾升陕西副使，郭瑞佥事，俞泽闲住。于是将现任及改任、致仕官逮问如律，闲住官照例免问。① 此次土官非法袭职事件中，所在地都指挥、布政使、按察使等皆受到一定惩罚，而涉事土官并未记录如何惩处。

土官争袭中除了涉及当事人、保勘官员外，还有从中作梗的通事、市井、无赖等人。他们之中有潜投土官远方亲族，代之捏写词状，争夺官职。稍不遂其意，便唆令土官举兵仇杀，"夷人"受害，不可胜言。如："武定府土官金甸病故，伊妻商叶要袭土官，被云南在城歇家金辉骗伊金银不计其数。商叶病故，又保伊女安德袭职，仍前骗银。及至安德事发，即将赃物诬指他人承认，人所共知"②。这与云南土官争袭有很大关系，他们遇到袭职时，往往差心腹通事、把事赴城投托城中市井，代其整点文书，却多被诬骗财物。甚而导致地方官保勘土官时互相推延，致有五、七年之上不得袭者。为了解决此社会弊病，成化十七年二月题准："今后但有似前代替土官打点文书，指引营求势要，诬骗财物，及拨置不该承袭之人争袭，致令仇杀，扰害地方者，不分官舍、军民，问罪追赃，完日俱发广西烟瘴地方充军。"③弘治十三年又奏准："土官袭替，其通事把事人等，及各处逃流军囚容人，拨置不该承袭之人争夺仇杀者，俱问发极边烟瘴地面充军。"④

三、土司发动暴乱的司法惩治及应对措施

西南土司地区发生动乱的原因有多种，一类为土民作乱，包括土人头目煽动民众聚众为盗者，其土官将一并受到惩罚。嘉靖《问刑条例》规定："土官土舍纵

---

① 《明宪宗实录》卷214，成化十七年夏四月壬申，第3728—3729页。

② （明）戴金编：《皇明条法事类纂》卷7《各处土官替职有代伊打点因而诬骗财物及投托土官亲族拨置争夺仇杀者发极边烟瘴地方充军职官有犯奏请例》，杨一凡等编：《中国珍稀法律典籍集成》乙编，第4册，第302页。

③ （明）戴金编：《皇明条法事类纂》卷7《各处土官替职有代伊打点因而诬骗财物及投托土官亲族拨置争夺仇杀者发极边烟瘴地方充军职官有犯奏请例》，杨一凡等编：《中国珍稀法律典籍集成》乙编，第4册，第303页。

④ （明）申时行等：(万历)《明会典》卷121《土夷袭替》，第626页下。

容本管夷民头目为盗,聚至百人,杀虏男妇二十名口以上者,问罪降一级。加前数一倍者,奏请革职。另推土夷信服亲枝土舍袭替。若未动官军,随即擒获解官者,准免本罪。"①该条例适应了西南土司地区多盗的社会状况,督促土官约束土民,防止作乱。另一类为土官之间互相仇杀,为争夺辖地发动暴乱,亦是法律所严厉禁止的,如有违反,重者则取消世袭资格,改土归流。如嘉靖十四年议准一条:"云南、四川两省土官,各照旧分管地方。如有不遵断案、互相仇杀,及借兵助恶、残害军民,并经断未久,辄复奏扰变乱者,土官子孙不许承袭。所争村寨,平毁入官。"②

造成土民作乱以及土官之间仇杀的原因之一,与土官争袭或者土舍长年不能袭职有关,皆对西南地方治理产生了极为不利的影响。杨一清认为土民暴动与土官没有及时袭职、出现空缺有关,另外,周围不得承袭之人心生怨念,极易参与到暴乱之中,其言:

> 盗贼生发,责在土官,遣一介之使临之,实时奏功,此以夷制夷之术,汉兵不过壮声势以固根本焉耳。数十年来,土官病故,子孙应承袭者,皆贪官虚诈土官之故,官司不肯保结,上司往覆驳勘,有二三十年不得袭职者。止令土舍管事,下人不畏。强陵众暴,无所不为。黔国公虽有总兵之名,不得自专,凡事必与太监、抚按、三司会议,然后得行。积之既久,土官以上官为不足凭恃,亦复慢令玩法,无所忌惮。待其罪大恶极,然后动兵征剿,以致军民日困,地方日坏……但中间多系不得承袭之人,亦有缘事见在提问之数者,怀怨畏罪,难保必无。彼闻大兵压境,致生疑惧,阴助党逆,恐二患未平,又生他患。故今日急务,宜先收土官之心,阴破从逆之党。③

正德十四年(1519),发生在广西龙州的骚乱即与争袭有关。原广西龙州土官知州赵源死后,其妻岑氏"诈以家人子为子,冒姓赵名璋,欲袭源职"。然而,由于州民保举源庶兄子相袭职,岑氏与璋逃入田州。后来赵璋复谋夺相位,求助于土官岑孟并贿赂镇守太监傅伦,舍人王祥等诡称锦衣舍人奉旨调兵,最终共万余人攻破州治,"相惊惧潜遁,地方骚然"。都御史杨旦以闻,因劾分守参政彭

---

① (嘉靖)《问刑条例》,黄彰健编:《明代律例汇编》卷14,第649页。
② (明)申时行等:(万历)《明会典》卷121《土夷袭替》,第626页下。
③ (明)杨一清:《条处云南土夷疏》,陈子龙等:《明经世文编》卷119,第1139—1140页。

夔、分巡佥事李淳坐视激变，隐匿不报，及都指挥戴仪、左布政使何珊、按察使宋玺，前分巡佥事杨誉俱宜究治。得旨："夔、淳下御史逮治，仪、珊、玺、誉姑停俸，祥等责伦捕治之。土官争袭仇杀，令总督等勘处以闻。"①

有的土司则被人为煽动而引发动乱，镇溪土指挥田应朝少曾为辰州府学生员，巧黠多智术，能诱煽诸苗，苗人多信之。往年永顺、保靖相仇杀，皆应朝暗中构乱而两利其惠，"苗之无忌，应朝实启之"②。

明廷针对各类土司之乱采取以抚为主的策略，敕谕土官安分守己，采取外示优恤、内实严备的防御之法。对于土人头目煽动而起的"盗贼"，亦先进行抚谕。宣德二年（1427），贵州总兵官都督萧授奏："水西宣慰司头目阿闭妨宜聚众为恶，不服输税，其党八千余人，横杀土兵，占据山箐，招抚不从……请遣官军土兵合势剿除。"宣宗谕行在兵部臣曰："蛮人无知，非有远谋，如即调兵，旁近善良不免受害，姑令授与三司，遣人抚谕，如再不服，调兵未晚。"③正统二年（1437），英宗敕云南总兵官黔国公沐晟等曰：

> 得奏，称镇沅百夫长刀瓮累次行凶，抢杀人畜，搅扰地方，不服招抚，请调附近官军五千，民兵三千，令右都督沐昂统率剿补，此策固善。但蛮夷雠杀乃其本性，可再差人抚谕，如彼听从，不必进兵。若仍肆凶顽，当少调精锐人马，用计擒捕，以除边患。尔等慎之，不可忽也。④

此外，通过严惩首犯，其余胁从则从宽处治的方式予以警戒。正统三年（1438），云南马者珑乡等寨"反贼"火头纠同阿苏、阿赤等聚众劫掠，英宗敕谕总兵官沐晟等："令宣布朝廷恩威，谕使悔过，如复负固，量调官军、土兵擒获首恶诛之，其余胁从悉原贷。"⑤正统五年，鹤庆军民府为事土官知府高伦妻刘氏，同伦弟高昌豪民洪春等，纠集罗罗摩些人为乱，英宗仍作如上处治："量调操备官军擒获首恶解京，诸所胁从悉加宽贷。"⑥明朝廷对聚众为盗的土人虽以招抚为先，然而若强盗团伙一再危害当地百姓，屡次招抚不成，亦会采取强硬措施，施以

① 《明武宗实录》卷171，正德十四年二月辛卯，第3311页。
② （明）范景文：《昭代武功编》卷7，《续修四库全书》第389册，第596页。
③ 《明宣宗实录》卷29，宣德二年秋七月癸卯，第766页。
④ 《明英宗实录》卷31，正统二年六月甲申，第622页。
⑤ 《明英宗实录》卷39，正统三年二月辛酉，第752页。
⑥ 《明英宗实录》卷64，正统五年二月庚辰，第1219页。

严惩。正德年间,云南弥勒州十八寨盗阿勿、阿革等纠众数千焚掠数地村寨,当地官员集兵胁抚,阿勿等拒之,最终巡抚何孟春出兵讨之。事后,诛十八寨"夷贼"阿寺等八十三名,并于当地枭示。①

土官之间的矛盾冲突也不断发生,甚至有持续十数年不能平息者。然而,明朝廷对待此类问题多采取保守干预的方式,即"以夷治夷"的思想,并未以汉法进行惩处,而以息战为目的,准其赎罪。"广西泗城州致仕女土官知州卢氏,奏袭职土官岑豹,率土兵千五百余人谋害己,又弃毁故土官岑瑄塑像,所为不孝,难俾承袭。豹叔利州土官知州颜亦奏豹兴兵谋杀卢氏,侵越地方,州民被害。总兵官都督山云奏豹实故土官岑瑄侄,人所信服,应袭职。……仍请敕谕豹(无)〔毋〕肆侵扰。行在兵部请从云所奏"。宣宗命云并三司巡按御史究豹与卢氏是非,从公判决以闻。② 此后,未见惩处岑豹的记载,仍旧按例照常朝贡。然而不久,广西总兵官都督山云等奏岑豹攻夺利州知州岑颜地方,并掠其妻子财物。虽朝廷屡遣官抚谕,而负固不服,增兵据守,乞量调官军剿之。英宗敕云等曰:"蛮夷违命梗化,罪固难容,而朝廷兴师动众,事亦不易。卿其更遣人谕之,彼能输款,即与自新。如尚稔恶不悛,即加剿灭,务俾事集人安,以副委任。"③土官岑豹连年兴兵,屡禁不止,致总兵官山云上报岑豹的信息前后不一,表明其态度已发生转变。

湖广保靖宣慰司两江口土舍彭惠祖与永顺宣慰使彭明辅联姻,二人联合,与保靖宣慰使彭九霄往复仇杀,数年不息,死者五百余人,前后讦奏累计八十余章。守巡官将彭惠系于狱,正德十四年(1519),武宗诏都御史吴廷举勘处,廷举乃会镇巡等官议以为"惠罪当诛,但土夷难尽治以法,今宜徙置"。下兵部集议,以惠徙内地恐贻后患,仍令廷举再勘,于是廷举等复请:"以大江之右五寨归靖,大江之左二寨属辰州,设大剌巡检司,令流官巡检一人主之,惠免迁徙,仍居陀步,以土舍名目协理巡检司事,十年之上,能改过自新,或听调有功,则量授土官副巡检。"最终,武宗下诏如廷举言,明辅及玮等仍逮治,"既而明辅令永顺蛮民奏其

---

① 《明世宗实录》卷9,正德十六年十二月丁亥,第326页。
② 《明宣宗实录》卷104,宣德八年八月丁未,第2336页。
③ 《明英宗实录》卷26,正统二年春正月庚戌,第523—524页。

从征屡有功,乞悉辞香炉山应得升赏,以赎逮治之辱,乃并玮等俱置之"①。

又如嘉靖初,云南缅甸、木邦、陇川、孟密、孟养等处土官忿争仇杀,后经巡抚、巡按等遣官劝谕,诸"夷"皆服罪退还侵地,并欲进贡求赎,总兵沐绍勋认为:"木邦、孟养戕杀无辜,多鲸手刃兄母,律以王法,罪不容诛,但边徼诸夷忿争仇杀,乃其常态。今既输服,请姑贳其罪,许令进贡自赎。"明世宗准其所奏:"思伦、罕烈能畏威效顺,俱准赎罪。多鲸罪逆尤重,但远夷不足深较,姑令悔悟自新。"②贵州土舍安国亨、安智互相仇杀十年,起因为安国亨杀死安信,信兄安智结永宁宣抚司土官奢效忠报仇,彼此相攻厮杀不已。至万历五年奉旨行勘,此二人接受朝廷处分,息战并各回原地。③ 查当时内阁与巡抚奏疏所议内容,大意为安国亨、安智皆有罪责,但既然能够奉命解散,停止纷争,则情有可原,当薄罚。贵州巡抚阮文中疏中阐述了宥免安氏二人的益处,可彰显皇帝之宽仁,曰:"若王乔、吴琼、阿弟……自其拨置之祸,一死不足尽其辜。揆其情犯之殊,首从亦宜别其等。今议照造谋首祸者,据法加以上刑,结夷生事者,引例分其赎遣。要皆反覆宪章,推原情理于刑期无刑之中,寓治以不治之意。无非体圣世不怒不杀之武而曲全之,以并生并育之仁也。且释一门之隙,而可以免数省兵粮调度之劳;宥一酋之死,而因以免众姓玉石俱焚之烈。"④

于是阮文中奏请:"将阿弟行巡按御史处决枭示,王乔、吴琼固监,会审详决,王世臣等编发烟瘴地面充军。安国亨、禄氏、恶卒、务卒、白穤等姑置不死,省令国亨退闲……"经兵部会议,最终得旨:"安国亨凶恶干纪,本当动兵剿戮,既投见伏罪,遵奉约束,并禄氏等都且饶他一死,安国亨着革了任闲住,令伊子安民代管宣慰事,安智也着伊子安国贞代充头目,如再违法构乱,定行剿治不饶,其余依拟。"⑤又据《明神宗实录》记载:"国亨等所犯情罪不一,照夷俗罚牛外,仍谕奉旨处分之后,务要感恩悔祸,各安原土。"⑥这无疑体现了明朝廷对待土司坚持"治以不治"的思想,即使犯有"罪不容诛"的死罪,若能悔改,停止干戈,亦有赦

---

① 《明武宗实录》卷179,正德十四年冬十月甲申,第3496—3497页。
② 《明世宗实录》卷93,嘉靖七年十月戊辰,第2167页。
③ 《明神宗实录》卷69,万历五年十一月丙寅,第1495—1496页。
④ (明)高拱:《高拱全集·边略》卷3《靖彝纪事》,第578页。
⑤ (明)高拱:《高拱全集·边略》卷3《靖彝纪事》,第579页。
⑥ 《明神宗实录》卷77,万历六年七月癸酉,第1665页。

免的可能。可见,明朝国家法律在土司之地的推行并不彻底,朝廷结合"夷俗"进行处理。

针对土官千百户等武装冲突,亦先进行抚谕。洪熙元年,行在兵部奏准,四川盐井卫土官千户阿抄妻叶甲,初谋杀土官板必他,又土官千户剌马非,令妻男阿白等劫掠禄得等村人畜,侵占地方。云南丽江军民府千夫长木彰聚众私通西番,劫掠人民财产,请令总兵官黔国公沐晟及云南四川三司各委官抚谕,若梗化不服,则发兵执之。① 然而,土官千户剌马非并未服从朝廷命令,与南八亦互相告讦,持续作乱。朝廷难以分辨二人的是非曲直,因此正统二年三月,英宗敕四川三司、巡按御史与云南总兵官沐晟公同验问,"如两失相当,俾各归其侵地,奉公守职,如各执一词,不从抚谕,即相机剿捕之,毋宥"。②

从上述可见,朝廷宽宥作乱土官的同时,为了树立国家律令的威严,仍要做出"再犯不宥"的声明,以警戒之。又如云南土舍安铨与武定军民府土舍凤朝文先后作乱,只将谋逆者问罪,其余皆宥免。事后,刑部奏准令云南法司向土官宣谕此次宽宥只是一时权宜,并非预示以后为盗杀人可逃避法律惩处,以此强调律令的权威。据《明世宗实录》记载:

> 云南番夷杂处,故设土官,使以夷治夷。其干纪者,必绳之以法。顷缘安、凤二贼扇乱,诏惟罪其谋逆,余悉宥原,盖一时之权宜也。非谓自是以后,杀人及盗皆不抵罪。乞敕所司宣谕之。上曰:"然,肆赦恩命皆谓颁诏之前,非着令也。今后土官有犯,仍照律例科断,但宜亟为谳决,毋得留狱以失夷情。"③

明代司法机构注重利用国家法律维护社会的安定,一方面通过宣扬国家执法之严,以警告、约束土官。另一方面又不得不屈从于国家治理西南边疆的政治理念,因此就出现了宽宥犯罪土官之后的声明,以免失去法律的威慑作用。

面对土司作乱,朝廷的"治以不治"策略,决非完全视若无睹。土官若"不守国法,犯属大逆",④是否真正需要调兵剿灭,则通过临朝会议,视事态发展的轻

① 《明宣宗实录》卷10,洪熙元年冬十月乙未,第293页。
② 《明英宗实录》卷28,正统二年三月丁酉,第558页。
③ 《明世宗实录》卷99,嘉靖八年三月癸亥,第2355页。
④ 《明世宗实录》卷39,嘉靖三年五月丁丑,第993页。

重作出相应判断。对于大规模土司叛乱,威胁中央在西南的统治,朝廷则坚决派兵镇压。如正统年间征讨麓川之役,万历时镇压播州之乱以及明末镇压奢崇明之乱等。其中,明英宗时期的麓川思氏土司之乱,明朝派出王骥三征麓川,并征调了大量西南地区的土司兵参与作战,最终麓川的土地被划分给其他土司。播州平叛,调动了约24万大军进行合力围剿,在百日之后即被平定。

然而,在执法时遇到一些实际问题,成为国法推行中的阻碍。如对于已经拟罪宣判的盗贼,其处罚措施的执行却因地理位置等原因被拖延,尤其云南地区民族众多,社会状况复杂,土官纵容,易生"盗贼",正如云南巡抚王恕所论"云南强贼比之它处数加十倍"①。按照常例,已经判决的强盗需奏请至秋后,然后行刑,但由于云南离京万里,若将判问死刑的强盗照依常例处置,往往要监候一年之上或二三年者。如此便减轻了刑罚对强盗的威慑。后来经王恕奏准:"今后拿获并见问未结强盗,都、布、按三司会问明白,同见监已问结强盗俱引赴镇守总兵、巡抚、巡按等官处会审。无冤,委官押发市曹就便处决,仍将首级发于打劫地方枭挂示众,然后具奏。"②

云南地区特殊的盗贼审判与执行方式后来不断得到重申,嘉靖四年四月,巡抚云南右副都御史黄衷上疏再次反映了云南处置盗贼的现状:"云南地远而多盗,幸捕获具狱,则必拘例转详,停候经岁,往往瘐死,未获显戮,不足以为奸宄之惩。"③该奏疏与王恕反映的情形一致,盖此前所奏年久不行。最终经都察院议覆,得旨:"云南地果远,自今所捕盗会讯,情真奏闻,得旨,许即依律处决,不俟转详。"④

此外,地方官的懈怠、推诿亦造成法律推行力度的退减。西南地区土官之间相互仇杀以及强盗劫掠是威胁当地治安最大的隐患,明代法律不断强调文武职官在预防、应对上述问题的职责,若有违反则受到惩罚。云南总兵官沐琮等奏广西府土官知府昂贵与弥勒州千夫长龙判等互相仇杀,屡次遣官抚捕,负固不服。宪宗谕兵部臣曰:"贵等构乱之初,使守土之臣因俗而治,必不稔恶,至此顾乃推

---

① (明)王恕:《乞严赏罚以禁盗贼奏状》,陈子龙等:《明经世文编》卷39,第299页。
② (明)王恕:《乞严赏罚以禁盗贼奏状》,陈子龙等:《明经世文编》卷39,第299页。
③ 《明世宗实录》卷50,嘉靖四年四月己亥,第1252页。
④ 《明世宗实录》卷50,嘉靖四年四月己亥,第1253页。

托隐弊,以致边夷效尤,莫能禁止。宜移文并勘凡其境内雠杀事情,如此类者,降敕镇守巡抚等官分委官属,躬亲处画,不竟者毋辄更代,三司府卫以下职官,未停俸者,俱令停俸。"①

弘治三年(1490)九月,兵部尚书马文升等题准:"通行各处镇守、巡抚、巡按等官,今后遇有劫库、劫狱、杀人并伤至百人以上等项重情,及土官互相仇杀,务要星驰奏请,及早扑灭。如或延缓隐匿,酿成大患,致坏地方,听本部并科道官访实参奏,治以重罪。"②巡抚湖广都御史姜仪言:"镇箪、铜平苗贼屡抚屡叛,流毒地方,推原祸本,皆各土官故纵漏珍所致。"得旨:"苗夷屡经抚剿,至今叛服不定,各官法当究治,姑依拟,令两省抚镇官责限各土官,同心勠力,务在克平,如因仍贻患,治罪不宥。"后经巡抚高芦申奏,诏停发守备李英、参将芮恩等人俸禄。③

四、土司境内其他不法行为的惩罚

土官违法行为不止一端,除了上述争袭、起兵引发动乱外,还有贪赃、讹诈等行为,针对此类罪过,明代律例对待世袭土官较之其他职官有所宽容。如《大明律》规定:"凡官吏受财者,计赃科断,至八十贯绞。"④(弘治)《问刑条例》规定:"凡文职官吏、监生、知印、承差,受财枉法至满贯绞罪者,发附近卫所充军。"⑤然而土官初犯,则可纳米还职,据都察院黔字四百五十二号勘合,札付内一件:"科官事,今后有职土官犯该绞、斩、徒、流、杖罪,初犯者照例纳米等项,完日还职。再犯监候,奏请发落。"⑥具体案例如下:

犯人李暹,招系云南府安宁州罗次县巡检司土官巡检。成化八年,暹自盖楼房,不合科要弓兵罗必白等木头四百五十根,逼要弓兵普信银六两,又

---

① 《明宪宗实录》卷183,成化十四年冬十月壬辰,第3295页。

② (明)戴金编:《皇明条法事类纂》卷24《通行各处巡抚等官遇有紧急贼情星驰奏请及各处术士潜入夷地教唆夷人者边卫充军》,杨一凡等编:《中国珍稀法律典籍集成》乙编,第4册,第1049页。

③ 《明世宗实录》卷315,嘉靖二十五年九月癸酉,第5897—5898页。

④ 怀效锋点校:《大明律》卷23《官吏受财》,第181页。

⑤ (弘治)《问刑条例》,黄彰健编:《明代律例汇编》卷23,第893页。

⑥ (明)戴金编:《皇明条法事类纂》卷6《土官犯赃罪系蛮夷种类世袭者初犯纳米还职再犯奏请若系有司军民等保除叫名土官照文职犯赃发落例》,杨一凡等编:《中国珍稀法律典籍集成》乙编,第4册,第256页。

因巡捕,将民人赵能并妻捉打,吓要银二两各入己。事发到司,参提问拟遏恐吓取财,减等徒罪。系土官初犯,照例纳米还职。①

该犯人李遏初次犯赃照例惩处,不久又接连索取他人财物,被告发:

> 成化九年(1473),有军人夏谨将骡马驮货过关,遏不合〔索〕要研骨刀三把。成化十年月日不等,三次夏谨有驮带鱼、布等货过关,遏又索要盐鱼一十五斤,毡帽一顶,红毡条二床。成化十一年六月内,夏谨卖货过关,索要棕索十副,红帽两笼十个,槟榔五吊各入己。遇蒙成化十一年十一初八日赦宥,不合不行改正,成化十二年正月八日,二次夏谨又驮铁锅等货过关,遏又不合索要铁锅二口、槟榔四吊、红布二丈,象牙、胭脂盒四副。成化十三年正月内,夏谨挑货过关,不合索取木梳三把,俱入己。夏谨不甘,将情赴都察院处告。②

云南按察司议得李遏所犯,"合依监临官挟势求索部内财物者计赃,准不枉法论,无禄人一百二十贯之上罪止律减等杖一百,徒三年,纳米赃罪。缘文武职官犯赃罪,例该为民"。然依照土官处治条例,李遏犯赃二次,故奏请发落。都察院左都御史王越覆议,查到天顺四年,户部等衙门尚书年富等奏准,"果系蛮夷种类世袭之人,初犯纳米还职,再犯奏请发落。若系有司军民等籍,保除叫名土官,不系蛮夷世袭之数,照文武官犯赃罪例发落"。最后,此案奉明宪宗圣旨:"李遏系世袭土官,纳米,完日还职。"③可见,世袭土官较之一般文武职官及叫名土官④享有更高的法律特权,体现了明朝对待土官的怀柔之道。

---

① (明)戴金编:《皇明条法事类纂》卷6《土官犯赃罪系蛮夷种类世袭者初犯纳米还职再犯奏请若系有司军民等保除叫名土官照文职犯赃发落例》,杨一凡等编:《中国珍稀法律典籍集成》乙编,第4册,第255页。

② (明)戴金编:《皇明条法事类纂》卷6《土官犯赃罪系蛮夷种类世袭者初犯纳米还职再犯奏请若系有司军民等保除叫名土官照文职犯赃发落例》,杨一凡等编:《中国珍稀法律典籍集成》乙编,第4册,第255页。

③ (明)戴金编:《皇明条法事类纂》卷6《土官犯赃罪系蛮夷种类世袭者初犯纳米还职再犯奏请若系有司军民等保除叫名土官照文职犯赃发落例》,杨一凡等编:《中国珍稀法律典籍集成》乙编,第4册,第256—257页。

④ 按,"叫名土官"指西南地区通过保举担任州县或巡检司等官员,他们属军、民籍,非世袭土官。

　　另外,云南、广西土司毗邻边境,明代法律出台了很多禁令严防其交结"外夷",包括禁止本国人出境贸易、走漏军情、与"外夷"联姻等。如嘉靖三十三年(1554)题准:"土官土舍嫁娶止许本境本类,不许越省并与外夷交结往来,遗害地方。每季兵备道取具重甘结状,如再故违,听抚按官从实具奏,兵部查究,量情轻重,或削夺官阶,或革职闲住,子孙永不许承袭。"①对于扰乱土司袭替制度,又暗通外国者,予以严惩,甚至处以死罪。广西田州头目吕赵挟知府岑绍庶子鉴,夺嫡子镛职,"兴贩私盐、伪称名号、私通交趾"。后来,吕赵竟袭杀岑鉴,以其幼孙吕婴冒名私袭岑氏之职,两广巡抚叶盛会兵讨之,执赵伏诛。②

　　土人参与私人贸易亦引起了明朝当地官员的注意,正统九年六月,云南总督王骥认为云南屡兴边患与近边贩卖军器者透露边情有关,具体内容包括:

　　　　云南东南接壤交阯,西南控制诸夷,其在内地亦多蛮种,性习不侔,变诈不一。曩者麓川之叛,多因近边牟利之徒,私载军器诸物,潜入木邦、缅甸、车里、八百诸处,结交土官人等,以有易无,至有教之治兵器、贪女色、留家不归者。漏我边情,莫此为甚! 以故边患数生,致数年干戈不息,军民困毙。请严出入之防,复有犯者,必治以死,家属发烟瘴地面充军,按察司分巡官时时巡察,如此则边防周密,境土无虞。③

　　由王骥奏疏可知,他建议对"走私"贸易、透漏边情者施以死罪,并征得了明英宗的同意。成化十六年(1480),总兵官黔国公沐琮奏:"金齿、腾冲为诸夷喉襟要地,比土人多以违禁货物兴之贸易宝石,乞加禁止。"因此明宪宗下令禁止云南边境军民交通外夷。④

　　明代西南土官犯罪的司法实践同样存在特殊之处,因出于政治、军事因素的考量,贯彻了国家"以夷治夷""治以不治"的怀柔之道。对于土人头目、土舍等犯罪,可纳马赎罪。天顺元年(1457),"湖广剌惹峒已故峒长向黑稍耸次子剌惹施,并侄麦昔等三人,以罪发口外充军,其母阿秦陈情纳马一匹以赎罪",事下兵部议:"土人犯罪例该纳马二十匹,今剌惹施等三人止纳马一匹,宜当增加。"最

---

① (明)申时行等编:《明会典》卷121《兵部四》,第626页。
② (明)雷礼:《国朝列卿纪》卷107,《四库全书存目丛书》史部第94册,第323页。
③ 《明英宗实录》卷117,正统九年六月癸未,第2360—2361页。
④ 《明宪宗实录》卷199,成化十六年春正月戊子,第3491页。

终并未增加马匹数量,英宗批复曰:"朝廷一视同仁,念此远人情有可矜,不必增加马匹,准其赎罪,放回宁家。"①天顺五年,礼部奏:"湖广施州卫木册长官司故土官舍人谭文寿,在乡凶暴,代人书奏词,造不法诽谤之言,法司论罪当刑。今文寿母向氏进马以赎,如从之,恐土人无忌惮,仿效成风。"谭文寿所犯罪责较重,难以以马赎罪,英宗曰:"国法不可以不正,向化之心亦不容以不纳,宜给钞百锭以慰其母,其子犯罪者,仍锢禁之。"②相对而言,明朝廷对西南地区流官的处罚较为严格。如嘉靖四十四年(1565),云南临安府同知何启蒙、河阳县知县严杰俱以贪酷为按臣所纠。明世宗下旨俱黜为民,并强调:"今后犯赃数多者,俱照出例行,不许怠纵。"③

总体而言,明代对西南地区的司法管辖力度有了很大提高,国家法律得到了更广泛的普及。在司法实践中则体现了土流有别的处罚原则。这一特点源于明朝对西南土司的治理较内地不同,贯彻了国家对西南"以夷制夷"的统治理念,具体措施以安抚为主,同时需不断寻求各种平衡,防止社会动荡,而国家法律在推行过程中则需要顺势而为。如胡世宁提出治理土司当顺应其俗:"各处土官,惟在治之得其人,而顺其俗。简其约束,禁其贪取……其有讼则速为之勘剖,该袭则早为勘保,而不必其至京。其或仇杀,不听分解,及为叛乱兼并者,则命其邻党合而征之。"④

然而,随着国家在西南地区统治的加强,在处理土司叛乱以及违法问题上,有的官员开始主张按照汉法予以严惩,反对只以"夷俗"处之。嘉靖十四年(1535),田汝成掌管贵州司法,认为贵州虽地处偏远,然非蛮荒之地,理应施行汉法以治盗贼,其曰:"贵州虽绝远,给繇入税,与内地无异,青褐之使,交毂而驰,非要荒之服也,奈何欲以夷狄之法待之哉?"并进一步分析按照当地纳马赎罪的风俗处治盗贼十分不妥。曰:"今之治盗者,无论杀伤,第随俗讲解,以牛马为偿,百一致法,重不过充徒而已,彼亦何惮而不为也。"⑤此外,针对规模较大的

---

① 《明英宗实录》卷275,天顺元年二月癸亥,第5863页。
② 《明英宗实录》卷329,天顺五年六月壬申,第6764页。
③ 《明世宗实录》卷553,嘉靖四十四年十二月己亥,第8901页。
④ (明)胡世宁:《奏为尽沥愚忠以求采择事》,陈子龙等:《明经世文编》卷135,第1337页。
⑤ (明)田汝成:《上巡抚陈公书》,陈子龙等:《明经世文编》卷257,第2717—2718页。

土司叛乱,明朝廷则果断出兵镇压,并在条件允许的情况下,实施改土归流策略,进一步加强了中央对西南地区的统治。

第三节　西南诸地武官群体的罪与罚

明代军卫在维护西南地区社会稳定中发挥着重要的作用,卫所武官对西南地区的管理涉及多个方面,包括审核土官承袭、审理诉讼、平息土司动乱、管理卫所人口等。如云南总兵官世代镇守此地,掌管军务,对云南地方治理起着至关重要的作用。永乐四年(1406),刑部右侍郎金纯弹劾西平侯沐晟专擅之罪,"不禀命于朝,擅以籍没罪人妇女给配军士,男子安置广西,马牛给军屯操,大臣专擅如此,渐不可长,宜正国典",明成祖虽然不允许大臣专擅,却给予沐晟治理云南之大权,曰:"然边远之事,朕尝一以付晟,可勿问"。①

可见,武官在西南职权之重,同时责任亦重,在处理土司各项事务时如武官出现不法或不称职的行为,将会受到法律惩罚。同时,国家出台法令禁止武官与土官私下结交。

一、西南边疆武官犯罪的提审

在审判程序上,最初西南地区武官犯罪仍需遵守奏请提问的法律规定。景泰二年至四年,贵州一带出现苗乱,有人奏请增派巡抚湖广都御史李实,亲临其地,"督察各该总兵设法抚捕,再不平靖,查提亲管三品以下军卫指挥、宣慰土官,依律降罢",兵部尚书于谦批驳之:"提问军职并土官宣慰必须奏请,不许专擅,此系旧制,难准纷更。合无行移(贵州巡抚)王来将贵州一带苗贼务在躬亲提督,官军设法抚捕。"②

西南军职往往凭借该条例逃避罪责。如云南军职有很多沾染恶习、目无国法者。包括管屯田者,侵欺屯粮;管银场者,侵欺银课;掌印金书者,假公务而诓骗"夷"方赃物;管操巡捕,纵容盗贼。甚至有强占他人产业,夺人妻女,谋杀、故杀者。待被人告发后,"官司散拘,彼倚恃军职不肯出官,或扬言申诉,高坐在

---

① 《明太宗实录》卷53,永乐四年夏四月甲戌,第792页。

② (明)于谦:《忠肃集》卷6《一件粮马事》,《景印文渊阁四库全书》第1244册,第208页。

家,或撮拾虚情,挟制原勘,或买求赴京之徒,奏无干之辈"①。出现这种情形的原因与云南地理位置有很大关系,因其离京遥远,参奏犯罪职官的文件往来需要较长时间,动辄需一年之上方能提问。因此军职多不惧法司,任性妄为。

早在景泰时期就已发现该问题的存在,皇帝特敕云南按察副使郑颙曰:"云南远在万里,蛮夷杂处,控制惟难……其卫所官员之中有不遵法度、肆为贪虐,及旗军人等豪猾奸诈,不服差操者,就行逮问,轻则量情发落,重则监候奏请。务在宽猛适宜、奸贪知惧。"②虽然在敕书中已允许按察副使随时逮问有罪军官,但尚未成为定例。正统六年,总督军务王骥反映云南形势紧迫,需要振奋军威,而武官有犯、奏报惩治的程序影响了军法的施行,曰:"云南密迩贼巢,声势相闻,正会兵聚操,发号施令之始,军威不振,赏罚不行,无以惊慑蛮夷,激劝将士。其管军官有不遵号令,贪虐害军,不理边备者,欲待奏报惩治,动经数月,请依便宜事例处置,然后奏闻,庶号令归一,军声易振。"最终批准:正在作战的武官允许以军法处治,"云南都指挥犯罪,见征进者依前敕以军法处之,非征进者,奏闻处之。各卫指挥犯罪者,会总兵镇守官鞠之,仍以奏闻"③。

至弘治五年(1492)十月,经法司衙门奏准,对云南犯罪军职的提审程序作出了明确的调整:

> 今后云南军职有犯,除求索科敛、诓骗、恐吓等项徒流笞杖轻罪,悉遵旧例参奏至日提问外,若人命、强盗、谋故杀人、故禁、故勘一应真犯死罪,并监守自盗、常人盗、诓骗〔夷〕方及土官、承袭财物、受财枉法,各赃至满贯者,俱听问刑衙门备呈巡抚官处,一面冠带散拘,审问明白,就与追验,暂发监候;一面开具实迹,奏请拟问发落。④

以上规定针对云南犯有重罪的军职,由以前的奏闻请旨取问改为先行审问,

---

① (明)戴金编:《皇明条法事类纂》附编《云南军职犯该真犯死罪者先拘审勘奏提三月之上不到者调卫一年之上者为民子孙袭替调卫余罪照常发落》,杨一凡等编:《中国珍稀法律典籍集成》乙编,第6册,第156页。

② 《明英宗实录》卷202,景泰二年三月乙丑,第4333—4334页。

③ 《明英宗实录》卷80,正统六年六月丙子,第1589页。

④ (明)戴金编:《皇明条法事类纂》附编《云南军职犯该真犯死罪者先拘审勘奏提三月之上不到者调卫一年之上者为民子孙袭替调卫余罪照常发落》,《中国珍稀法律典籍集成》乙编,第6册,第156页。

进行勘验并将其监候以待发落。若其三月以上仍不归案,并诬告无辜之人,则拟以重罚:

> 若参奏已到,不服提问,及延至三月之上不行出官归结,并倚恃凶顽,揑词奏告,或求生主使他人奏告无辜者,审系涉虚,问拟改调边卫。其一年以上不肯到卫者,照依赴官事例,一体问发为民,子孙袭替仍调别卫并带俸差操,不许管军、管事。其隐情将男赴部替职者,都司该卫掌印官〔吏〕俱奏问枉法赃罪,照例施行,仍不准替。①

可见,武官被参提之后,不按时到衙门接受审问则会受到另外的处罚。弘治二年(1489)十月,南京刑部曾奏准:"今后军民职官犯罪……若有被提月久,在外延推,夤缘作弊,指称申诉,不行出官,即系脱逃人犯,除真犯死罪并充军外,其余杂犯死罪以下,照例问发纳米、做工等项,完日发遣为民。"②弘治五年,针对云南犯罪军职不及时到官的惩罚规定较弘治二年所奏内容更为详细,根据拖延时间的长短给予不同程度的惩罚,并对其子孙袭替亦作出相应的惩处,故针对性更强。由此,对远离中央的西南诸地军职起到更好的约束作用,有利于保障司法审判的有效进行。

二、武官非法结交、欺凌土官的处罚措施

西南诸卫所武官或因处理土司事务接触土官,或与土官私下往来,二者关系紧密,在交往过程中出现了一些不利于社会稳定的违法行为。其中,较为严重的罪行为武官私通谋逆的土官。广西南宁卫百户许善,曾知崇善县,"土官知县赵暹兴兵谋逆攻陷左州,善旧与暹交,为之容隐。及总兵官遣善追暹,又受暹马十匹,银百两,故延缓,暹冀图苟免"。经御史审判,拟斩罪。宣宗批准,曰:"人臣无外交,况职当守御,乃与蛮夷私通,纵其反逆,此而不诛则为废法,命斩之。"③

武官与土官的密切往来容易产生事端,如贵州属于以卫所为主、州县为辅的疆域管理体制,且卫所周边毗邻四川乌撒府、永宁播州宣抚司,广西南丹、泗城,

---

① (明)戴金编:《皇明条法事类纂》附编《云南军职犯该真犯死罪者先拘审勘奏提三月之上不到者调卫一年之上者为民子孙袭替调卫余罪照常发落》,《中国珍稀法律典籍集成》乙编,第6册,第156页。

② (明)戴金编:《皇明条法事类纂》卷6《军民职官犯罪已被奏提月久在外指称申诉即系在逃问罪毕日为民》,《中国珍稀法律典籍集成》乙编,第4册,第249页。

③ 《明宣宗实录》卷26,宣德二年三月辛亥,第691页。

云南沾、益等州,湖广镇箄等,靠近少数民族聚居地,贵州武官不仅结交本省土官,与外省土官亦有往来。"访得土官及守御军职军人,溺近忘远,或与外境土官土人结亲往来,及通彼处苗人,耕种买卖,久而启衅煽祸,以致拽兵雠杀,残害地方。"因此徐问提议杜绝贵州周边土官与贵州境内军官、军人、土官等有姻亲往来:

> 议行广西、云南、四川、湖广抚按官及臣等,各转行该道守巡官,严加禁约,邻近贵州地方土官,今后再不许与贵州卫所军官、军人、土官往来结亲,耕种买卖,引惹衅端,拽兵雠害。已往者或令改正,或绝往来,以后有犯引惹衅端,贻害甚者,鞫问是实。远方多玩法,比例不可不严,比依境内奸细走透消息于外境律,论以斩罪,其土官有犯,各从重参奏,处治施行。①

又如广西少数民族众多,明代时常爆发"断藤峡"之乱,土官受命调动土军,却往往不受节制,田汝成认为此因土官与当地军官结亲,组成了利益共同体,而巡抚、提督往往被孤立,导致军令无法施行,其言:"盖土官、军官联姻一体,而督府左右尤为腹心,世世藉赖,故提督守巡孤立,频徙分隔。"针对此现象,田汝成建议选拔有能力的边官令其久任,以熟悉当地的人事关系,"故边方之官,非有为不足以戡乱,非有守不足以服人,又非久任不足以谙土俗也"②。

而有些武官则利用职权以行军为名勒索土官,获取钱财。宣德二年(1427),朝廷派镇远侯顾兴祖平叛交阯"叛寇",顾兴祖谎报"贼首韦万黄枭首示众,而万黄出没劫掠如故",兴祖又遣指挥张珩等假以军务,逼取士官人等金银二千五百余两,马百余匹。宣宗命另选良将代替顾兴祖。③ 不久,科道官纷纷劾奏顾兴祖"自镇守广西以来,暴虐贪婪,怠慢废事,不援交阯,致失地丧师,盗贼猖獗。又斩从贼首,诡奏首贼,隐匿贼属,谓彼逃散。上欺朝廷,下失边人心,请正国法",于是"于午门外,三法司同公侯伯都督讯之"④。宣德三年,下兴祖锦衣卫狱。⑤ 但不久得以宽宥,"上念其功臣子孙,特优容之"⑥。

---

① (明)徐问:《议处地方事宜疏》,陈子龙等:《明经世文编》卷173,第1766—1767页。
② (明)田汝成:《炎徼纪闻》卷2《断藤峡》,《景印文渊阁四库全书》第352册,第631页。
③ 《明宣宗实录》卷29,宣德二年七月己亥,第763页。
④ 《明宣宗实录》卷34,宣德二年十二月戊午,第860—861页。
⑤ 《明宣宗实录》卷42,宣德三年闰四月庚戌,第1041页。
⑥ 《明宣宗实录》卷58,宣德四年九月癸亥,第1390页。

另外,武官有杖杀土官者,并未以死抵罪。永乐三年,贵州都指挥佥事李政挟私愤杖杀土官,当斩,最终令其戴罪立功,"命原其死,谪隶丰城侯李彬,令遇敌当先杀贼赎罪,无功仍坐死"①。刑部右侍郎李棠巡抚广西时,遇都指挥王竑佞(杖)杀土官知府纲,并纲二子,"盖挟其众之悍鸷,以为无敢谁何",李棠欲将以法治之,最终因"竑密遣人赂用事者以计脱"②。

三、西南地区武官职务犯罪的惩罚措施

明代西南地区卫所武官具有平息动乱、缉捕盗贼、维护地方治安的重任,"卫所官军,本为防奸御侮、缉捕盗贼、征讨不庭而设"③。如云南地方时常出没"强盗","动辄三五十人,或一二百人,结为群党,各执军器,流劫村寨,抄抢家财,杀死人命,或截路抢劫商旅货物,略无忌惮",需要武官严加追捕。然而很多武官担心犯轻进、损军之过,导致"遇贼,先以退缩保军为心,略无向前剿贼之志。幸而稍得其利,辄便虚增首级,妄报功次,以图升赏。不幸而折损官军,就行隐匿不闻,设辞遮掩以避其罪"④。对于规模较大的动乱,朝廷会派遣武将出征,并调遣西南地区的武官参与平叛。在这一过程中,若武官出现失职、冒功或通贼等罪行,将依据国家法律并结合当时的具体形势予以惩处。

1. 失误军机

武官出兵不力,处以失机等惩罚,包括不按时发兵,行军途中逗留、坐视不救等,根据情节轻重被罚以停俸、降为事官戴罪立功、革职、充军等。通过西南地区的卫选簿所记,发现多起武官因失机、守备不设被处以充军的案例。如正德十二年(1517)十一月,"准云南巡按咨内开:临安卫指挥佥事尚麒为守备不设,充贵州都匀卫终身军"⑤。张大儒,原袭祖职指挥使,"嘉靖二十八年(1549)推以都指挥体统行事,守备铜仁地方,失事参问,充终身军赎罪,三十八年故"⑥。武安邦,"犯该守备不设,为贼所掩袭,因而失陷城寨者斩,奉旨于嘉靖四十三年

---

① 《明太宗实录》卷47,永乐三年冬十月庚午,第720页。
② (明)柯潜:《竹岩集》卷15《刑部右侍郎李公神道碑铭》,《续修四库全书》第1329册,第345页上。
③ (明)王恕:《乞严赏罚以禁盗贼奏状》,陈子龙等:《明经世文编》卷39,第299页。
④ (明)王恕:《乞严赏罚以禁盗贼奏状》,陈子龙等:《明经世文编》卷39,第299页。
⑤ 《临安卫选簿》,孟凡松编著:《明代卫所选簿校注·云南卷》,第387页。
⑥ 《平越卫选簿》,孟凡松编著:《明代卫所选簿校注·贵州卷》,第13页。

（1564）十二月二十日定发陆凉卫中所终身充军"①。徐相，"（嘉靖）二十七年，犯该守备不设，问充乌撒卫左所终身军，万历三年故"②。隆庆五年二月，四川保宁守御千户所指挥同知田世武，"犯该守备不设，照例编发茂州卫前所，充军终身"③。

西南地区武官犯失机罪，除了充军外，还有革职为民者。成化十六年，广西都司都指挥佥事徐清守备荔浦县地方，被贼攻陷村寨，杀虏男妇甚众。事下巡按御史鞫治，例应谪戍，诏革职为民。④ 嘉靖二十四年（1545）十月，"贵州龙里卫长坡山菁苗贼作乱，拒伤官军"。守备都指挥使王韶及指挥陈继武失事，命革韶、继武任，俱下巡按御史逮问。⑤

遇到大规模征进，总督通过下达催军令，命各路人马按时出兵，逗留观望或抗命者受到惩罚。万历二十七年（1599），李化龙总督川湖贵州军务，为尽快平息播州之乱，赐剑以重事权，不用命者，以军法从事。李化龙参问"新任总兵童元镇畏敌如虎，逗留不进；原任总兵沈尚文托病杜门，拥兵三千仅发百人赴急；游击曹希彬等并蓄缩观望"，希望给予以上武官处分。朝廷处置意见为"童元镇法当逮问，念用兵之际，姑褫职充为事官，管总兵事，立功赎罪。沈尚文逮治如律。曹希彬、梅鼎臣俱褫职提问"⑥。《平播全书》中记录了李化龙下达的催军行进之令，对畏缩不前者处以军法。如：

> 照得沙溪、乌江、龙泉路之朱鹤龄、童元镇、陈良玭顿兵不进，该本部院立限三月二十日进白田坝，至期不行入关者，该道以巾帼冠服迎至本官（该镇本官）之营，将中军官捆打一百棍。过至二十五日不到海龙囤者，中军官绑解辕门斩首徇众。若至月终即拏领兵官一例施行。盖法在必行，军中无戏言者是也，今计限期已届，诚恐至期畏缩如故，该道徇情不行是废法也，合就严督为此牌，仰该道官吏即催朱鹤龄、童元镇、陈良玭务遵军令的拟。⑦

① 《平溪卫选簿》，孟凡松编著：《明代卫所选簿校注·贵州卷》，第407页。

② 《临安卫选簿》，孟凡松编著：《明代卫所选簿校注·云南卷》，第425页。

③ 《保宁守御所选簿》，孟凡松编著：《明代卫所选簿校注·四川卷》，广西师范大学出版社2022年版，第266页。

④ 《明宪宗实录》卷207，成化十六年九月乙酉，第3606页。

⑤ 《明世宗实录》卷304，嘉靖二十四年十月戊申，第5760—5761页。

⑥ 《明神宗实录》卷341，万历二十七年十一月己巳，6330—6331页。

⑦ （明）李化龙：《平播全书》卷10《再催各路进兵》，《续修四库全书》第434册，第649页。（贵州参将朱鹤龄、童元镇任总兵，陈良玭副总兵）

其他不同规模的作战中亦有很多逗留者。宣德二年，湖广都指挥张贵沿途逗留，并寻借口返还。"曾领兵赴交阯，贵至广西留止娶妾，延四十余日不行，又假催军为名，复还湖广"，巡按广西监察御史汪景明劾奏张贵："人臣为国，当奋不顾身，贵等皆纵欲偷安，无奋勇敌忾之义，请治其罪。"宣宗命行在都察院识之，回军之日论罪。① 四川巡按并四川都司、布政司、按察司俱奏，四川都司都指挥佥事韩整，"率官军七千余驻威州，蛮贼隔溪大肆攻劫，焚官署、民居，掠人畜。整坐视不救"，故降充为事官，戴死罪，听总兵官都督陈怀等调遣，"俾杀贼立功，再畏怯无功，必杀不宥。"② 宣德十年（1435），降贵州等都司指挥千百户王杰等三十四人充军，时镇守广西总兵官右都督山云奏："忻城县贼众劫掠乡村，杰等率军遇敌，退怯。"故有是罚。③ 四川总兵陈怀嗜酒不理军务，宣宗先是降敕警告："朕命尔总镇一方，须盗息民安，乃为称任，今番寇纵横，人受其害，皆由尔耽酒不理军务，养成其患。敕至，即谋殄寇，毋纵丑类，遗害边方。"④宣德八年（1433），陈怀又因嗜酒误事被劾，加之其他罪行，"怀奉命充总兵官，镇守四川，借侈踰分，建总府，起直房，令三司官及其僚属，每旦分列东西班侍立，有事跪白。怀中坐，称旨发落。又以私憾杖杀官军，受赇纵有罪，强占军民田宅，日荒于酒。松潘诸处守备略不究心，致贼犯边，攻陷城寨"，于是命文武大臣同鞫之，成国公朱勇等奏"怀所犯俱实，于律应斩"，遂下行在都察院狱。⑤ 最终，命罢其行在右军都督府左都督之职，至正统二年（1437）七月复职。⑥

有的武官遇寨堡被劫掠，却不予策应，被论失机之罪。正统十四年（1449），贵州按察司王宪劾奏湖广委官指挥使莫英，"守备清浪等卫，苗贼攻围得珉寨堡，而英不出策应，是致领军指挥石玉等畏避回卫，纵贼劫掠，烧毁屯寨，乞治其失机之罪"。英宗命巡按御史取英等死罪状，降充为事官，戴罪立功。⑦

若武官因急于邀功或决策失误，不听总兵指令，率军轻进者，亦需承担罪

---

① 《明宣宗实录》卷26，宣德二年三月丙午，第684页。
② 《明宣宗实录》卷30，宣德二年八月丁丑，第787页。
③ 《明英宗实录》卷8，宣德十年八月壬戌，第164页。
④ 《明宣宗实录》卷74，宣德五年闰十二月庚申，第1730—1731页。
⑤ 《明宣宗实录》卷104，宣德八年八月壬辰，2327—2328页。
⑥ 《明英宗实录》卷32，正统二年秋七月辛卯，第626页。
⑦ 《明英宗实录》卷177，正统十四年夏四月壬子，第3410页。

责。都督同知李安充左副总兵征讨麓川,总兵蒋贵令安驻兵潞江,护饷道,李安"闻贼有屯于高黎贡山者,违贵令,往攻之不利,为贼所蹂,都指挥赵斌等死伤者千八百余人"。群臣廷鞫,当斩,遂下狱。① 一年过后,宥李安死,降为事官立功。②

黎平府皮林寨苗人吴国佐反叛,戕杀官将,万历二十八年二月,参将黄冲霄因轻进遭遇失败。湖广巡抚支可大亦奏乞将冲霄革任提问,神宗批准。③ 川湖总督李化龙亦参奏黄冲霄之轻举妄动,曰:"夫臣所督者三省军务也,汉土官兵,例得管辖,大小军机,例得与闻,敕谕昭然,节经申饬。奈之何各院道俱有详,而独无一字详臣也。"并因此事奏请川湖地区出兵应履行的程序,曰:"臣请着(著)为令,自今以后,二省兵事,除寻常强窃盗贼,不必琐琐相闻外,但凡土司、郡县、卫所汉夷,一切有关兵马钱粮重大事情,应详者详,应验者验。即事在当机,难以远请者,亦一面举事,一面报闻。"④

武官和土官在平息"盗贼"过程,不慎犯失机之罪,若立功可以赎之。正德时,地方向兵部反映革退参将张泰、都指挥王楫、指挥夏忠、刘纬、陈武、张武,千户龚勋、秦周俱守御无方,被贼攻围屯堡,掳掠军民。其中〔王〕楫、陈武,巡捕、抚夷各效微劳。土官方面,"四川芒部土舍陇寿、陇政挟军雠杀,不早扑灭,乌撒府土舍安宁、女土官奢勿故纵部夷从乱,内陇寿斩获首级,奢勿擒获贼首,功虽可录,不足赎罪"⑤。王琼覆奏曰:"查得张泰先因巡抚都御史邹文盛参奏,已行巡按御史提问,未结。见今四川、贵州交界地方诸夷作乱,贵州毕节等处地方用人防御,合无将都指挥王楫、指挥陈武、土舍陇寿、女土官奢勿俱准以功赎罪。指挥夏忠、刘纬、张武,千户龚勋、秦周并土舍陇政、安宁俱令戴罪杀贼,通候贼宁之日巡按御史查奏,有功准赎,前罪无功提问究治。"正德十四年(1519)三月十六日,皇帝批复:"是。王楫等准以功赎罪,夏忠等姑着戴罪杀贼,待贼情宁息之日巡,按御史再查他有无功次来说。"⑥

① 《明英宗实录》卷92,正统七年五月甲戌,第1664页。
② 《明英宗实录》卷104,正统八年五月癸未,第2119页。
③ 《明神宗实录》卷346,万历二十八年四月丁亥,第6453页。
④ (明)李化龙:《参楚省剿苗失律官员疏》,陈子龙等:《明经世文编》卷423,第4611页。
⑤ (明)王琼撰,张志江点校:《晋溪本兵敷奏》卷12《为惩不职以安地方事》,第480页。
⑥ (明)王琼撰,张志江点校:《晋溪本兵敷奏》卷12《为惩不职以安地方事》,第480页。

2. 冒功、买功、虚报功次等

武官通过平定土司、"盗贼"叛乱可立军功,其间有夺他人之功者,有虚报斩获数量者,有用钱买他人之功者,皆属违法行为,根据律意及所犯罪责轻重罚以调卫、充军等。正统十三年(1448),广东都指挥佥事孙旺奏:"猺贼攻破泷水县治,有把总都指挥佥事陈德,先行畏避,又掩取指挥张玉杀贼功,以为己功,乞敕大臣前来体勘,明正其罪。"英宗令巡按御史同三司公正官从公体勘,"明白奏来处置"①。镇远侯顾溥、都御史邓廷瓒征贵州苗贼时,南京大理寺寺丞黄玹以巡按御史纪功,并未秉公办事,出现了多位武官买功、冒功之事。"湖广武昌左卫指挥李玉、谢凤,贵州前卫指挥徐璘,守备都指挥丁煇,俱随军听调。玉希玹意,携其侄讯来军中,玹因留不遣,继而讯及徐璘俱买他人所获首级冒功,又与谢凤各以贱直买,俘获男女十余人",璘等皆冒功升职,被他人控告。经云南巡抚都御史张诰查问,皆实。弘治八年(1495)七月,狱上,刑部覆奏,拟"璘与讯应革新授职役,调卫差操,凤赎罪还职,玹就南京刑部狱",孝宗认为:"以璘与讯情罪深重,并家属发边远充军,余从所拟。"②万历二十年(1592)征播战役中,存在买功现象,有把总、总旗得以升任千百户者,例如:"有新添卫散指挥何鼎臣,蒙都清道取为标下中军官,以武生李邦举呈给名色把总,又本卫后所总旗尤尚国亦蒙巡抚给与名色把总,俱随李总兵征进。邦举同何鼎臣等攻打三渡关,斩功一颗,续攻海龙囤斩功二颗,尤尚国斩功一颗,后各多买功,票汇作亲斩功次,累至九级以上,尤尚国叙升副千户,邦举升实授百户世袭。"尚国、邦举二人回卫后,何鼎臣向二人索贿,二人不予理睬,鼎臣具呈买功之事,因而邦举痛恨鼎臣首发,取刀将鼎臣刺死。至万历四十六年(1618),经巡按访出二人冒功事,参题交由兵部会议,兵部拟罪:"邦举以站军冒功级、刃本管,罪应绞,尤尚国以败卒行贿赂,窃冠裳应戍,至何鼎臣之杖惩,亦不枉也。"神宗从之。③

武官凭军功除了获得升赏奖励之外,还可以将功赎罪,于是有的官员虚报军功,多于纪功册所记斩首数量。正德十四年,贵州生乱,分守右参议蔡潮,擅自发兵,并阻止总兵李昂统兵征进,指挥刘淮等一众武官各有不同程度的失机罪责,

---

① 《明英宗实录》卷169,正统十三年八月乙卯,第3257页。
② 《明孝宗实录》卷102,弘治八年七月甲午,第1869页。
③ 《明神宗实录》卷565,万历四十六年正月戊子,第10647—10648页。

经核查武官功过,发现:"各官奏称都指挥王言于夷贼攻围之日,奋勇退敌,保全孤城。今查纪功册内,止开王言率家丁斩首一颗,同众擒获首贼一名。都指挥满弼,奏内擒斩六名颗,册内止开斩首一颗。指挥王济,奏内斩首九颗,册内止开斩首三颗。又先该巡按御史李显参奏王济地方失事,戴罪杀贼。指挥丘汉,奏内四颗,册内止开三颗。都指挥金章,奏内擒斩二十二名颗,册内俱开无。指挥刘淮,系刘怀错写名字,斩首一颗。指挥姜宣斩首二颗,千户马武斩首一颗,曹廉斩首二颗,俱功微……及千户杨凤、范清、褚经,百户彭芳、丁杲册内俱无开有功次,俱难准赎前罪。"兵部移咨都察院"将蔡潮、王言、满弼、金章、王济、丘汉、刘怀、姜宣、杨凤、范清、褚经、彭芳、丁杲十三名通行提问,分别情罪轻重,依律议拟,奏请发落"①。

又有总兵等高官诈报战功者,如镇守湖广右都督陈友屡奏,官军杀获苗贼,乞赐赏赉。而铜鼓卫都指挥佥事蔡升奏陈友诈报战功。兵部移文总督军务兵部尚书石璞廉察以闻。经查问,得知:"友斩获苗贼不过三四十人,而失陷官军一千四百员名,以败为功,罪状显著。"兵部请治友罪,将其降职立功。最终陈友被暂时免问,"令璞督友杀贼,俟贼情宁息之日,具闻处治"②。

3. 私与贼通

武官镇压"贼乱"时,有的接受"盗贼"贿赂,纵放其逃脱。湖广巡按御史朱鉴奏:"茶陵卫指挥喻成领军捕贼,贺麻哥等而私与贼通,受贼银五百余两,妄执平民为贺麻哥杀以徇众,而贺麻哥实在为害未已。"宣宗认为喻成所为与盗贼无异,罪不可恕,谕右都御史顾佐等曰:"此与叛逆同死有余辜,令御史亟问之。"③四川宁川卫指挥佥事陈忠等往嘉眉州捕贼,获其八人,皆受赂纵之,而执平民拷掠,诬之为盗,逼取贿赂,又纵之。按察司奏请罪之,上曰:"纵真盗而诬平民,贪暴,岂知有国法,罪之如律。"④

有的强盗通过贿赂军官长期盘踞一方,成为一股地方势力,"阿溪者,清平卫所部苗也,本江西人,漂荡至彼,桀骜多智数,久为寨主,雄视诸苗……其后与

---

① (明)王琼撰,张志江点校:《晋溪本兵敷奏》卷12《为十分紧急贼情事》,第484页。
② 《明英宗实录》卷266,景泰七年五月辛未,第5641页。
③ 《明宣宗实录》卷71,宣德五年冬十月甲午,第1671页。
④ 《明宣宗实录》卷72,宣德五年十一月庚戌,第1682页。

我官司益狎,我凡有事就令访处,不复闲备之矣。三堂之睿廉者,皆有岁略"。孔镛巡抚贵州时,遇某地被贼劫杀官兵,某地劫杀民商,所属官员皆谓"须属之阿溪当治",孔镛怀疑之,言:"清平为指挥使司,诸土官宣慰等乃命官,皆贵且众,何以不能治军?"通过孔镛调查发现,阿溪与"监军、总帅"皆有私下来往,并通过王指挥、陈总旗二人从中联络。孔镛对此二人曰:"阿溪岁略三堂谁之通,我已备知,而尚讳耶?"待二人服罪,利用其诱导阿溪出寨,并抓捕之。为了防止清平卫武官庇护,镛又夙造二槛车"得溪刺,即囚之,径至贵州,无经清平,恐其党劫之也"。于是解至三司鞫之,论死。①

4. 激变

武官处理少数民族关系时,抓捕无辜平民,激之为乱,以激变论罪,军法处治。宣德初,明朝廷欲发松潘官军往征交阯,松潘卫千户钱宏等为躲避此次征军,设计制造了"番蛮"掳掠,需要追捕的假象,"宏与尚清等前后领军突入麦匝等簇,逼取牛马,番人忿怨,以此遂乱",四川三司官竟皆不查实即遣兵镇压,宣宗遂降敕切责之曰:"尔等前奏阿用等寨番蛮为乱,杀伤指挥陈杰等,近乃知松潘卫官军惧征交阯设诈生事,千户钱宏、尚清等死有余辜。尔等职居方面,受朝廷重寄,辄听欺侮,擅调官军,朦胧具奏,罪亦何逃?今姑宽容……钱宏、尚清等及惧畏征进之人,械系赴京。"②经锦衣卫指挥任启、监察御史李珏究问其实,都指挥韩整、高隆面对番兵,驻兵宿留不进,于是斩松潘卫千户钱宏,枭首徇众,籍没其家,从宏者二十人俱宥死,充军。并谪都指挥高隆、为事官韩整、邓鉴等充军广西。③ 宣德六年(1431),广西全州千户所百户黄玉往象州哨瞭,遇猺人二,执送,千户朱宁玉又遇獐人,执其一。因激变猺獐,射伤官军十数人。玉遂还其所执,宁乃杀前所执二人,诬其为寇,临阵杀之,以掩己罪。于是宣宗令巡按将其逮治。④

朝廷治理西南,以"抚绥"为主,禁止因侵扰土司而致乱。总兵官定西伯蒋贵等前往赴任,英宗敕谕要抚绥土官土军,一旦激变,即使有功亦不可赎,曰:

---

① （明）陈建辑:《皇明通纪法传全录》卷25,《续修四库全书》第357册,第433—435页。
② 《明宣宗实录》卷28,宣德二年五月丙申,第727—728页。
③ 《明宣宗实录》卷37,宣德三年二月己卯,第921、922页。
④ 《明宣宗实录》卷81,宣德六年七月庚寅,第1888—1889页。

"各处土官,多有忠义可用之人,顾尔等抚绥何如,若抚之不善,又或侵扰,以致激变,则尔等虽有功,亦不赎罪矣。……土官土军必抚绥得宜,不可纤毫侵扰,不许各官受其贿赂,亦不许下人需索,或致激变,犯者即以军法处之。"①

若武官"抚绥"有方,令土司信服,即使有过,朝廷亦加重用。宣德九年(1434),贵州新添卫舟行长官司有土舍煽动作乱者,兵部尚书王骥上疏反映:"诸土官屡奏都指挥佥事李政镇抚有方,蛮民信服。近坐累逮至京,故诸蛮无所畏惧。今政已宥过还职,请令政躬往其地,审实抚谕,俾各守疆土,输纳贡赋。"从之。②

此外,有的武官在处理土司日常事务时,有拖延、懈怠的现象。云南总兵官都督同知沐昂委派云南署都指挥佥事卢钺、左参议王善、指挥佥事方才会同勘问广西上林长官司土官岑志威等谋杀人命、侵占地方等事,而卢钺等人却迟迟拖延不往。行在兵部左侍郎邝野乞逮治之,英宗并未将其治罪,曰:"钺等方命之,罪固不可容。但云南正用人之际,姑恕之,令其从实回奏。"③有的卫所官员利用通事左右词讼,扰乱土司司法秩序,据四川建昌卫土官把事刘华严奴反映,"署都指挥佥事施祥设立土豪通事,起灭词讼,剥害夷民,殴人致死等事"。于是下巡按御史会四川按察司并行都司堂上官廉其实以闻。④有的将官身负审断之责,却利用土人词讼勒索财物,据湖广巡抚朱廷声言:"各处土夷构讼求直者,多连年不决,开奸人诬索之门,辜远夷赴诉之念,而不才将官及勘事人员往往贪嗜夷人财物,要求无已,至于激变。"因此,朱廷声奏请将土司地区的词讼案件根据距离远近,分派给所管官员,按期审理,曰:"今当通行云、贵、川、广镇巡官,将土官远近狱词分督所属,克期勘报,其将吏索取土官、夷人、猺獞财,犯该徒三年以上者,发边卫充军,俱照禁例施行。"报可。⑤

四、西南地区武官其他违法行为的司法惩处

明朝法律对西南卫所的武官具有全面的约束力,除了针对土司治理外,其对

① 《明英宗实录》卷76,正统六年二月甲申,第1498、1500页。
② 《明宣宗实录》卷115,宣德九年十二月丙辰,第2584—2585页。
③ 《明英宗实录》卷80,正统六年六月庚午,第1583页。
④ 《明英宗实录》卷148,正统十一年十二月戊申,第2912页。
⑤ 《明世宗实录》卷94,嘉靖七年闰十月丁丑,2178—2179页。

本卫所的管理,以及与所辖军士的关系皆在法律约束之内,若处理卫所事务失当则被治罪。如贵州都司都指挥佥事华升刻意揣测上司之意图,授意仵作捏造证词,"先为普安卫指挥使,有诉卫卒殴杀其从兄者,于按察司佥事刘简。简以付升同普安州知州重鞫之,升意简欲缓其罪,令检视者谬言其人实服毒自尽。巡按御史覆按得其状,因劾奏升及简,俱当治罪"。宪宗批准。①

西南之地常年应对大小规模不同的叛乱,军人生活并不安逸,关于武官侵盗军粮、克减粮赏的处罚,有的给予革职立功的处罚。景泰三年,时湖广贵州总督王来奏:"湖广、贵州久被苗贼作耗,军民疲困极甚,其军职尚不惊惕,公行贪虐,士卒受害往往逃避。比铜鼓卫千户李昂等坐侵欺军粮论斩,谪戍北方极边。乞下法司议,自今各边军职克减粮赏,贪虐害军,论斩绞者,宜悉如昂等例。"都察院通过会议,奏准:"(各边)自今官旗、军吏克减粮赏,贪虐害军,论斩绞者,俱革职役。官立功,旗军、舍余、军吏守墩哨瞭,五年满日各还职役,仍操练如常。若能奋勇杀贼,有功者,别具以闻。"②又如灌县守御所实授百户虞庆,"犯该官物但有守掌侵欺者,计赃以监守自盗论,四十贯律斩",奉旨"将虞庆调澜沧卫右所带俸差操"。③

侵欺粮饷处罚较严重者为永远充军。正德十四年(1519),云南都指挥李增侵欺官银,谪边卫,永远充军。④ 此类案例在卫选簿中记载很多,如余韬,弘治四年(1491)"侵局料银一百九十八两,除完过尚欠缺一百二十一两,参问充终身军"⑤。云南后卫中所试百户宋经,嘉靖十九年七月,经巡按云南御史彭时济审问,"侵欺荞粮银四两八钱,问拟监守自盗杂犯斩罪,遇革追赃,完日还职,带俸差操,不许管军管事"⑥。何律,"侵盗银两八百余两,犯该斩首示众,遇例充军"⑦。潘应爵,"万历四年,因侵欺本年分折色秋粮银四百五十八两参问永军,追完银六十两五钱,尚有三百九十七两零未完"。因本犯子孙革袭,该卫保送舍

①　《明宪宗实录》卷203,成化十六年五月戊子,第3552—3553页。
②　《明英宗实录》卷212,景泰三年春正月甲寅,第4568页。
③　《灌县守御所选簿》,孟凡松编著:《明代卫所选簿校注·四川卷》,第232页。
④　《明武宗实录》卷171,正德十四年二月乙丑朔,第3289页。
⑤　《云南右卫选簿》,孟凡松编著:《明代卫所选簿校注·云南卷》,第195页。
⑥　《云南后卫选簿》,孟凡松编著:《明代卫所选簿校注·云南卷》,第554页。
⑦　《越州卫选簿》,孟凡松编著:《明代卫所选簿校注·云南卷》,第470页。

人潘思九到部承袭,"该降三级,潘应爵未完钱粮,应与本舍名下追还"①。可见,本犯身故后遗下该追银粮,将由承袭之人继续还官,可从俸粮中进行抵扣。亦有家境十分贫难者,奉旨免追,如葛裕,"弘治十四年侵欺屯粮,问拟监守自盗杂犯,准徒五年,监追,勘无家产,奏准免赃充军,未遣故绝"②。

针对侵盗官粮的惩罚还影响到应袭之人的人选。如指挥使高爵,嘉靖十六年犯该侵欺粮米,"问拟监守自盗仓粮四十贯律斩,系杂犯,照例发边卫永远充军,遇宥有回卫,本犯子孙不许承袭。另选高珍,系三次房,无碍子孙,于隆庆五年(1571)保送赴部"③。有的则被揭黄,停袭。如周孝思侵盗军饷七百五十三两三钱九分,问拟斩罪,监追十余年,仅完五百五十三两三钱六分,尚欠二百两,援引恩诏豁免,虽已监毙狱底,法应揭黄革袭,该省巡按杨鹤具题前来,本部覆奉钦依:"将周孝思揭黄,不许子孙承袭"。④

《卫选簿》中还记录了很多并未详细说明案由的"监守自盗"案例,一律处以充军。如云南右卫左所正千户金略,嘉靖三十四年(1555)六月,犯该计赃以监守自盗论,照例编发宁川卫中所永远充军。⑤ 云南左卫指挥佥事陈雄,犯该故违沿边去处监守盗银,充浔州卫左所永远军。⑥ 云南大罗卫指挥同知张尧,犯该监守自盗官钱,于正德十三年(1518)四月编发金齿卫中所永远充军。⑦ 其他如贪赃、受贿等亦有充军、戍边等惩罚。正统十年(1445),云南楚雄卫指挥佥事彭佐贪赃因而逼人致死,英宗因而命杖一百,谪戍边卫,但逃处死不宥。⑧ 弘治七年(1494),谪广西奉议卫指挥佥事盖森四川茂州卫充军,以森受赂纵免所部军士十人,又役占七人故也。

武官因侵害军人而激变者,当重罪之,据《大明律·激变良民》规定:"凡牧民之官,失于抚字,非法行事,激变良民,因而聚众反叛,失陷城池者斩。"⑨若变

① 《云南右卫选簿》,孟凡松编著:《明代卫所选簿校注·云南卷》,第240页。
② 《云南后卫选簿》,孟凡松编著:《明代卫所选簿校注·云南卷》,第582页。
③ 《威清卫选簿》,孟凡松编著:《明代卫所选簿校注·贵州卷》,第166页。
④ 《平越卫选簿》,孟凡松编著:《明代卫所选簿校注·贵州卷》,第24页。
⑤ 《云南右卫选簿》,孟凡松编著:《明代卫所选簿校注·云南卷》,第197页。
⑥ 《云南左卫选簿》,孟凡松编著:《明代卫所选簿校注·云南卷》,第32页。
⑦ 《大罗卫选簿》,孟凡松编著:《明代卫所选簿校注·云南卷》,第595页。
⑧ 《明英宗实录》卷131,正统十年秋七月甲戌,第2600页。
⑨ 怀效锋点校:《大明律》卷14《兵律二》,第111页。

乱规模较小,未造成巨大损失者,致变武官则可以免死。弘治九年,云南广南卫指挥佥事张宗受巡抚张诰委托董理筑堤之役,用刑太酷,军人不堪忍受,趁其面见黔国公沐琮时,军人李正等率众持杖欲执而棰杀之。经过镇巡官安抚,各解散归卫。既而千户杨震等举报李正等,欲治其罪,"正等复持兵聚众,大掠千户等家,久之乃就擒"。关于此次军人暴乱事件的处理,"李正等情罪深重,即处斩枭首示众。张宗酷刑激变免赎杖,降三级调边卫差操"①。

若武官本人发动暴乱,则当拟以死罪。有云南洱海卫千户傅洪,因数次聚集军旗于白塔宝泉诸银场盗矿,被调至屯守腾冲,但久未启程。参赞军务侍郎侯琎亲自前来督促,于是"洪集众,持兵入分司,欲杀琎,诸指挥千户、土官力救之,琎得兑,救者多被殴伤",皇帝下诏即刻诛之,为从者杖戍广西。② 然而,据实录记载,傅洪并未即刻被处死,二年后竟免死,"云南洱海卫千户傅洪坐盗矿及欲谋杀参赞军务侍郎侯琎,论绞,会赦,命降为事官,于腾冲卫操守"③。

总体上,西南地区武官犯罪的司法审判遵照国家法律施行,由当地巡按御史、按察使等上奏,经都察院拟罪,最终执行情况根据不同形势而定。如刑部主事刘锴因犯官华嵩有将才,而为其求情,曰:"盖用人之道当略其细,而取其大,如云南临安卫指挥华嵩智勇忠孝,凡材莫及,近坐罪谪戍,不蒙取用,是以寸朽而弃合抱之材也,宜宥其罪,不次擢用,庶将材不屈于下矣。"景泰帝未完全采纳刘锴建议,而是令华嵩"随靖远伯王骥杀贼,待有功,奏来擢用"④。

然而,由于西南诸省之间联系紧密,有些少数民族聚落生活在几省交界处,加之犬牙交错的行政建置,遇到案情,则易出现法司各执一词或拖延懈怠的现象。最突出的为贵州,关于贵州的建置情况,明人总结到:"如都匀卫,则近广西南丹等州;普安卫,则联广西泗城,云南沾益等州;乌撒卫,则同四川乌撒府及近乌蒙镇雄等府;永宁卫,则同四川永宁宣抚司;铜仁府,则密近湖广五寨镇箪等司所,俱军夷搀杂,实西南极边之鄙也。"⑤贵州巡按御史周廷用奏称:"贵州迤西地

---

① 《明孝宗实录》卷116,弘治九年八月己亥,2101—2102 页。
② 《明英宗实录》卷189,景泰元年二月戊子,第3881 页。
③ 《明英宗实录》卷208,景泰二年九月戊戌,第4468 页。
④ 《明英宗实录》卷188,景泰元年闰正月乙丑,第3845 页。
⑤ (明)徐问:《议处地方事宜疏》,陈子龙等:《明经世文编》卷173,第1766 页。

方,俱系四川所属夷寨,该道守巡官员经年不行巡历,所属土官、目把得肆桀骜,夷苗频年构乱。凡遇行文催取各官前来会勘抚处,视为泛常,执拗不听。"①并劾奏四川布政司、军卫官员前来处理"盗贼"时,各种推避造成贼势猖獗。其曰:"正德十三年(1518)十一月内,四川参议崔旻、佥事王芳、都指挥周爵方来贵州,各官因循推避,未见成功。夷罗反肆猖獗,官军遂为杀害,道路愈见阻塞。"并参称"崔旻、周爵托故先回,王芳妄称夷贼与彼地方无干,擅调女土官奢爵夷兵二千余名,行文赤水卫支给口粮,带军妻出城,及将奢爵带送永宁,不肯放回等情"②。周廷用提议将王芳罢黜提问,崔旻、周爵行令戴罪,前来会同贵州各该官员相机剿捕,事宁就彼提问。兵部尚书王琼等会议后认为,御史周廷用只据贵州分守参政林茂达等所言终系一面之词,不久前四川巡按御史黎龙所奏与之不同,"据四川分守参议崔旻等所言,自指挥朱衣守备误拿水西芒部结亲白猡猡为强盗监故,以致乌合蛮众索要赔偿人命等情",不只是四川守巡官之责。因此需要从中央派遣官员前去查问,"缘事干两省,各执一词,若不差官查勘,不惟事不明白,各不输服,抑恐处置不当,大坏地方。合无请敕差给事中并刑部郎中各一员,前去四川、贵州交界地方,吊取节次奏行案卷,从公体访,设法查勘……军卫、有司应问人犯,就便提问,干碍方面以上官,奏请定夺"。正德十四年(1519)六月,奉旨差刑部郎中、锦衣卫千户各一员前去查勘。③ 随后,贵州参政傅习、佥事徐海,都指挥许诏督率永宁宣抚司女土官奢爵等擒获贼首,平息动乱。正德十五年七月议诸官功过时,崔旻等尚未定罪,命"有功官军及失事者,仍令巡按御史核奏,余俟川贵所遣郎中报至,并议以闻"④。

有的武官跨省区执行任务,出现不法行为后,对其审判亦需两省司法人员会勘。如万历时期,四川都司军政佥书(万历三十二年武举第一名除授)张神武与永宁参将周敦吉擅兵激变之案的审理,数年未结。事情的起因追溯到万历三十二年,永宁土舍奢崇明袭职四川宣抚,而其印为"酋妇"奢世续匿去,导致奢崇明迟迟未经实授。于是,四川巡抚乔璧星遣张神武入永宁追印,神武与周敦吉谋,

① (明)王琼撰,张志江点校:《晋溪本兵敷奏》卷12《为十分紧急贼情事》,第481页。
② (明)王琼撰,张志江点校:《晋溪本兵敷奏》卷12《为十分紧急贼情事》,第481页。
③ (明)王琼撰,张志江点校:《晋溪本兵敷奏》卷12《为十分紧急贼情事》,第481页。
④ 《明武宗实录》卷188,正德十五年秋七月丁酉,第3576页。

矫旨集兵,将奢世续新旧二居尽掠之,并掠其子女,擒世续以归。随即,"酋党阎宗傅起夷兵,以救主母为名,永赤屠摩等处焚劫如洗"①。虽然万历三十七年(1609)时,明神宗以"神武贻祸地方,着革任,与敦吉俱行川贵巡按官严勘具奏"②。然而万历三十八年(1610)时,已距离神武擒世续过去将近四年,"因会勘官蜀黔二省,互相延委,几四年不结",贵州巡按张尔基疏请"速正罪弁张神武、周敦吉擅兵激变之罪"。③ 此后针对永宁宣抚之风波,有贵州千户张大策疏请将永宁宣抚改土设流,后被劾之。

在神宗督促下,万历三十九年(1611),贵阳知府钱策议"敦吉、神武、宗傅激变良民,因而聚众反叛、失陷城池者,律斩。崇明不应赎杖,宗傅遗田变银三千两赔偿刘国用、傅廷銮等照夷例共罚银二千两,蜀拟大策、应魁、启明以掌印操捕,弃城失陷,律应斩,余各戍遣有差"④。万历四十年,四川参政戴廷诏奏"贵州千户张大策煽夷为害,惧罪越奏,排陷勘官,乞敕法司究处"。兵部总结两省的不同处罚,覆议曰:"黔所拟大辟周敦吉、张神武,皆蜀人,蜀所拟大辟张大策、周应魁、杨启明皆黔人。此两情所以不平也。不知神武擅兵劫掠,大策等城池失守,各有应得之罪,岂宜以黔、蜀起念,今诸臣自相构讼,结局无期。请令两省巡按御史虚心会勘"。得旨:"这事情屡奉明旨,乃两省官相持不决,成何法纪,依拟作速勘明具奏,不得再迟。"⑤

最终未见结案,此二人并未被处死,而是战死在援辽战场上。当时辽东战场缺乏将领可用,工科给事中祝耀祖提议:"罪弁速释,以支目前之危。"⑥于是,举荐了张神武、周敦吉等人。天启元年(1621)三月,都司张神武等统川兵五百余名援辽,神武率所部孤军奋战,急击杀十余人,因孤军无援,遂没于贼。九月,赠都督同知,荫一子本卫正千户世袭。⑦ 天启元年四月,周敦吉战死后,复原职赠二级,袭升二级。关于周敦吉的评价时人各执一词。当周敦吉赴辽之前,有人称

---

① 《明神宗实录》卷461,万历三十七年八月乙亥,第8709页。
② 《明神宗实录》卷461,万历三十七年八月乙亥,第8709页。
③ 《明神宗实录》卷474,万历三十八年八月庚辰,8951—8952页。
④ 《明神宗实录》卷498,万历四十年八月辛卯,第9408页。
⑤ 《明神宗实录》卷498,万历四十年八月辛卯,第9407页。
⑥ (明)程开祜辑:《筹辽硕画》卷30,《丛书集成续编》第243册,第25页。
⑦ 《明熹宗实录》卷14,天启元年九月辛亥,第703页。

其为"废将",劾奏称:"周敦吉、吴文杰等皆贪如虎狼,不佞署蜀臬时,周被两院参提赴问,干证百余人,无不欲食其肉,此岂可用为将哉?细观废将之意无非以无兵借口不肯出关,故疏调川贵兵急,未得来,则彼坐拥二千人,索行粮廪犒岁坐得二三万金。"①其战死后,又有人称赞其得军心,"周君蜀人,以黔事诖误,来辽最晚,善抚士卒,能得士死力。川湖各土司若石砫、酉阳、永顺、保靖诸兵皆服其奖训,乐为用命。君每为余言奢寅父子状,深得要领"②。

此类情形无疑增加了武官犯罪审判的复杂程度,数年尚未结案,一方面缘于不同省份司法官的争论和拖延,另一方面与朝廷态度亦有关系,面对地方司法官之间的分歧,不断命巡按会勘,并另外加派刑部等官员前去查勘,文移往来烦琐,延长了审判的时间,最终不了了之。贵州巡按御史萧端蒙总结边情夷患不易消除的原因,指出了互相掣肘的弊端,其曰:

> 动必牵连,约会则不及,独任则不可,此制驭之难,一也。两省之间牵制文法,意见异同,谋猷互异,此体统之难,二也。武弁、夷酋,动分彼此,名虽兼制,不受约束,此任使之难,三也。纷争奏诉,必经会勘,文移往返,壅滞积年,此勘断之难,四也。③

总之,明朝立国之后,在西南施行卫所与土司建置,犬牙交错,利用卫所监督土司,防止当地民族部落发生叛乱。同时推行汉法,代表国家力量治理西南地方,加强了中央与西南诸地的关系。然而,终明一代,西南并不平静,时常爆发地方动乱,盗贼出没,土官互相杀掠,足见治理之难。一方面,因为西南地处偏远又局势复杂,各部族难以约束,致使官员不愿就任。如贵州与内地比较,"夫中州之地,政务虽繁,然事有端绪,势易弛张,循守绳墨,自足致理。贵州则不然,事机盘错,节目纠纷,非有利器,莫能纾解……故贵州诸司,有选官经年而不至者,有缺官数年而未补者。而总署二司印者,有以一官而并管各道事者,有以知府署兵备者,有以经历等官署府印者,甚至武官、土官亦令代署,此皆各省之所未闻,而

---

① (明)黄克缵:《数马集》卷45《与户科官赐谷》,《四库禁毁书丛刊》集部第180册,第537页。

② (明)高出:《镜山庵集》卷23《拘幽稿》卷2《河东诸将诗·参将周敦吉》,《四库禁毁书丛刊》集部第31册,第250页下。

③ (明)萧端蒙:《特建总督重臣疏》,陈子龙等:《明经世文编》卷286,第3019页。

贵州之习以为常者也。"①又如云南都司亦有缺员,"近访得云南都司,止有都指挥一员,宜令镇巡官访举都指挥数员,择其(尤)〔优〕者,以备军政奏请铨注"。另一方面,所任官吏中有贪财之辈,勒索土民,致民反叛,而边将若处理不当,盗贼屡出。据吏部左侍郎何文渊奏贵州:"官吏在彼,廉洁者少,贪墨者多,又从取索民财,土民受逼,日渐困穷。以致去岁苗贼反叛,杀害军民。总兵官宫聚又生事激变,水西等处土官共起谋逆,劫杀地方,烧毁衙门,驱掳人口,官军征讨,屡常交锋,杀人盈野……比年以来为因边将处置乖方,加以征南之师数出,兵疲于久戍,民困于远输,遂致各种贼寇,乘机生发。"②

因而,加强西南统治,保障西南社会发展,必须整顿吏治,边将得人。其中,西南边将的选拔需要参照该地域的特点来选择适合的人选。倪岳提出:"原举堪任主副将官,其间或精通武艺,练达戎务,或弓马熟闲,或韬略谙晓,或智谋过人,或勇敢出众,宜用于北者,北边宣府、大同、辽东、陕西等处地方有缺,挨次奏补。宜用于南者,南方云贵、两广、四川、湖广等处地方有缺以近就近,挨次奏补。"③

由于明朝南北地域特色不同,边疆形势各异,因此在社会治理方面显示出不同的特点。如西南地方,地理环境复杂,各民族事务繁多,因守御、治理难度大,官员缺员现象严重。故法律上对他们的惩罚相对较轻,朝廷规定除了叛逆、人命等重罪外,军官令其戴罪立功,文官令其纳粟赎罪。明英宗曾就云南官员、军民犯罪特下敕谕曰:"云南所属卫府官员军民,除叛逆不孝人命外,其犯徒流及杂犯死罪者,俱令戴罪,官军令杀贼立功,有功即复其职役,无功者徒流罪,依年限满日各复职役。死罪无功者,终身立功。文官吏民量其所犯轻重,令输粟金齿赎罪。"④对于一般轻罪允许罚俸赎罪,明孝宗曾特别强调:"云南官员犯轻罪者,许罚俸罚米。"⑤又如明代东南沿海地区,民间私人贸易盛行,为了禁止沿海居民私通倭寇,减少倭乱,明朝廷出台了严厉的制裁措施,制定了"私出外境及违禁下海"的条例:"凡沿海军民,私往倭国贸易,将中国违制犯禁之物,馈献倭王及头

---

① (明)萧端蒙:《条陈边省吏治四事疏》,陈子龙等:《明经世文编》卷285,第3013页。

② (明)于谦:《兵部为怀柔远人疏》,陈子龙等:《明经世文编》卷34,第253—254页。

③ (明)倪岳《会议》,陈子龙等:《明经世文编》卷78,第686页。

④ 《明英宗实录》卷76,正统六年二月甲申,第1500—1501页。

⑤ 《明孝宗实录》卷31,弘治二年十月庚戌,第709页。

目人等,为首者比照谋叛已行律斩,仍枭示。为从者,俱发烟瘴地面充军。"①

可见,明代除了以《大明律》通行全国外,还根据沿边、沿海、内地等不同区域、不同形势、不同风俗等现实状况进行调整。朝廷针对不同区域会因地制宜,制定出针对性的条例与法令,作为司法官员的重要参考,同时还会在司法实践中进行变通。

---

① 《万历四十年浙江巡抚高举题准新例》,黄彰健编:《明代律例汇编》卷15,第697页。

余　论

　　军事制度对国家力量的强盛与否具有至关重要的影响,明人修《元史》曰:"兵者,先王所以威天下,而折夺奸充、戡定祸乱者也。三代之制远矣,汉、唐而下,其法变更不一。大抵用得其道,则兵力富,而国势强;用失其宜,则兵力耗,而国势弱。故兵制之得失,国势之盛衰系焉。"①战时,统治者需要拉拢并重用武官以加强军事力量;承平之时,统治者因忌惮武官的兵权,则选择以文驭武的策略,削弱武官权力。然而过分削弱武将之权,造成将材不足、士气折损、战斗力下降的弊端。所谓治兵之难在于:"慓悍之士,如扰龙槛虎,急则忿怒而无以服其心,缓则玩肆而无以折其气,其势岂不难哉?"明人宋讷提出利用法律遏制武官跋扈,以法治之,曰:"虽其鸣弓拔剑之态不除,斩将搴旗之功可恃,至悬法以示之,使知所守。则暴者为之戢,贪者为之肃,怠者为之奋,骄者为之惩。一出一入,莫敢或越其防。"②其言体现了军事司法的重要性,军队治理的法治化有利于有效管理官军。

　　明代武官司法审判与文官、内官、普通军民存在诸多不同之处,从司法规定、审判程序以及司法实践等方面皆与武官群体的职权以及所处的军事防御形势密切相关。明代针对武官群体犯罪的常见惩罚方式包括自陈反省、戴罪立功、降级调卫、降充为事官带俸差操等,这些惩罚措施与武官身份比较契合,亦适应了军事作战的需要。明代司法具有优待武官的传统,尤其勋臣子弟犯罪除谋逆、人命重罪外,通常可凭借出身以及祖上军功减免罪责。除了军事因素外,武官亦受到社会情与礼的制约,所谓"宁使有不尽之法,毋宁使无不尽之情"③。

---

①　《元史》卷98《兵一》,第 2507 页。

②　(明)宋讷:《送褚德刚序》,陈子龙等:《明经世文编》卷 5,第 40 页。

③　(明)张萱:《西园闻见录·外编》卷 85《刑部二·钦恤·前言》,《续修四库全书》第 1170册,第 46 页。

此外,明代武官司法审判还受到政治因素的影响,这与传统社会司法受制于皇权有关。明代由皇帝掌握最高司法权,尤其是武官犯罪必须"奏请上裁"的特殊审判程序,使皇帝可以越过法律条文的规定,否定司法官员的原审,进行处置。而卷入政治风波中的武官,难免受到牵连而被定罪,体现了明代司法为政治服务的目的。例如,在洪武年间,蓝玉党案标志着朱元璋对武官集团的一次重大打击。此后,尽管武官的军权有所缩减,并逐渐受到文官的制约,朝廷亦未再出现如此大规模惩处武官的事件,然而,因政治因素导致武官被牵连入罪的个案却时有发生。

新君即位之际,往往提拔一些新晋官员,同时整顿吏治,罢黜"不职"者。于明成祖而言,对始终效忠于建文帝的武官自然心存忌惮。如都督陈质,曾任江西都指挥使,建文初充参将,调守大同,不久升中军都督同知。成祖即位后便将其处死,所拟罪行:"擅作威福,劫制代王,借取府中器物,虏掠已附居民,强夺良家子女。"并称:"至是事觉,诛之。"①然而据《忠节录》记载陈质,赞其有威名,因不屈从被处死,"发代府阴事,代简王获罪。靖难兵出怀来,质以西师助宋忠,忠败,退守大同。靖难后被执不屈,文皇曰'质奸人,害代王者',遂诛质"②。甘州中卫左所军张真迎合成祖,建议整顿建文时袭职的幼官,言:"臣闻人君继统之初,天下治乱之所始也……建文间,杂以袭职幼官,膏粱子弟不遵约束,数犯刑宪。今凉州卫幼官尤多,素昧武略而骄奢日纵,嗜酒贪淫,游猎为务,其于边事略不究心,况本境夷虏杂处,一失制驭,为患不小,伏望陛下慎选良将,任以边寄,凡袭职幼官,悉改调内地。"成祖赞赏曰:"此戍卒能上言,虽不皆可采,然为国之意,则善宜加赉。"③

同时,对于建文朝罢职的武官,成祖则予以赦免并复其官职,称建文拟罪失当。其谓兵部尚书刘俊曰:"建文时军官、总小旗以罪罢职役者,罪多失当,其皆复之。洪武中罢职役者,令从边将立功,俟有功亦复之。"④而对于靖难功臣,则

① 《明太宗实录》卷13,洪武三十五年冬十月辛酉,第235页。
② 《忠节录》卷3《中军都督府都督同知陈质》,焦竑:《国朝献征录》卷106,《四库全书存目丛书》第106册,第220页。
③ 《明太宗实录》卷13,洪武三十五年冬十月丙子,第245页。
④ 《明太宗实录》卷14,洪武三十五年十一月癸巳,第259页。

宥其罪责,成祖对功臣加升官职时,有都指挥使景福等因有罪无资格获升,成祖谓兵部臣曰:"诸将士从朕征讨,出万死一生,一资半级得之良难,而武人不谙礼义,易于犯法,朕既弃过录功,即可如例升赏。"于是,升都指挥使景福为右军都督佥事,都指挥佥事薛贵、后军都督佥事徐甫为浙江都指挥同知,并加赐赍。①

英宗复辟后,于天顺元年一月,以谋逆罪斩于谦、王文、王诚、舒良、张永、王勤于市,籍其家,而于谦所推荐的文武官员也遭到迫害。其中有被视为于谦党而下狱的武官,如府军前卫指挥使顾英奏:"都督佥事张义实于谦党,今仍宿卫,恐有异谋,乞剪除之。"英宗命执义下锦衣卫狱,事连署都督佥事都指挥同知王英,俱杖一百,谪戍云南腾冲卫。② 都督范广素骁勇为于谦所信任,石亨等嫉之,告其与于谦等谋反,命诛之。此外,还以亲近张永等人为罪名者,如校尉逯杲缚锦衣卫百户杨瑛,谓其为张永亲,且与舒良善,命锦衣卫拷讯之。③ 其他跟随景泰帝的军官亦受到不同程度的惩罚,如金吾右卫带俸正千户白琦奏请尽诛郕府旧党,兵部受命查阅,得所录官军一千七百七十五人。英宗命:"军官,景泰年间恩升者,革其升职,俱照原职调山东都司沿海卫所。校尉改充军,并旗军俱调在京缺军卫所。"④

石亨等人以拥立之功加官晋爵,然而不久又因居功自傲而被英宗所不容,在石亨之侄石彪谋反一案的处理中,清算出大量阿附石彪以及冒夺门之功者。天顺三年(1459),命左佥都御史王俭、锦衣卫指挥佥事逯杲往大同,执都指挥使朱谅等七十六人,械京鞫治,以其阿附定远侯石彪之故。⑤ 逯杲又奏,大同等卫都指挥同知杜文等三十三员俱无军功,阿附定远侯石彪,冒升官职,命械文等至京鞫治。⑥ 兵部奏奉旨查自大同来京官数都指挥、指挥千户、镇抚等官,石宁等共五十六员,俱系忠国公石亨亲属。英宗命:"凡杀贼升职者不动,但报夺门、守门升者,俱革职,有官者调外卫差操,无官者发回原籍当差。"⑦于是降山西都指挥

---

① 《明太宗实录》卷14,洪武三十五年十一月甲申,第250页。
② 《明英宗实录》卷274,天顺元年正月甲申,第5973页。
③ 《明英宗实录》卷275,天顺元年二月癸卯,第5842页。
④ 《明英宗实录》卷275,天顺元年二月丁酉,第5833页。
⑤ 《明英宗实录》卷306,天顺三年八月戊辰,第6453页。
⑥ 《明英宗实录》卷306,天顺三年八月戊寅,第6459页。
⑦ 《明英宗实录》卷306,天顺三年八月己卯,第6459页。

佥事王辅、庞昇为指挥同知,王钦为指挥佥事,俱调广西南丹卫带俸差操。① 降万全都司都指挥使李延为都指挥佥事,都指挥佥事李石、杜文、庞文为指挥同知,俱调广西边卫带俸差操。② 石彪最终被处死,关于此案的分析,《明英宗实录》曰:"彪骁勇善战,自舍人累积边功,至封侯,北虏亦知其名。然心术险谲,矜能恃功,犯法多矣。谋镇大同,欲与亨表里,握重兵不能不启上下之疑也。及诛,人既快之,复惜朝廷失一骁将云。"③石彪被处死除了违法之外,还因为与石亨的亲属关系、手握重兵等引起英宗顾虑有关。

因石亨、石彪之故被牵涉其中的武官除了降调之外,还有以谋反罪论凌迟者,如河南弘农卫指挥使李斌一案,连坐数十人,时论冤之。李斌本人确实有罪,但并非锦衣卫所拟为石亨报仇之类的谋逆。事情追溯到千户陈安因与同僚忿争相殴,诉于斌,斌不理,于是安欲奏陷斌。斌将陈安捕入狱中缢杀之。安家诉冤,李斌通过贿赂石亨,得脱。当时检尸者皆言安实自缢,巡按御史邢宥乃论斌擅执军职,赎绞还职的轻罪。结果石亨等人事发后,锦衣卫逯杲将校尉所报"斌素藏妖书","其弟健当有大位欲,阴结达贼,为亨报仇"等事奏闻,门达则论斌谋反。英宗两命廷臣会鞫之,最终斌、健竟凌迟处死,其连坐斩罪者二十六人、绞者二人、为奴婢者四十六人。④

然而,同样以冒迎驾功升授官职的武官境遇却并非一致。如宣城伯卫颖,以其弟卫颜的名义冒迎驾功,授正千户之职,而实际上卫颜当时并不在京。随后,卫颜因私自使用驿马及收受贿赂等多项违法行为被司法机关所知,卫颖因此陷入了困境,"械颜赴都察院具奏,请以颜之子理替颜职"。都察院劾颖欺诈不忠,请罪之。英宗曰:"颖欺罔,本当究治,姑以边境用人,宥其罪,仍移文戒之。"⑤不久,宣城伯卫颖、海宁伯董兴俱以左右都督冒迎驾功升伯爵,奏乞改正。英宗却曰:"颖等镇守边方,伯爵仍旧。"⑥英宗在位期间,卫颖始终任甘肃总兵官。直至宪宗即位后,天顺八年(1464)三月,宣城伯卫颖被召还京。孝宗时,卫颖去世,

---

① 《明英宗实录》卷 308,天顺三年冬十月戊午,第 6483 页。
② 《明英宗实录》卷 308,天顺三年冬十月庚午,第 6487 页。
③ 《明英宗实录》卷 312,天顺四年二月丁卯,第 6550 页。
④ 《明英宗实录》卷 329,天顺五年六月己丑,第 6771 页。
⑤ 《明英宗实录》卷 311,天顺四年春正月丙午,第 6539 页。
⑥ 《明英宗实录》卷 313,天顺四年三月壬午,第 6559 页。

其子璋袭宣城伯。卫颖并未受到石亨等人的牵连，虽有冒功而并未革职。

可见，卷入政治谋逆事件中的武官，其最严重的罪行在于以"奸党"视之。正德年间刘瑾集团倾覆时，牵涉出众多武官。刘瑾干政时，打击文官，重用武官，所谓"刘瑾用事，专抑文臣右武官，尤崇重内官，瑾等数人皆封赠父母为都督、都指挥，母为夫人"①。正德二年（1507），因兰州知州姜闳与甘肃游击将军徐谦不和，引发一起诉讼案件，姜闳向陕西巡按李高告讦徐谦贪淫暧昧之事。当时庄浪被敌抢掠，西宁兵备副使亦以诸将领失事之状呈于李高，高委副使张天衢鞫问，坐徐谦贪淫及失事罪。徐谦奏辩，亦讦高天衢及闳交通锻炼之情。于是命刑部右侍郎陶琰、锦衣卫指挥余真前去审理。最终，御史李高、副使张天衢、知州姜闳俱谪戍，而徐谦从轻处治，"事内指挥同知星拱辰以宿娼应调卫，止令纳米；正千户杨铭以提调墩台防守不密，应充军，止降级；谦以御众欠严，分守庄浪，副总兵把琮以守备不设，皆当逮问，止夺俸三月"。据《明武宗实录》分析："盖瑾方欲右武左文，而琰、真所上狱辞于谦等亦多从末减，故瑾得以高下其手也。"②此事之后，锦衣卫指挥余真被内批升为指挥同知。

刘瑾败后，罢分守万全右卫左参将刘宝、守备天寿山署都指挥王寿、守备紫荆关署都指挥崔灏、守备仪真署都指挥程鹏、守备白羊口指挥使谢素，以附刘瑾且贪懦之故。③包庇者亦罪之，如锦衣卫千户朱瀛，坐事已调广西，又以刘瑾党被逮捕。广西都指挥佥事苏英素善瀛，"嘱解官中途假坠水脱免"，事发，仍严捕瀛，英坐降二级。④至嘉靖时，朱瀛仍被视为刘瑾余党被劾奏，嘉靖元年（1522），巡按广西御史张钺劾镇守两广总兵官抚宁侯朱麒"贪懦不职，依凭逆瑾余党朱瀛夤缘差遣"，兵部议革麒任，世宗责令自陈而以瀛等下巡按御史按问。⑤不久，巡按广东御史涂敬亦劾奏朱麒"听信奸党朱瀛黩货害人之罪"。世宗批复曰："瀛已下吏，候其核实，然后处分。麒仍留镇待命。"⑥其他如武宗朝钱宁、江彬之案，亦牵连众人。世宗即位后，给事中许复礼、御史陈克宅反映，"自宸濠、钱宁、

①　（明）李默：《孤树裒谈》卷10，《续修四库全书》第1170册，第785页。
②　《明武宗实录》卷29，正德二年八月壬辰，第746页。
③　《明武宗实录》卷73，正德六年三月丙子，第1623页。
④　《明武宗实录》卷86，正德七年夏四月辛丑，第1854页。
⑤　《明世宗实录》卷17，嘉靖元年八月甲戌朔，第519页。
⑥　《明世宗实录》卷21，嘉靖元年十二月乙亥，第602页。

江彬之狱被累诖误者,亡虑数百人,会暑雨,疫疠大作,瘐死者甚众"。命法司审录系囚,于是法司录上无辜得释者二百四十四人。①

武官的司法审判不仅受到政局变化的影响,也受到政治地位以及与文官关系的影响。综观明代文武关系发展的总体趋势是从重武轻文、文武并重向崇文抑武、以文驭武转变,在明代前期,存在鲁莽或跋扈之武官欺辱文官的现象。由于大量卫所与府县同城而治,中下级武官与府县文官多有交集,出现了武官欺压有司衙门官吏者。对此,福建巡按御史周新奏请制定地方都司卫所与府州县公务往来的礼仪:"朝廷设立军民诸司彼此颉颃,两非统属。今福建都司所辖各卫官,每府官过卫门,或道路相遇,怒府官不下马,甚至鞭辱仆隶。及各卫千户所遇有公务不申本卫,径令有司理辨,少或不从,辄诃责吏典,有乖治体。请自今府官以公事至卫者,行正道平礼相见,道途相遇分道而行,遇圣节、正旦、冬至,卫官悉于府治行礼,其千户所遇有公务不许径移文府县,亦不许凌辱有司官吏。"②

宣德五年(1430),监察御史劾奏四川总兵官左都督陈怀多干预民事,布政司、按察司官,稍有违误,辄加凌辱。宣宗以御史奏章示之,且敕责之曰:"布政司重方岳之任,按察司受耳目之寄,尔皆当以礼待,若其所行违法,止可奏闻,岂淂擅自凌辱……尔专理军机要务,凡军民诉讼悉归所司,且成宪有定,不可不遵。"③江西按察司奏赣州卫镇抚刘福"尝以私事干赣县典史,不从,遇于路,嗔不避,以马策击之,事属违法"。宣宗令罪之,曰:"典史非卫属官,敢挟私凌辱,况以策马者施诸人乎? 武夫横暴,不可不惩,命罪之如律。"④

此外,明初文武官各司其职,从中央至地方设有军、民两套管辖系统,军事机构与行政机构并行,行使较大的兵权。明初以后,随着国家权力结构的调整,武官政治地位的降低,兵权被文臣分割,如神宗谕兵部曰:"祖宗准古酌今,设立文武官员,各司职任,兵戎之事,在边则有督抚、总镇,战伐守御;在朝则有本兵,该科调度,参详奏报机宜,赏罚可否,请朕裁决,此一定之制也。"⑤军官的日常考核

① 《明世宗实录》卷 3,正德十六年六月乙未,第 136—137 页。
② 《明太宗实录》卷 19,永乐元年夏四月壬申,第 349—350 页。
③ 《明宣宗实录》卷 66,宣德五年五月癸丑,第 1557 页。
④ 《明宣宗实录》卷 78,宣德六年夏四月乙卯,第 1812 页。
⑤ 《明神宗实录》卷 347,万历二十八年五月丙午,第 6471 页。

与任命,军政的管理交由兵部负责,明成祖曾谕兵部令其查问不职者,曰:"国家置武卫御暴乱,非练习兵事、善抚士卒者,不可任。比闻军官日以酣饮为乐,因循苟且,不事操练,甚者刻削军士,致其冻馁……尔兵部同安远侯柳升精选指挥千百户,练习戎政者,往任其事,仍须简其不职者,悉送京师。"①在此趋势下,明朝逐渐取消了独立的军事司法审判体系,而将其纳入三法司体系中。《明史》总结明代武官地位的变化,曰:

> 当是时,都指挥使与布、按并称三司,为封疆大吏。而专阃重臣,文武亦无定职,世犹以武为重,军政修饬。正德以来,军职冒滥,为世所轻。内之部科,外之监军、督抚,叠相弹压,五军府如赘疣,弁帅如走卒。总兵官领敕于兵部,皆眂,间为长揖,即谓非体。至于末季,卫所军士,虽一诸生可役使之。积轻积弱,重以隐占、虚冒诸弊,至举天下之兵,不足以任战守,而明遂亡矣。②

明代武官除了调兵、铨选、考核等权力逐步交由文臣负责外,有关守御、屯操、管理军队、发放军饷等军政事务亦受到文臣节制。在地方防御事务中,由文臣担任的分守官、兵备官往往将责任推卸给武官。据熊廷弼描述,"守巡官以兵备为名……若平日不能选将练兵,临变不能督战尽力,城寨陷没,犹卸担将帅以自宽"③。在司法审判中,御史对武官的判决出现了不公正的现象,甚至加以凌辱。例如,御史颜继巡按山西时,累以微过凌辱军职,又以艾炙伤百户手指,被按察使徐永达举劾,英宗认为御史执法官,乃擅法作威如此,其黜降之,以为浮暴者戒。于是降为广西太平府递运所大使。④ 又如,巡按御史白鸾针对山西都司都指挥佥事张英多役军伴之罪,拟降三级,为指挥佥事,调汾州卫。张英屡疏陈辩,谓"多役者止五名,于例不得降三级",最终改为降指挥使,且谕"今后御史问刑,须从实议拟,勿致枉人"。⑤

而明朝廷禁止文武大臣私下交往,如"石彪图谋镇守,私令跟随指挥等官

① 《明太宗实录》卷178,永乐十四年秋七月乙巳,第1940页。
② 《明史》卷90《兵一》,第2195页。
③ 《明神宗实录》卷592,万历四十八年三月甲申,第11353页。
④ 《明英宗实录》卷58,正统四年八月戊子,第1111页。
⑤ 《明孝宗实录》卷130,弘治十年十月丁酉,第2310页。

虚捏奏词投进,及至事发被劾,辄有情熟近侍等官潜报消息"。于是英宗谕令:"今后尔文武大臣无故不许互相往来,给事中、御史亦不许私谒文武大臣之家,违者治以重罪。敢有阿附势要、漏泄事情者,轻则发戍边卫,重则处死。锦衣卫指挥乃亲军,近侍关系尤重,亦不许与文武大臣交通,如违,一体治罪不宥。其各卫指挥以下,非出征时,不得辄于公侯之门侍立听候,违者,照铁榜事例处治。"①镇守独石内官韩政等奏御史吴诚数与都指挥杜衡酣饮。英宗命给事中廖庄往覆之,得实,遂征诚至京,调陕西行都司副断事,且降敕责衡、政等,戒毋挟私忿争,以误边事。② 万历十四年(1586),神宗敕武职不许结纳有司,宴饮馈遗。③

然而,在以文制武的格局下,促使武职不得不仰仗文臣的垂青与庇佑方能在军中立足。武官为了得到文臣的举荐从而获得升迁,往往通过结交文臣甚至有公然行贿者,被人称作"债帅","债帅"平时又科害军士以敛财,形成各边不良风气。"军之剥也,债帅为甚,则职方为之开窦也。起家于赀,惟贿是求,将以债取,宁无克剥"④。早在正德年间时,"权幸用事,执政大臣阴拱听命,凡推举京营边镇一应大小将官,无不资贿以成。四方金帛,填委京师;权臣之门,交手为市。朝廷为其蒙蔽,所司惟务顺从。遇有员缺,故为停搁,直待关节既通,方行具奏铨补。钱神横流于禁闼,债帅接迹于边庭。是则剥削军士,而困苦不得聊生;侵盗钱粮,而虚耗至今难复。至于无功冒赏,有辠逭诛,蔑弃宪章,污滥名器凡以此耳"⑤。

户科给事中郭巩请严保举:"今天下,文不成文,而以钱神为文;武不成武,而以债帅为武。乃荐文者,满纸龚黄;荐武者,满纸贲育,忠佞未分,赏罚终淆。"⑥兵部员外郎邹维琏疏言:"欲治军伍弱症,当拔债帅病根,方今奴氛未殄,反侧逋诛,兵养骄子,无故辄逃,将类儿戏,一技莫展。军势病症中于疆场,法当

① 《明英宗实录》卷306,天顺三年八月已未,第6446页。
② 《明英宗实录》卷15,正统元年三月丁亥,第292页。
③ 《明神宗实录》卷172,万历十四年三月戊戌,第3120页。
④ 《明光宗实录》卷6,万历四十八年八月癸亥,第157页。
⑤ (明)夏言:《请复旧规令兵部季报方面武臣揭帖进呈疏》,陈子龙等:《明经世文编》卷202,第2111页。
⑥ 《明熹宗实录》卷28,天启二年十一月辛酉,第1430页。

治,而病根起于庙堂,法当技,则今债帅是也……以臣生平所闻,上自大将、副将,下逮参游、闻帅、备总、千夫长、百夫长之属,无不各有定价,每一缺出,多从居间得之。"①有人感叹:"今天下名存而实亡者,武臣是也。势极重而不可反者,左武臣而右文臣是也。"②明代中期以来,武官权力被削弱,地位逐渐降低,不仅在日常军政方面受制于文臣,一旦存在违规不法行为,其拟罪轻重亦被文臣左右。因此,那些与文臣有私交关系的武官从中得利,有罪责试图打通关节以求减免,有官缺可以通过督抚保举获得升迁。而武官对文臣的攀附又引发出如"债帅"等新的政治、社会现象,败坏官场风气,最终被欺压、盘剥更甚的则是普通军士。

明代武官司法审判是明代司法的一部分,其审判理念与作风受到了整个司法领域风气的影响。从明初至明代中期,除了《大明律》之外,又制定很多新的条例,但法网虽越来越密,法律的约束力却并未有很大改观,"盖今之人情似刻而实纵,今之法纪似密而实疏也"③。大学士邱濬总结其原因,认为是社会发展的必然之势:"刑犯虽有一定不易之常而事情则世轻世重之异,方天下初定之时,人稀事简,因袭前代之后,政乱人顽。今则承平日久,生齿日繁,事久则弊生,世变则俗改。盖前日之要策,乃今日之刍狗,此必然之势。"另外,司法官员也有不可推卸的责任,往往问刑不当,他认为:"近世以来,问刑官多不穷究律意,有蹈前非为是者,有偏执己见以为能者,以致往往刑不当罪。"④

林聪呼吁司法官员慎刑狱,揭露司法官员审理案件时存在的种种不公平现象:"但为法司者,罔体此心,惟务深刻,或任好恶,或避嫌疑,或执原词,或拘成案,不审情犯虚实,但知希指迎合。"⑤刘玉提出申明律意的重要性,指出掌管刑罚者没有统一的量刑标准,"祖宗之治天下,定律明刑以绳奸宄,百五十余年,臣民遵守,教化大行,罔敢逾越。夫何承平既久,民伪日滋,犯刑宪者,有法外之奸,而掌刑宪者,无画一之论"⑥。

①　《明熹宗实录》卷38,天启三年九月壬寅,第1972页。
②　(明)李维桢:《武职策》,陈子龙等:《明经世文编》卷466,第5115页。
③　(明)于慎行:《谷山笔麈》卷10《明刑》,第113页。
④　(明)张萱:《西园闻见录·外编》卷84《法律》,《续修四库全书》第1170册,第32页。
⑤　(明)林聪:《修德弭灾二十事疏》,陈子龙等:《明经世文编》卷45,第349页。
⑥　(明)刘玉:《申明律意疏》,陈子龙等:《明经世文编》卷141,第1408页。

隆庆二年(1568),针对福建参将王如龙、游击将军金科案件的审判,即体现了武官司法审判过程中的乱象。据高拱奏疏中所记,最先由福建巡按参奏原任分守福建南路参将王如龙侵克兵粮、收受贿赂及奸淫良妇等罪行,奏请将其罢斥以肃军政。隆庆四年十二月,巡按又参论:"福建游击将军署都指挥佥事金科,尅减钦赏功银并兵粮,及诈骗商人把总银共七千余两。妻浦城周乡官之义女,娶同安傅都宪之美妾。都司军政佥书署都指挥佥事朱珏侵削军饷,并索把总朱全德等银共五千余两,又任性刑毙无辜,恣志宣淫无忌,各不法等情。"兵部覆奏,奉圣旨:"王如龙着革了任,巡按御史提问。金科、朱珏革了任,行巡抚衙门提问。俱经钦遵转行福建按察司勘问。"而巡按御史杜化中对兵部的回复有所质疑,"未有巡按御史参论之人而行巡抚衙门勘问者也"。杜化中上报其所调查所得,金科、朱珏被论劾之后担心受罚,遂遣人携二千金潜入京师,委托戚继光贿赂兵部左侍郎谷中虚以求救解。于是,谷中虚主张覆奏行巡抚衙门问理以图解脱,命下之后,金科、朱珏行贿巡抚何宽,何宽对原任按察使熊(琦)曰:"金科、朱珏二良将也,当召保在外,勿为监禁。"至审问之日,何宽"不委之司,亦不委之道,乃令按察司转委运使(都转运盐使司运使)李廷观、(福州府推官)推官李一中听理",并默为指示曰:"此事问不必详,止具由了前件而已。"同时,二犯官又贿赂李廷观,最终未经审问,各从轻拟,而新任按察使莫如善将二犯与王如龙俱议从轻处置。最终经高拱奏准,各官受到相应的惩罚,隆庆六年正月下旨,"谷中虚、何宽着回籍听勘,莫如善致仕,李廷观冠带闲住,李一中降用。"①

首辅高拱对该案的判决起到了关键性作用,针对庇护金科等人的兵部侍郎、巡抚、按察使皆予以惩罚。此事亦被记录在《明穆宗实录》中,曰:"法司奏上将官金科、朱珏、王如龙等狱,言其用贿营求事,无左验,贪恣侵剥,罪不容诛,请下福建巡按御史再讯,从重拟罪以闻,戚继光先私庇恤,夫任情引荐,亦宜戒谕。报可。"②《明穆宗实录》则进一步分析该案件的审理对王如龙等人过于严苛,因戚继光引荐缘于惜才,谷中虚所为并非纵容犯官。其曰:"如龙等在福建有战功,

---

① (明)高拱:《高文襄公集》卷16《掌铨题稿·覆福建巡按御史杜化中论侍郎谷中虚等疏》,第368—371页。

② 《明穆宗实录》卷70,隆庆六年五月丙午,第1689—1690页。

所〔赃犯〕〔犯赃〕事,罪止罢斥。继光惜其才,欲寘之部下为用,会有调取南兵事,遂咨白兵部,求早结其狱,令部署南兵赴镇。中虚覆奏及宽等所拟,亦未为纵。弟化中、梦桂(给事中涂梦桂)欲因此陷继光、中虚,以阿当路意,而上不知也。"①穆宗实录由首辅张居正主持编纂,反映了不同掌权者对此事的判断存在差异。之所以案情如此曲折,源于文臣群体对王如龙、金科的不同认识。王如龙、金科犯罪后作为为事官被戚继光选中,往蓟镇立功。一方认为这是戚继光徇私枉法,并提出期间兵部有受贿行为。另一方认为戚继光爱惜人才,给予王如龙等立功机会,却被人诬陷。

随着明代刑罚的渐趋松弛,某些武官犯罪行为未得到法律的有力惩罚,对明代军事、政治、经济产生了广泛的影响。

其一,武官侵欺军士的行为得不到有效遏制,导致军人逃亡、军伍空虚。成化元年(1465),四川监察御史赵敔题请"振纲纪以明宪度",其中涉及军官不法事,他指出:"在外卫所军官,承袭祖父职事,多不读书识字,不肯抚恤军士,惟务剥削肥家。将新军勒要拜见当军,占办月钱,克减月粮,差贫卖富,百计残害,逼迫逃移,以致调用缺人,连年发册勾取。"②成化三年(1467)三月,明宪宗命户部尚书马昂,都御史林聪,给事中潘礼、陈越清理京营军士。赐之敕曰:"朕以京营军士视其名则案牍充盈,究其实则队伍空虚。关粮之际,填塞仓衢;受赏之日,溢满禁涂。及至收集部曲,往赴边鄙,累旬日不能得数万。盖总兵等官纵之归休,役之私用,受贿买闲,应付权贵,其弊难以枚举。"③

其二,武官不惧法律,平时钻营谋利或居闲享乐,无视军令,无法应对严峻的军事局面。据明宣宗所言:"近来军职子孙多不务此,居闲无事,惟思贪财好色,纵酒博弈,间或剽窃书史,以资谈论,妄自高大,及至使令,茫然无措,隳废前人功业。"④甚至有等武官侵虐军人,导致兵变的发生,严重影响到军队的秩序以及地方社会的稳定。大学士夏言总结道:"近年以来,兵骄卒悍,仿效成风。类以月

---

① 《明穆宗实录》卷65,隆庆六年正月癸未,第1572—1573页。

② (明)戴金编:《皇明条法事类纂》卷24《御史惩戒军职及御史等官出差边境用军防送例》,《中国珍稀法律典籍集成》乙编第4册,第1033页。

③ (明)余继登:《典故纪闻》卷14,第255页。

④ 《明宣宗实录》卷22,宣德元年冬十月甲申,第588页。

粮借口,如陕西之甘肃、山西之大同、福建之福州延平、直隶之保定,近日浙江之温州。内地边方,事变数见。"①曾忭将其归结为当事之大臣的缘故,"国家自正德末岁以至今日,二十年间边镇之兵,叛者四起。其它拒命违教,鼓众呼噪,方动而忽寝,将发而未成者,又不可指数。此岂国家威力不足以慑哉? 盖其始乱也,当事之臣"②。

其三,武官拟罪太轻,一方面难以起到惩戒作用,另一方面产生大量带俸官,导致官多兵少而军饷却日益增加的状况出现。弘治十五年,胡世宁任南京刑部主事时提出:"今天下军职有罪者不革,有功者日增,俸禄日多,民财有限,将何以给?"其分析当时惩罚条例轻于《大明律》,"大明律有云:若军官有犯私罪,该答者附过收赎,杖罪解见任,降等叙用,该罢职不叙者降充总旗,该徒流者照依地里远近发各卫充军。若建立事功不次擢用,固不以朝廷爵禄赏有罪之人也"③。而现行条例则允许有罪者还职:

> 今论军官私罪,徒流以下径拟还职,虽杂犯斩绞亦止发立功,且又立功定以年限,无功亦得还职,全非太祖定律之意,更以太宗皇帝圣谕。律之纵恶孰甚焉,借使天地常春而秋杀不施,则天下之物积而不散,往者不过,来者难续,天地之化亦几乎息矣。今之军官有增无减,有赏无黜,何以异是。臣谓圣皇法祖宪天此事诚当为处,况今新官袭职,例不比试,旧官比试,亦为虚应故事,故此辈自倚世袭之官,不须才能,不畏罪黜,恣为贪骄,不习武艺,不惜军士,论今天下军职动辄万计,岁支俸给何啻百万,而其间无一人堪为将领、能出战阵者,此以全盛之天下而坐困于小丑之跳梁,真可为之流涕也。④

嘉靖时延绥巡抚王输统计道:"陕西四镇边储,自嘉靖十年查核,今经二十余年,士马日耗,粮饷日增。如延绥镇,旧设军六万六千余名,今止五万余名;马

---

① (明)夏言:《论救都御史欧阳重御史刘臬疏》,陈子龙等:《明经世文编》卷202,第2113—2114页。

② (明)曾忭:《议处新辑地方重威体销反侧以图永安疏》,陈子龙等:《明经世文编》卷230,第2413—2414页。

③ (明)胡世宁:《胡端敏奏议》卷1《陈言时政边务疏》,《景印文渊阁四库全书》第428册,第565页。

④ (明)胡世宁:《胡端敏奏议》卷1《陈言时政边务疏》,《景印文渊阁四库全书》第428册,第565页。

二万九千余匹,今止一万三千余匹。岁用五十六万有奇,计浮费不下一十四万。"究其增费的原因,由多种弊端造成,与武官犯罪相关的有:"逃亡倒失,朦胧滥支,此破冒积习之弊;逋负浸没,因缘为奸,此征解积之习之弊;报警则以小为大,出师则以少为多,地里远近,日期后先,或可缓先发,或应掣故留,此征调积习之弊。"甚至有罪武官重加升授,必然增加犯罪的概率,"当给赏者,每破例而冒同升官;应查议者,辄升除而许令自首;其改正重升并功加授之类,私谋巧术,弊出百端,难以枚举"①。

　　明代武官犯罪司法审判自明初至明中后期不断发生变化,反映了武官地位、法律制度的变迁。从《大明律》的颁布至皇帝处理日常政务时批准的条例再至《问刑条例》的整理,显示了明代对武官犯罪司法规定的变革。而其司法的有效性与权威性亦受到挑战,不仅存在皇权高于法律的现象,亦有司法官员缺乏法律精神,规避责任或曲解律意,造成拟罪不当的弊端。同时军事司法机构独立审判权的缺失,加剧了武官犯罪司法实践的复杂性与不确定性。各种势力对军事司法的参与,造成彼此之间的冲突与矛盾,在对地方武官群体的监督与约束中,体现出了巡抚与巡按、文官与镇守内官之间的互相倾轧。朝廷则试图通过舆论纠正武官司法审判的不合理之处,如言官的弹劾、文人的议论,使其判决能够达到合乎公论的效果。然而,晚明党争不断,言官陷于门户之争,他们对边镇武将功过的评定受制于政治因素的制约,出现不公平的倾向。总之,明代武官犯罪的司法实践与政治格局的变化、国家权力机构的调整、军事制度的演变、军事防御形势的变化、文武大臣地位的转变等政治、军事因素,以及司法机制的实际运行、司法官员的审判理念、社会风气的变迁、不同地域的人文特色等多重因素相互关联,甚至因犯官身份不同,造成同类罪行审判不同的现象出现,反映了明代武官司法审判体系具有多变性,难以独立、稳定地发挥其作用。

---

① （明）夏言:《查革正德中滥授武职疏》,陈子龙等:《明经世文编》卷202,第2105页。

附　　录

附表 1　明代九边武官"失误军机"罪审判案例

武官所犯情由	原问拟（奏闻）	司法实践	资料出处
辽东广宁卫指挥使芮廉备御不严，致房寇入境抄掠。	法当斩。	特旨：免死，谪戍边立功。	《明太宗实录》卷36，永乐二年十一月壬戌
中军都督刘江镇守辽东不谨斥堠，致贼入寨杀官军。	死罪。	宥刘江死罪（上怒，遣人斩江首。既而宥之，使勉图后效）。	《明太宗实录》卷114，永乐九年三月丁丑
陕西行都司都指挥李文、刘广、陈贤、陈聚、吕均边备不严，致房骑入塞，杀伤军士。	都察院右都御史王彰等劾奏，请治其罪。	上命姑宥之，令省过自效。	《明太宗实录》卷233，永乐十九年春正月丙子
开平卫指挥刘昭等率军樵采，遇房寇，不奋力拒敌，致寇杀人掠马而去。	行在兵部奏……请治其罪。	上曰："卒然遇贼，未有所备，故力不能支，姑容之，俾图后功。若复纵寇，必诛不贷。"	《明宣宗实录》卷28，宣德二年五月丙午
辽东总兵官都督佥事巫凯奏："近房寇三犯边，虽调官军追捕，前后被其杀伤者二十余人，被掠者八十余人，马牛一百六十。其失机都指挥邹溶及指挥千百户等三十六人，皆当罪之。"		上命监察御史同锦衣卫官往责溶等死罪状，罚俸有差。其守备巡哨应接应而不接应者，加杖悉复职，守备再犯不宥。	《明宣宗实录》卷57，宣德四年八月辛丑
是月十九日夜，房寇百余人入雕鹗，杀伤浩岭驿官军，掠孳畜。怀来卫已发军剿捕，开平卫指挥方敏、王俊不出兵策应。	宣府总兵官都督谭广奏……请治其罪。	上曰："暮夜仓猝或有不及，姑宥之，令巡边立功，再犯不恕。"	《明宣宗实录》卷59，宣德四年冬十月乙丑
房寇窃入铁岭、广宁境内劫掠人畜，都指挥鲁得、金声等不严守备，百户陈善等失于瞭望。	辽东总兵官都督佥事巫凯奏……皆当问罪。	上命皆罚俸两月，失了（瞭）者加笞五十，若再蹈前失，不宥。	《明宣宗实录》卷60，宣德四年十二月癸巳

武官所犯情由	原问拟（奏闻）	司法实践	资料出处
永平都指挥佥事萧敬纵放所部军士，不严守备，致寇入境杀掠，又不出兵追捕，贼去之后始以三十余人追至蟒山，兵寡不敌退还。	巡按直隶监察御史余思宽劾奏……后虽同内使马真等追贼至鸡林山下，擒获人马，亦难赎前罪。	上曰："闻鸡林颇捷，可赎前过，姑宥之，仍停俸三月。"	《明宣宗实录》卷66，宣德五年五月壬子
鞑贼百余人入开原境内，又贼四十余人劫掠柴河等屯，备御都指挥邹溶遣指挥吴祯等哨探，遣都指挥佟答剌哈等率兵捕击，佟答剌哈遇贼遁，祯遇贼与战被伤还，调都督指挥夏通同都督王真追贼，皆不及而还。	辽东总兵官都督佥事巫凯奏……其都指挥邹溶佟答剌哈等官俱应治罪。	上遣敕责凯……其邹溶、佟答剌哈等俱责死罪状，罚俸五月，如再失机不贷。其遇贼先回者治如律。战死者，优赠其家，被伤者善抚恤之。	《明宣宗实录》卷73，宣德五年十二月壬午
万全都司都指挥黄真专职备御，不严督哨了，致贼入境杀军士一人。	总兵官左军都督谭广奏，请罪真。	上敕广责，真失机状，罚俸五月。	《明宣宗实录》卷76，宣德六年二月己亥
署都指挥佥事楚勇等专督守备，不严约束，致虏寇入义州杀守墩军士。	辽东总兵官都督巫凯奏，请罪之。	命勇及巡守指挥千百户俱罚俸捕寇。	《明宣宗实录》卷99，宣德八年二月辛卯
陕西永昌卫指挥同知马骥领兵往来宁远、昌宁，专督哨备，而虏寇掩其不备分为二道抢掠人畜。	总兵官刘广奏骥等罪当死。	上命姑宥之，罚俸一年，俾专守备，再失机必杀之。	《明宣宗实录》卷100，宣德八年三月甲戌
兀良哈福余卫鞑贼犯边，掠虏人畜，其守边都指挥裴俊、王祥、佟胜不行用心备御。	辽东总兵官都督同知巫凯奏……乞正其罪。	上命各罚俸半年。	《明英宗实录》卷6，宣德十年六月己酉
山丹卫指挥佥事陈瀚，百户夏礼，怠于哨备，以致达贼入境劫掠。指挥使郑鉉役军出牧，被贼杀死。	镇守甘肃总兵官都督同知刘广奏……俱宜治罪。	上曰："各宫论法当死，姑轻之，瀚、礼充军守哨，鉉充为事官立功。"	《明英宗实录》卷7，宣德十年秋七月戊寅
擦崖子百户孟山，东胜左卫指挥张琳，不行严督军士了守，以致达贼至关杀伤军人。	蓟州等处总兵官都督同知王彧奏……请治罪。	上以山琳罪不可恕，俱罚俸半年，令于本关架炮。其死者妻孥俱给与米布。	《明英宗实录》卷8，宣德十年八月己未

299

武官所犯情由	原问拟（奏闻）	司法实践	资料出处
沈阳备御官军守望不严，以致达贼入境侵掠。	都督同知巫凯奏。	上曰："辽东官军不为不多，而达贼屡入为寇，皆尔总兵等官偷惰所致。即命兵部责取失机失了官死罪状，住俸一年，令立功以赎。"	《明英宗实录》卷12，宣德十年十二月庚申
阳和卫指挥佥事丁永、镇房卫千户曹铎等，率领官军巡边出哨，堤备不严，被达贼掩袭，射伤军人，抢去马匹。	大同总兵官都督同知方政奏，遂命镇守等官执问，拟罪如律。	上宥其死，俱罚俸一年。	《明英宗实录》卷15，正统元年三月癸未
开原备御都指挥邹溶、裴俊等不严哨备，以致达贼入境杀伤军人，掳掠孳畜。	镇守辽东总兵官都督巫凯奏……请罪之。	上宥溶等罪，住俸三月，其余失机失瞭官军执问如律。	《明英宗实录》卷15，正统元年三月丙申
守备永昌卫都指挥胡清，指挥佥事朱瑄、滕暹、梅英、许皋，千户刘义等追剿胡寇畏缩败绩。	陕西行都司署都指挥使任启奏，上命启同巡按御史逮究之。	宥死，俾戍边哨。	《明英宗实录》卷19，正统元年闰六月甲戌
都督蒋贵、佥都御史曹翼统兵剿胡寇，驻鱼海子以敬（陕西行都司指挥使安敬）言前途无水草，不可进，引还。	都御史等官劾贵等怀奸失机，宜治以军法。	上命尚书王骥责贵等死罪状，戮敬军中以徇。	《明英宗实录》卷31，正统二年六月甲子
宁夏总兵官右都督史昭等奏："五月十六日，胡寇五千余骑犯唐来渠，退驻三塔墩，剿掠马牛三千有奇。署都指挥施云、指挥刘理、戴全领兵哨备，玩寇不追，请治其罪。"	上以昭等拥重兵，而达贼入境不自追剿……命文武大臣议其罪以闻。	降宁夏总兵官右都督史昭为都督佥事，仍充总兵官；将都督佥事丁信为都指挥佥事，仍充参将；参赞军务右都御史郭智为监察御史，仍参赞军务；署都指挥佥事施云为指挥佥事，仍旧管事；仍敕以俟剿贼有功，方复原职，如再失机，罪皆不宥。	《明英宗实录》卷31，正统二年六月甲子；《明英宗实录》卷32，正统二年秋七月丁未

武官所犯情由	原问拟（奏闻）	司法实践	资料出处
镇守延安绥德都指挥同知王祯等奏："林（指挥程林）率领马步官军哨备响水寨，被鞑贼入境，杀伤官军，抢掠马匹，宜治以罪。"	上命监察御史章聪执问。	宥绥德卫指挥程林等死罪，杖一百，谪戍绥德极边巡哨。	《明英宗实录》卷39，正统三年二月辛未
都指挥使裴俊、都指挥同知夏通、都指挥佥事胡源等，守备不严，致兀良哈达子猎我近郊，火延烧木榨一千余丈，又掠去军人。	辽东总兵官都督佥事曹义巡抚左副都御史李浚劾奏……乞皆置诸法。	上命姑记俊等罪，罚俸三月。	《明英宗实录》卷62，正统四年十二月丙戌
达贼五百余骑寇曹庄驿，杀伤官军八人，掠去驿马七匹，参将刘端、宁远卫把总指挥使韩英、守备都指挥王贵各拥兵坐视。	提督辽东军务右佥都御史王翱奏……俱合治罪。	上曰："端累次怠误，罪本难容，但其往辽东未久，今姑记之，令剿贼赎罪。英、贵令王翱俱责死罪状，戴罪杀贼，若仍前怠慢，处死不宥。"	《明英宗实录》卷100，正统八年春正月丙子
潘阳卫都指挥李弼不严守备，以致达贼入境杀掠人畜，及令都指挥王祥、鲁全、邓瑛，指挥邹光、田进、王良、李俊督领官军分道策应，又各畏缩不前。	提督辽东军务左都御史王翱奏……已责罪停俸听候。乞将各官各杖一百降为事官立功杀贼……其右参将都督佥事刘端失于调度，亦宜治以重罪。	命姑记其罪，再犯不宥。	《明英宗实录》卷189，景泰元年二月庚辰
巡按陕西监察御史姚哲奏："守备庄浪都指挥使魏荣不严督官军哨望，致达贼进马头山墩杀死人畜。荣率兵追之不及，罪当斩。"	事下法司言马头山墩距庄浪四百余里荣追弗及情有可矜。	命宥荣死，降为事官，于总兵官处立功。	《明英宗实录》卷，235，景泰四年十一月乙卯
镇守延绥等处右都督王祯等奏："榆林庄神木等处达贼入境，都指挥李懋等轻进，与对敌阵亡，臣等率领官军往策应，达贼闻知，道去。"		上曰："王祯等不用心设策备贼，以致失机，杀伤官军数多。既不输情认罪，却又掩败称功，归罪阵亡头目。今且不问，趣令杀贼赎罪……违者不宥。"	《明英宗实录》卷275，天顺元年二月辛亥

武官所犯情由	原问拟（奏闻）	司法实践	资料出处
裕（王裕）等失机。	法司坐以充军。	上特免之，降二级（降辽东东宁等卫指挥使王裕为指挥佥事，指挥佥事王春、林胜俱为正千户）。	《明宪宗实录》卷22，成化元年冬十月辛卯
陕西都指挥汪礼守备延绥东路，房贼入境不能备御。	巡按御史奏其失误军机罪，当死。	上宥之，发充大同威远卫军。	《明宪宗实录》卷19，英宗睿皇帝神主诣庙享祀丁巳
初哲（杨哲）以镇西卫指挥使领军分守黄甫川，既而达贼入境杀房人畜，不能御。寻得功于陕西府谷县之白石崖，遂升都指挥。	巡按山西御史以前事按之，罪当死，都察院具狱并论功上请。故降之。	降山西都指挥佥事杨哲为镇西卫正千户。	《明宪宗实录》卷35，成化二年冬十月乙卯
辽东副总兵都督佥事施瑛，房寇屡入境，不能御，且违总兵官节制；尝两被主将命会兵剿房，逗留不进，致房杀掠官军人畜甚众。	巡按御史劾奏其罪，诏执送京师治之。都察院拟以失误军机者律斩。	从之。	《明宪宗实录》卷40，成化三年三月辛卯；卷四十二成化三年五月癸酉
广（曹广）充右参将，镇守辽东开原，坐失机当斩。		上宥其罪，降二级，仍于辽东听调杀贼（降都督佥事曹广为都指挥同知）。	《明宪宗实录》卷41，成化三年夏四月癸丑
初鼎（夏鼎）守备延绥，会达贼入黄河套，鼎等不能防，又纵军余千人出城采草，为所杀。	镇守少监秦刚奏之，下御史顾浩核实，都察院拟坐斩。	特命降鼎三级、泰二级，俱发边卫守哨（降陕西都指挥佥事夏鼎为指挥佥事，指挥佥事郑泰为副千户，俱边卫守哨）。	《明宪宗实录》卷44，成化三年秋七月壬午
失机。	法司拟谪戍边	上命免谪戍，各降二级（降辽东都指挥佥事田纲为指挥同知，宁远卫指挥使刘夒为指挥佥事）。	《明宪宗实录》卷91，成化七年五月乙亥
坐守备宁夏兴武营失机也。		降西署都指挥佥事黄瑀为宁夏右屯卫指挥同知	《明宪宗实录》卷112，成化九年春正月己亥

武官所犯情由	原问拟(奏闻)	司法实践	资料出处
失机坐罪。	法司拟戍边。	命宥之,各降二级(降榆林卫指挥同知盛铭为正千户,署都指挥同知隋能为指挥使铭等)。	《明宪宗实录》卷116,成化九年五月癸丑
宁夏副总兵都督佥事林盛,协守西路都指挥佥事冯纪,宁夏中卫指挥王祯、雍昇,百户于真、高清、于广坐不能御虏。	为巡抚都御史奏劾,时盛已致仕,纪亦闲住。事下西巡按御史,逮纪等拟罪当谪戍,而遇赦例当免。	命纪降指挥同知,盛免逮降一级,俱闲住。祯、昇、真、清、广亦各降一级,本卫差操。	《明宪宗实录》卷124,成化十年春正月辛亥
成化九年正月,被达贼入境,将山城驿军人杀死二名、抢去一名,及将战马六匹抢去。陕西都司都指挥周敬、庄浪卫指挥陈晟,并不曾领兵截杀,亦无杀贼功次。	奏准戴罪杀贼以赎前过,若无功可赎,候事宁之日另行参奏拿问。	奉成化十年六月圣旨:周敬、陈成免提问,住俸二年(贼抢杀人畜不多,地方即今已宁)。	《皇明条法事类纂》卷25《通行内外问刑衙门各边官员失机情轻律重者奏请处置若被贼入境杀伤捉去公差人等事出不测者俱问不应杖罪还职若境外被贼杀掳夜不收免其问罪例》,第4册,第1096页
成化九年十月以后,贼入境抢杀死男妇共二千一百八十四名……河州卫指挥使徐昇,临洮卫指挥使宴彬守护(冒)县城池,泯州卫指挥同知洪寿守备泰安县地方,同原卫百户陈海等各畏贼众,不敢迎敌。	兵部奏贼众,该各官所领兵少寡似难御敌,情亦可恕。	成化十年六月二十八日圣旨,将各官住俸一年。	《皇明条法事类纂》卷25,第1098页
成化八年八月内,达贼侵入腹里杀掳妇女共二十四名口,抢去马骡牛羊四百余匹头只。宁夏卫灵州千户所百户徐真提调永隆等墩,失于飞报,以致达贼侵入。	犯该望高巡哨之人失于飞报,被贼侵入境内掳掠人民者,律减等杖九十发边远卫充军。	成化九年五月初四日,降二级,原卫差操。	《皇明条法事类纂》卷25,第1099页

武官所犯情由	原问拟（奏闻）	司法实践	资料出处
成化九年正月二十一日,军人郭孝儿五名下取水,被贼杀掳。陕西宁夏卫右所正千户王宽,百户宋等不行严提备,使令军人郭孝儿五名下取水。	俱该守备不设,以致损军者各斩秋后处决。	改拟被贼侵入境内掳掠人民者,律减等杖九十发边远卫充军。成化九年十月十六日圣旨:王宽等三名免充军,都降一级差操(虽称杀死军人四名抢去一名,因下墩取水事出不意,此与失机误事不同,问拟斩罪不合律款)。	《皇明条法事类纂》卷25,第1100页
成化七年月日不等,贼从花马池与五营地方入境,杀死粮户刘能等,抢去牛八十余只……陕西都司闲住都指挥佥事冯珏,指挥使王祯,指挥佥事雍昇百户丁贞等俱各不领军下伏,各不行发兵截杀及王祯推称风疾致贼从花马池与五营地方入境。	俱犯该守备不设,被贼侵入境内掳掠人民者,律减等杖九十发边远卫充军。	成化十年五月二十五日圣旨:冯珏降做指挥同知闲住,王祯等都降一级本卫差操,林盛免提问降一级闲住(犯在革前,及照得前副总兵都指挥佥事林盛亦有失机误事情罪致仕,赴京闲住)。	《皇明条法事类纂》卷25,第1100页
副总兵李玠方大同有事之日,逗留不前,致误机会,以致丧师失律。	兵部以巡按监察御史程春震所核覆奏:"虽尝斩获二级,罪重功微,不足以赎,宜逮问如律或令戴罪立功"……给事中复劾玠,遂下锦衣卫狱,刑部坐以斩罪。	有旨:玠既承调遣,不即进兵,本当如律,姑从轻典,降金吾右卫指挥使,带俸差操。	《明宪宗实录》卷248,成化二十年春正月辛卯

武官所犯情由	原问拟（奏闻）	司法实践	资料出处
守备失机。		降分守开原右参将都指挥使周俊为都指挥同知，分守如故；辽东都指挥佥事李洪吴琼为指挥使，辽海卫指挥同知沈英为指挥佥事，三万卫指挥佥事周铨为正千户，辽海卫副千户朱鼎为百户。	《明宪宗实录》卷257，成化二十年冬十月丁巳
守备失机。		降辽东都指挥佥事陈受为定辽左卫指挥使。	《明宪宗实录》卷258，成化二十年十一月己丑
孟家河之败。		降玉林卫指挥佥事马安为正千户，山西都指挥同知钱泰为都指挥佥事。	《明宪宗实录》卷148，成化十一年十二月戊子
坐失误军机罪。		降永宁卫指挥同知方铎为指挥佥事，万全右卫指挥佥事蔡洁为正千户。	《明宪宗实录》卷280，成化二十二年秋七月丙午
		守备独石都指挥绳律、守备柴沟堡指挥杨瑄、分守独石左参将朱谦、分守西路右参将高昇，俱以虏寇入境夺俸三月。	《明宪宗实录》卷265，成化二十一年闰四月戊戌
先是辽东都指挥同知刘璇备御宁远，坐贼入境抢掠，匿不以实闻。	下巡按御史拟璇充军，都察院以情罪未明，行续差御史覆勘，奏璇所部虽有亡失，旋亦追还兼有斩获贼首一级，情轻律重。至是本院覆请。	诏璇及指挥线纲等免充军，各降一级，指挥朱俊等各赎杖还职。	《明孝宗实录》卷6，成化二十三年十一月戊戌

305

武官所犯情由	原问拟（奏闻）	司法实践	资料出处
辽东参将都指挥同知周俊、分守开原都指挥佥事徐珍为贼所袭，损伤军士。	下巡按御史拟失误军机当斩，都察院覆俊等失已不及十人，坐以死罪，情轻律重。	诏俊珍俱免充军，俊革去参将，仍降二级，珍降二级。	《明孝宗实录》卷8，成化二十三年十二月丙寅朔
坐守备河州虏入境失于防御。		降陕西都指挥佥事康永为西安卫指挥使，不得管军管事。	《明孝宗实录》卷18，弘治元年九月壬戌
李俊初以都督佥事充右参将守肃州，虏入境杀掠，不能备御，降署都指挥佥事。		狱上，再降之（降陕西闲住署都指挥佥事李俊为署指挥佥事）。	《明孝宗实录》卷26，弘治二年五月丁卯
自弘治五年十月以后虏入甘肃庄浪及古浪地方杀官军二十五人……入永昌杀官军六十余人，掠男妇六十七人，马牛驼七万余，入凉州杀伤军士四十人，掠牛马三十七。	兵部奏："巡按御史勘报得实，今不深治之，不足以警其后。自镇巡等官以下，俱请逮至京，治其罪。"	协副都指挥赵承文罚俸各半年……前总兵官周玉、分守左参将文锦罚俸各三月，兵备副使柯忠罚俸两月，分守副总兵陶祯及守备指挥陈铠功可赎罪，宥之。守备都指挥王智已故，候其子承袭时降二级，余守备指挥等官李杲等二十八人俱逮问如律。	《明孝宗实录》卷92，弘治七年九月壬寅
初虏入甘州境，杀掠军士百三十余人，清等虽有所追夺而失亡多。		降陕西行都司都指挥李清、朱瑄、赵钦、宋泰及指挥万照等四人各一级，指挥王澄等二人各罚俸三月。	《明孝宗实录》卷146，弘治十二年正月丁亥
虏入寇失于御备。		降分守宁夏西路署都指挥佥事孙鉴为神武右卫署指挥使，山西行都司都指挥佥事刘英为大同右卫指挥同知。	《明孝宗实录》卷155，弘治十二年十月己亥

武官所犯情由	原问拟（奏闻）	司法实践	资料出处
虏寇入境失于防御。		降辽东都司都指挥佥事张俊为指挥同知，东宁卫指挥使萧云为指挥佥事，指挥佥事边安、萧滓为副千户，广宁中卫指挥佥事郭廉为百户。	《明孝宗实录》卷167，弘治十三年十月丙午
分守偏头关，虏入境杀掠人畜。		陕西都指挥佥事刘轨为原卫指挥使，带俸差操。	《明孝宗实录》卷200，弘治十六年六月丁未
协守大同副总兵黄镇等及都指挥佥事凌洪俱坐虏入柏林堡失误。机事。	巡按监察御史拟镇等赎徒还职，洪免杖充军。	上命镇等准拟，洪情轻律重免充军，降二级，带俸差操。	《明孝宗实录》卷205，弘治十六年十一月庚午
（前军都督佥事马昇）昇前为副总兵失误军机。		罪当斩，上令系之，死于狱。	《明孝宗实录》卷215，弘治十七年八月庚午
虏入镇夷守御千户所境，杀掠官军，都指挥刘经以援兵不至督战死之，指挥韩杰亦麟陈缙失机当坐死，胡良等守备不设，镇守太监杨定、监枪太监沈让、总兵官刘胜号令不严，而让、胜领军逗留尤当罪。	巡按陕西御史杜旻上其状。	诏杰等准拟，良等逮问，定、让、胜姑宥之，令戴罪杀贼，胜仍夺俸两月。	《明武宗实录》卷6，弘治十八年冬十月丙辰
都指挥曹泰等二十员杀贼不勇，参将张桓等十八员守备不设，参将李穑轻率偾事，副总兵白玉、黄镇束手畏敌，总兵官张俊调度失宜。镇守太监刘清、都御史李进，兵部请会文武大臣议处。	巡按直隶监察御史夏时查勘宣府虞台岭失机罪状以上。	上以失机事重，再令酌处以闻。于是议上，请逮清、进、俊、玉、镇、穑来京究问，分别其罪状轻重处之。桓泰等三十八员则就彼逮问。上是之，令推可用者代清、进、俊回，而玉、镇、穑及桓、泰等俱令戴罪杀贼，待边情宁日究治。	《明武宗实录》卷8，弘治十八年十二月甲戌

武官所犯情由	原问拟（奏闻）	司法实践	资料出处
虏之入花马池也，杀伤甚多……都指挥佥事张恺等懈于设备，指挥使任玺等缓于截杀，兵备副使高崇熙失于戒谕，知州洪恩等又不能保聚人畜。	巡按御史邢缵查勘……俱当逮治。并劾署都督佥事曹雄……不能无罪。	诏逮恺等问，宥雄而夺其俸三月。	《明武宗实录》卷22，正德二年闰正月戊申
虏入威远堡，辽东设伏指挥王忠督左右哨指挥王铎、王钦领军追袭，至亮子河遇伏，我军死者一百四十余人，伤者一百二十余人，忠、铎钦俱被创，铎子茂没。	巡按御史论忠等罪坐守备不设计，当谪戍，又谓其暂委设伏，俱非专职，以寡敌众，鏖战被伤，且茂死可矜，忠有旧功可录。下都察院会兵部议御史言是。	上悯而宥之，降忠、铎各一级，钦二级。	《明武宗实录》卷23，正德二年二月丙申
张恺坐贼入境杀掠。	问拟谪戍。	降守备固原都指挥佥事张恺为固原卫指挥使（以部下有斩获功，宥之）。	《明武宗实录》卷31，正德二年冬十月庚寅
兵部奏守备山丹署都指挥佥事汪淮及百户范荣等坐虏贼入境抢掠。	法应谪戍，但情轻律重，淮又颇有斩获功可录。	诏荣等各降一级带俸差操，淮罪准以功赎。	《明武宗实录》卷40，正德三年秋七月庚子
甘肃地方官军失机罪。		指挥朱永等十四人逮治，左参将苏泰准以功赎，游击将军徐谦夺俸三月，守备都指挥陈铠等五人、副千户萧瀚俱降一级。	《明武宗实录》卷44，正德三年十一月辛酉
虏入镇靖堡，把总都指挥崔锽、陈瓒不能御。		锽谪戍边卫，瓒亡失差少，宥之，夺俸五月。	《明武宗实录》卷72，正德六年二月乙未

武官所犯情由	原问拟（奏闻）	司法实践	资料出处
虏自镇夷堡入,守堡官军御之弗利。及虏出境未远,分守开原参将高钦、太监王秩率千总纳粟都指挥佥事陈钺、史文,署都指挥佥事韩洪及把总指挥佟宜等合兵进之。又檄指挥惠绮等兵为援……钦等大战于曾家沟,杀伤甚众。时绮援兵不至,钦等以师退,军士饥渴争入近境,部伍错乱,贼乘之复大败官军,死者五十余人,失亡马五百余匹,兵械不可胜计。	给事中吴岩往会巡按御史按验失事者罪,岩劾镇守太监岑章、总兵官都督佥事韩玺、巡抚右副都御史张贯节制无方,请并治之。	钺、文、珙比守备不设律坐斩,佟、宜等十六人减等充军,钦、绮夺俸一年,玺、贯半年,章、秩宥之。	《明武宗实录》卷112,正德九年五月戊寅
坐平虏城失事。		降山西行都司署都指挥佥事周政为玉林卫指挥同知,阳和卫指挥使李溏为指挥佥事,各带俸差操。	《明武宗实录》卷115,正德九年八月
椿（总兵官叶椿）在大同五年,各营堡损折官军几千人,而其失事于应州也,军民被杀虏者五千有奇,牛马诸畜不可胜计。	有旨:逮至京鞫问,椿奏辩且言有疾,乞免逮,乃遣给事中传钥往会御史按之,钥等具奏椿罪状请付法司治如律。	得旨:椿论法当重治,但病未痊,姑从轻,降四级闲住（降大同总兵官署都督佥事叶椿为大同前卫指挥使）。	《明武宗实录》卷124,正德十年闰四月癸亥
初虏入威远堡,廷锡（分守开原参将张廷锡）坐失机,行勘,乃自陈有斩获功,乞赎罪。		许之。宥分守开原参将张廷锡罪,仍夺俸半年。	《明武宗实录》卷127,正德十年秋七月乙巳
坐虏入龙门所不能御。		罚守备指挥居宣、张胜俸各三月,逮管墩百户刘宁等问。	《明武宗实录》卷130,正德十年冬十月己巳
出境烧荒,致贼侵掠。		谪榆林城把总都指挥同知郑胤、延安卫署都指挥同知柏梁边卫充军。	《明武宗实录》卷132,正德十年十二月戊辰
虏入四海冶堡等处,杀夜不收二人、虏一人。		把总指挥韩辅等以失于瞭望逮问,参将张泉、守备董昇夺俸两月。	《明武宗实录》卷163,正德十三年六月甲戌

武官所犯情由	原问拟（奏闻）	司法实践	资料出处
沈阳失事。	下备御陈大魁等御史问，沈阳参将曹篁血战斩首，其损军免议。	夺辽阳副总兵杨腾俸三月。	《明神宗实录》卷26，万历二年六月丁未
北房以去年十二月寇怀万全左卫等处，杀掳数十人。		诏夺总兵官江桓俸六月，参将贾英、尹镇及守备官白瑾等六人俱停俸，负罪杀贼，仍令巡按御史详勘以闻。	《明世宗实录》卷221，嘉靖十八年二月庚戌
以去年十二月，房大入辽东地方。		诏夺总兵官杨照俸三月，副总兵刘岳等各降一级，参将王堂、指挥李承恩等付按臣逮问。	《明世宗实录》卷476，嘉靖三十八年九月丙子
先是二月内房以万余骑入大同二边，破拒胡堡，投守备唐天禄、把总汪渊，南犯威远、平房、井坪，已复有万骑屯天城，攻毁沙沟等村堡三十二所。	巡按御史路楷以闻，因言参将郭纲、总兵官赵卿、副总兵官田世威、总督侍郎江东、巡抚都御史杨顺俱失事，宜究治。	上以房尚驻近边，姑夺东等俸各三月，俟事宁勘处。	《明世宗实录》卷445，嘉靖三十六年三月乙丑
蓟镇失事（杨选不承勾房，止服杖质通罕事）。	法司议（杨）选、（徐）绅、（冯）诏俱坐守边将帅守备不设因而失陷城寨者律斩，镒等三人坐守边将帅守备不设被贼侵入境内掳掠人民者律，谪戍边卫，奏入不报……乃改下选于诏狱拷讯。	斩总督杨选于市，枭首示边，妻子流徙；巡抚徐绅论死系狱；副使卢镒，参将冯诏、胡灿，游击严瞻俱谪戍边。	《明世宗实录》卷527，嘉靖四十二年十一月甲辰
榆林失事	陕西巡按御史吴楷疏勘榆林失事文武诸臣罪状，兵部覆议	命夺副总兵杜松等俸四月，操守李三杰等俸三月，戴烨革任回卫，李茂先行巡按提问。	《明神宗实录》卷342，万历二十七年十二月壬辰

武官所犯情由	原问拟（奏闻）	司法实践	资料出处
九月初四日，虏骑犯高家堡，不过二三百骑，该营游击刘国镇辄报千余，建安堡操守周一夔报三千余骑，惶惑军心，遂任虏骑纵横掏墙攻墩，抢掠军火器械，杀死军丁。左营金书李国勋藉口东援，致殒营丁李应祥。	兵部覆请如督臣言，将国镇、一夔革任，国勋罚俸，金事朱腾擢领兵在后，掳掠在先，且能复遏虏众……均应免议。	从之。革游击刘国镇、周一夔各操守任回卫，夺金书李国勋俸半年。	《明神宗实录》卷502，万历四十年闰十一月己巳

附表2　明代九边武官"守备不设"罪审判案例

武官所犯情由	原问拟（奏闻）	司法实践	资料出处
守备不设。	时右金都御史罗亨信奏兴（许兴）守备不设，致虏寇入境剽掠，故谪之。	谪陕西镇番卫指挥同知许兴戍肃州。	《明英宗实录》卷31，正统二年六月壬申
宣府左卫军，有为胡寇所掠脱归者，夜越猫山寨边墙以入，指挥李海等（被劾）守备不严。	镇守蓟州永平等处总兵官都督同知王彧劾。	上命巡按御史责彧死罪状，罚俸半年。	《明英宗实录》卷98，正统七年十一月丙寅
辽东都指挥金事唐良分巡开原古城等堡，坐守备不设。	法司当以边卫充军。	上命降为三万卫指挥同知，带俸差操。	《明英宗实录》卷323，天顺四年十二月癸未
辽东备御都指挥唐显不能防御，致达贼抢掠人畜。	（巡按辽东监察御史侯英奏）坐守备不设者律，应谪戍。	上宥之，降二级，带俸差操。	《明宪宗实录》卷57，成化四年八月庚戌
辽东备御都指挥刘璇等，以守备不设，致虏入寇。	事闻，下巡按御史拟律当杖，例应谪戍。	诏免谪戍，俱降级差操	《明宪宗实录》卷76，成化六年二月丙寅
宁远卫备御都指挥金事田纲以守备不设，致贼入境掳掠。	罪应谪戍。	上令免谪戍，降二级，带俸差操。	《明宪宗实录》卷90，成化七年夏四月癸亥
初源（分守燕河营等处参将都指挥金事赵源）守燕河营，坐守备不设，致贼入境掳掠。	法司拟谪戍边方。	上特降源为副千户。	《明宪宗实录》卷97，成化七年冬十月壬午

武官所犯情由	原问拟（奏闻）	司法实践	资料出处
山西都指挥张俊守备大同左卫城,以去年冬虏寇入境不能御,镇守总兵等官遣人往核之。遣者受俊略,为掠其实,致仕都督金事张鹏以闻,俊因讦奏鹏。	事下巡按御史逮俊治,具伏坐守备不设被贼入境掳掠罪,减死充边军,鹏亦有罪当逮治。都察院以具狱上。	诏以鹏既致仕置勿问,俊免充军,降官二级,带俸差操。	《明宪宗实录》卷105,成化八年六月丙戌
镇守靖虏固原等处参将都指挥周海,分守都指挥宋琪、倪珍及指挥常谦以守备不设,致虏入境剽掠。	事下巡按御史鞠问,例应谪戍	上命宥之,各降三等,调边卫带俸差操。	《明宪宗实录》卷108,成化八年九月丙辰
坐守备不设,致虏入境罪。	当戍边。	诏止降二级(降宁夏中卫指挥使杨志刚为指挥金事,副千户张弘汤鉴为总旗)。	《明宪宗实录》卷196,成化十五年闰十月丁卯
坐守备不设,被虏侵掠		降备御宁远辽东都司刘璇为都指挥金事。	《明孝宗实录》卷8,成化二十三年十二月乙酉
坐北虏入寇守备不设。		降分守庄浪左参将都指挥田广为都指挥金事,永昌卫指挥金事王钺等十人降秩有差。	《明孝宗实录》卷14,弘治元年五月癸未
陕西都指挥同知孙玺提督山丹操守,尝私借仓粮侵用官物,又以守备不设致贼入境,杀掠数多。	下巡按御史并问,狱上,以私借仓粮等罪在革前,止坐失机,拟免杖,谪戍边卫。	得旨:宥之,降二级带俸差操;降陕西行都司都指挥同知孙玺为甘州左卫指挥使带俸。	《明孝宗实录》卷19,弘治元年十月甲寅;卷23,弘治二年二月己酉
初虏入陕西镇番卫境杀掠人畜,守备都指挥贺能,指挥陈钦、陈源坐守备不设。	下巡按御史逮问,俱拟边卫充军。都察院以能有斩获功而钦源所领地杀掠不多,情轻律重。	得旨:宥之,能降一级,钦、源各降二级,并带俸差操。	《明孝宗实录》卷89,弘治七年六月庚午

武官所犯情由	原问拟（奏闻）	司法实践	资料出处
先是虏入宁夏庙山墩境，指挥王良率所部与敌不胜，官军为所杀者十六人，伤者三十六人。操备都指挥王杰领军策应，贼始退。	事闻，下巡按御史逮问，拟良、杰俱守备不设，应边远充军，且谓良奋力交战，杰并力救援，宜从末减。	上以良等情轻律重，俱免充军，各降二级，带俸差操。	《明孝宗实录》卷107，弘治八年十二月乙亥
先是虏入辽东松山等堡，射死军士十三人。	下巡按监察御史逮问，都指挥李继宗等三人守备不设，俱边远充军。	上以继宗等情轻律重，俱免充军，各降一级。	《明孝宗实录》卷111，弘治九年闰三月丙寅
虏数入宣府独石马营等处，军士前后死者七人，伤者二人，男妇被虏者十人。	下巡按监察御史勘问，以守备右监丞徐玉、都指挥陈雄、分守右监丞唐禄、指挥穆荣，并诸提调管理官高鉴等十一人守备不设，问拟免杖充军。但俱情轻律重，而禄、玉、雄、荣复有功可赎，都察院覆奏。	得旨，高鉴等八人各降一级，带俸差操；唐禄等四人宥之；陈雄、穆荣仍各罚俸三月。	《明孝宗实录》卷138，弘治十一年六月戊辰
操守肃州都指挥佥事刘忠及肃州卫掌印指挥使钟山俱守备不设，忠为贼所掩袭，致损军士，山被贼侵入境内虏掠人民。	巡按监察御史拟忠处斩，山边卫充军，又以山情轻律重为请。	命刘忠准拟，钟山免充军，降三级，带俸差操。	《明孝宗实录》卷145，弘治十一年十二月丙申
陕西行都司署都指挥佥事吴英坐守备不设。		降指挥同知，原卫带俸差操。	《明孝宗实录》卷156，弘治十二年十一月丙子
辽东备御都指挥佥事高钦及指挥赵宣等四人坐守备不设。	下巡按御史逮问，拟充军。	上以情轻律重，命各降二级，带俸差操.	《明孝宗实录》卷159，弘治十三年二月戊戌
虏入辽东义州境，杀掠人畜，备御都指挥同知李鉴、按伏都指挥佥事田俊俱下巡按御史逮问。	鉴坐私刷军人刘田，俊私以官军借人别用，以致守备不设，拟充军，都察院覆议。	上命鉴、俊并家属发边远充军。	《明孝宗实录》卷164，弘治十三年七月丁卯

武官所犯情由	原问拟（奏闻）	司法实践	资料出处
虏入陕西山丹境,都指挥佥事杨莹下巡抚监察御史逮问	坐备守备不设,拟充军。	上以情轻律重,命降一级,带俸差操。	《明孝宗实录》卷181,弘治十四年十一月丁丑
虏再入辽东清河等堡,定辽后卫指挥佥事林睿下巡按御史逮问。	坐守备不设,拟充军。	上以其情轻律重,宥之,降一级,带俸差操。	《明孝宗实录》卷221,弘治十八年二月甲戌
陕西都指挥同知郑胤戴钦坐守备不设。	应谪戍。	以被虏仅二人,诏宥之,赎杖还职。	《明武宗实录》卷3,弘治十八年秋七月丁亥
坐虏犯境,失于备御。		降辽东定辽卫指挥同知邹晟为指挥佥事,杨远为正千户,副千户徐恭为实授百户,实授百户周刚为试百户,各带差操。	《明武宗实录》卷4,弘治十八年八月戊辰
坐虏入境守备不设,当谪戍。		以情轻皆降一级(降辽东都司广宁左卫指挥佥事张玉为左所正千户,广宁右卫指挥同知杨春为指挥佥事,广宁卫中所实授百户陈鉴为试百户)。	《明武宗实录》卷4,弘治十八年八月壬戌
坐守备不设。		降辽东纳粟都指挥佥事王钺为指挥使。	《明武宗实录》卷12,正德元年夏四月丁卯
坐虏入境守备不设。		降定边左卫都指挥王臣、千户佟纲、百户杨文各一级带俸差操。	《明武宗实录》卷14,正德元年六月癸丑
万全卫纳粟都指挥佥事倪镇坐守备不设。	下巡按御史逮问,拟谪戍。都察院覆奏,镇下有斩获功,且失事不多。	乃令赎杖还职。	《明武宗实录》卷23,正德二年二月壬午
虏入宁夏镇北等墩,杀掠人畜,分守都指挥使刘端守备不设。	下巡按御史逮问。	以情轻律重,诏免谪戍,降一级,带俸差操。	《明武宗实录》卷27,正德二年六月丙子

武官所犯情由	原问拟（奏闻）	司法实践	资料出处
守备不设。		降陕西行都司都指挥佥事王澄为指挥佥事，食正千户俸，甘州左卫指挥佥事赵勇为副千户。	《明武宗实录》卷80，正德六年冬十月壬寅
虏入定辽后卫长静等堡，杀掠人畜颇众。	都指挥武钦、千户邹璋、李纲下巡按御史逮问坐守备不设。	而钦等奏欲以功赎罪，诏宥之，璋、纲降二级，钦降一级带俸差操。	《明武宗实录》卷33，正德二年十二月乙亥
洪（焦洪）坐守备不设、失陷城寨。	律当斩，以其部下有俘获功，故从末减。	降守备灵州都指挥佥事焦洪四级。	《明武宗实录》卷97，正德八年二月癸卯
守备永宁城不能御贼。		降宣府纳级都指挥佥事李昇为正千户。	《明武宗实录》卷118，正德九年十一月丙戌
陕西都司署都指挥佥事江山坐虏入境守备不设。	当谪戍。	以情轻降一级差操。	《明武宗实录》卷133，正德十一年春正月壬寅
守备朔州纳级都指挥佥事盛杰坐虏入境守备不设。		谪戍边卫。	《明武宗实录》卷137，正德十一年五月癸卯
坐守备不设罪也。		降定辽左卫都指挥佥事王宣为指挥同知，定边后卫指挥佥事李昂为副千户。	《明武宗实录》卷151，正德十二年秋七月己卯
初虏入陕西响水沟等堡。	逮千户李杰、百户魏泰、高真，纳级都指挥佥事刘戡，下巡按御史按问，坐守备不设，当谪戍。	上以杰等所部无大亡失，宥之，各夺俸三月。	《明世宗实录》卷16，嘉靖元年七月戊申
署都指挥佥事分守宣府西路李贤坐守备不设，致虏入境。		命免其谪戍，贬秩一等。	《明世宗实录》卷28，嘉靖二年六月辛酉
坐虏入寇守备不设也。		谪守备永昌山丹卫都指挥同知张鹏、永昌卫署指挥佥事刘炳戍边。	《明世宗实录》卷48，嘉靖四年二月丙午

武官所犯情由	原问拟（奏闻）	司法实践	资料出处
虏犯宁夏,所杀伤官军数百人,镇巡官坐守备不设,为巡按御史张珩所劾。		上以虏方住套,正当用人之际,姑令戴罪立功,其失事将官令珩按问。	《明世宗实录》卷98,嘉靖八年二月癸酉
以守备不设故也。		谪万全都司署都指挥佥事范瑾翟钦、山西行都司都指挥佥事杨德俱边远充军。	《明世宗实录》卷290,嘉靖二十三年九月丁酉朔
虏犯河曲。	失事官守备营中军副千户徐世勋宜坐临阵先退罪斩,偏头守御千户所指挥佥事李世爵、镇西卫右千户所百户刘环、太原左卫指挥同知于环、偏头守御千户所千户偓天爵、镇西卫指挥佥事王试勋、试百户籍仓俱守备不设,宜边远充军,革其世袭。	得旨:如拟。	《明穆宗实录》卷13,隆庆元年十月乙酉
论辽东锦州被虏失事诸臣罪。		指挥罗维冕、郎官百户赵采坐临阵先退斩,指挥刘坤、陈绍先、张世武,百户杨宥、高良弼、裴永勋、胡栾坐守备不设,谪戍边。以郎官有斩获功,特减死一等。	《明穆宗实录》卷61,隆庆五年九月癸亥
原任临洮副总兵原进学以守备不设,被虏人民。		遣戍边卫。	《明神宗实录》卷251,万历二十年八月壬辰
永昌参将李可爱以守备不设,败军欺隐。		着祖职降一级,不准世袭,原卫带俸差操。	《明神宗实录》卷489,万历三十九年十一月庚子

附表3　明代九边武官犯罪追论案例

事发时间与犯罪情由	问拟	司法实践	资料出处
陕西按察司经历司呈解犯人刘胜,并查过本犯杀贼功勤缘由到院。问得,刘胜招任陕西都司西安后卫指挥使,蒙拨平夷堡任把总。成化五年十一月初一日至初四日,被贼杀伤死官军千户翟清等五员名,抢去李旺等男妇大小一十四名口,头蓄共二百一十三匹头只。	犯该守备被贼侵入境内掳掠人民者律,减等杖九十,发边远充军。犯在成化七年十一月十六日大赦以前,及查得刘胜在安远墩擒斩贼首级一颗,功升指挥,堪赎前罪。	成化十年六月二十六日圣旨:斩获贼首一级,足以赎罪,革去前项功升指挥使,免其问罪。	《皇明条法事类纂》卷25,《中国珍稀法律典籍集成》乙编,第4册,第1097页
巡按御史唐锜勘上十五年房入延绥威武清平等堡奏劾镇守内外诸臣逗留观望之罪。	下兵部议覆。	得旨:总兵官张凤革任听勘,副总兵白爵降二级,令戴罪立功,太监张惇降一级,守备戴经夺俸一年,其把总等官宋鸾等行巡按御史勘明具奏。	《明世宗实录》卷198,嘉靖十六年三月己亥
追论原任宣府参将署都指挥佥事贾英、山西都指挥佥事李玺、操守青边堡指挥佥事何图房入,守备不设罪。		英坐斩,玺图永远戍边。	《明世宗实录》卷291,嘉靖二十三年十月庚午。
刑部覆拟(嘉靖)二十八年八月,房犯大同失事将官罪。	分守西路参将麻隆、平房成(城?)守备郑印、绝胡堡操守李霞,西阳河堡守备杨铎、宣府游击曹镇等,俱坐守备不设,当斩。	诏监候处决。	《明世宗实录》卷360,嘉靖二十九年五月戊子
刑部鞫上(嘉靖)二十九年宁夏诸将御房失事罪。	副总兵孙言,游击将军赵河,守备李隆、张世德各坐守备不设,论死系狱。		《明世宗实录》卷383,嘉靖三十一年三月辛丑

事发时间与犯罪情由	问拟	司法实践	资料出处
直隶巡按御史李凤毛勘上三十四年九月中大同三边失事状。	临阵轻敌参将尚表、张勋、李璋、赵臣、刘环,指挥刘卿宜量罚;按兵不救大同右卫守备徐升等六人,指挥周伊等十九人,宜重论;独参将马芳、副总兵张琮、田世威颇有斩获,罪当末减。兵部覆奏。	得旨:宥芳等勿问,表等各夺俸一月,升等革任逮治。	《明世宗实录》431,嘉靖三十五年正月乙亥
三十九年二月,虏犯辽东广宁前屯等处。		坐提调指挥储世福罪死系狱;谪守堡百户罗应奎、赵国祥,提调指挥高豆戍边;降参将张济、备御指挥郭承恩、千户兰廷玉及邻堡百户刘廷梧等四人各三级。	《明世宗实录》卷500,嘉靖四十年八月乙酉
以四十年虏犯辽东开原庆云等堡。		谪百户刘贤等戍边千户张良臣等降二级,指挥高第等降一级,参将郭江夺俸一月。	《明世宗实录》卷518,嘉靖四十二年二月丙子
追论四十三年虏犯广宁镇静等堡失事。		夺总兵官佟登俸一月,下守备郭惟藩等于按臣逮问,巡抚王之诰以保障有劳贷之。	《明世宗实录》卷543,嘉靖四十四年二月壬辰
论四十三年虏犯辽东铁场堡等处失事诸臣罪。		广宁卫中所百户叶承勋论死,击(系)狱;指挥佥事等官陈大魁降二级,郝守荣降三级;分守宁前参将等官王治道等六人各赎杖还职。	《明世宗实录》547,嘉靖四十四年六月乙亥

事发时间与犯罪情由	问拟	司法实践	资料出处
兵部覆陕西巡按勘过隆庆二年正月内甘肃古浪、石门河等处官军御虏功罪。	拟镇夷操守汪深守备不设,及先任协守甘州左副总兵汪廷佐,红城子守备郑经,凉州庄浪游击陈恺,把总吴珊、周成部下俱有损伤,但查吴珊、周成有身亲斩获功,例应升级,余功赎罪,其余俟核实另议。	得旨:汪深依议发遣,汪廷佐等下巡按御史逮问。	《明神宗实录》卷4,隆庆六年八月甲寅朔
论万历十九年春秋两防将领功罪。		命兵部纪录参将张守愚等,革副总兵王觐等任,夺游击李皆春等俸,百户王尚周下督抚衙门问。	《明神宗实录》卷245,万历二十年二月癸丑

参考文献

一、古籍

1. 长孙无忌等撰,刘俊文点校:《唐律疏议》,法律出版社 1999 年版。

2. 宋濂等:《元史》,中华书局 1976 年版。

3. 陈高华、张帆、刘晓、党宝海点校:《元典章》,中华书局、天津古籍出版社 2011 年版。

4. (弘治)《八闽通志》,《北京图书馆古籍珍本丛刊》第 33—34 册,书目文献出版社 1998 年版。

5. 毕自肃:《辽东疏稿》,《四库未收书辑刊》第 1 辑,第 22 册,北京出版社 2000 年版。

5. 陈洪谟:《治世余闻》,中华书局 1985 年版。

6. 陈子龙等编:《明经世文编》,中华书局 1962 年版。

7. 陈建辑:《皇明通纪法传全录》,《续修四库全书》第 357 册,上海古籍出版社 2002 年版。

8. 程开祜辑:《筹辽硕画》,《丛书集成续编》第 242—243 册,新文丰出版社 1989 年版。

9. 戴金:《皇明条法事类纂》,刘海年、杨一凡主编:《中国珍稀法律典籍集成》乙编,第 4—6 册,科学出版社 1994 年版。

10. 丁宾:《丁清惠公遗集》,《四库禁毁书丛刊》集部第 44 册,北京出版社 2000 年版。

11. 范景文:《昭代武功编》,《续修四库全书》第 389 册。

12. 傅维鳞:《明书》,《四库全书存目丛书》史部第 38—40 册,齐鲁书社 1997 年版。

13. 高拱撰,岳金西点校:《高拱全集》,中州古籍出版社 2006 年版。

14. (嘉靖)《贵州通志》,《四库全书存目丛书》史部 193 册。

15. (嘉靖)《广东通志》,《北京图书馆古籍珍本丛刊》第 38 册。

16. 顾炎武:《肇域志》,《续修四库全书》第 586—595 册。

17. 谷应泰:《明事纪事本末》,中华书局 1977 年版。

18. 归有光著,周本淳校点:《震川先生集》,上海古籍出版社 1981 年版。

19. 过庭训:《本朝分省人物考》,《续修四库全书》第 533—536 册。

20. 何乔新:《椒邱文集》,《景印文渊阁四库全书》第 1249 册。

21.《洪武御制全书》,黄山书社 1995 年版。

22. (万历)《湖广总志》,《四库全书存目丛书》第 194 册。

23. 胡世宁:《胡端敏奏议》,《景印文渊阁四库全书》第 428 册。

24. 霍氏辑:《军政条例类考》,杨一凡主编:《中国珍稀法律典籍续编》第 4 册,黑龙江人民出版社 2003 年版。

25.（嘉靖）《江西通志》,《四库全书存目丛书》第 182 册。

26. 焦竑:《玉堂丛语》,中华书局 1981 年版。

27. 焦竑辑:《国朝献征录》,《续修四库全书》第 525—531 册。

28.《教民榜文》,《中国珍稀法律典籍集成》乙编,第 1 册,科学出版社 1994 年版。

29. 雷礼:《国朝列卿纪》,《四库全书存目丛书》史部第 92—94 册。

30. 雷梦麟撰,怀效锋、李俊点校:《读律琐言》,法律出版社 2000 年版。

31. 李东阳著,周寅宾、钱振民校点:《李东阳集》,岳麓书社 2008 年版。

32. 李清撰,陆有珣等校注:《折狱新语注释》,吉林人民出版社 1987 年版。

33. 刘惟谦等撰、怀效锋点校:《大明律》,法律出版社 1999 年版。

34. 刘效祖著,彭勇等校:《四镇三关志校注》,中州古籍出版社 2018 年版。

35. 陆容:《菽园杂记》,中华书局 1985 年版。

36. 马文升:《马端肃奏议》,《景印文渊阁四库全书》第 427 册。

37.《明太祖实录》,中华书局 2016 年版。

38.《明太宗实录》,中华书局 2016 年版。

39.《明英宗实录》,中华书局 2016 年版。

40.《明宪宗实录》,中华书局 2016 年版。

41.《明武宗实录》,中华书局 2016 年版。

42.《明世宗实录》,中华书局 2016 年版。

43.《明穆宗实录》,中华书局 2016 年版。

44.《明神宗实录》,中华书局 2016 年版。

45.《明光宗实录》,中华书局 2016 年版。

46.《明熹宗实录》,中华书局 2016 年版。

47. 孟凡松编著:《明代卫所选簿校注·云南卷》,广西师范大学出版社 2020 年版。

48. 孟凡松编著:《明代卫所选簿校注·贵州卷》,广西师范大学出版社 2020 年版。

49. 孟凡松编著:《明代卫所选簿校注·四川卷》,广西师范大学出版社 2022 年版

50. 辽宁档案馆等编:《明代辽东档案汇编》,辽沈书社 1985 年版。

51.（弘治）《宁夏新志》,《天一阁藏明代方志选刊续编》第 72 册,影印明弘治刻本。

52. 倪岳:《青溪漫稿》,《景印文渊阁四库全书》第 1251 册。

53. 丘濬:《重编琼台稿》,《景印文渊阁四库全书》第 1248 册。

54.（成化）《山西通志》,《四库全书存目丛书》史部第 174 册。

55.（嘉靖）《陕西通志》,《中国西北稀见方志续编》第 1 册,全国图书馆文献缩微复制中心 1997 年版。

56. 沈德符:《万历野获编》,中华书局 1989 年版。

57.（明）申时行等编:（万历）《明会典》,中华书局 1989 年版。

58.（万历）《四川总志》,《四库全书存目丛书》史部第 199 册。

59. 孙承泽:《春明梦余录》,北京古籍出版社 1992 年版。

60. 王琼撰,张志江点校:《晋溪本兵敷奏》,上海古籍出版社 2018 年版

61. 王世贞:《弇山堂别集》,中华书局 1985 年版。

62. 王世贞:《弇州四部稿》,《景印文渊阁四库全书》第 1279—1281 册。

63. 王廷相:《王廷相集》,中华书局 1989 年版。

64. 王士性:《广志绎》,《四库全书存目丛书》史部第 251 册。

65. 王恕:《王端毅奏议》,《景印文渊阁四库全书》第 427 册。

66. 魏焕辑:《皇明九边考》,《四库全书存目丛书》史部第 226 册。

67. 徐日久:《鹖言》,《四库禁毁书丛刊》史部第 23 册。

68. 徐学聚:《国朝典汇》,书目文献出版社 1996 年版。

69. 颜俊彦:《盟水斋存牍》,中国政法大学出版社 2002 年版。

70. 杨一清著,唐景绅等点校:《杨一清集》,中华书局 2001 年版。

71. 于谦:《忠肃集》,《景印文渊阁四库全书》第 1244 册。

72. 余继登:《典故纪闻》,中华书局 1981 年版。

73. 余子俊:《余肃敏公奏议》,《四库禁毁书丛刊》史部第 57 册,北京出版社 1997 年版。

74.《御制大诰》四编,杨一凡:《明大诰研究》附录点校本,江苏人民出版社 1988 年版。

75. 张瀚:《台省疏稿》,《四库全书存目丛书》史部第 62 册。

76. 张居正:《张太岳集》,上海古籍出版社 1984 年版。

77. 张卤:《皇明嘉隆疏抄》,《四库全书存目丛书》史部第 72 册。

78. 张时彻:《芝园集》,《四库全书存目丛书》集部第 82 册。

79. 张萱:《西园闻见录》,《续修四库全书》第 1168—1170 册。

80. 郑晓:《今言》,中华书局 1984 年版。

81. 郑晓:《吾学编》,《北京图书馆古籍珍本丛刊》第 12 册,书目文献出版社 1987 年版。

82.《诸司职掌》,杨一凡主编:《中国珍稀法律典籍续编》第 3 册,黑龙江人民出版社 2003 年版。

83. 朱廷立:《盐政志》,《续修四库全书》第 839 册,上海古籍出版社 2002 年版。

84.《宗藩条例》,刘海年、杨 ·凡主编:《中国珍稀法律典籍集成》乙编,第 2 册,科学出版社 1994 年版。

85. 王肯堂:《大明律笺释》,《中国律学文献》第 2 辑,黑龙江人民出版社 2005 年版。

86. 谈迁:《国榷》,中华书局 1958 年版。

87. 薛允升:《唐明律合编》,法律出版社 1999 年版。

88. 沈家本撰,邓经元、骈宇骞点校:《历代刑法考》,中华书局 1985 年版。

89. 查继佐:《罪惟录》,浙江古籍出版社 1986 年版。

90. 张廷玉等:《明史》,中华书局 1974 年版。

91. 黄彰健编:《明代律例汇编》。

92. 中国第一历史档案馆等编:《中国明朝档案总汇》,广西师范大学出版社 2001 年版。

二、专著

1. 柏桦:《中国古代刑罚政治观》,人民出版社 2008 年版。

2. 陈宝良:《明代社会变迁时期生活质量研究》,人民出版社 2024 年版。

3. 程维荣:《中国审判制度史》,上海教育出版社 2001 年版。

4. 丁易:《明代特务政治》,群众出版社 1983 年版。

5. 丁玉翠:《明代监察官职务犯罪研究》,中国法制出版社 2007 年版。

6. 杜志明:《明代地方武力与基层社会治安研究》,人民出版社 2021 年版。

7. 杜洪涛:《戍鼓烽烟:明代辽东的卫所体制与军事社会》,上海古籍出版社 2021 年版。

8. 范中义、王兆春、张文才、冯东礼:《中国军事通史·明代军事史》,军事科学出版社 1998 年版。

9. 方志远:《明代国家权力结构及运行机制》,广西师范大学出版社 2024 年版。

10. 关文发、颜文广:《明代政治制度研究》,中国社会科学出版社 1996 年版。

11. 郭红、靳润成:《中国行政区划通史(明代卷)》(第二版),复旦大学出版社 2017 年版。

12. 黄宗智:《清代的法律、社会与文化:民法的表达与实践》,上海书店出版社 2007 年版。

13. 怀效锋:《嘉靖专制政治与法制》,湖南教育出版社 1989 年版。

14. 怀效锋:《明清法制初探》,法律出版社 1998 年版。

15. 靳润成:《明朝总督巡抚辖区研究》,天津古籍出版社 1996 年版。

16. 梁志胜:《明代卫所武官世袭制度研究》,中国社会科学出版社 2012 年版。

17. 刘景纯:《明代九边史地研究》,中华书局 2014 年版。

18. 罗冬阳:《明太祖礼法之治研究》,高等教育出版社 1998 年版。

19. 罗勇:《经略滇西:明代永昌地区军政设置的变迁》,社会科学文献出版社 2019 年版。

20. 刘少华:《明代军人司法制度研究》,北京燕山出版社 2014 年版。

21. 李新峰:《明代卫所政区研究》,北京大学出版社 2016 年版。

22. 孟森:《明史讲义》,上海古籍出版社 2002 年版。

23. 毛佩琦、王莉:《中国明代军事史》,人民出版社 1994 年版。

24. 那思陆:《明代中央司法审判制度》,北京大学出版社 2004 年版。

25. 彭勇:《明代班军制度研究——以京操班军为中心》,中央民族大学出版社 2006 年版。

26. 彭勇:《明代北边防御体制研究——以边操班军的演变为线索》,中央民族大学出版社 2009 年版。

27. 苏亦工:《明清律典与条例》,中国政法大学出版社 2000 年版。

28. 童光政:《明代民事判牍研究》,广西师范大学出版社 1999 年版。

29. 吴廷燮著,魏连科点校:《明督抚年表》,中华书局 1982 年版。

30. 吴才茂:《明代卫所制度与贵州地理社会研究》,中国社会科学出版社 2021 年版。

31. 吴晗:《朱元璋传》,人民出版社 1998 年版。

32. 吴艳红:《明代充军研究》,社会科学文献出版社 2003 年版。

33. 肖立军:《明代省镇营兵制与地方秩序》,天津古籍出版社 2010 年版。

34. 杨旸:《明代辽东都司》,中州古籍出版社 1988 年版。

35. 杨一凡:《明代重典治吏研究》,湖南人民出版社 1984 年版。

36. 杨一凡:《洪武法律典籍考证》,法律出版社 1992 年版。

37. 尤韶华:《明代司法初考》,厦门大学出版社 1998 年版。

38. 王毓铨：《明代的军屯》，中华书局 2009 年版。

39. 王尊旺：《明代九边军费考论》，天津古籍出版社 2015 年版。

40. 王天有：《明代国家机构研究》，北京大学出版社 1992 年版。

41. 于志嘉：《卫所、军户与军役——以明清江西地区为中心的研究》，北京大学出版社 2010 年版。

42. 张哲郎：《明代巡抚研究》，文史哲出版社 1995 年版。

43. 张磊：《明代卫所与河西地区社会变迁研究》，光明日报出版社 2021 年版。

44. 张金奎：《明代卫所军户研究》，线装书局 2007 年版。

45. 张金奎：《明代锦衣卫制度研究》，中国社会科学出版社 2022 年版。

46. 张显清、林金树：《明代政治史》，广西师范大学出版社 2003 年版。

47. 张晋藩、怀效锋主编：《中国法律制度通史》，法律出版社 1999 年版。

48. 张祥明：《明代军政考选制度研究》，中华书局 2021 年版。

49. 赵现海：《明代九边长城军镇史》，社会科学文献出版社 2012 年版。

50.［日］奥山宪夫：《明代武臣の犯罪と処罰》，汲古书店 2018 年版。

51.［加］宋怡明：《被统治的艺术：中华帝国晚期的日常政治》，钟逸明译，中国华侨出版社 2019 年版。

三、论文

1. 曹循：《明代武职阶官化述论》，《史学集刊》2010 年第 5 期。

2. 陈宝良：《明代卫学发展述论》，《社会科学辑刊》2004 年第 6 期。

3. 陈宝良：《明代的文武关系及其演变——基于制度、社会及思想史层面的考察》，《安徽史学》2014 年第 2 期。

4. 方志远：《明朝军队的编制与领导体制》，《明史研究》第 3 辑，黄山书社 1993 年版。

5. 顾诚：《谈明代的卫籍》，《北京师范大学学报（社会科学版）》1989 年第 5 期。

6. 顾诚：《明初的两道谕旨》，《紫禁城》1982 年第 2 期。

7. 顾诚：《明帝国的疆土管理体制》，《历史研究》1989 年第 3 期。

8. 顾诚：《明前期耕地数新探》，《中国社会科学》1986 年第 4 期。

9. 黄谋军：《明代犯罪武职调卫考论》，《郑州大学学报（哲学社会科学版）》2020 年第 2 期。

10. 李新峰：《明初勋贵派系与胡蓝党案》，《中国史研究》2011 年第 4 期。

11. 刘金祥：《明代卫所缺伍的原因探析——兼谈明代军队的贪污腐败》，《北方论丛》2003 年第 5 期。

12. 刘正刚、柳俊熙：《明代卫所军官犯奸惩治条例探析》，《安徽史学》2023 年第 3 期。

13. 刘正刚、邱德鑫：《嘉靖朝〈军政事例〉性质新探》，《史学集刊》2022 年第 6 期。

14. 梁志胜：《试析明代卫所武官的类型》，《西北师大学报（社会科学版）》2001 年第 5 期。

15. 林仕梁：《明代漕军制初探》，《北京师范大学学报》1990 年第 5 期。

16. 马自树：《明代兵制初探》，《东疆学刊》1985 年第 2 期、1986 年第 1 期。

17. 马自树:《明代军队衰弱的内在因素》,《故宫博物院院刊》1987 年第 2 期。

18. 南炳文:《明初军制初探》,《南开史学》1983 年第 1、2 期。

19. 秦博:《论明代文武臣僚间的权力庇佑——以俞大猷"谈兵"为中心》,《社会科学辑刊》2017 年第 4 期。

20. 唐文基:《明代的漕军和漕船》,《中国史研究》1989 年第 4 期。

21. 王毓铨:《〈皇明条法事类纂〉读后》,《明史研究论丛》第 1 辑,江苏人民出版社 1982 年版。

22. 吴晗:《胡惟庸党案考》,《燕京学报》1945 年第 15 卷。

23. 吴晗:《明代的军兵》,《中国社会经济史集刊》1937 年第 5 卷第 2 期,收入氏著《读史札记》,生活·读书·新知三联书店 1956 年版。

24. 武沐:《岷州卫:明代西北边防卫所的缩影》,《中国边疆史地研究》2009 年第 2 期。

25. 徐望:《明中期武职犯罪的审理程序——以《皇明条法事类纂》为中心》,《上海大学学报(社会科学版)》2017 年第 6 期。

26. 吴艳红:《明代武职"立功"考论——兼论赎例在明代武职中的行用》,《史学集刊》2002 年第 4 期。

27. 张国源:《明代九边防务中的军事惩罚》,陕西师范大学 2012 年硕士学位论文。

28. 张金奎:《锦衣卫形成过程述论》,《史学集刊》2018 年第 5 期。

29. 张鸣芳:《〈皇明条法事类纂〉所反映的明中期诉讼立法上的重民恤狱思想》,《河北法学》1999 年第 2 期。

30. 赵现海:《明代总兵制度的起源》,《明史研究论丛》第 9 辑,紫禁城出版社 2011 年版。

31. 赵现海:《明代北边镇守太监研究》,《故宫学刊》第 6 辑,紫禁城出版社 2010 年版。

32. 郑克晟:《明代陕西的牧马草场与杨一清督理马政》,《明史研究论丛》第 4 辑,江苏古籍出版社 1990 年版。

后　记

　　自硕士阶段学习以来,我便对明代武官犯罪问题产生了研究兴趣,以此作为研究方向,完成了我的硕士毕业论文。近年来,我通过阅读《明实录》以及明人文集、明代档案文书等资料继续深化对这一课题的探索。明代武官群体具有特殊的法律地位,司法官员不得擅自拘留、审讯武官,同时最终判决需要奏请皇帝裁决。此外,高级武官还具有自陈罪行的机会,以此获得宽宥。明代武官犯罪的司法实践亦具有特殊性,除了存在论功定议的量刑准则,并以戴罪立功、降为带俸官等作为普遍的惩罚方式之外,还会根据军事形势、地域特点进行适时调整。总体而言,明代武官犯罪的司法审判受到了明代国家制度演变、文武关系变化、社会舆论力量增强以及明代政局变动等因素的影响。鉴于明代武官犯罪问题的复杂性,有必要以武官群体作为研究对象,深入探讨其犯罪类型、司法规定与司法实践,从而加深对明代军事司法审判的研究。

　　本书写作期间,得到了导师陈宝良教授的悉心指导,他不仅指导我阅读哪些史料,还教会我如何从史料中挖掘出值得探讨的历史问题。每一次的学术讨论,都让我受益匪浅。在恩师的指导下,我逐渐形成了自己的研究思路,在此对陈老师表示深深的感谢。我还要感谢我的博士导师南炳文先生的指导和帮助,先生孜孜不倦的治学态度一直鼓励和鞭策着我。此外,我要感谢导师柏桦教授的指点,让我加深了对明代司法状况的整体认识。关于卫所问题的具体探讨,我要感谢凯里学院吴才茂教授的答疑,同时还要感谢学界很多研究明代武官制度、卫所制度的老师带给我的启发。

　　本书的写作经历了较长的一段时光,回首望去,不禁感叹时间的飞逝。在此感谢当年陪伴我的朋友们,让我不仅收获了知识,也获得了成长和友谊。近两年,我身体素质大不如以前,感谢我的家人李建武教授的陪同和帮助,让我能够顺利完成写作。此外,我还要感谢我的学生助理,他们为我分担了很多琐碎的工作,减轻了我的负担。

最后,我要感谢廊坊师范学院社会发展学院、河北省高等学校人文社科重点研究基地"廊坊师范学院史学理论与中国史学史研究中心"的支持。感谢人民出版社的翟金明,不仅为本书的编校付出了大量的时间和精力,还多次为我提供所需资料以及宝贵的修改建议。

现在这本书要出版了,然而关于明代武官犯罪问题的探讨我仍有一些遗憾,有关武官日常生活犯罪行为的研究尚显不足,需通过查询更多档案文书、家谱等资料以作更深入全面的分析。此外,对于万历以后军事司法条例的变化以及司法实践还需进一步探究。本书不妥之处,敬请方家指正。